PERSONA A PERSONA

1

ZENIA SACKS DA SILVA

Glencoe
McGraw-Hill

New York, New York   Columbus, Ohio   Woodland Hills, California   Peoria, Illinois

Copyright © 1987, 1982 Zenia Sacks Da Silva

All rights reserved. No part of this book may be reproduced or transmitted in any form or by any means, electronic or mechanical, including photocopying, recording, or any information storage and retrieval system, without permission in writing from the publisher.

ACKNOWLEDGMENTS
Illustrations by:
Bob Cram, Allan Eitzen, Bob Jackson, Bill Ogden, Lane Yerkes.

Photography by:
PETER ARNOLD, INC. pp. 15br © Yoram Lehmann; 157cl © Jeanne Heiberg; 246br, 293 © Jacques Jangoux. © Eduardo Bermudez pp. 81tr, 128b, 149tl, 246tl, 259cl, 360bl. BLACK STAR p. 7tr © Andy Levin. CAMERA 5 p. 7br © Doug Bruce. © Codiani Family p. 218ct. © Zenia Da Silva pp. 191bl, 288. © Victor Englebert pp. xivtc, 3b, 39tl, 66t, 81b, 111tr, 129bl, 157bl, 174tr, 247cr, 319cr, 361cl. © Manolo Fabregas pp. 218tr, 318br. FOCUS ON SPORTS pp. 6cl, 7tl, © Diana Giacerio; 25cl © Fred Mullane; 26tl © Norm Clasen & Assoc. © Carl Frank p. 50bl. © Robert Frerck pp. 368b, 369c, bl. © Beryl Goldberg pp. 15tl, 174bl, 175bl. © Robert Goldman p. 360tl, tc, tr. © Michal Heron pp. 128tr, 129tl, 175tl, 222tr, 317tl, b, 360br. THE IMAGE BANK, p. 1br © Peter MIller; 357tr © Bart Devito. © Jane Latta pp. 38tr, 44tr, 110L. LIAISON AGENCY p. 7bl © Paterson. MAGNUM PHOTOS, INC. p. 127tl © Rene Burri; 247tl © Elliott Erwitt. © David Mangurian pp. xivtr & bl, 2t, 53L, 175cr, 247bl, 264tr. © Stephanie Marcus p. 191tl. © Peter Menzel pp. 1 tl, 25cr, 77b, 82t, 110br, 148, 156tr, 189tl, 222cl, 223tl, 265cr, 295tr, 318tr, 319bl, 356, 367br. MONKMEYER PRESS PHOTO SERVICE pp. ltr © Henry Deters; 2br © Mimi Forsyth; 37c © Michal Heron; 53br, 55tl, 366bl © Hugh Rogers; 55tr © Mimi Forsyth; 71t © Marilu Pease; 265tl © Paul Conklin; 319tl © Freda Leinwand. © The New York Yankees p. 219tr. © Rosa Maria Perez del Rio pp. 218tl, 219tl. © Allan A. Philiba p. 35t. PHOTO RESEARCHERS, INC. pp. xivbr © Larry Mulvehill; 24t © Hella Hammid, Rapho Division; 37 © F. Gohier; 38tl © Jules Bucher; 111br © Bernard Pierre Wolff; 153tr © James A. Sugar; 154tr © Douglas Faulkner, National Audubon Society; 154cl © Tom McHugh, Wildlife Unlimited; 154br © Phillip Boyer, National Audubon Society; 155tr © Russ Kinne; 174tl © Ned Haines, Rapho Division; 361cl © Yoram Lehmann, Rapho Division; 366t © Carl Frank; 368tr © John Bryson. PHOTO QUEST p. xivtl, 357tl © Albert Moldvay. PHOTRI p. 129tr © Jack Novak. © Andrew Rakoczy pp. 1bl, 152br. © Lester Sebel p. 156cr. SHOSTAL ASSOCIATES, INC. pp. 38br © Christopher Moore, 110tr © Georges de Steinheil; 111tl © Marie Mattson; 152t © R. Robert Abrams; 357bl © Bill Helms. STOCK, BOSTON, INC. pp. 157tl © Owen Franken; 173br © Peter Menzel; 189b © Owen Franken; 223cr, 226tr © Peter Menzel; 226bl © Bohdan Hrynewych; 264bl © Owen Franken. SYGMA pp. 6br © T. Zimberhoff; 39b © R. Darolle; 190tl © J. A. Pavlovsky; 226br © O. Souhami. © Robert Tschirsky p. 23t. © United Press International p. 25br. © Joseph F. Viesti pp. 127b, 149tr, 153tl, 175br, 189tr, 190br, 191tr, 246tr, 265bl, 297b, 334tr, bl, 335tl, br, bl. © Luis Villota p. 173tl. © World Crafts Council p. 153br.

> **A mis padres,
> Isidore y Helen Sacks,
> que viven en mi corazón.**

Parts of this work were published in the *En español, por favor* series.

Send all inquiries to:
Glencoe/McGraw-Hill
8787 Orion Place
Columbus, OH 43240-4027

ISBN 0-02-269920-1 (Pupil Edition)
ISBN 0-02-269930-9 (Teacher's Edition)

8 9 10 11 12 13   026   05 04 03 02 01

Printed in the United States of America

CONTENTS

PRIMERA PARTE

1. Hola. Yo soy   1
2. ¿Es usted...?   5
3. ¿Qué es esto?   9
4. Si un mexicano es de México   12
5. ¿Hay un médico en la casa?   17
6. Álbum de familia   21
7. ¿Le gusta...?   25
8. Números 1-12   28
9. ¿Qué hora es?   31
10. Los días de la semana   34

Álbum 1   ¿Qué Tiempo Hace?   37

Observaciones y Repaso I   45

11. Números 13-30   48
12. ¿Habla Ud. japonés?   50
13. ¡Sí, sí, comprendo!   53
14. ¿De qué color es el amor?   57
15. Escuche y repita, por favor   59
16. ¿Cómo está Ud.?   63
17. Números, otra vez   67
18. Bueno, malo, mucho, poco   69
19. ¿Cuál es más grande?   72
20. ¿Éste o ése?   74

Álbum 2   ¿A Dónde Va Ud.?   77

Observaciones y Repaso II   88

Vocabulario Activo   88

SEGUNDA PARTE

LECCIÓN 1
Mi casa, su casa   94
Observaciones   1. The present tense   96
                2. Subject pronouns: I, you, he, we   99
Cuento   *El Apartamento Nuevo*   102
Juegos de Palabras   104
Observaciones   3. The verb **ser** (to be)   106

Panorama   ¡Bienvenidos!   110

LECCIÓN 2
Los muebles y otras cosas   112
Observaciones   4. **Tener** (to have) and **venir** (to come)   114
                5. Special expressions with **tener**   117
Cuento   *¡Gane un Millón!*   120
Juegos de Palabras   122
Observaciones   6. Where to put adjectives   124

Panorama   Pase Ud.   127

LECCIÓN 3
¿Qué voy a llevar?   130
Observaciones   7. **Ir** (to go), **dar** (to give), and **estar** (to be)   132
                8. When to use **estar** (to be)   134
Cuento   *La Invitación*   138
Juegos de Palabras   140
Observaciones   9. "For me, with you"
                —pronouns that follow prepositions   142

Repaso, Lecciones 1-3   144

Álbum 3   Ropa y Más   148

LECCIÓN 4

El cuerpo humano   160
Observaciones   10. "My father's car"—possession   **162**
                           11. My, your, his, her—the possessives   **163**
Cuento   *Concierto de Primavera*   166
Juegos de Palabras   168
Observaciones   12. Some more special verbs   **170**

Panorama   *¿Quién es el Hispano?*   173

LECCIÓN 5

Vamos de compras   176
Observaciones   13. All about the preposition **a**   **178**
                           14. What verb form comes after a preposition?   **180**
Cuento   *La Ganga*   182
Juegos de Palabras   185
Observaciones   15. "I don't know nothing"—the double negative   **187**

Panorama   *Tiendas, Tiendas, Tiendas*   189

LECCIÓN 6

¡Olé!   192
Observaciones   16. "You love me. I love you"
                              —1st and 2nd person object pronouns   **195**
                         17. Where do object pronouns go?   **198**
Cuento   *Fiesta*   201
Juegos de Palabras   204
Observaciones   18. Stem-changing verbs   **206**

Repaso, Lecciones 4-6   211

Album 4   T.V. Guía   216

LECCIÓN 7

Cabeza y corazón   228
Observaciones   19. "Mary loves him. Jim loves her."—3rd person direct objects   **230**
20. "I speak to him, to her, to you"—3rd person indirect objects   **233**
Cuento   *Computadora*   237
Juegos de Palabras   240
Observaciones   21. "Tell it to me. Give it to us."
—two object pronouns together   **242**

Panorama   *Modos de Vivir*   246

LECCIÓN 8

Aquí, allí, arriba, abajo   248
Observaciones   22. "I came, I saw, I conquered"
—the preterite tense (singular)   **250**
23. "We came, we saw, we conquered"
—the preterite tense (plural)   **253**
Cuento   *La Estrella*   257
Juegos de Palabras   259
Observaciones   24. "I love myself. He talks to himself."   **261**

Panorama   *Sobre la Educación*   264

LECCIÓN 9

Cosas de todos los días   266
Observaciones   25. Special preterite patterns   **268**
26. **Hace una semana**...(A week ago...)   **271**
Cuento   *Lío de Tráfico*   273
Juegos de Palabras   276
Observaciones   27. More special preterites   **277**

Repaso, Lecciones 7-9   281

Álbum 5   Sociales   286

LECCIÓN 10
¡A comer!   300
Observaciones   28. "I was going. I used to go"
—the imperfect tense (singular)   **303**
29. "We were going, we used to go
—the imperfect tense (plural)   **306**
Cuento   *Reunión de Familia*   310
Juegos de Palabras   313
Observaciones   30. Why both imperfect and preterite?   **314**

Panorama   *La Familia Hispana*   317

LECCIÓN 11
¡Qué bien, eh!   320
Observaciones   31. The present participle: **ing**   **322**
32. "Not now! I'm working!"
—**estar** plus **-ando, -iendo**   **323**
Cuento   *Los Vecinos*   327
Juegos de Palabras   329
Observaciones   33. **Seguir** (to continue, to follow)   **331**

Panorama   *Fiestas y Festivales*   334

LECCIÓN 12
¡Ummm! ¡Rico!   336
Observaciones   34. "Speak to me!"
—about giving people commands   **338**
35. Where do object pronouns
go with commands?   **340**
Cuento   *Confesión*   344
Juegos de Palabras   346
Observaciones   36. "Let's..."   348

Repaso, Lecciones 10-12   351

Álbum 6   ¡Buen Apetito!   356

Appendices 371

Additional Practice 371
Repaso Rápido Answers 409
Pronouns 412
Verbs 413
Vocabularies 419
Index 438

Primera parte

1 Hola. Yo soy...
Hi. I am...

"Hola. Yo soy Blanca Inés Morelos de Puerto Vallarta, México."

"Yo soy Juan Carlos Guevara de Cali, Colombia."

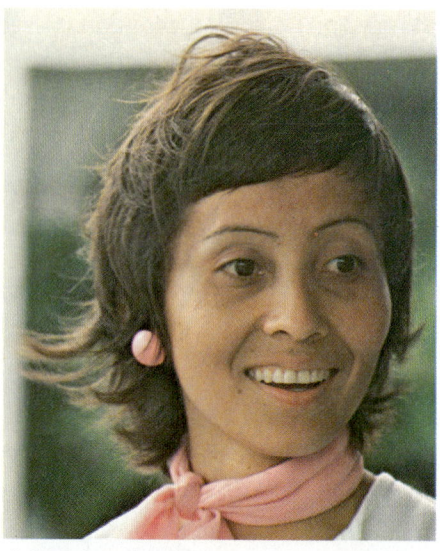

"¿Yo? Soy Emilia Palacios de Managua, Nicaragua."

Amigas inseparables. Marisela Luz y Trini Colón. Esmeraldas, Ecuador.

"A su servicio." Miguel Solana, Madrid, España.

"¡Fantástico, hombre!" Gonzalo Alameda y Paco Suárez, mexicanos.

Pedro Losada y su banda chicana (Mexican-American). San Javier, Arizona.

"Señoritas, ¡en orden alfabético! Alicia, Bárbara, Carolina. . . ." Antigua, Guatemala.

Armando Arias, Lucho Naldi y Robi Solís, ciclistas. Córdoba, Argentina.

Sara Molano, Isabel Pérez y Linda Valera de San José, Costa Rica.

Cuqui Meléndez, baterista (drummer) de un grupo musical popular. Nuevo México.

Yo soy...

Alberto	Joaquín	Adela	Graciela
Alfredo	Juan	Alicia	Isabel
Andrés	Lorenzo	Amanda	Juanita
Antonio	Luis	Anita	Judit
Arturo	Manuel	Antonia	Julia
Carlos	Martín	Bárbara	Laura
Cristóbal	Miguel	Blanca	Leonor
Diego	Pablo	Carlota	Lucía
Eduardo	Patricio	Carmen	Luisa
Enrique	Pedro	Carolina	Margarita
Esteban	Ramón	Clara	Mariana
Eugenio	Ricardo	Constanza	Nilda
Federico	Roberto	Cristina	Raquel
Felipe	Teodoro	Dorotea	Rosa
Gabriel	Tomás	Elena	Sara
Guillermo	Vicente	Emilia	Susana
Jaime	Víctor	Francisca	Teresa

¿Y usted? (And you?)

Su foto, por favor.
(Your picture, please.)

Mucho gusto. (It's a pleasure.)

■EN BREVE (in short)■

Hola	Hi
(Yo) soy.	I am.
¿Y usted?	And you?
Mucho gusto.	It's a pleasure.

Notice that Spanish warns you about an up-coming question or exclamation by starting out with an upside-down ¿ or ¡.

Actividad

Tell us in Spanish who you are. (Do you know your Spanish name?) Can you work it into a conversation? ("Hola. Yo soy . . .")

■PRONUNCIACIÓN■

The sounds of Spanish are never exactly like the sounds of English. The explanations we give here only guide you in the right direction. For the exact sounds, imitate your teacher or our recording.

¿Está bien? (All right?) ¡Vamos a comenzar! (Let's begin!)

a in Spanish is always pronounced like the **a** in "ha-ha" or the **o** in "mop."

Repita, por favor (Repeat, please):
mapa, masa, cama, casa, pasa, pala, sala, fama, mamá, papá, cha-cha-chá

The sound of **e in Spanish** is about halfway between the **e** in "let" and the **a** in "late." You will come close to the Spanish **e** if you say the English "may, day, they" very quickly. Cut off the **ay** before it gets too long. For the exact sound, as always, imitate your model.

Repita otra vez (Repeat again):
me, de, se, le, mete, mesa, pese, pesa, teme, tema, lema, yema

2 ¿Es usted...?
Are you...?

Hola. ¿Cómo está? (How are you?) —Bien, gracias. (Fine, thanks.)

If you listen carefully, you'll find that there are hundreds of Spanish words you already know. Por ejemplo (For example), *repita (repeat):*

¿Es usted sentimental? —Sí, soy sentimental.
(Are you...?) (Yes, I am...)
 —No, no soy... (No, I'm not...)

Actividades

1 *Ahora conteste (Now answer):*
1. ¿Es usted sociable?
2. ¿Es usted interesante?
3. ¿Es usted independiente?
4. ¿Es usted muy (very) independiente?
5. ¿Es usted muy popular?
6. ¿Es usted obediente o (or) desobediente? (Soy...)
7. ¿Es usted paciente o impaciente?
8. ¿Es usted excepcional o muy normal?

2
1. ¿Es usted sincero?
2. ¿Es usted ambicioso?
3. ¿... artístico?
4. ¿... generoso?
5. ¿... muy modesto?
6. ¿Es usted sincera?
7. ¿Es usted ambiciosa?
8. ¿... artística?
9. ¿... generosa?
10. ¿... muy modesta?

Did you notice? Adjectives ending in **-o** change the **-o** to **-a** when they refer to a female person or thing.

Ahora repita otra vez (Now repeat again):
importante, imposible, interesante, popular
práctico, inteligente, cómico, liberal
famoso, maravilloso, fabuloso, nervioso
estúpido, romántico, brillante, sensacional

3 *Conteste otra vez (Answer again):*

1. ¿Es sociable su padre?   —Sí, mi padre es...
   (Is your father...?)   (Yes, my father is...)
            —No, mi padre no es...

2. ¿Es muy práctico su padre? ¿Es (Is he) muy inteligente? ¿Es muy nervioso? ¿Es muy liberal?

3. ¿Es práctica su madre?   —Sí, mi madre es...
   (Is your mother...?)   (Yes, my mother...)

4. ¿Es (Is she) muy generosa? ¿Es muy talentosa? ¿Es muy sincera? ¿Es sensacional? (¡Muy interesante!)

5. ¿Es norteamericana o latinoamericana su familia?   —Mi familia es...
   (Is your family...?)

6. ¿Es californiana su familia? ¿Es texana? ¿Es floridiana?

¿Quién es? Who is it?

"¡Hola, David!" El beisbolista "Dave" Concepción.

Trini Alvarado, artista nueva de cine.

La campeona (champion) de golf Nancy López, chicana (Mexican-American).

¡Número Uno en el maratón de Nueva York! Alberto Salazar es originalmente de Cuba.

Arriba (above): El músico español Pablo Casals, de fama eterna.

Izquierda (left): El artista español Juan Miró, y familia.

EN BREVE

¿Es usted...? —Sí, soy...
Are you...? Yes, I am...
 —No, no soy...
 No, I'm not...

¿Es práctico su padre? —Sí, mi padre es...
Is your father...? —No, mi padre no es...
¿Es práctica su madre? —Sí, mi madre es...
Is your mother...? —No, mi madre no es...

¿Quién es? Who is it?
su your
mi my
muy very
o or

Actividad

Look at the words we've used. *Ahora complete usted (Now complete) the sentences:*

1. Mi padre es ...
2. Mi madre es ... (Don't forget those feminine endings!)
3. Roberto Redford es ...
4. Linda Ronstadt es ...
5. Y finalmente (finally): Yo soy ...

PRONUNCIACIÓN

i in Spanish is always like the **ee** in "see." So smile when you say a Spanish **i**!
Escuche y repita, por favor (Listen and repeat, please):
sí, mi, di, Lisa, linda, fina, mina, misa, pisa, Nina, María

y When **y** stands alone, or comes at the end of a word, it is pronounced just like **i** (ee).
Repita otra vez (Repeat again):
y, muy, ley, buey, soy, doy
Otherwise, it is just like the English **y**.
yo, ya, yema, yeso, cuya, tuya, suya

3 ¿Qué es esto?
What's this?

—Es... (It is...)

1. una puerta
2. una ventana
3. una mesa
4. una silla
5. un libro
6. un papel
7. un lápiz
8. una pluma
9. una clase
10. una escuela
11. una pizarra
12. ¿un...? ¡Caramba! (Wow!) ¡No sé! (I don't know!)

un maestro típico de español

una maestra típica de español

un estudiante
brillante,
maravilloso,
fantástico,
excepcional

una estudiante
brillante,
maravillosa,
fantástica,
excepcional

Actividades

1 Now you hold up or point to different things, and ask your classmates **"¿Qué es esto?"** Let's see if they can tell you.

2 *Ahora conteste. (Now answer.)*

1. ¿Qué es esto, una silla o una mesa?
   (Es una...)
   ¿Es de papel o de metal?
   (Is it made of...?)

2. ¿Qué es esto, una pizarra o una pluma?
   ¿Es de plástico? ¿Es de metal?
   ¿Es de papel?

3. ¿Qué es esto, una puerta o una ventana?
   ¿Es de aluminio? ¿Es de plástico?
   ¿Es de cemento? ¿Es de papel?

4. ¿Qué es esto, un lápiz o un libro?
   ¿Es interesante? ¿Es difícil (hard)?

5. ¿Qué es esto?
   ¿Es una clase de matemáticas
   o de música?

6. ¿Qué es esto?
   ¿Es una escuela secundaria
   o una escuela elemental?

7. ¿Qué es esto?
   ¿Es una clase de español o
   una clase de inglés?

EN BREVE

¿Qué es esto? What is this?   Es... It is...
una **puerta** a door   una **ventana** a window
una **mesa** a table   una **silla** a chair
un **libro** a book   un **papel** a paper
un **lápiz** a pencil   una **pluma** a pen
una **clase** a class   una **escuela** a school
un **maestro** a teacher   una **maestra** a teacher (female)
un **estudiante** a student una **estudiante** a student (female)

Notice: 1. Every person or thing in Spanish is male or female.
2. The English word "a" is **un** before a male noun, and **una** before a female noun.

Actividad

Look at each picture. Then answer the question about it. If it is true, say **"Sí, es un (una)..."** If it isn't, then say **"No, no es un (una)..."** And tell us what it really is. Por ejemplo (for example):

¿Esto es una mesa?   Sí, es una mesa.

¿Esto es una mesa?   No, no es una mesa. Es una silla.

1.
2.
3.
4.
5.
6.

1. ¿Esto es una ventana?   4. ¿Esto es un lápiz?
2. ¿Esto es una puerta?   5. ¿Esto es una pizarra?
3. ¿Esto es una pluma?   6. ¿Esto es un libro?

PRONUNCIACIÓN

o The long **o** in the English word "rope" is really a combination of two vowels: **o** and **u**. If you notice, your lips move forward to say **oo** at the end of words such as "no," "go," "oh." The Spanish **o** is a short sound. It is like only the first half of the long English **o**.
Escuche y repita otra vez (Listen and repeat again):
yo, no, con, son, m**o**no, p**o**lo, c**o**mo, t**o**mo, s**o**la, b**o**la, c**o**ca, c**o**la

u in Spanish is also a short, pure sound. It is like a very short version of the **oo** in "moo."
Lea en voz alta (Read aloud):
m**u**lo, m**u**la, f**u**mo, f**u**ma, l**u**na, c**u**na, bamb**ú**, cuc**ú**

4 Si un mexicano es de México...
If a Mexican is from...

[Map of North America, Central America, and the Caribbean with labels: CALIFORNIA, ARIZONA, NUEVO MÉXICO, NORTEAMÉRICA, TEXAS, LUISIANA, MISISIPI, ALABAMA, GEORGIA, LA FLORIDA, Océano Atlántico, MÉXICO, Golfo de México, CUBA, HAITI, PUERTO RICO, REPÚBLICA DOMINICANA, Mar Caribe, JAMAICA, BELICE, GUATEMALA, EL SALVADOR, HONDURAS, NICARAGUA, CENTROAMÉRICA, COSTA RICA, PANAMÁ, COLOMBIA, Océano Pacífico]

¿Sabe Ud.? (Do you know?)

México es parte de Norteamérica, no de la América Central (Centroamérica). Yes, Mexico shares the North American continent with the U.S. and Canada.

Actividad

Ahora díganos (tell us):
1. Si un mexicano es de México, un cubano es de . . .
   Si un peruano es de Perú, un boliviano es de . . .
   ¿De dónde (From where) es un colombiano? (Un colombiano es de . . .)

12

2. Si una panameña es de Panamá, una brasileña es de . . .
   ¿De dónde es una puertorriqueña? (Una puertorriqueña es de . . .)
3. Si mi maestro es de Lima, ¿es peruano o argentino?
   Si mi maestra es de Caracas, ¿es chilena o venezolana?
4. Si mi amigo (friend) es de Ecuador, ¿es centroamericano o sudamericano?
   Si mi amiga es de Guatemala, ¿es centroamericana o norteamericana?

5. Si Miguel y David son (are) de Chile, ¿son (are they) norteamericanos o sudamericanos?
   Si Paco y Luis son españoles, ¿son europeos o norteamericanos?
6. Finalmente, si yo soy filadelfiano, ¿soy de Pensilvania o de Nueva York? (Usted es de . . .) Si yo soy sanfranciscana, ¿soy de California o de Colorado? Si Esteban y Juan son de San Antonio, ¿son luisianos o texanos?
7. Y usted, ¿de dónde es? (Soy de . . .)

¿Sabe Ud.?

When the Spanish explorers came to the New World in the early 1500's — a hundred years before the Pilgrims landed in America — they brought with them their language, their religion, their arts, their whole way of life. They mixed with the people whose culture they found here. The two groups learned from each other, and soon produced a new culture. Today there are some 250 million Spanish-speaking people in the Western World, with 20 million in the United States alone.

Eloy Dinas Santos, dominicano. "Mucho gusto."

Un grupo de amigos chilenos en la playa (beach). Música, aire fresco.

Nacionalidades
americano, americana
argentino, argentina
brasileño, brasileña
boliviano, boliviana
canadiense, canadiense
colombiano, colombiana
costarricense, costarricense
cubano, cubana
chileno, chilena
dominicano, dominicana
ecuatoriano, ecuatoriana
español, española
guatemalteco, guatemalteca
hondureño, hondureña
mexicano, mexicana
nicaragüense, nicaragüense
panameño, panameña
paraguayo, paraguaya
peruano, peruana
puertorriqueño, puertorriqueña
salvadoreño, salvadoreña
uruguayo, uruguaya
venezolano, venezolana

■ EN BREVE

Mi amigo José es mexicano.	My friend Joe is Mexican.
José y David son mexicanos.	Joe and David are Mexicans.
Ana y Luisa son cubanas.	Ann and Louise are Cubans.
¿De dónde es usted?	Where are you from?
—Soy de . . .	I am from . . .

el amigo, la amiga   friend
¿Dónde?   Where?
de   of or from
si   if

Remember: (One) is **es.**   (Two) are **son.**

Actividad

1. Ask someone where he or she is from. (¿De dónde . . . ?)
2. Say that you are from Chicago. (Yo . . .)
3. Say that your friend is from Detroit. (Mi . . .)
4. Ask your teacher if he or she is Cuban. (¿Es . . . ?)
5. Say that Ann and Paul are Mexicans.

■ PRONUNCIACIÓN

A **diphthong** is any combination of **u** or **i** with each other or with any other vowel (**a, e,** or **o**). Since "u and i are weak, and everybody else is strong," the **a, e,** or **o** usually stands out more than the **u** or **i**. Por ejemplo (For example):

bueno, Buenos Aires, baile, miento, cuando, cual, causa (cow-sa), pausa, heroico, estoico

When the diphthong is made up of both **u** and **i**, the one that comes second is the stronger:

fui, fuiste, Luis, viuda, triunfo, triunfa

5 ¿Hay un médico en la casa?
Is there a doctor in the house?

Hola. ¿Cómo está?
¿Hay un problema?
(Is there a problem?)

Muy mal. (Very bad.)

Repita, por favor (please):
médico, dentista, profesora, profesor
arquitecto, ingeniero, poeta, actor
mecánico, electricista, carpintero, plomero
artista, pianista, violinista, banquero
secretaria, secretario, editora, editor
policía, presidente, senadora, senador

Actividades

1 Problemas, Problemas, Problemas
If you think you have problems, just look at these illustrations.
Then ask the right person from the list above for help.
Por ejemplo (For example):

1. ¡Caramba! ¿Hay un dentista (una dentista)¹ en la casa?

2. ¡Caramba! ¿Hay un (una) _____ en la casa?

---

¹Words ending in –**ista** can be masculine or feminine. So can **un, una policía**; **un, una poeta**. You know what to do with the others, don't you?

17

3. ¡Caramba! ¿Hay _____ en la casa?

4. ¡Caramba! ¿Hay _____ ?

5. ¡ ___ ! ¿ _____ ?

6. ¡ ___ ! ¿ _____ ?

7. ¡ ___ ! ¿ _____ ?

8. ¡ ___ ! ¿ _____ ?

9. ¡ ___ ! ¿ _____ ?

10. ¡ ___ ! ¿ _____ ?

¿Hay artistas en su familia? (Are there artists in your family?)

2 *Ahora, rápidamente (quickly):*
1. ¿Hay médicos en su familia? (Sí, hay... en mi familia. No, no hay...) ¿Hay profesores? ¿Hay profesoras? ¿Hay mecánicos? ¿Hay dentistas?
2. ¿Hay artistas en su escuela? ¿Hay actrices? ¿Hay actores? ¿Hay estudiantes excelentes? ¿Hay maestros fabulosos?

Now raise your hand when your name is called:
3. ¿Hay un Roberto en su clase? ¿Hay una Carolina? ¿un Lorenzo? ¿una Patricia? ¿un Patricio? ¿una María?
4. ¿Hay una Juanita en su clase? ¿Hay una Elena? ¿Hay un Ricardo? ¿Hay una Leonor?
5. ¿Hay un Juanito? ¿un Guillermo? ¿un Miguel? ¿un José? ¿Hay una Isabel? ¿una Virginia? ¿una Anita? ¿un Bartolomé?

EN BREVE

Hay	There is, there are
¿Hay...?	Is there?, Are there...?
—Sí, hay	Yes, there is, there are
—No, no hay	No, there isn't, there aren't
¿Hay un (una) artista en su clase?	Is there an artist in your class?
¿Hay artistas en su clase?	Are there...?
en	in

Notice: 1. If a noun ends in a vowel (a, e, i, o, u), just add **-s** to make it plural: **libro** ⟶ **libros**
2. If it ends in a consonant, add **-es**: **actor** ⟶ **actores**

Actividad

Estudie los modelos (Study the models). Después (Then) exprese en español:

1. There is a doctor in my family.   Hay un médico en mi familia.
   There is a (lady) dentist in my family. _____
2. Are there any artists in the class?   ¿Hay artistas en la clase?
   Aren't there any artists in your class? _____
3. Andrés is an excellent student. Andrés es un estudiante excelente.
   Mary Olmos is an excellent teacher. _____
4. Are you a professional actor?   ¿Es usted un actor profesional?
   Are you a professional pianist (feminine)? _____

PRONUNCIACIÓN

h is the only consonant in the Spanish language that is silent. Do not pronounce it!
Repita, por favor:
¡**H**ola!, **h**ay, **h**oy, **h**otel, **h**ospital, **h**ombre, **h**ambre, **h**ilo, **h**echo, a**h**ora

ll is pronounced in Spain like the **lli** in "million." In Latin America it is usually pronounced like the **y** in "yet." Choose whichever pronunciation you prefer, and then use it all the time.
Escuche bien (Listen well) y repita otra vez:
mi**ll**ón, caba**ll**o, po**ll**o, ga**ll**o, ca**ll**e, se**ll**o, **ll**amo, **ll**ego

ñ is pronounced like the **ny** in "canyon." The little curved line above the **n** is called a tilde.
Repita una vez más (one more time):
a**ñ**o, ni**ñ**a, ni**ñ**o, pu**ñ**o, pa**ñ**o, ca**ñ**a, ma**ñ**ana

6 Álbum de familia

Juan   Juana

Juan   Juana

el **esposo**   la **esposa**
the husband the wife
    los **esposos**

el **padre**   la **madre**
the father   the mother
    los **padres**

Did you notice? When a group has both male and female in it, Spanish uses the masculine plural to cover all. In other words:
Los padres can mean "the fathers" or "the father and mother."
Las madres means only "the mothers."

Actividades

Juan   Juana
Juanito   Juanita

Juanito   Juanita

el **hijo**   la **hija**
the son   the daughter
    los **hijos**

el **hermano**   la **hermana**
the brother   the sister
   los _____

Felo   Fela

Pío   María

Luis

Luisa

mi **abuelo**   mi _____
my grand-   my grand-
father   mother
  mis _____

mi **tío**   mi _____
my uncle   my aunt

  mis _____

mi **primo**   mi _____
my cousin   my cousin

  mis _____

21

2 *Now make believe this is your family. Look at the illustrations..., y conteste:*

Pío

María

Fela

1. ¿Quién es?
   Es mi tío Pío.

2. ¿Quién es?
   Es _____

3. ¿Quién es?
   Es _____,

Luis   Luisa

Juan   Juana

4. ¿Quiénes son?
   Son mis _____

5. ¿Quiénes son?
   Son mis _____

3 *Ahora complete Ud.* (**Ud.** is the short form for **usted**.)
1. Si Juan es el padre de Juanito, Juanito es el ____ de Juan.
2. Si Juana es la esposa de Juan, Juana es la ____ de Juanito.
3. Si Juanita es la hija de Juan y Juana, Juanita y Juanito son ____.
4. Si María es la hermana de Juana, María es la ____ de Juanito.
5. María y su esposo Pío son los ____ de Juanito y Juanita.
6. Si Luis es el hijo de Pío y María, Luis y Juanito son ____.
7. Y si Felo y Fela son los padres de Juana y María, Felo y Fela son los ____ de Juanito y Juanita.

4 *Finalmente, conteste:*
1. ¿Tiene Ud. hermanos?　　　—Sí, tengo... (Yes, I have...)
   (Do you have any...?)　　　—No, no tengo...

2. ¿Tiene Ud. abuelos?　　　—Sí, tengo...
   　　　　　　　　　　　　—No, no tengo...

3. ¿Tiene Ud. muchos (many) tíos? ¿Tiene más (more) tíos o más tías? (Tengo...)

4. ¿Tiene Ud. muchos primos? ¿Tiene Ud. un primo favorito, o una prima favorita?

Abuelo y nieto (grandson) y un castillo histórico. Manzanares el Real, España

■ EN BREVE

la **familia** the family	
el **padre** the father	la **madre** the mother
los **padres** the fathers, the parents	las **madres** the mothers
el **hijo** the son	la **hija** the daughter
el **hermano** the brother	la **hermana** the sister
el **esposo** the husband	la **esposa** the wife
el **tío** the uncle	la **tía** the aunt
el **primo** the cousin	la **prima** the cousin
el **abuelo** the grandfather	la **abuela** the grandmother
el **hombre** the man	la **mujer** the woman

Actividad

¿Hay más hombres (more men) o más mujeres (more women) en su familia?

Tell us the names of the members of your family, and how each one is related to you. Por ejemplo:

Hombres (Men)
mi padre _____
mi _____

Mujeres (Women)
mi madre _____
mi _____

Los Ángeles, California. Los hermanos, amigos y primos participan en el momento grande con los esposos Lydia y Andrés Morales. ¡Felicidades (Congratulations)!

■ PRONUNCIACIÓN

s in Spanish is almost always like the **ss** in "dresser."
Diga Ud. (Say):
mesa, masa, pesa, casa, música, museo, presente, presidente

z is pronounced in Latin America like the **s** in "sink." In Spain, it is pronounced like the **th** in "think." Decide which you prefer, and then stay with it.
Diga otra vez (again):
zona, zapato, mozo, pozo, lazo, cazo, comienzo, azul

c When **c** comes before an **e** or an **i**, it is just like the Spanish **z**: that is, **s** in Latin America, and **th** in Spain. Use the same pronunciation you chose for **z**.
Diga otra vez:
cinco, cero, celo, cielo, precio, necio, nación, principal
In all other positions, **c** is pronounced like the **c** in "cake."
Diga otra vez:
caso, cama, copa, capa, cuna, como, pico, Paco, poco, loco

7 ¿Le gusta...?
Do you like...?

Hola. ¿Cómo está?
Dígame (Tell me), ¿le gusta el español?

Repita, por favor:
la televisión, el radio, el teatro, la música, los conciertos, la ópera, el béisbol, el fútbol, el tenis, el vólibol, el básquetbol, el boxeo, el golf

1

2

3

1 ¿Le gusta el tenis? "¡Sí! Me gusta mucho. Yo soy Guillermo Vilas de Argentina, campeón internacional."

2 "¡Punto!" Dígame, ¿le gusta más el sóquer (fútbol europeo) o el fútbol norteamericano?

3 ¿Le gusta la música hispana? El puertorriqueño José Feliciano, cantante (singer) popular.

El esquí es uno de los deportes más populares, ¡y difíciles! Dígame otra vez, ¿le gusta? Portillo, Chile.

Actividades

1 *Ahora conteste:*
1. ¿Le gusta la televisión? (Do you like...?) 　　—Sí, me gusta la televisión. (Yes, I like...) —No, no me gusta la... (No, I don't like...)
2. ¿Le gusta la música?
3. ¿Le gusta el fútbol?
4. ¿Le gusta más (more) el fútbol o el tenis? 　　—Me gusta más el...
5. ¿Le gusta más el béisbol o el básquetbol?
6. ¿Le gusta más el tenis o el golf?

2 *Conteste otra vez:*
1. ¿Le gustan los conciertos? (Do you like concerts?) 　　—Sí, me gustan los conciertos. —No, no me gustan los conciertos.
2. ¿Le gustan las comedias?
3. ¿Le gustan los misterios?
4. ¿Qué (which) actores le gustan?
5. ¿Qué actrices le gustan?

As you can see, when we like more than one thing, **gusta** changes to **gustan**.

3 *Ahora, conteste una vez más (one more time):*
1. ¿Le gusta su familia? (Sí, me gusta mi... No, no me gusta mi...) ¿Le gustan sus primos? (Sí, me... mis primos.) ¿Le gustan sus tíos? ¿Le gustan mucho sus padres? ¿Le gustan mucho sus abuelos?
2. ¿Le gusta la escuela? ¿Le gustan sus maestros? ¿Le gustan sus clases de español? ¿Le gusta la sección "En breve"? ¿Realmente? (Really?)

EN BREVE

¿Le gusta la música?　　—Sí, me gusta... Yes, I like...
Do you like music?　　—No, no me gusta... No, I don't like...
¿Le gustan los conciertos?—Sí, me gustan...
Do you like concerts?　　—No, no me gustan...

Remember: When what you like is plural, use **Me gustan...**

Actividad

Diga en español (Say in Spanish):

1. that you like baseball.　(Me...)
2. that you like a certain person.
3. that you like concerts of popular music.
4. Tell us something you don't like.　(No me...)

PRONUNCIACIÓN

j　The Spanish **j** is a harsh, raspy sound formed far back in the throat. It's as if you started to say "ha-ha-ha," and didn't quite clear your throat.
Por favor, escuche bien (listen well), y repita:
junio, julio, mojo, cojo, dijo, dejo, lejos, trajo, caja, cajón

g　The Spanish **g** is pronounced just like the **j** when it comes before an **e** or an **i**.
Diga:
generoso, general, agente, gitano, dirige, gente, gesto, genial
In all other positions, the **g** is like the English **g** in "gum."
Diga otra vez:
tengo, tenga, pongo, ponga, diga, dígame, hago, lago, goma, gasa, gasolina

In the groups **gui** and **gue** the **u** is not pronounced. The **u** just serves to keep the **g** sound hard (that is, like the **g** in "got").
Diga una vez más (once more):
guía, seguía, sigue, distingue, guiña, guiño, águila, guión
Now just for practice,
Lea otra vez en voz alta (aloud):
ga, gue, gui, go, gu　(Remember, the **g** is hard!)
ja, ge, gi, jo, ju　(Use the throaty sound here.)

8 Números 1–12

Repita: cero 0

uno	1	cinco	5	nueve	9
dos	2	seis	6	diez	10
tres	3	siete	7	once	11
cuatro	4	ocho	8	doce	12

— Actividades —

1 Ahora estudie (study) las ilustraciones y díganos (tell us): What number do you think of?

1. yo
2.
3.
4.
5.
6.
7.
8.
9.
10.
11.
12.

28

2 Problemas de aritmética

y	+
menos	−
por	×
es (singular), **son** (plural)	=

Diga en español:
1. 1 + 1 = 2 (uno y uno son dos)
2. 2 + 1 = 3
3. 6 − 2 = 4 (seis menos dos son...)
4. 9 + 2 = 11
5. 3 + 5 = 8
6. 10 + 2 = 12

3 *Ahora complete:*
1. 6 + 1 =
2. 3 + 4 =
3. 2 + 3 =
4. 4 + 7 =
5. 5 + 6 =
6. 10 − 4 =
7. 11 − 8 =
8. 9 − 4 =
9. 4 − 1 =
10. 12 − 7 =
11. 4 × 3 =
12. 2 × 6 =
13. 3 × 3 =
14. 5 × 2 =
15. 2 × 3 =

4 *Ahora conteste:*
1. Hay un pianista, dos guitarristas y un clarinetista en el grupo musical.
   Conteste: ¿Cuántas (How many) personas hay en el grupo?
2. Hay siete chicos (boys) y cinco chicas (girls) en la clase.
   Conteste: ¿Cuántos estudiantes hay en la clase?
3. Hay cuatro maestros de español, tres maestros de francés y una maestra de italiano en mi escuela.
   Conteste: ¿Cuántos maestros de lenguas (languages) hay en la escuela?

¿Sabe Ud.?

The Spanish way of writing numbers is a bit different from ours. Observe especialmente los números 1 y 7. ("Zero" en español es **cero**.)

1 2 3 4 5 6 7 8 9 10

29

■ EN BREVE ■

Números (Numbers) 1 - 12 (**uno** a **doce**)
¿Cuántos chicos hay?   How many boys are there?
¿Cuántas chicas hay?   How many girls are there?
¿Cuántos?, ¿Cuántas?   How many?

el **chico**   boy   la **chica**   girl

Actividad

Conteste, por favor:
1. ¿Cuántas personas hay en un equipo (team) de básquetbol?
2. ¿Cuántas personas hay en dos equipos de básquetbol?
3. ¿Cuántas personas hay en un equipo de béisbol?
4. ¿Cuántos maestros tiene Ud. (do you have)? (Tengo...)
5. ¿Cuántas clases tiene? (Tengo...)

■ PRONUNCIACIÓN ■

qu is just like the English **k**. It appears in Spanish only before an **e** or an **i**. Remember, the **u** does not sound at all.
Lea en voz alta (Read aloud):

¿**qu**é? ¿**qu**ién? ¿**qu**iénes? **qu**iero, **qu**ito, a**qu**í, a**qu**el, **qu**eso, **qu**emo, to**qu**e, blo**qu**e

(Incidentally, the letter **k** does not really belong to the Spanish alphabet. It appears only in a few words of foreign origin, such as **kilo** and **kilómetro**.)

x   When **x** appears between two vowels, it sounds very much like a hard **g** followed by a soft **s**. In other words, the Spanish **exacto** has "eggs" in it. Say **egsacto, egsamen**.

Ahora diga:
ex**a**cto, ex**a**ctamente, ex**a**men, **é**xito

(There is one exception: In the words **México** and **Texas**, the **x** is pronounced like the **j**.)
When **x** appears before a consonant, the Spaniard usually pronounces it like **s** (**extra** – **estra**). The Latin American says either **s** or **x**.

Diga otra vez:
e**x**tra, e**x**traño, e**x**plicar, e**x**tranjero, e**x**tremo, e**x**perimento

9 ¿Qué hora es?
What time is it?

1. Es la una.
(It is one o'clock.)

2. Son las dos.
(It is two o'clock.)

3. Son las tres.

4. Son las _____.

5. Son las _____.

6. Son las _____.

7. _____.

8. _____.

9. _____.

10. Es la una y media.

11. Son las dos y media.

12. Son las seis y _____.

13. Son las _____.

14. Son _____.

15. _____.

16. Es la una y cuarto.

17. Son las dos y cuarto.

18. Son las cuatro y _____.

31

19. Es la una menos cuarto. 20. Son las _____. 21. Son _____.

22. Es la una y cinco. 23. Son las dos menos cinco. 24. Son _____.

— **Actividad** —

¿A qué hora...? (At what time...?)

	CLASES
1	9:00 – música
2	10:00 – historia
3	11:30 – matemáticas
4	12:15 – inglés
5	1:00 – español
6	1:45 – ciencia
7	2:30 – laboratorio

Ahora conteste:

1. ¿A qué hora es la clase de música? (La clase de música es a la (las)...)
2. ¿A qué hora es la clase de inglés? ¿y de ciencia?
3. ¿Y la clase de matemáticas? ¿y de español? ¿y de historia?
4. ¿A qué hora es la sesión de laboratorio?

Y una pregunta más (one more question):
¿Qué hora es ahora?

■ EN BREVE

¿Qué hora es? —Es la una. It is one o'clock.
What time is it? —Son las dos. It is two o'clock.
  —Son las tres y media. It is 3:30.
  —Son las seis y cuarto. It is 6:15.
  —Son las ocho menos cuarto. It is 7:45, a quarter to 8

¿A qué hora . . .? —A la una At one o'clock
At what time . . .?

la **hora** time, hour

Actividad

Conteste según (according to) las instrucciones. Por ejemplo:
1. "Mi clase de inglés es a las ocho y media. ¿Y su clase?" Now tell us what time your English class is. (Mi clase . . .)
2. "Mi clase de español es a las doce. ¿Y su clase?" Is your Spanish class at 12:00 too? Tell us.
3. "Mi hora libre (free) es a las once menos diez. ¿Y su hora libre?" Do you have a free hour? Tell us when it is.
4. "Son las cuatro y cinco ahora." Tell us what time it is where you are now (to the nearest half hour).

■ PRONUNCIACIÓN

b and **v** There is no difference at all between the Spanish **b** and **v**. The English **v** does not exist in correct Spanish. If a word begins with **b** or **v**, say **b**.

Lea en voz alta ahora:
barba, barbero, bomba, bote, voto, vamos, venga, vaya

When the **b** or **v** appears between two vowels, the sound is weaker. Start to say a real **b**, but at the last moment, don't quite close your lips all the way.

Diga ahora:
cabo, cubo, tuvo, estuvo, cabe, sabe, ave, llave, nube, nave, andaba, hablaba

10 Los días de la semana
The days of the week

Buenos días. (Good morning.) ¿Cómo está?
Vamos a comenzar. (Let's begin.)

Diga Ud.:

lunes[1]	Monday
martes	Tuesday
miércoles	Wednesday
jueves	Thursday
viernes	Friday
sábado	Saturday
domingo	Sunday

hoy today   **mañana** tomorrow

Actividades

1 *Ahora conteste:*
1. ¿Qué día es hoy? —Hoy es (lunes, martes, etc.) _____.
2. ¿Qué día es mañana? —Mañana _____.
3. Si hoy es lunes, ¿qué día es mañana? —Si hoy es lunes, mañana es _____.
4. Si hoy es jueves, ¿qué día es mañana?

2 *Conteste otra vez:*
1. Si mañana es domingo, ¿qué día es hoy?
2. Si mañana es viernes, ¿qué día es hoy?
3. Si mañana es sábado, ¿qué día es hoy?
4. Si mañana es lunes, ¿qué día es hoy?

3 *Estudie por (Study for) un momento el calendario, y conteste:*
¿Qué día de la semana es el 2 de octubre? ¿el 10? ¿el 6? ¿el 7? ¿el 12?

---

[1]Notice that the Spanish week begins with Monday and that days of the week are not capitalized.
Incidentally, have you noticed anything else about the word **día**?

CALENDARIO
OCTUBRE

lunes	martes	miércoles	jueves	viernes	sábado	domingo
1	2	3	4	5	6	7
8	9	10	11	12	13	14
15	16	17	18	19	20	21
22	23	24	25	26	27	28
	30	31				

EN BREVE

¿Qué día es hoy? —Hoy es lunes.
What day is today? Today is Monday.
¿Qué día es mañana? —Mañana es martes (miércoles,
What day is tomorrow? jueves, viernes, sábado,
 domingo)
 Tomorrow is Tuesday –
 Wednesday, Thursday, Friday,
 Saturday, Sunday

el **día** the day **hoy** today
la **semana** the week **mañana** tomorrow

Actividad

Diga "Sí" o "No". But remember, if you say "No," you must tell why.

1. Hoy es lunes.
2. Hoy es sábado.
3. Mañana es miércoles.
4. Mañana es viernes.
5. Hay clases mañana.
6. Hoy hay clase de español.
7. Son las dos y media ahora.
8. Es la una y cuarto ahora.

PRONUNCIACIÓN

t If you place the back of your hand close to your mouth when you say **t** in English, you will feel a slight breath come out. The Spanish **t** does not have that breath following it. To get the Spanish sound, put your tongue against the back of your upper teeth, and make sure that you feel or hear no breath come out.

Lea en voz alta:
tanto, **t**onto, **t**ía, **t**in**t**o, **t**in**t**a, vis**t**a, cin**t**a, man**t**o, san**t**o, Teresa, Tomás, **t**í**t**ulo, **t**iempo, Sacramen**t**o, **t**enis, **t**odo, his**t**oria, **t**uyo, es**t**udio, Ar**t**uro

Álbum 1

¿Qué tiempo hace? (How is the weather?)

Hace frío.
It's cold out.

Hace mucho calor.
It's very . . .

Nieva.
It's snowing.

Llueve.
It's raining.

Hace calor.
It's warm (or hot) out.

Hace viento.
It's windy.

1

2

3

38

Ahora díganos:

¿Hace frío hoy?
¿Hace mucho frío?
¿Hace calor?
¿Hace mucho viento?

Los meses y las estaciones (The months and the seasons)

enero
febrero
marzo

el invierno

julio
agosto
septiembre

el verano

abril
mayo
junio

la primavera

octubre
noviembre
diciembre

el otoño

Actividad

Ahora conteste:
1. ¿Cuál es el primer mes (Which is the first month) del año?
 (In case you're curious: When **de** — "of, from" — comes before **el**, the two combine into **del**.)
2. ¿Cuál es el segundo (second) mes del año?
3. ¿Cuáles (Which) son los meses del invierno? ¿Y de la primavera? ¿Y del verano? ¿Y del otoño?
4. ¿En qué mes llueve más (most)? ¿En qué mes hace más viento?
5. ¿Cuáles son los meses del béisbol? ¿Y del fútbol norteamericano?
6. ¿Qué estación del año le gusta más? ¿Qué meses le gustan más?
7. ¿Le gusta más el calor o el frío? ¿el verano o el invierno?
8. ¿En qué mes es el Día de San Valentín?
9. ¿En qué mes es su cumpleaños (birthday)?
10. ¿En qué mes es el día de San Patricio?
11. ¿En qué mes son las elecciones nacionales?

¿Sabe Ud.?

En partes de Argentina y Chile las estaciones del año son:

enero, febrero, marzo	el verano
abril, mayo, junio	el otoño
julio, agosto, septiembre	el invierno
octubre, noviembre, diciembre	la primavera

Actividad

Su prima Rafaela es de Nueva York. Su amigo Rafael es de Bariloche, Argentina y celebra la Navidad (Christmas) en un mes de calor. Muy bien, Rafaela y Rafael, ahora:

	Rafaela	Rafael
1. ¿Hace frío o calor en enero?	Hace frío.	¡No! _____
2. ¿Hace frío o calor en agosto?	_____	_____
3. ¿En qué meses hace mucho calor?	_____	_____
4. ¿En qué meses nieva?	_____	_____

¿Cuál es su signo?

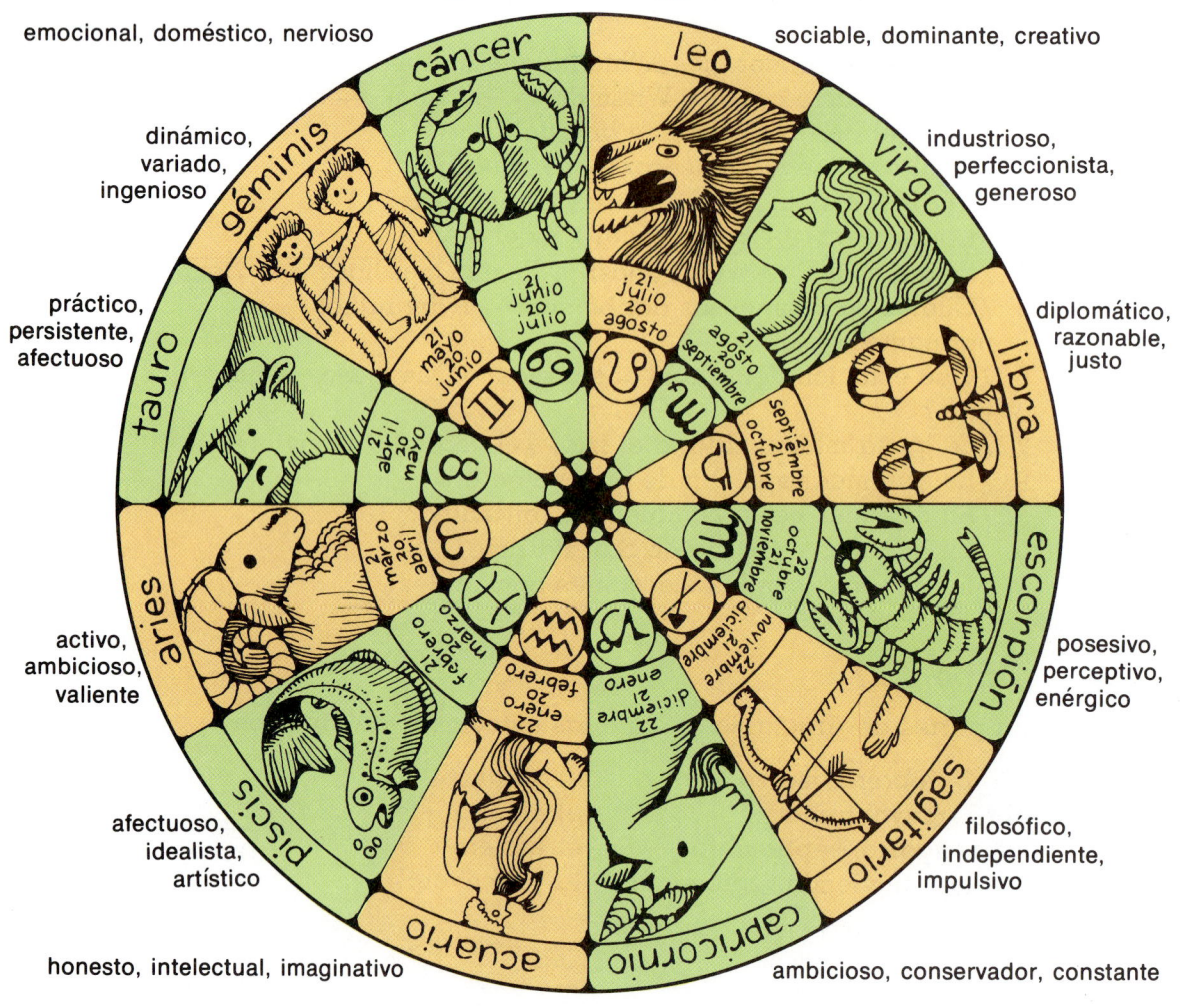

cáncer — emocional, doméstico, nervioso
leo — sociable, dominante, creativo
géminis — dinámico, variado, ingenioso
virgo — industrioso, perfeccionista, generoso
tauro — práctico, persistente, afectuoso
libra — diplomático, razonable, justo
aries — activo, ambicioso, valiente
escorpión — posesivo, perceptivo, enérgico
piscis — afectuoso, idealista, artístico
sagitario — filosófico, independiente, impulsivo
acuario — honesto, intelectual, imaginativo
capricornio — ambicioso, conservador, constante

Actividad

Estudie por (Study for) un momento los diferentes signos y sus cualidades (their qualities). Ahora, ¿puede Ud. adivinar (can you guess) los signos de sus amigos, y de su maestro (maestra)? Por ejemplo:

—(Micaela, Eduardo, Señor..., Señora...), Ud. es una persona muy ____. ¿Su signo es Leo?
—No. Mi cumpleaños (birthday) es en ____. Mi signo es ____.
     O posiblemente
—Sí, mi cumpleaños es en ____. Mi signo es Leo.
(Your reward if you guess right? ¡"A" en astrología!)

EN BREVE

Hace (mucho) frío.	It's (very) cold out.
Hace (mucho) calor.	It's (very) warm out.
Hace (mucho) viento.	It's (very) windy.
Llueve.	It's raining.
Nieva.	It's snowing.

Los meses del año The months of the year
**enero, febrero, marzo, abril, mayo, junio, julio,
agosto, septiembre, octubre, noviembre, diciembre**

Las estaciones del año The seasons of the year
   el **invierno** winter   la **primavera** spring
   el **verano** summer   el **otoño** autumn

¿Cuál es . . .?, ¿Cuáles son . . .? Which is . . .?, Which are . . .?
¿En qué mes . . .? In what month . . .?

   el **mes** month   el **año** year   la **estación** season

                  de + el = del

Actividades

1 *Exprese en español, según (according to) los modelos:*
1. My birthday is in May. <u>Mi cumpleaños es en mayo.</u>
   My birthday is in _____ (tell your real birthday month).
2. My parents' anniversary is in March. <u>El aniversario de mis padres es en marzo.</u>
   The anniversary of my aunt and uncle (mis tíos) is in September. _____
3. My favorite season is fall. <u>Mi estación favorita es el otoño.</u>
   My favorite season is spring. _____
4. There are twelve months in a year. <u>Hay doce meses en un año.</u>
   There are seven days in a week. _____

2 **¿Verdad o Falso?** True or False?
1. Hace mucho frío hoy.
2. Hace mucho calor en Panamá.
3. Hace mucho calor en Alaska.
4. En Canadá nieva más en el verano.
5. En Centroamérica el año tiene dos estaciones.

Una vista impresionante de los Andes. Colombia, Sudamérica.

■ PRONUNCIACIÓN

d   There are several ways of pronouncing **d** in Spanish. The difference depends on its position. For example:

When the **d** stands between two vowels, it is pronounced like the voiced English **th** in "father."
Diga, por favor:
na**d**a, ca**d**a, to**d**o, mo**d**o, halla**d**o, habla**d**o, comi**d**o, anda**d**o, vivi**d**o, bebi**d**o, Esta**d**os Uni**d**os

At the end of a word, the **d** is like a **th**, but very soft.
Diga otra vez:
liberta**d**, universida**d**, fraternida**d**, verda**d**, bonda**d**, unida**d**

And in most other positions, it is like the Spanish **t**, but voiced.
Repita una vez más (one more time):
Dígame, ¿**D**ónde?, **d**oy, **d**an, **d**irecto, **d**uro, cuan**d**o, **d**an**d**o

Observaciones y Repaso I

Repaso means "Review." Let's see what we've learned up to now.

A. Every person or thing in Spanish is either masculine or feminine. And so, the articles ("the," "a," "an") must be masculine or feminine too. Remember also that just as in English, we have singular and plural: *One* person or thing is singular; *two* or more are plural.
1. the
   - **el padre** the father
   - **los padres** the parents, the fathers
   - **la madre** the mother
   - **las madres** the mothers
2. a, an
   - **un padre** a father
   - **una madre** a mother

B. How can we tell whether a word is masculine or feminine?
1. All words that refer to males and most words that end in **o** are masculine.
   - **el hijo** the son
   - **el estudiante** the (boy) student
   - **un libro** a book
   - **un artista** a (male artist)
2. All words that refer to females and most words ending in **a** are feminine.
   - **la hija** the daughter
   - **la estudiante** the (girl) student
   - **una pluma** a pen
   - **una artista** a (woman) artist

El día (masculine), the day, is an exception: ¡Buenos días!

C. Here's how we make a noun plural:
If it ends in a vowel (a, e, i, o, u), just add **-s**:
   - chico ⟶ chicos   clase ⟶ clases

If it ends in a consonant, add **-es**:
   - papel ⟶ papeles   mes ⟶ meses

Words ending in **-ción** lose their accent mark in the plural:
   - estación ⟶ estaciones

And one more thing: Words that end in **-z** change **z** to **c** in the plural:
   - lápiz ⟶ lápices (There are very few of these.)

Práctica

1 *Diga la forma correcta del artículo definido (Say the correct form of the definite article, "the"). Por ejemplo:*
maestro ⟶ el maestro   maestra ⟶ la maestra
madre, padre, hermano, tía, hijo, familia, abuelo, pizarra, clase, hora, semana, día (¡Cuidado! / Careful!), año, mes

2 *Diga ahora la forma correcta del artículo indefinido (indefinite article, "a" or "an").*
Por ejemplo:
abuelo ⟶ un abuelo   amiga ⟶ una amiga

profesor, profesora, pluma, papel, lápiz, hora, día (!), semana, año, mexicano, venezolana, español, española, cubano, colombiana, texano

3 *Ahora diga la forma plural.*
Por ejemplo:
el tío ⟶ los tíos   la prima ⟶ las primas

el esposo, la esposa, el primo, la hermana, el papel, la pluma, el lápiz, la estación, el día, el año, el mes, la semana, el argentino, la chilena

D. I am, you are...
(Yo) soy .   I am (inteligente, brillante, fantástico, etc.)
(Usted, Ud.) es   You are (dinámica, fabulosa, superior)
Mi familia es...   My family is (inglesa, italiana, americana)
Mis padres son   My parents are (maravillosos, terribles, generosos)

E. I am not... Are you?
How do you make a sentence negative? Just put **no** before the verb:
(Yo) no soy... Ud. no es... Mis padres no son...

How do you make it into a question? Put the subject after the verb. Or you can even put the subject at the very end.
Ud. es americano. ⟶ ¿Es Ud. americano?
Su familia es cubana. ⟶ ¿Es cubana su familia?

F. Since every person or thing in Spanish is masculine or feminine, words that describe them (adjectives) must be masculine or feminine too.
1. If an adjective ends in **o**, we make it feminine by changing the **o** to **a**:
   Mi padre es mexicano.   Mi madre es mexicana.
   Otherwise, there usually is no change:
   José es brillante.   Elena es brillante.
   Carlos es sentimental.   Luisa es sentimental.

   One exception: When an adjective of nationality ends in a consonant, the feminine form adds an **a**.

Mi tío es español.   Mi tía es española.
Mi amigo es japonés.   Mi amiga es japonesa.

2. To make an adjective plural, do the same as you do for nouns. That is: Add **-s** if the singular ends in a vowel; if it ends in anything else, add **-es**:

Los estudiantes son muy buenos.
¿Son españolas sus amigas?
Mis hermanos son muy intelectuales.
Las ideas son interesantes.

Práctica

1 *Conteste:*
1. ¿Es Ud. texano (texana)? 2. ¿Es Ud. caroliniano(a)? 3. ¿Es Ud. muy generoso(a)? 4. ¿Es Ud. muy sentimental? 5. ¿Es Ud. un estudiante (una estudiante) fenomenal? 6. ¿Es muy artística su madre? (Sí, mi..., No, ...) 7. ¿Son muy activos sus amigos? (Sí, mis..., No, ...) 8. ¿Hay una persona famosa en su familia? 9. ¿Hay hispanoamericanos en su escuela? 10. ¿De dónde es su familia? ¿De dónde son sus abuelos?

2 *Now make these sentences negative:*
1. Mi profesor es chileno. 2. ¿Es Ud. puertorriqueña? 3. Son mis amigos. 4. Pedro es de Madrid. 5. ¿Hay clases mañana? 6. Tengo muchos primos. 7. Soy un (una) estudiante excepcional.

3 *Complete en una forma original:*
1. Mi clase de español es... 2. Mis amigos son... 3. Yo soy... 4. ¿Es Ud....?

4 *Ahora cambie (Change each word group, according to the new word that follows).*
Por ejemplo:
una escuela fabulosa (un hotel)   un hotel fabuloso
mi amigo favorito (amigos)   mis amigos favoritos

1. una semana fantástica (un día)
2. los maestros italianos (un maestro)
3. una idea muy original (dos ideas)
4. mi tío favorito (tíos)
5. un hombre ambicioso (familia)
6. un perfume francés (los perfumes)
7. los estudiantes ingleses (las estudiantes)
8. un padre español (madre)

11 Números 13–30

Vamos a repasar (Let's review):

uno,	dos,	tres,	cuatro,	cinco,	seis
1	2	3	4	5	6
siete,	ocho,	nueve,	diez,	once,	doce
7	8	9	10	11	12

Ahora vamos a continuar:

1. trece   13
2. catorce   14
3. quince   15
4. diez y seis   16
5. diez y siete   17
6. diez y ocho   18
7. diez y nueve   19
8. VEINTE   20
9. veinte y uno   21
10. veinte y dos 22
11. veinte y tres 23
12. veinte y ___ 24
13. veinte y ___ 25
14. ___   26
15. ___   27
16. ___   28
17. ___   29
18. TREINTA   30

Actividades

1 Problemas de aritmética
Lea en voz alta, y haga sus números (do your figuring) en español:

1. $17 + 10 =$
2. $3 + 15 =$
3. $12 + 13 =$
4. $16 + 14 =$
5. $22 - 7 =$
6. $30 - 8 =$
7. $24 + 6 =$
8. $6 \times 5 =$
9. $4 \times 8 =$

2 Ahora conteste en español:
1. ¿Cuántos días hay en el mes de abril?
2. ¿Cuántos días hay en julio?
3. ¿Cuántas semanas hay en febrero?
4. ¿Cuántas horas hay en un día?
5. ¿Cuántos estudiantes hay en su clase de español?

3 ¿Qué hora es?

1.  Es la una y cuarto (o quince).
2.  Es la una y veinte.
3.  Es la una y veinte y cinco.
4.  Son las dos y _____.
5.  Son las dos y _____.
6.  Son las dos menos _____.

4 ¿Temprano o tarde? (Early or late?) *Estudie las ilustraciones y díganos:*

¿Es temprano o tarde?   ¿Es temprano o tarde?   ¿Es temprano o _____?

■ EN BREVE ■

Números 13 - 30 (trece a treinta)
¿Qué hora es?
—**Es la una y cuarto (o quince).**   It is 1:15.
—**Son las tres menos veinte.**   It is twenty to 3:00 (or 2:40).
Es tarde.   It's late.   **Es temprano.**   It's early.

Actividad

1. 10 + 9 =
2. 13 + 16 =
3. 12 + 11 =
4. 16 + 15 =
5. 26 − 5 =
6. 30 − 8 =
7. 17 − 14 =
8. 32 − 15 =
9. 3 × 9 =
10. 6 × 4 =
11. 4 × 7 =
12. 5 × 5 =

■ PRONUNCIACIÓN ■

r   The Spanish **r** is very different from the English **r**. Place your tongue gently near the front upper part of your mouth, and let it bounce against the roof as the breath comes out. Above all, your lips *should never move* when you say a Spanish **r**. A good way to practice it is to say the word "butter" over and over again very rapidly: butterbutterbutterbutterbutter, etc. If you listen carefully, what you hear will be a Spanish **r**! Lea en voz alta:

moro, toro, pero, cero, cara, para, pera, cera, curo, puro, mira, lira, hablar, escuchar, contestar, comer, comprender, leer

rr   The double **r** (**rr**) is a separate consonant in Spanish. It is pronounced like the single **r**, but with much more force. Instead of bouncing only once against the roof of the mouth, the tongue bounces two, three, or even four times. Diga otra vez:

caro, carro; para, parra; coro, corro; era, yerra; pero, perro; cero, cerro; hierro, cierro; barrera, carrera

12 ¿Habla Ud. japonés?
Do you speak . . . ?

Repita, por favor:
inglés, francés, español, portugués, italiano, ruso, chino, holandés

Actividades

1 ¿Habla Ud. . . . ? —Sí, hablo . . .

Ahora conteste:

1. ¿Habla Ud. japonés?   —Sí, hablo . . .
   (Do you speak Japanese?)   (Yes, I speak; I do speak . . .)
                                      —No, no hablo . . . (No, I don't . . .)
2. ¿Habla Ud. francés?
3. ¿Habla Ud. italiano?
4. ¿Estudia Ud. español o ruso?   —Estudio . . . (I'm studying . . .)
   (Are you studying . . . ?)

Estudiantes en la Universidad del Norte, Barranquilla, Colombia.
¿Hablan (are they speaking?) de los profesores?

5. ¿Estudia Ud. historia?
6. ¿Escucha Ud. mucho el radio? —Sí, escucho...
 (Do you listen much to...?) —No, no escucho...
7. ¿Escucha Ud. en la clase?
8. ¿Contesta Ud. mucho en la clase —Sí, contesto...
 de español? (Do you answer...?) —No, no contesto...
9. ¿Contesta Ud. mucho en la clase de inglés?

Ud. (usted) is a polite way of talking to people with whom you're not very close. Spanish also has a friendly "you," an informal way of speaking to relatives or friends. Here's how you do it: Instead of saying **¿Habla Ud.?**, you add **-s** onto **habla** and you drop the **usted**.

2 ¿Hablas...? —Sí, hablo...

Y conteste:

1. Amigo, ¿hablas inglés? —Sí, hablo...
 (..., do you speak English?) —No, no hablo...
2. Pepita, ¿hablas chino?
3. Riqui, ¿estudias francés? —Sí, estudio...
   —No, no estudio...
4. Chico, ¿escuchas? —Sí,...
 (Say, kid, are you listening?) —No,...
5. Toño, ¿no contestas el teléfono?
 (Tony, don't you answer...?)

3 ¿Habla...? —Sí, habla...

Conteste otra vez:

1. ¿Habla español su familia? —Sí, mi familia habla...
 (Does your family speak...?) —No, mi familia no habla...
2. ¿Habla italiano su padre?
 (Does your father speak...?)
3. ¿Estudia español su hermano? —Sí, mi hermano estudia...
   —No, mi hermano no...
4. ¿Estudia ciencia su hermano?
5. ¿Contesta en español su clase?
6. ¿Escucha música popular su madre?
 (Does your mother listen to...?)

■ EN BREVE

All the verbs we've just been using belong to what we call the first group or conjugation. The infinitive form — that is, "to speak," "to study," "to listen," "to answer"— ends in **-ar**:

hablar to speak **escuchar** to listen
estudiar to study **contestar** to answer

The **yo** (I) form always ends in **-o: hablo**
The polite **usted** (you) form always ends in **-a.** So does the form for a third person — he, she, my father, the class: **habla**
The friendly "you" adds **-s** onto the usual ending for **usted: hablas**

Actividad

Can you make sentences out of these words and pictures?

Por ejemplo: Yo escuchar _____ (Yo) escucho el radio.

1. (Yo) estudiar _____ (Yo) _____.
2. _____ hablar mucho Mi tío _____.
3. _____ contestar _____ _____.
4. Amigo, hablar _____ Amigo, ¿_____?

■ PRONUNCIACIÓN

Where does the accent fall? The rule is quite simple:
If the word ends in any consonant except **n** or **s**, the accent or weight falls on the ending. For example:
Lea en voz alta:

españ**ol**, camin**ar**, ten**er**, hac**er**, libert**ad**, universid**ad**, re**al**, cru**el**, cap**az**, hospit**al**

If the word ends in a vowel or **n** or **s**, the accent or weight falls just before the ending.
Lea otra vez:
p**a**sa, m**a**sa, c**e**ro, c**i**nco, d**o**nde, cu**a**ndo, pr**i**mo, **a**lto, p**a**dre, m**a**dre, h**i**jo, herm**a**nos, abu**e**los, cam**i**nos, escr**i**ba, rep**i**ta, cont**e**sten, esc**u**chen

If the word does not follow this rule, a written accent is placed over the vowel that is supposed to get the weight:
coraz**ó**n, l**á**grima, l**á**stima, uni**ó**n, naci**ó**n, f**á**cil, dif**í**cil, tel**é**fono

13 ¡Sí, sí, comprendo!
Yes, yes, I understand!

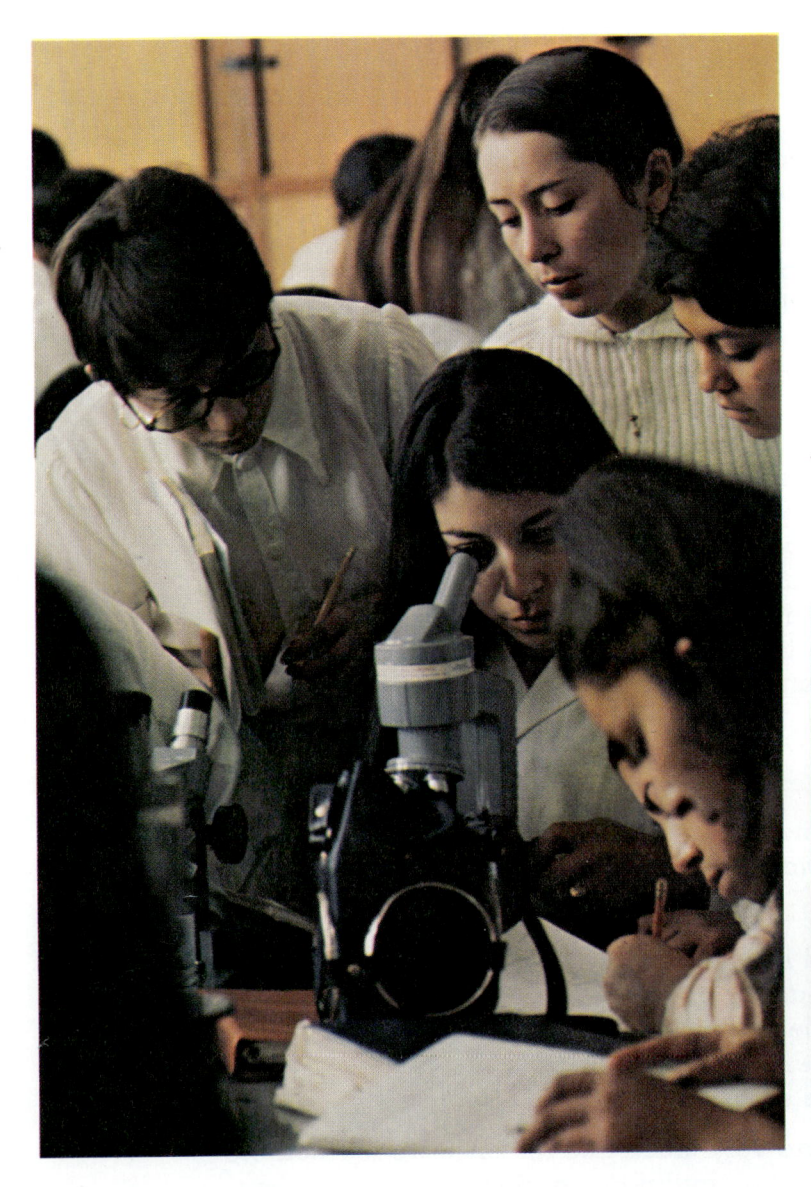

Clase de ciencia en una escuela superior de Quito, Ecuador. Los estudiantes aprenden más con el microscopio.

Un joven (young) dominicano escucha atentamente y escribe en una clase de inglés. ¿Comprende mucho? Sí, poco a poco (little by little).

Repita, por favor:
aritmética, ciencia, geografía, historia, literatura, arte, matemáticas, música, español, inglés

Actividades

1 ¿Comprende Ud....? —Sí, comprendo...

Ahora conteste:
1. ¿Comprende Ud. español? —Sí, comprendo...
   (Do you understand...?) —No, no comprendo...
2. ¿Comprende Ud. matemáticas?
3. ¿Lee Ud. mucho? —Sí, leo... (Yes, I read...)
   (Do you read a lot?) —No, no leo...
4. ¿Lee Ud. libros de historia?
5. ¿Aprende Ud. rápidamente? —Sí, aprendo...
   (Do you learn...?)
6. ¿Aprende Ud. rápidamente ciencias?
7. ¿Escribe Ud. bien? —Sí, escribo...
   (Do you write well?) —No,...
8. ¿Escribe Ud. poemas?
9. ¿Escribe Ud. música?
10. ¿Dónde vive Ud.? —Vivo en...
    (Where do you live?)
11. ¿Vive Ud. en un apartamento? —Sí, vivo...
    —No, no vivo...

2 Paco, ¿comprendes esto? —**Sí, comprendo esto.**
(Frank, do you understand...?) —**No, no comprendo...**

Ahora conteste:
1. Diego, ¿lees un libro ahora? —Sí, leo...
   (Jim, are you reading...?)
2. Sarita, ¿aprendes francés o español?
3. Emilia, ¿escribes hoy los ejercicios?
4. Josefina, ¿vives en Chicago?

Yes, these verbs are very much like the ones we learned the other day. Some of their endings are different because they belong to what we call the second and third conjugations (or verb groups). The infinitive of second conjugation verbs ends in **–er**. The infinitive of third conjugation verbs ends in **–ir**.

Otra vez, en Santo Domingo. Los estudiantes leen y conversan en una hora de receso.

Un joven chicano aprende a usar la computadora en Albuquerque, Nuevo México. ¡Hay un "Albuquerque" en España también (too)!

3 ¿Comprende su madre...?   —Sí, mi madre comprende...

Y conteste otra vez:
1. ¿Comprende italiano su madre? —Sí, mi madre comprende...
   (Does... understand...?)   —No, mi madre no comprende...
2. ¿Lee mucho su padre?
   (Does your father read a lot?)
3. ¿Aprende la guitarra su hermano (o su hermana)?
4. ¿Escribe mucho en la pizarra su profesor (profesora)?
5. ¿Dónde vive su familia? —Mi familia vive en...

55

4 ¡Vamos a actuar! (Let's act out!)
Write a question on a piece of paper. You may use any of the verbs or subjects or topics we've been talking about: **¿Habla Ud. chino?**, **¿Estudias el piano?**, **¿Lee mucho su madre?**, etc. Place all the questions in a box, and then one by one, you and your friends will have to pick them out, and act them out!

■ EN BREVE ■

2nd conjugation, **–er**
comprender   to understand
aprender   to learn
leer   to read

3rd conjugation, **–ir**
escribir   to write
vivir   to live

The **yo** (I) form always ends in **–o: leo, vivo**
The **usted** form and the form for any third person — he, she, it, my uncle Pete — ends in **–e: lee, vive**
And the friendly "you" adds an **–s** to the **usted** form: **lees, vives**

Actividad

Otra vez — Can you make sentences out of these words and pictures?

1. (Yo)   escribir   🎵   (Yo) _____ .

2.   👤   vivir   🌴   Mi _____ en _____ .

3.   👩   leer   📖   _____ interesante.

4. Amigo,   aprender   烧   Amigo, ¿ _____ ?

56

14 ¿De qué color es el amor?
What color is love?

Actividades

1 *Conteste ahora:*
1. ¿De qué color es una manzana?
2. ¿De qué color es una naranja?
3. ¿De qué color son las bananas?
4. ¿De qué color es la hierba?
5. ¿De qué colores son las flores?
6. ¿De qué color es el océano?
7. ¿Y el cielo?
8. ¿Y el sol?

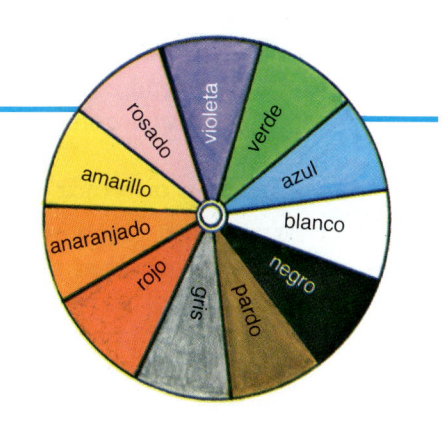

9. ¿Cuáles son los colores de la bandera norteamericana (American flag)?
10. ¿Y de la bandera italiana?
11. ¿Y de la bandera francesa?
12. ¿Cuáles son los colores de la bandera española?
13. ¿Cuáles son los colores de la bandera británica?

14. ¿De qué color es el Día de San Valentín (St. Valentine)? ¿De qué color es el Día de San Patricio? ¿Cuáles son los colores del 4 de julio?
    ¿Cuáles son los colores de la Navidad (Christmas)?
15. ¿Cuáles son los colores del invierno? ¿Y del otoño? ¿Y del verano?
16. ¿De qué color es el silencio? ¿De qué color es la felicidad (happiness)? ¿De qué color es un problema? ¿De qué color es el amor?

2 Vamos a adivinar (Let's guess)

Write on a piece of paper the name of a color, and pass the paper to another student in your class. The person who gets your slip of paper has to act out the color so that your other classmates can guess what it is. If he or she can get the idea across, he or she wins. If he or she can't, you do, and you get another chance. ¡Vamos a comenzar (begin)!

■ EN BREVE ■

¿De qué color es...? What color is...?
rojo red   **azul** blue
negro black   **amarillo** yellow
blanco white   **verde** green
pardo brown   **gris** gray

Actividad

Conteste una vez más:

1. ¿Cuáles son los colores de la bandera mexicana?
2. ¿Y de la bandera argentina?
3. ¿Y de la bandera brasileña?
4. ¿Y de la bandera chilena?

Y una cosa más (one more thing): ¿Cuál es su color favorito?

15 Escuche y repita, por favor.

Today we're going to learn about giving people orders. *Por ejemplo, repita Ud.:*

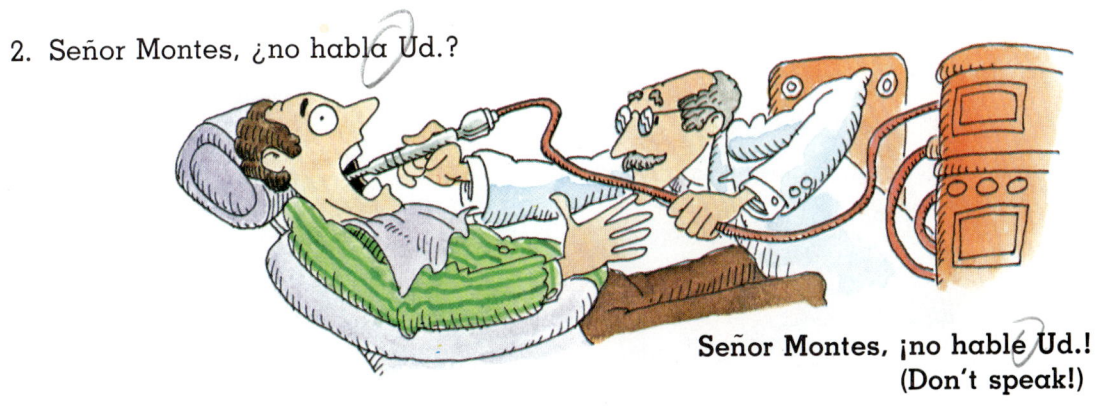

1. Pedro Vega, ¿escucha Ud.?
   (Are you listening?)

   Pedro Vega, ¡escuche Ud.!
   (Listen!)

2. Señor Montes, ¿no habla Ud.?

   Señor Montes, ¡no hable Ud.!
   (Don't speak!)

3. Señorita, ¿contesta Ud. el teléfono?

   Señorita, ¡conteste Ud. . . .!
   (Answer . . .!)

As you can see, when we tell you (**usted**) to do something, we just change the final **a** of the verb form to **e** — that is, if we're using a normal **–ar** verb. Now how do you think we give commands when we use our normal **–er** or **–ir** verbs? *Observe, y repita otra vez:*

4. ¿Lee Ud. en voz alta?
   (Do you read aloud?)

   ¡Lea Ud. en voz alta!
   (Read . . .!)

5. ¿Aprende Ud. español?

   ¿Habla Ud. inglés?

   No, señor. ¡Aprenda Ud. español!
   (Learn . . .!)

6. ¿No abre Ud. la puerta?
   (Aren't you opening the door?)

   ¡Ay, no! ¡No abra . . .!

60

By the way:
1. We don't have to use **Ud.** (**usted**) every time we give a command:
   Repita..., or **Repita Ud.** Either way is all right.
2. If we want to give the order to more than one person at a time, we just add **–n** to the **usted** form of the verb, with or without the word **Uds.** (**ustedes**):

Escuche (Ud.) ⟶ Escuchen (Uds.)

1. Señorita, pase (Ud.) a la pizarra. (..., go to the board.)
2. Carmen, José, pasen (Uds.) a la pizarra. 
3. Por favor, Señorita Lema ¡hoy no! 

Un poco de cortesía (A little courtesy)

4. **Pase Ud., por favor.** (Come in, please.) 
5. **Gracias. Muchas gracias.** (Thanks. Thanks very much.) 
6. **De nada.** (You're welcome.)

7. **Abra la ventana, por favor.** (Open...)
8. **Con mucho gusto.** (Glad to.) 
9. **¡Ay, perdón!** (Oh, excuse me!)

Actividad

Let's work these commands into polite dialogues, and then act them out.

1. Ud: Abra la puerta, ____
   Señor Vargas: Con ____
   Ud.: Gracias.
   Señor Vargas: ____

2. Ud.: Cierre la puerta, ____
   Señorita Alas: ____
   Ud.: ____
   Señorita Alas: ____

3. Ud.: Cierren los libros, ____
   La clase: ____
   Ud.: ____
   La clase: ____

4. Ud.: Ahora repitan, ____ ¡Viva el español!
   La clase: ¡ ____ !
   Ud.: ____
   La clase: ____

■ EN BREVE

Por favor	Please
Con mucho gusto	Glad to
Gracias, muchas gracias	Thanks, thanks very much
De nada	You're welcome
Perdón, Perdone(n)	Excuse me
Escuche Ud. **Escuchen Uds. (ustedes)**	Listen!
Repita Ud. **Repitan Uds. (ustedes)**	Repeat!

Actividad

1. Ask someone politely to do something (open the book, close the door, etc.). Now thank the person.
2. Make believe that someone has just asked you to do something. What do you say? What do you say when the person thanks you?
3. Now make believe that you have just interrupted or bothered somebody. What do you say?

16 ¿Cómo está Ud.?
How are you?

Buenos días, Sr. Díaz.
Muy buenos días. ¿Cómo está Ud.?
Bien, gracias. ¿Y Ud.?

Good morning, Mr. . . .   . . . How are you?   Fine, thank you . . .

If you didn't know: **Sr. (señor)** means "Mr."
Sra. (señora) means "Mrs."
Srta. (señorita) means "Miss"
(There is no "Ms." in Spanish, but they do call **señora** any lady, married or not, who is over a certain age!)

Actividad

Ahora, complete Ud. estas *(these)* conversaciones:

1.
Buenas tardes, Sra. Mera.
_____. ¿Cómo está?
Muy bien. ¿_____?
Excelente, gracias. Pues, adiós.
Sí. Hasta luego.

Good afternoon, . . .   Very well . . .   . . . Well, goodbye . . . So long.

63

2.

Good evening, ...and good night.   ...Till tomorrow.

Yes, **Buenas noches** means both "Good evening" and "Good night."

¿Sabe Ud.?

In some ways, Spanish-speaking people are a bit more formal than we are in their greetings. For example, to greet someone with whom you are not very close, you say: "Buenos días," "Buenas tardes," or "Buenas noches." You would say "Hola. ¿Cómo estás?" only to a close friend or relative. A good guide is to always use **Usted** and the more formal greetings unless you're on a first-name basis with someone. That way, you can never go wrong.

3.

So — so.   Well, so long —

Actividades

1 *Estudie por un momento la ilustración, y prepare una conversación original:*

La mañana
morning

You meet your neighbor, Mr. Salinas, on his way to work. What do you say? What does he reply? You talk a bit about the weather, and then you say goodbye.

Ud.: Buenos _días_
Sr. Salinas: _Buenos días._
Ud.: _Es mucho frío_
Sr. Salinas: _____
Ud.: _____

Conteste ahora:
1. En su opinión, ¿qué hora de la mañana es? (Son...)
2. ¿Qué estación del año es?
3. ¿Hay muchas personas en el bus?
4. ¿Usa Ud. frecuentemente el bus?

2 *Estudie la ilustración, y prepare otra vez una conversación:*

La tarde
Afternoon

You run into your favorite teacher, Srta. ____ (who speaks only Spanish, of course!). You greet each other. You ask how her family is. She asks whether you like your classes, and then... So long!

Ud.: Buenas _tardes_
Srta.: _¡Hola!_
Ud.: _¿Cómo es su familia?_
Srta.: _Bien. ¿Cómo son sus clases?_
Ud.: _Así Así. ¡Hasta mañana!_
Srta.: _Sí. ¡Hasta luego!_

Conteste otra vez:
1. ¿Qué hora de la tarde es?
2. ¿Qué estación del año es?
3. En su opinión, ¿qué día de la semana es?
4. ¿Cuántos estudiantes hay en la ilustración?
5. ¿Son estudiantes de escuela primaria, de escuela intermedia o de escuela superior?

"¡Hombre! ¡Qué gusto! ¿Y cómo está la familia?" Cali, Colombia

■ EN BREVE

Buenos días Good morning	**la mañana** morning
Buenas tardes Good afternoon	**la tarde** afternoon
Buenas noches Good evening, Good night	**la noche** night

¿Cómo está Ud.? ¿Cómo estás? How are you?
Muy bien, gracias Very well, thanks
Así, así So-so

Adiós Goodbye	**Señor (Sr.)** Mr.
Hasta mañana Till tomorrow	**Señora (Sra.)** Mrs.
Hasta luego So long	**Señorita (Srta.)** Miss

Actividad

1. Say "Good morning," Good afternoon," or "Good evening" to someone and ask how the person is.
2. Suppose someone has just asked you how you are. What do you reply?
3. Say "Hi" to a friend and ask how he or she is. What do you think your friend will say? How will you say "Goodbye"?

17 Números, otra vez

Vamos a repasar (review):

diez,	once,	doce,	trece,	catorce,	quince
10	11	12	13	14	15

diez y seis,	diez y siete,	diez y ocho,	diez y nueve
16	17	18	19

veinte,	veinte y uno,	veinte y *dos*,	veinte y *tres*,	etc.
20	*21*	*22*	*23*	

Actividades

1 *Diga y complete:*

treinta,   treinta y uno,   *treinta*   _____
30
_____   _____   _____
_____   _____   _____

2 *Diga y complete:*

cuarenta   *40*
cuarenta y ___   _____   _____
cuarenta y ___   _____   _____
cuarenta ___   _____   _____

cincuenta   50
sesenta   60
setenta   70
ochenta   80
noventa   90
cien or ciento   100

Do you know any English words that have "cent" in them and refer in some way to 100?   *¢, percent*

C	O	N	G	A
15	29	55	71	96
7	34	49	65	87
12	21	51	67	82
3	25	42	78	100
18	38	46	73	94

3 ¡Vamos a jugar! (Let's play!)

"Conga" is just like "Bingo." Now make up your own cards, choose a "caller," ¡y vamos a jugar!

4 Hasta mil   Up to 1000

cien (or ciento)	100	doscientos(as)	200
trescientos(as)	300	cuatrocientos(as)	400
quinientos(as)	500	seiscientos(as)	600
setecientos(as)	700	ochocientos(as)	800
novecientos(as)	900	mil	1000

What's the difference between **cien** and **ciento**?
We use **cien** before any noun, including **mil**: **cien días, cien mil.**
We use **ciento** before any smaller number: **ciento dos, ciento diez.**

Ahora, let's skip every other one. Por ejemplo:
200, 400, 600, . . .   100, 300, 500, . . .

¿Sabe Ud.?

España y Latinoamérica usan el sistema métrico. We will be using the metric system here soon. Por ejemplo:

un kilómetro   = .6 de una milla (mile)
100 kilómetros = 60 millas

Ahora: Si cien kilómetros son sesenta millas, ¿cuántos kilómetros hay en ciento veinte millas? ¿Cuántos kilómetros hay en ciento ochenta millas? ¿en doscientas cuarenta? ¿en trescientas?

■EN BREVE■

Números: 30–100 (**treinta** hasta **cien**)   100–1000 (**cien** hasta **mil**)

We use **cien** before a noun: 100 days, **cien días**
We use **ciento** before a smaller number: 120, **ciento veinte**

Actividad

Pronóstico del tiempo (Weather Forecast)
Los hispanos usan el sistema de centígrados, no de Fahrenheit.

C:	0°	5°	10°	15°	20°	25°	30°	35°	40°
F:	32°	41°	50°	59°	68°	77°	86°	95°	104°

Madrid, 30°C   San Francisco, 15°C   Toronto, 25°C   Alaska, 0°C
Ahora, díganos: ¿Cuáles son las temperaturas en grados Fahrenheit?
¿Hace frío? ¿Hace mucho calor?

18 Bueno, malo, mucho, poco
Good, bad, a lot, a little

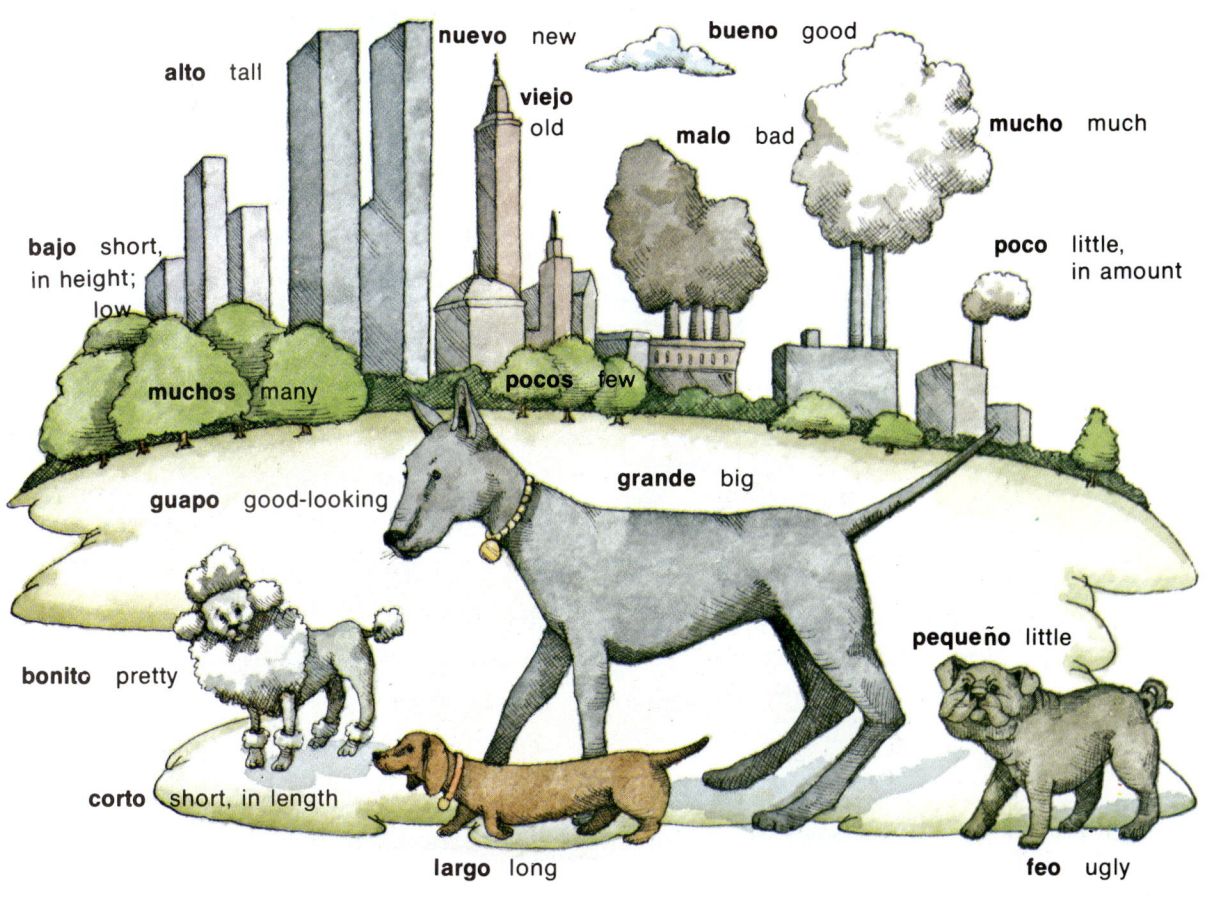

nuevo new
alto tall
viejo old
bueno good
malo bad
mucho much
bajo short, in height; low
poco little, in amount
muchos many
pocos few
grande big
guapo good-looking
pequeño little
bonito pretty
corto short, in length
largo long
feo ugly

Actividades

1 *Ahora conteste, por favor:*
1. ¿Es Ud. alto (alta)? ¿Es muy alto su padre? ¿Es alta su madre? ¿Son altos sus hermanos? ¿Son muy viejos sus abuelos?
2. ¿Es grande o pequeña su escuela? ¿Es vieja o nueva? ¿Es grande o pequeña su clase de español?
3. ¿Hay muchos maestros buenos en su escuela? ¿Hay muchos estudiantes buenos? ¿Hay estudiantes malos?
4. ¿Hay muchas chicas bonitas en su clase? ¿Hay muchos chicos guapos? ¿Son muy guapos sus maestros? (¿Realmente?)
5. Y finalmente: ¿Son largas o cortas sus clases? ¿Son interesantes?

69

2 ¿Le gustan los animales?

Pues complete ahora (¡y use la imaginación!)
1. Los elefantes son...
2. Los cocodrilos son...
3. Las jirafas son...
4. Los camellos son...
5. Un hipopótamo es...
6. Un tigre es...
7. Los insectos son...
8. Las serpientes son...

3 ¿Verdad o Falso?
Lea en voz alta, y conteste. Por ejemplo:
Una jirafa es alta.   Verdad. Es muy alta.
El Océano Pacífico es pequeño.   Falso. Es grande.
1. Puerto Rico es bonito.
2. Sudamérica es pequeña.
3. Roma es vieja.
4. Los Andes son bajos, ¿verdad?
5. Jerusalén es nuevo, ¿verdad?
6. Hay pocos camellos en Arabia, ¿verdad?
7. Nueva York es grande, ¿verdad?
8. Hay muchos cocodrilos en la Florida, ¿verdad?

Contrastes. Edificios (buildings) altos y bajos, nuevos y viejos, en México, Distrito Federal.

EN BREVE

bueno good	**mucho** much	**muchos** many
malo bad	**poco** little	**pocos** few
alto tall, high	**largo** long	**grande** big
bajo short, low	**corto** short	**pequeño** small
viejo old	**bonito** pretty	**guapo** good-looking
nuevo new	**feo** ugly	

Actividad

1. Describe someone you know, using two adjectives to tell what the person is like.
   Por ejemplo: Mi hermana Alicia es alta y bonita.
2. Describe your school.
3. Describe your classroom.
4. Describe something you own or use every day.
   Por ejemplo: Mi silla es..., Mi libro de español es...

19 ¿Cuál es más grande?
Which is bigger?

grandes — más grande — menos grande — pequeño — más pequeño

Comparing things is very easy in Spanish. All you generally do is put **más** (more) or **menos** (less) before the word.

    alto tall   **más alto** taller
    nueva new   **menos nueva** less new

The English word "than" is normally **que** in Spanish.
    Toni es más alto que Gil.   Tony is taller than Gil.

Más and **menos** also mean "most" or "least." Por ejemplo:
    el más alto the tallest   **la menos nueva** the least new
    Marga es la más alta de   Marge is the tallest of
      mis amigas.   my friends.

Actividades

1 *Ahora conteste Ud.:*
1. ¿Quién es más alto, Ud. o su padre? ¿Es Ud. más alto (alta) que su madre? ¿Quién es la persona más alta de su familia?
2. ¿Quién es menos estricto, su padre o su madre? ¿Quién es la persona más generosa de su familia?
3. ¿Cuál es más interesante, la ciencia o el arte? ¿Cuál es la ciencia más popular — la física, la biología o la química?
4. En su opinión, ¿el español es más difícil (harder) o menos difícil que el inglés? ¿Cuál es su clase más difícil?

There are only a few special forms. And here they are:

malo

peor
worse, worst

bueno

mejor
better, best

mayor
older, oldest

menor
younger, youngest

2 *Conteste otra vez:*
1. ¿Quién es mayor, su madre o su padre? ¿Quién es la persona mayor de su familia?
2. ¿Es Ud. mayor o menor que su mejor amigo (amiga)? ¿Quién es el (la) menor de sus amigos?
3. ¿Tiene Ud. (Do you have) hermanos o hermanas mayores? (Sí, tengo . . ., No, no tengo . . .) ¿Tiene Ud. hermanos menores?

■ EN BREVE

más grande bigger   **el, la más grande** the biggest
menos grande smaller   **el, la menos grande** the smallest

Special forms:
mejor better, best   **peor** worse, worst
mayor older, oldest   **menor** younger, youngest

Actividad

Exprese en español, según (according to) los modelos. Por ejemplo:
Mario is very tall. Mario es muy alto.
Edgar is taller than Mario. Edgar es más alto que Mario.
1. My uncle Pío isn't very old. Mi tío Pío no es muy viejo.
   My aunt Mary is older than Pío. _____
2. My father is very strict. Mi padre es muy estricto.
   My mother is less strict than my father. _____
3. Robert is my older brother. Roberto es mi hermano . . .
   Jim is the youngest of my brothers. _____
4. Ellen is a good friend. _____
   Joan is my best friend. _____

73

20 ¿Éste o ése?
This one or that one?

— Actividades

1 *Estudie las ilustraciones, y conteste:*
¿Éste o ése? (This one or that one?)

este coche (this car)   ese coche (that car)

1. ¿Cuál es más grande, este coche o ése?
2. ¿Cuál es mejor, éste o ése?
3. ¿Cuál usa menos gasolina?
4. ¿Cuál es más confortable?
5. ¿Cuál es menos costoso (expensive)?

¿Cuál le gusta más?

2 ¿Ésta o ésa? (This one or that one?)

esta casa (this house)   esa casa (that house)

1. ¿Cuál es más nueva, esta casa o ésa?
2. ¿Cuál es más grande, ésta o ésa? ¿menos alta? ¿más costosa?
3. ¿Cuál le gusta más?
4. ¿Vive Ud. en una casa como (like) ésta?
5. ¿Hay muchas casas como ésa?

¿Cuál es más típica?

3 ¿Éstos o ésos (These or those?)

estos chicos (these...)   esos chicos (those...)

1. ¿Estos chicos son jugadores (players) de tenis o de fútbol? ¿Y esos chicos?
2. ¿Quiénes son mayores, estos chicos o ésos?
3. ¿Le gusta a Ud. mucho el tenis?
4. ¿Es Ud. el mejor jugador (o la mejor jugadora) de la clase?
5. ¿Es Ud. uno de los (o una de las) peores?

(masculine plural)

¿Cuántas personas hay en estas dos ilustraciones?

4 ¿Éstas o ésas? (These or those?)

estas chicas   esas chicas

1. ¿Cuáles son españolas, estas chicas o ésas?
2. ¿Cuáles son francesas?
3. En su opinión, ¿cuál es más bonito, el francés o el español?
4. ¿Cuál es más difícil, el español o el inglés?
5. ¿Qué lengua (language) es la más importante hoy?

(feminine plural)

¿Cuáles le gustan más?

Did you notice? **Este, ese,** etc., need an accent mark only when they have no noun to lean on.

este grupo   this group   **éste**   this one
esas señoras   those ladies   **ésas**   those

75

5 ¡Vamos a jugar! (Let's play!)
Collect the following things:
- 6 lápices de diferentes colores, un lápiz muy grande y un lápiz pequeño
- 6 plumas de diferentes colores, una pluma grande y una pluma pequeña
- 6 papeles de diferentes colores, un papel muy pequeño y un papel grande

Now put them into two boxes (cajas), one nearer to your classmates and the other a little farther away. Mark the nearer one **Ésta** and the farther one **Ésa,** y ¡vamos a comenzar! You begin by asking: "**¿Dónde está el lápiz amarillo, en esta caja o en ésa?**" (Where is...?) The first person who gets it right pulls it out, and it's his or her turn to say "**¿Dónde está...?**"

■ EN BREVE

This, That, These, Those

esta chica	this girl	**este chico**	this boy
esa chica	that girl	**ese chico**	that boy
estas chicas	these girls	**estos chicos**	these boys
esas chicas	those girls	**esos chicos**	those boys

This one, That one, etc.

éste, ésta   this one
ése, ésa   that one
éstos, éstas   these
ésos, ésas   those

A propósito (By the way): What's the only difference in spelling between "this, these" and "that, those" in Spanish?

Actividad

Take away the noun that **este,** etc., leans on, and let's see how you say "this one," "that one," "these," "those":

esta clase / este año / estos ejercicios / ese hombre / esa mujer / esos animales / esas casas

Now can you use them in sentences of your own?

Álbum 2

¿A dónde va Ud.? (Where are you going?)

Voy... (I am going...)

| al aeropuerto | al teatro | al gimnasio | al concierto | al hospital | a la fiesta |
| to the airport | to the... | | | | |

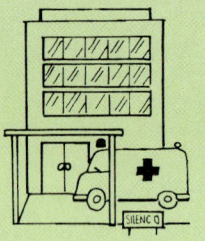

As you can see, **a** means "to." When **a** is used with **el** ("the," masculine singular), the two join together to make **al**:

el hotel   the hotel   **Voy al hotel.**   I'm going to the hotel.

Actividades

1 ¿Va Ud....?   —Sí, voy...
(Are you going...?)   (Yes, I'm going...)

Ahora conteste:
1. ¿Va Ud. al teatro hoy?   —Sí, voy...
                                —No, no voy...
2. ¿Va Ud. al banco?
3. ¿Va Ud. al gimnasio?
4. ¿Va Ud. a la estación del tren?

2 Vamos a hablar ahora con amigos. (Let's talk with friends now.)

¿Vas...?   —Sí, voy...
(Are you going...?)   (Yes, I...)

Conteste otra vez:
1. Pepe, ¿vas al cine?
2. Dolores, ¿vas a una fiesta mañana?
3. Carlos, ¿vas a un partido de fútbol?
4. Anita, ¿vas a la pizarra ahora?

a la pizarra    al partido de fútbol    a la estación de gasolina    a la oficina    al cine    al banco

3 ¿Va su padre...? —Sí, mi padre va...
(Is your father going...?) (Yes,...)

Conteste una vez más:
1. ¿Va al aeropuerto su padre hoy?
2. ¿Va a la oficina su madre hoy?
3. ¿Va al gimnasio?
4. ¿Va a muchos conciertos su familia?
(Does your family go...?)

4 Ahora estudie otra vez las ilustraciones, use un poco la imaginación y complete:

1. —Mañana voy a Europa.
   —¿Ah, sí? Pues, ¿a qué hora va Ud. al ___?

2. —¿A dónde va Ud.?
   —Voy a ___. Mi coche no tiene mucha gasolina.

3. —¿Ud. va al ___ este sábado?
   —Sí. Me gusta mucho la música.

4. —¡Ay, por favor! ¡Una ambulancia! ¡Por favor!
   —Sí, rápido. ¡Esta persona va al ___!

5. —Soy una persona muy activa. Me gusta el ejercicio.
   —Pues, ¿Ud. va frecuentemente al ___ ?

6. —¿Le gustan mucho los deportes (sports)?
   —Mucho. Mañana voy al ___ de "Los Tigres."

7. —¡Paquito! ¡No hay clases hoy!
   —Fantástico. Voy al ___ .

8. —¿A dónde vas?
   —Voy al ___ . No tengo dinero.

9. —Mi hermana es recepcionista en la Casa Blanca.
   —¿Realmente? ¿Va a la ___ del Presidente?

10. —Riqui, pase Ud. ahora a la ___ y escriba el ejercicio.
    —Por favor, señor Olmos, hoy no, hoy no.

¡Vacaciones! Ésta es mi familia—mamá, papá, mi hermano Diego y yo. Yo soy la persona con la maleta (suitcase), ¡naturalmente! ¿A dónde va la familia? Al Hotel La Concha en San Juan, Puerto Rico. Hace calor y hay golf y tenis, y el clima es fantástico. Hay solamente un problema. ¡Yo no voy! Mañana hay clases, y yo voy a la escuela. ¡Uf!

¿A dónde van estas personas? ¿Al Oriente? ¿A la América del Sur? ¿A los Estados Unidos? No sé. Pero (But) ¡ay, qué buena fortuna!

Amigo, ¿a dónde vas? ¿Al partido de fútbol? ¿En el Estadio Azteca de México? Por favor, yo también (too), ¿eh?

■EN BREVE■

¿Va Ud.? Amigo, ¿vas? —**Sí, voy.** Yes, I'm going.
Are you going? Do you go? —**No, no voy.** No. I'm not going.

¿Va su padre...? —**Sí, mi padre va**...Yes, my father...
Is your father going...?

¿A dónde va Ud.? —**Voy al teatro.** I'm going to the theater.
To where are you going? —**Voy a la escuela.** I'm going...

a (to) + **el** (the) ⟶ **al** (to the)

Actividad

Now can you tell us where these people are going?

1. Yo   (Yo) voy _____.

2.   Felo   Mi _____.

3. Mi amiga,    Mi amiga, _____.

82

Observaciones y Repaso II

Now let's see how far we've come.

A. All Spanish verbs are divided into three basic groups called conjugations.

First conjugation	Second conjugation	Third conjugation
–ar	–er	–ir
hablar to speak	**aprender** to learn	**vivir** to live
estudiar to study	**comprender** to understand	**escribir** to write
escuchar to listen	**leer** to read	
contestar to answer		

B. These are the normal singular forms of the present tense. (The present tense tells what's happening *now*.)

(Person)		**hablar**		**aprender**	**vivir**
1st	I (yo)	hablo	I speak, am speaking, do speak	aprendo	vivo
2nd	you, pal	hablas		aprendes	vives
3rd	he, she, it you (Ud.)	habla		aprende	vive

Did you notice? The present tense can mean: "I speak, am speaking," or "do speak." You don't need any other word with the verb, as you do in English.

¿**Habla** Ud. inglés?	Do you speak English?
—Sí, **hablo**...	Yes, I (do) speak...
—No, no **hablo**...	No, I don't speak...
¿**Aprendes** español ahora?	Are you learning Spanish now?
—Sí, **aprendo**...	Yes, I'm learning...
—No, no **aprendo**...	No, I'm not learning...

C. **Voy, vas, va** (I go, you go, etc.)

¿**Va** Ud. al cine?	Are you going to the movies?
—Sí, **voy**...	Yes, I'm going...
¿**Vas** al cine, Paquito?	Are you going..., Frank (my pal)?
¿**Va** a la fiesta su familia?	Is your family going to the party?

As you can see, "to go" in Spanish is not a normal (or "regular") verb. We'll study the rest of it soon.

Práctica

1 How many of these verbs can you recognize? Can you group them into conjugations?

usar, observar, permitir, admitir, celebrar, terminar, continuar, pasar, levantar, depender, acusar, conversar, pronunciar, anunciar, resistir, insistir, describir, entrar, proceder, preparar

2 *Ahora escriba la forma correcta:*
1. yo: usar, observar, celebrar, comprender, permitir, admitir
2. you, my friend: terminar, pasar, acusar, depender, insistir, describir
3. Ud., señor: conversar, pronunciar, anunciar, aprender, abrir, resistir
4. Mi abuela Fela: entrar, preparar, hablar, leer, vivir, escribir

3 *Diga en español:*
1. Do you live in Kentucky? —No, I live in Massachusetts.
2. I am studying now (ahora). —What are you reading?
3. My brother is learning Italian. —Does he speak well (bien)?
4. I don't understand the lesson (lección). —Don't you study?
5. Joey (Pepito), are you listening?
6. Who is going to the party (fiesta)?
7. My family is going to Madrid. —Fantastic!
8. Do I open (abrir) the windows? —Yes, please. It's very warm out.

D. **a + el = al** (to the)
de + el = del (of the, from the)

There are only two contractions (single words formed by combining two words) in the whole Spanish language. They are: **al** (to the) and **del** (of the or from the).

¿Vas al banco?	Are you going to the bank?
—No, ahora voy a la oficina.	No, I'm going to the office now.
¿Abro la puerta del garage?	Do I open the door of the garage?
—No, la puerta de la casa.	No, the door of the house.
José es del norte, ¿verdad?	Joe is from the North, isn't he?
—No. Es de la región central.	No, he's from the central region.

E. How do we compare things? Usually by putting **más** (more) or **menos** (less) before the word we're comparing. Remember that **más** and **menos** can also mean "most" and "least."

Yo soy alta. Alicia es más alta.   I am tall. Alice is taller.
Alicia es más alta que yo.   Alice is taller than I.
Este coche es muy costoso.   This car is very expensive.
—Pues ése es menos costoso.   Well, that one is less expensive.
¿Quién es la persona más   Who is the most intelligent
inteligente de la clase?   person in . . .?
—¡Yo, yo, yo!   (¡Y la más modesta!)

F. This, that, these, those
If you notice: In Spanish, "this" and "these" both have "t's."

este libro this book   **ese libro** that book
esta pluma this pen   **esa pluma** that pen
estos libros these books **esos libros** those books
estas plumas these pens   **esas plumas** those pens

Now if you want to use these forms without **libro, plumas,** etc., all you do is put an accent over the first **e**.
este libro ⟶ éste this one   **esas plumas ⟶ ésas** those

Práctica

1 *Cambie según el modelo (Change according to the model):*
Por ejemplo: Es la mesa del *maestro*. (maestra)
<u>Es la mesa de la maestra.</u>

1. ¿Vas al *concierto*? (clase)
2. Es director del *banco*. (escuela)
3. Por favor, abra la puerta de la *casa*. (estudio)
4. ¿Cuál es el mejor día de la *semana*? (mes)
5. Vive en la casa del[1] *señor* García. (señores)
6. Soy amiga de la *doctora* Salas. (doctor)
7. ¿Hablas al *editor*? (editores)
8. Escribo a la *tía* de Pedro. (tío)

---

[1] Why do we use **el** here? Because when we talk about a person and use his or her title, we have to use the article "the." (Don't forget that **de** plus **el** combine to give **del**.)

2 *Lea las frases siguientes (following phrases), and then make everything bigger, better, etc., according to the examples.*
Por ejemplo: Esta silla es muy baja. (Ésa) <u>Ésa es más baja.</u>
　　　　　　Roberto es muy guapo. (Alano) <u>Alano es más guapo.</u>

1. Esta ventana es muy grande. (Ésa)
2. Estos chicos son muy activos. (Ésos)
3. Esta lección es muy corta. (Ésa)
4. Esas chicas son muy bonitas. (Éstas)
5. Olga es una estudiante muy buena. (Ana) (Watch those special forms!)
6. Pío es muy malo. (Su hermano)
7. Esos libros son muy buenos. (Éstos)
8. Esas ideas son muy malas. (Éstas)

3 Now make everything less so.
Por ejemplo: Juanita es muy estudiosa. (Carmen)
　　　　　　<u>Carmen es menos estudiosa.</u>

1. Este ejercicio es muy largo. (Ése)
2. Esta clase es muy grande. (Ésas)
3. Mi abuelo es muy viejo. (El abuelo de María)
4. Este coche es muy nuevo. (Ésos)
5. Este animal es muy feo. (Éstos)
6. Los elefantes son muy altos. (Los camellos)

4 *Cambie según las indicaciones:*
1. Este señor es muy bueno.
　　　señora
　　　chicos
　　　chicas

2. Esta semana es muy larga.
　　　mes
　　　días (!)
　　　años

3. ¿No le gusta esa clase?
　　　　　　　maestro?
　　　gustan　ejercicios?
　　　　　　　libros?

4. ¿No vas a ese concierto?
　　　　escuela?
　　　　partidos?
　　　　clases?

86

Repaso General

¿Qué contesta Ud.?

1. ¿Cuántas personas hay en su familia? ¿Quiénes (Who) son?
2. ¿Tiene Ud. abuelos? ¿Cuántos abuelos tiene?
3. Describa a su mejor amigo o amiga.
4. ¿Cuántos estudiantes hay en su clase?
5. ¿Es Ud. el estudiante más brillante de su clase?
6. ¿Quién es el Presidente de los Estados Unidos?
7. ¿Cuántos días hay en una semana?
8. ¿Cuáles son los días de la semana?
9. ¿Cuántos meses hay en un año? ¿Cuáles son?
10. ¿Cuáles son las estaciones del año?
11. ¿En qué estación hace más calor? ¿Y más frío?
12. ¿Qué estación del año le gusta más? ¿Qué estación le gusta menos?
13. ¿Qué meses le gustan más?
14. ¿Qué deportes le gustan más? ¿Cuáles le gustan menos?
15. ¿Cuántas semanas hay en un año?
16. ¿Cuántos días hay en un año?
17. ¿Qué días de la semana hay clase de español?
18. ¿De dónde es su familia? ¿De dónde es Ud.?
19. ¿De dónde son los franceses? ¿De dónde son los argentinos?
20. ¿Qué hora es? 3:30

Vocabulario Activo

(The numbers indicate the section in which vocabulary first appears.)

La familia y...

la **familia**   the family, 6
la **abuela**, el **abuelo**   the grandmother, the grandfather, 6
la **esposa**, el **esposo**   the wife, the husband, 6
la **hermana**, el **hermano**   the sister, the brother, 6
la **hija**, el **hijo**   the daughter, the son, 6
la **madre**, el **padre**   the mother, the father, 6
la **prima**, el **primo**   the cousin, 6
la **tía**, el **tío**   the aunt, the uncle, 6
la **amiga**, el **amigo**   the friend, 4
la **chica**, el **chico**   the girl, the boy, 8
la **mujer**   the woman, 6
el **hombre**   the man, 6
el **señor** (Sr.)   Mr., 16
la **señora** (Sra.)   Mrs., 16
la **señorita** (Srta.)   Miss, 16

En la clase de español

la **clase**   the class, 3
el **maestro**, la **maestra**   the teacher, 3
el **estudiante**, la **estudiante**   the student, 3
la **escuela**   the school, 3
la **puerta**   the door, 3
la **ventana**   the window, 3
el **lápiz**   the pencil, 3
la **pluma**   the pen, 3

el **papel**   the paper, 3
el **libro**   the book, 3
la **mesa**   the table, 3
la **silla**   the chair, 3

La hora del día

la **hora**   time, the hour, 9
¿**Qué hora es?**   What time is it?, 9
Es la una.   It is 1:00 (o'clock)., 9
Son las dos.   It is 2:00 (o'clock)., 9
Son las tres y media.   It is half past three (three thirty)., 9
Son las seis menos cuarto.   It is a quarter to six., 9
¿**A qué hora...?**   At what time...?, 9
A la una y veinte   At 1:20 (o'clock), 9
A las ocho y media   At 8:30, 9
tarde   late, 11
temprano   early, 11
la **mañana**   morning, 16
la **tarde**   afternoon, 16
la **noche**   night, 16

Los días de la semana

el **día** the day, 10
la **semana** the week, 10
lunes Monday, 10
martes Tuesday, 10
miércoles Wednesday, 10
jueves Thursday, 10
viernes Friday, 10
sábado Saturday, 10
domingo Sunday, 10
hoy today, 10
mañana tomorrow, 10

Los meses del año (Álbum 1)

el **mes** the month
el **año** the year
enero January
febrero February
marzo March
abril April
mayo May
junio June
julio July
agosto August
septiembre September
octubre October
noviembre November
diciembre December

Las estaciones del año (Álbum 1)

la **estación** the season
el **invierno** the winter
la **primavera** the spring
el **verano** the summer
el **otoño** the autumn, fall

El tiempo (Álbum 1)

¿**Qué tiempo hace?** How is the weather?
Hace (mucho) frío. It's (very) cold out.
Hace (mucho) calor. It's (very) hot out.
Hace (mucho) viento. It's (very) windy.
Llueve. It's raining.
Nieva. It's snowing.

Expresiones de cortesía

Buenos días Good morning, 16
Buenas tardes Good afternoon, 16
Buenas noches Good evening, Good night, 16
Hola Hello, Hi!, 1
¿Cómo está Ud.?, ¿Cómo estás? How are you? 16
Bien, gracias Fine, thanks, 16
Muy bien, ¿Y Ud.? Very well, and you? 16
Así, así So-so, 16
Hasta luego So long, 16
Hasta mañana Till tomorrow, 16
Perdone(n), Perdón Excuse me, 15
Por favor Please, 15
Mucho gusto It's a pleasure, 1
Con mucho gusto Glad to, 15
Gracias, muchas gracias Thanks, thanks very much, 15
De nada You're welcome, 15
Adiós Good-bye, 16

Los colores

rojo red, 14	**verde** green, 14
blanco white, 14	**negro** black, 14
azul blue, 14	**pardo** brown, 14
amarillo yellow, 14	**gris** gray, 14

Descripción

alto tall, 18	**bonito** pretty, 18
bajo short, 18	**feo** ugly, 18
bueno good, 18	**guapo** good-looking, 18
malo bad, 18	**grande** big, 18
viejo old, 18	**pequeño** small, 18
nuevo new, 18	**más** more, most, 19
largo long, 18	**menos** less, least, 19
corto short, 18	**mejor** better, best, 19
mucho much, a lot, 18	**peor** worse, worst, 19
poco little, 18	**mayor** older, oldest, 19
muchos many, 18	**menor** younger, youngest, 19
pocos few, 18	

¿...?

¿Qué? What?, 3
¿Quién?, ¿Quiénes? Who?, 2, 6
¿Cuál?, ¿Cuáles? Which?, (Álbum 1)
¿Cuántos?, ¿Cuántas? How many?, 8
¿Dónde? Where?, 4
¿De dónde? From where?, 4
¿A dónde? To where?, (Álbum 2)
¿Cómo? How?, 16

Palabras pequeñas

y and, 1
o or, 2
a to, (sometimes at), (Álbum 2)
  a + el = al to the, (Álbum 2)
de of, from, 4
  de + el = del of the, from the, (Álbum 1)
en in, on, at, 5
este, esta this (boy, girl, etc.), 20
ese, esa that (boy, girl, etc.), 20
estos, estas these (boys, girls, etc.), 20
esos, esas those (boys, girls, etc.), 20
éste, ésta this one, 20
ése, ésa, that one, 20
éstos, éstas these, 20
ésos, ésas those, 20
que than, 19
su your, 2

mi   my, **2**
muy   very, **2**
si   if, **4**

Verbos

hablar   to speak, **12**
estudiar   to study, **12**
escuchar   to listen, **12**
contestar   to answer, **12**
aprender   to learn, **13**
comprender   to understand, **13**
leer   to read, **13**
escribir   to write, **13**
vivir   to live, **13**

Expresiones comunes

(Yo) soy...   I am..., **1**
¿Es Ud....?   Are you...?, **2**
Sí, soy...   Yes, I am..., **2**
No, no soy...   No, I'm not..., **2**
¿Qué es esto?   What is this?, **3**
Es...   Is, he is, she is, it is, **2, 3**
Son...   Are, they are, **4**

¿De dónde es su familia?   Where is your family from?, **4**
Mi familia es de...   My family is from..., **4**
¿De dónde es Ud.?   Where are you from?, **4**
¿De dónde son sus padres?   Where are your parents from?, **4**
Mis padres son de...   My parents are from..., **4**
¿Va Ud.?   Are you going?, **(Álbum 2)**
¿(Pepito), vas?   (Joey), are you going?, **(Álbum 2)**
Sí, voy.   Yes, I'm going, **(Álbum 2)**
No, no voy.   No, I'm not going, **(Álbum 2)**
¿Hay...?   Is there...?, Are there...?, **5**
Sí, hay.   Yes, there is..., there are..., **5**
No, no hay.   No, there isn't..., there aren't..., **5**
¿Le gusta el español?   Do you like Spanish?, **7**
Sí, me gusta; No, no me gusta   Yes, I like it; No, I don't like it, **7**
¿Le gustan los exámenes?   Do you like exams?, **7**
Sí, me gustan; No, no me gustan   Yes, I like them; No, I don't like them, **7**
¿De qué color es...?   What color is...?, **14**

Números

1-10	11-20	by 10's to 100	by 100's to 1000
1 **uno**	11 **once**	10 **diez**	100 **cien(to)**
2 **dos**	12 **doce**	20 **veinte**	200 **doscientos**
3 **tres**	13 **trece**	30 **treinta**	300 **trescientos**
4 **cuatro**	14 **catorce**	40 **cuarenta**	400 **cuatrocientos**
5 **cinco**	15 **quince**	50 **cincuenta**	500 **quinientos**
6 **seis**	16 **diez y seis**	60 **sesenta**	600 **seiscientos**
7 **siete**	17 **diez y siete**	70 **setenta**	700 **setecientos**
8 **ocho**	18 **diez y ocho**	80 **ochenta**	800 **ochocientos**
9 **nueve**	19 **diez y nueve**	90 **noventa**	900 **novecientos**
10 **diez**	20 **veinte**	100 **cien(to)**	1000 **mil**

Segunda parte

LECCIÓN 1

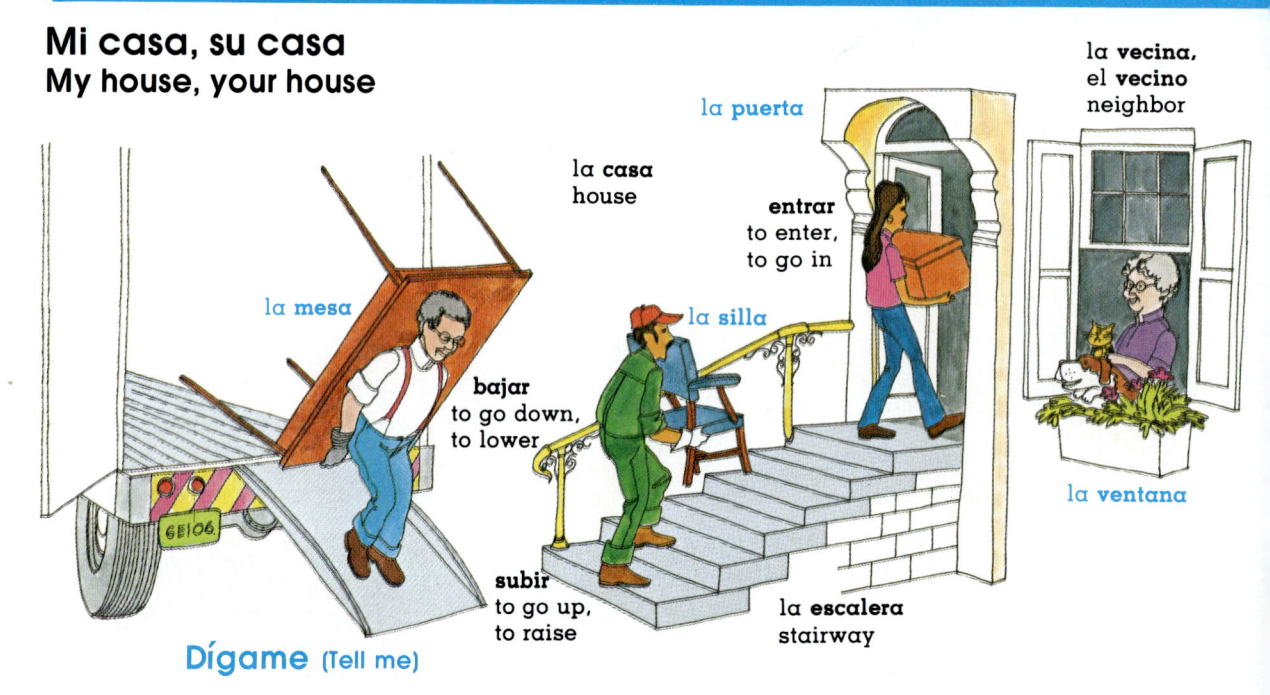

Mi casa, su casa
My house, your house

la **vecina**, el **vecino** neighbor

la **puerta**

la **casa** house

entrar to enter, to go in

la **mesa**

la **silla**

bajar to go down, to lower

la **ventana**

subir to go up, to raise

la **escalera** stairway

Dígame (Tell me)

1. ¿Vive Ud. en una casa o en un apartamento? ¿Es grande o pequeña su casa? ¿Es vieja o nueva? ¿Es muy moderna la casa?
2. ¿Cuántos cuartos hay en su casa o apartamento? ¿Cuántas alcobas hay? ¿y cuántos baños? ¿Hay comedor?
3. ¿De qué color es su cuarto? (Mi cuarto es...) ¿De qué color es la cocina? ¿Le gusta ese color?
4. ¿Cuáles son los colores de la sala? ¿Hay un sofá grande en su sala? ¿Hay muchas sillas confortables? ¿Hay televisión en la sala? ¿Hay televisión en su alcoba?
5. ¿Cuál es más grande, el cuarto de Ud. o el cuarto de sus padres? ¿Cuál es el cuarto más grande del apartamento (o de la casa?) ¿Cuál es el más pequeño? ¿Cuál es el más bonito? ¿Cuál es su cuarto favorito? (Mi cuarto...)
6. ¿Le gusta más una casa de dos pisos o de sólo (only) uno? ¿Le gusta más una casa de apartamentos o una casa privada?
7. Y finalmente: ¿Le gustan sus vecinos? ¿Hay muchos chicos donde vive Ud.? (Sí, hay... donde vivo. No, ...) ¿Hay muchas personas viejas? ¿Hay muchos hispanoamericanos?

1

el apartamento

la sala living room
el comedor dining room
el piso floor, story
la alcoba bedroom
mi cuarto my room
el armario closet
el baño bath, bathroom
la cocina kitchen

Se vende (For sale)

¿A dónde va Ud. hoy? ¡A una agencia de casas y apartamentos!
Complete Ud. la conversación, ¿está bien?

Agente: Buenos (Buenas) _____
Ud.: _____
Agente: ¿Ud. desea (Do you want) una casa o un apartamento?
Ud.: _____
Agente: ¿Cuántos cuartos desea?
Ud.: _____
Agente: Muy bien. ¿Y cuántos baños?
Ud.: _____
Agente: Muy bien, señor(ita). Aquí tiene Ud. (Here you have) un (una) _____ perfecto (perfecta). ¡Y vale (it costs) sólo _____ pesos!
Ud.: ¿Sólo _____? ¡Caramba! ¡Yo no soy millonario (millonaria)!

95

OBSERVACIONES

1. The present tense

¿RECUERDA USTED? (DO YOU REMEMBER?)

¿Habla Ud. japonés?	—Sí, hablo...
Amigo, ¿hablas...?	
¿Habla italiano su padre?	—No, mi padre no habla...
¿Comprende Ud.?	—Sí, comprendo.
Laura, ¿comprendes?	
¿Comprende bien la clase?	—Sí, la clase comprende muy bien.
¿Escribe Ud. mucho?	—No, no escribo.
Chico, ¿escribes...?	
¿Escribe bien Pedro?	—Sí, escribe magníficamente.

	hablar	comprender	escribir
(yo)	hablo (I speak, do speak, am speaking)	comprendo	escribo
(tú)	hablas (you, pal, speak, do speak, etc.)	comprendes	escribes
(Ud., usted) (mi tía) (José)	habla	comprende	escribe

Actividades

1 ¿Hablan Uds.? —Sí, hablamos.

1. ¿Hablan Uds. (ustedes) inglés? — —Sí, hablamos... (Yes, we speak...)
   (Do you-all speak English?) —No, no hablamos...
2. ¿Escuchan Uds. mucho el radio? —Sí, escuchamos...
3. ¿Estudian Uds. ciencia? —Sí, estudiamos...

2 ¿Hablan sus amigos...? —Sí, mis amigos hablan...

1. ¿Hablan español sus amigos? —Sí, mis amigos hablan...
   (Do your friends speak...?) —No, mis...
2. ¿Hablan español los franceses?
3. ¿Estudian en esta escuela sus hermanos?

3 ¿Comprenden Uds.?   —Sí, comprendemos.

    1. ¿Comprenden Uds. la lección?   —Sí, comprendemos...
       (Do you-all understand ...?)   —No, no comprendemos...
    2. ¿Leen Uds. muchos libros?   —Sí, leemos...
    3. ¿Aprenden Uds. francés?

4 ¿Comprenden... sus vecinos?   —Sí, mis vecinos comprenden...

    1. ¿Comprenden portugués sus vecinos?   —Sí, mis vecinos...
    2. ¿Aprenden español sus hermanos?
    3. Leen mucho sus padres?

5 ¿Viven Uds....?   —Sí, vivimos...

    1. ¿Dónde viven Uds.?   —Vivimos en...
    2. ¿Escriben Uds. mucho en la pizarra?   —Sí, escribimos...
          —No, no escribimos...
    3. ¿Abren Uds. la ventana si hace frío? (Do you-all open...?)   —Sí, abrimos...
          —No, no abrimos...
    4. ¿Abren Uds. la ventana si llueve?

6 ¿Viven... sus abuelos?   —Sí, mis abuelos viven...

    1. ¿Viven en Canadá sus abuelos?
    2. ¿Escriben poemas sus amigos?
    3. ¿Abren esta escuela a las ocho o a las nueve? (Do they open...?)

	hablar	**comprender**	**escribir**
Ud. y yo Juan y yo Mis tíos y yo	hablamos	comprendemos	escribimos
Uds., ustedes Ana y Luis Las chicas	hablan	comprenden	escriben

Notice: The "we" form always ends in –**mos**.
       The "you-all" (**ustedes**) and "they" form simply adds –**n** to the **usted** form.

Práctica

1 *Haga plurales (Make plural) las palabras (words) indicadas.*
Por ejemplo: *Escribo* al presidente.   Escribimos al presidente.
Vive en *esta casa.*   Viven en estas casas.

Remember: "We" is the plural of "I."
 Uds. is the plural of Ud. and of "you, my friend."

1. *Ud. lee* este libro.
2. *Uso* esta puerta.
3. *Ud.* no *abre* esa ventana.
4. *El chico estudia* mucho.
5. *Mi primo* no *comprende* inglés.
6. *Ud. escribe* al profesor.
7. ¿*Contestas* en español? (Use **Uds.**)
8. No *aprendo* rápidamente.
9. ¿*Subo* ahora?
10. ¿*Le gusta* el concierto?

2 *Ahora haga frases originales (Make your own sentences using these words).*
Por ejemplo: Mi mejor amigo/vivir/casa
 Mi mejor amigo vive en esta casa (en una casa grande, etc.).

1. Pepita y yo/estudiar/ ...
2. Mis abuelos/vivir/en ...
3. Víctor y yo/subir/escalera
4. Uds. / abrir/puertas/¿verdad?
5. Los maestros/escribir/pizarra
6. ¿Quién / preparar / ... / hoy?

3 *Estudie por un momento el Grupo 1 y después (then)* — can you find the replies in Group 2?

1	2
a. ¿Hablan Uds. francés?	____ Sí, leemos mucho en voz alta.
b. ¿Practican Uds. en la clase la pronunciación?	____ Uds. preparan la lección dos.
	____ ¿Ah, sí? ¿Dónde vive?
c. ¿Abrimos las ventanas?	____ Ésta, por favor.
d. ¿Qué estudiamos para (for) mañana?	____ Muy poco. Comprendemos mucho más.
e. Hoy visitamos la casa de Jorge Washington.	____ No. Hace mucho frío.
f. ¿Qué puerta usamos?	

2. Subject pronouns: I, you, he, we...

	singular			plural	
1st person	yo	I	nosotros	we
			nosotras	we (all female)
2nd person	tú	you (my pal)		
3rd person	Ud. (usted)	you (polite)	Uds. (ustedes)	you (all)
	él	he	ellos	they
	ella	she	ellas	they (all female)

A. Spanish verbs usually show by their ending who is doing the action. Therefore we usually don't have to use **yo, tú, él,** etc., at all. We never use any subject pronoun when the subject is "it."

Estudio español. —¡Fantástico! I'm studying Spanish. —Fantastic!
¿Escuchas? —¡Cómo no! Are you listening? —Of course!
¿Leemos en voz alta? Do we read aloud?
 —Sí, por favor. —Yes, please.
Hace calor. —Sí, mucho. It's hot out. —Yes, very.

Here's a good rule to follow: If you raise your voice when you say "I," "he," "they," "she," etc., in English, then use **yo, él, ellos,** etc., in Spanish.

¿Dónde viven Alicia y Ramón? Where do Alice and Ray live?
 —**Él** vive en Lima, y **ella** vive en **He** lives in Lima, and **she** lives in
 Bogotá. Bogotá.

Otherwise, just let the verb stand by itself.

B. What about the plural of **tú** (you, my pal)? Well, in Latin America, **Uds. (ustedes)** takes care of that.[1]

Gloria, ¿comprendes? Gloria, do you understand?
Chicos, ¿comprenden (Uds.)? Kids, do you understand?

---

[1] In Spain there's another form. It is the friendly you-all — **vosotros, vosotras** (second person plural). Its verb form always ends in –is: **habláis, coméis, vivís.** So if you see an **–is** at the end of any verb, the subject must be **vosotros.**

99

Práctica

1 Who's doing the action?

yo	tú	él ella Ud.	nosotros nosotras	ellos ellas Uds.
1	2	3	4	5

Look at the following verbs, and group them under who's doing the action:

vivimos/habla/suben/entramos/bajan/escribe/aprendemos/entro/vives/subimos/practican/lee/escuchamos/preparas/usan/contesto/lees/escribes/vivo/comprendemos/es/soy/son

2 Give the pronoun that belongs with each of these nouns.
Por ejemplo: Mi tío Pío   él
1. Mi abuela Fela   ella
2. Mi abuelo Felo   él
3. Mis primos Luis y Luisa   ellos
4. Mis amigas Anita y Daniela   ellas
5. (Your own name)   yo
6. Mi hermano y yo   nosotros
7. Ud. y Felipe   nosotras
8. You, my pal   tú

3 Conteste según los modelos. (Answer according to the models.) And you decide which answer you want to give, ¿está bien?
Por ejemplo: ¿Quién es? —Juan.   ¿Ah, sí? ¿Él?
                                 ¡Ay, no! ¿Él?
1. ¿Quién vive con Ernesto? —Su primo Pepe. _____
2. ¿Quién es el (la) mejor estudiante? —Yo. (Use the friendly "you.") _____
3. ¿Quién es la chica más bonita? —Elena González. _____
4. ¿Quién prepara el examen final? —La señora Lado. _____
5. ¿Quién va a la oficina del director? —Tú. _____
6. ¿Quién contesta el teléfono? —Esteban. _____

4 Conteste otra vez. Por ejemplo:
¿Quiénes viven en esta casa? —Nosotros.   ¡Fantástico! ¿Uds.?
                                          ¡Dios mío! ¿Uds.?
1. ¿Quiénes son los chicos más populares? —Carla y José. _____
2. ¿Quiénes son sus vecinos? —Los señores Gómez.[1] _____

---

[1] Notice that Spanish family names do not have a plural form.

3. ¿Quiénes entran ahora? —Nosotras. _____
4. ¿Quiénes escriben en la pizarra hoy? —Riqui y tú. _____
5. ¿Quiénes preparan los exámenes finales? —**Las maestras.** _____
6. ¿Quiénes leen primero (first) en voz alta? —Uds. _____

REPASO RÁPIDO

Here are the normal forms of the present indicative, and the subjects that go with them:

	hablar	**comprender**	**escribir**
(yo)	hablo	comprendo	escribo
(tú)	hablas	comprendes	escribes
(Ud.) (Lisa, ella) (José, él)	habla	comprende	escribe
(nosotros, nosotras) (Ud. y yo) (tú y yo)	hablamos	comprendemos	escribimos
(Uds.) (ellos) (ellas)	hablan	comprenden	escriben

Remember: "I" and anybody else make "we" —**nosotros** or **nosotras.**
"You" and anybody else make "you-all" —**Uds.**
"He" or "she" and anybody else make "they" — **ellos, ellas.**

Práctica

(You can check your answers in the back of the book.)
Complete con el verbo más correcto.

1. Mis amigos y yo ____ español este año. (estudiar, bajar)
   —¿Ah, sí? Pues, ¿ ____ Uds. muy rápidamente? (aprender, vivir)
2. ¿ ____ Uds. en el elevador? (abrir, subir)
   —No. (Nosotros) ____ la escalera. (usar, terminar)
3. ¿(Yo) ____ las ventanas? (abrir, permitir)
   —Por favor, no. Hoy ____ mucho frío. (hacer, vivir)
4. ¿Tú ____ matemáticas? (escribir, comprender)
   —Sí. (Yo) ____ día y noche. (escuchar, estudiar)
5. ¿Qué música ____ ? (escuchar, contestar)
   —Música moderna. No me ____ la música vieja. (permitir, gustar)

Hoy la familia Salinas ocupa su apartamento nuevo.

Pepe, Clarita, ¿por qué no ayudan un poco?

El piano no entra en el elevador.

CUENTO EL APARTAMENTO NUEVO — Story

Hoy la familia Salinas ocupa **su** apartamento nuevo. Cuatro hombres entran constantemente **con** mesas, sillas, etc.	its **with**
Sr. S: La mesa grande es **para** el comedor... No, no. Estas **lámparas** son para la alcoba.	**for** lamps
5 Sra. S: **¡Cuidado!** Son de cristal. ¡Ay!	Careful!
Sr. S: Pepe, Clarita, **¿por qué no ayudan** un poco?	**Why** don't you **help**
Pepe: Yo ayudo. Ella no.	
Clarita: ¡¿Él ayuda?!... ¡Pepe, **tú eres**...!	you are...
Sra. S: Por favor. **Uds. no son niños ya.**	You're not children any more
10 (Uno de los hombres entra.)	
Hombre: Sr. Salinas, señora,... Hay un pequeño problema. El piano no entra en el **elevador.**	elevator
Sr. S: ¿Y por qué no usan la escalera?	
Hombre: **Porque son cuatro pisos,** señor.	**Because** it's four flights up
15 Sr. S: No, son tres.	
Hombre: ¿Tres? Muy bien, si es posible, subimos **por** la escalera.	**by**
Sra. S: José, esto es **curioso.** El baño es verde, no azul. Y la cocina...	strange

102

Sr. Salinas, señora...
El piano no pasa por la puerta.

¡Por fin!

Es que... perdonen, pero éste no es su apartamento.

20   Sr. S: ¿Ah, sí? Pues mañana hablamos con el **dueño. Bueno,**   owner; O.K.
         hombres, el sofá rojo es para la sala, y...

•   (Una hora más tarde)
     Hombre: Sr. Salinas, señora... El piano **no pasa por** la puerta.   doesn't go through
               Ahora, si usamos la ventana grande de la sala....   Now
25   **Toma tiempo, pero...**   It **takes time, but**
     Sra. S: ¡Ay, no! ¡Y **ellos trabajan por** la hora!   they **work** by

     (Los hombres bajan otra vez. Dos horas más tarde el piano
         entra por la ventana de la sala.)

     Hombre: **¡Ya!**   That does it!
30   Sr. S: **¡Por fin!** Ahora,...   At last!
     Pepe: Mamá, hay un señor y una señora **aquí.**   here
     Sr. S: Gracias, hijo. (La señora **abre** la puerta.)   opens
     Sr. G: Perdone, señora, mil perdones. **Nosotros somos sus**   We are your
          vecinos, Edgar y Alicia Gómez.
35   Sra. S: Mucho gusto. Pero realmente, **en** este momento...   at
     Sr. G: Sí, comprendemos. Pero hay un pequeño error.
     Sra. S: ¿Un error?
     Sr. S: ¿Qué error hay? ¿Qué error?
     Sr. G: **Es que**... perdonen, pero éste no es su apartamento. El   It's that
40   apartamento de Uds. es el 3C, no el 4C. Nosotros
         vivimos aquí.
     (En la **calle** hay **otro camión** grande. Siete hombres **sacan** del   street; **another** truck;
         camión un piano enorme.)   are taking out

Vamos a conversar

1. ¿Qué ocupa hoy la familia Salinas?
2. ¿Quiénes entran constantemente?
3. ¿Para qué cuarto es la mesa grande?
4. ¿Para qué cuarto son las lámparas? A propósito (By the way), ¿hay lámparas de cristal en su casa (de Ud.)?
5. En su opinión, ¿quiénes son Pepe y Clarita? ¿Quién es mayor?
6. ¿Ayudan mucho los chicos? ¿Ayuda Ud. en su casa?
7. ¿Qué problemas hay con el piano? ¿Hay piano en la casa de Ud.?
8. ¿Por qué es difícil (hard) subir por la escalera?
9. ¿Por qué exclama la señora: "José, esto es curioso"?
10. ¿Con quién hablan mañana los Salinas?

- 1. ¿Qué problema hay ahora con el piano?
  2. ¿Qué usan finalmente los hombres?
  3. ¿Cuánto tiempo toma subir el piano?
  4. ¿Trabajan por el día o por la hora los hombres?
  5. ¿Trabaja su padre por el día o por la hora? ¿y su madre?
  6. ¿Quiénes son los Gómez? ¿Le gustan a Ud.?
  7. ¿Qué nuevo problema hay?
  8. Realmente, ¿cuál es el apartamento de los Salinas? ¿y el apartamento de los Gómez?
  9. ¿Qué hay en la calle?
  10. ¿Qué sacan los hombres del camión?

JUEGOS DE PALABRAS (WORD GAMES)

1 Here are your new words. Study them, and then answer according to the illustrations.

1. **trabajar**
   to work
   ¿Dónde trabajas?   en _____   en _____   ¿Le gusta trabajar?

2. **ayudar**
   to help
   ¿Quién ayuda?   _____   la Cruz _____

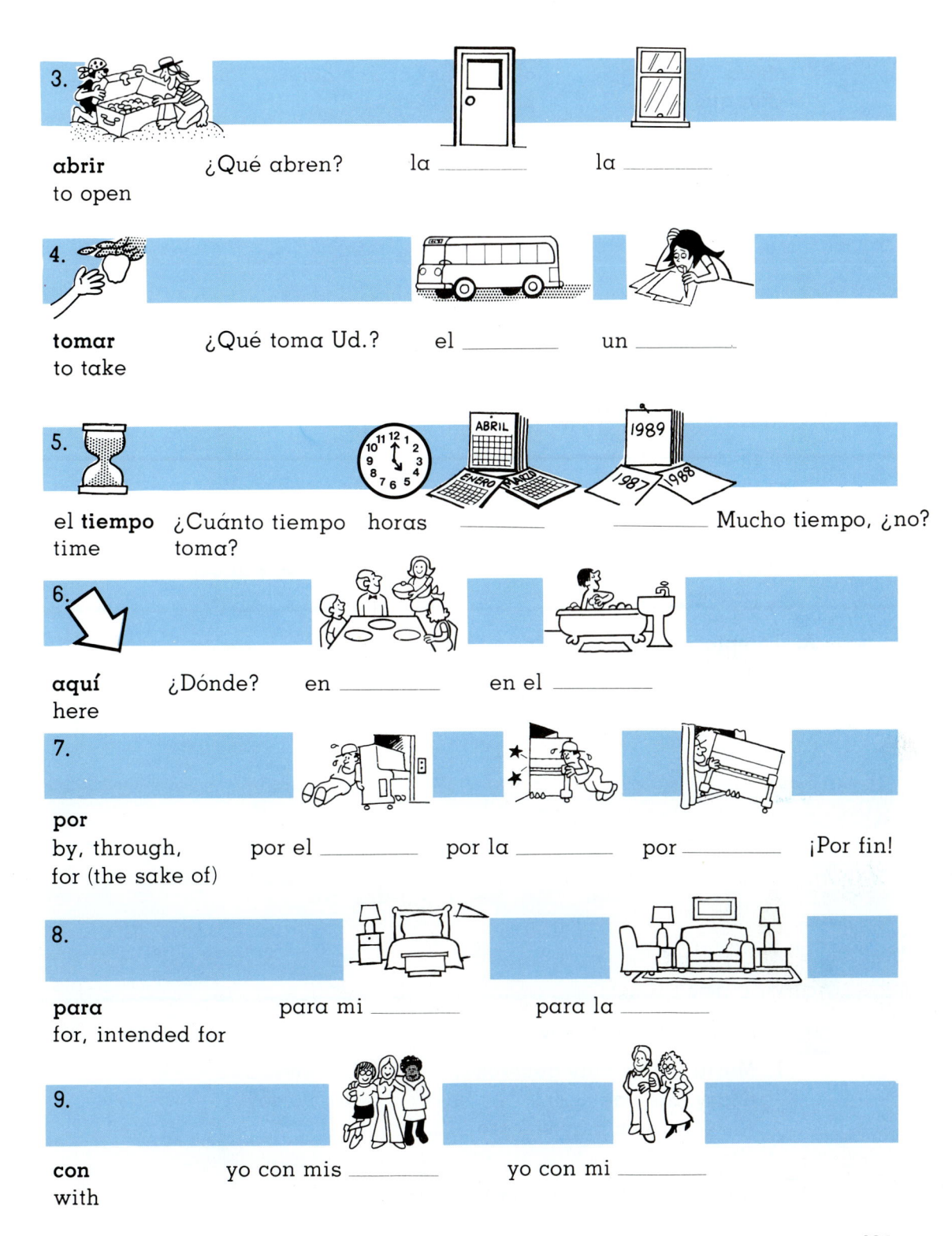

3.

abrir
to open

¿Qué abren?   la _____   la _____

4.

tomar
to take

¿Qué toma Ud.?   el _____   un _____

5.

el tiempo
time

¿Cuánto tiempo toma?   _____ horas   _____   _____   Mucho tiempo, ¿no?

6.

aquí
here

¿Dónde?   en _____   en el _____

7.

por
by, through,
for (the sake of)

por el _____   por la _____   por _____   ¡Por fin!

8.

para
for, intended for

para mi _____   para la _____

9.

con
with

yo con mis _____   yo con mi _____

105

2 Ahora... Now here are a few more useful words.

ahora	now	**otro**	other or another	**pero**	but
¿Por qué?	Why?	**porque**	because		

Can you fit them in to help us make a little story?

____, Juan, ¿tomas este libro? —No, gracias, tomo el ____.
¿ ____ ? — ____ me gusta más. — ____, Juan, éste es más interesante. — Posiblemente. Pero el ____ es más corto.

OBSERVACIONES

3. The verb **ser** (to be)

¿RECUERDA USTED?

Yo **soy** Alberto Garza. ¿Y Ud. **es**...?
¿**Es** mexicana su familia? —No. Mis padres **son** españoles.

A. The present tense of **ser**
Spanish has two verbs that mean "to be." Let's look first at **ser**.

soy	I am
eres	you (**tú**) are
es	he is, she is, it is, you (**Ud.**) are
somos	we are
son	they are, you (**Uds.**) are[1]

Actividades

1 ¿Eres tú...? —Sí, soy...

1. María, ¿eres muy generosa? —Sí, soy...
   (Mary, are you...?) —No, no soy...
2. Emilio, ¿eres muy sincero?

---
[1] The **vosotros** form of the verb **ser** is **sois**. See verb chart, page 418.

2 ¿Es...? —Sí, es...

1. ¿Es muy viejo su padre?
   —Sí, mi padre es...
   —No, mi padre no es...
2. ¿Es grande o pequeña su casa?

3 ¿Son Uds....? —Sí, somos...

1. ¿Son Uds. buenos estudiantes? (Are you...?)
   —Sí, somos... (Yes, we are...)
2. ¿Son Uds. buenos hijos?

4 ¿Son...? —Sí, son...

1. ¿Son mayores o menores sus hermanos?
   —Mis hermanos son...
2. ¿Son muy viejos sus abuelos?

— Práctica ————————————————————

Escriba la forma correcta de **ser**:
1. Rosalía _eres_ ; Rosalía y yo _somos_ ; Los portugueses _son_
2. Yo _soy_ ; Tú _eres_ ; ¿Quién _es_ ?; ¿Quiénes _son_ ?
3. Uds. _son_ ; Ud. y yo no _somos_ ; Tú y Pablo _son_

B. When do we use **ser**?

1. **Ser** tells *who* or *what* a person or thing is.

   ¿Qué es su prima? —Es artista.   What is your cousin? —She's an artist.
   ¿Juanito, eres tú? —Sí, soy yo.   Johnny, is it you? —Yes, it's I.
   Uds. son peruanos, ¿no?   You are Peruvians, aren't you?
   —No, somos chilenos.   No, we're Chileans.
   ¿Qué es esto? —No sé.   What is this? —I don't know.

2. **Ser** tells *where* a person or thing is from, what it is made of, or what it is for.

   ¿De dónde son Uds.?   Where are you-all from?
   —Somos de Puerto Rico.   We're from Puerto Rico.
   ¿Es de cristal la lámpara?   Is the lamp (made of) crystal?
   —No. Es de plástico.   No, it's (made of) plastic.
   Las sillas nuevas son para la cocina.   The new chairs are for the kitchen.
   —No me gustan.   I don't like them.

3. When we describe something, **ser** tells what it is *really* like, not what condition it is in.

Marta es muy talentosa.	Martha is very talented.
—Y es simpática también.	And she's nice, too.
Su casa es muy bonita.	Your house is very pretty.
—Gracias. Pero no es muy grande.	Thank you. But it isn't very big.

Práctica

1 *Conteste afirmativamente, según (according to) los modelos.*
Por ejemplo: ¿Es Julio?   —Sí, es él.
            ¿Son sus amigos?   —Sí, son ellos.
            ¿Soy yo? —Sí, eres tú.

1. ¿Eres tú, Roberto?
2. ¿Son Carmen y Elisa?
3. ¿Son los Salinas?
4. ¿Son las chicas?
5. ¿Es el médico?
6. ¿Es Ud.?
7. ¿Es la profesora?
8. ¿Son Uds.?
9. ¿Es la tía de Leonor?
10. ¿Son los hombres?

2 *Ahora conteste negativamente las preguntas (questions) del Ejercicio A.*
Por ejemplo: 1. ¿Eres tú, Roberto?   —No, no soy . . .

3 *Complete de una manera original:*
1. Mi casa es _____ .
2. Esta lámpara es de _____ .
3. María y yo somos _____ .
4. Yo soy _____ .
5. ¿De dónde son _____ ?
6. Mi tía favorita es _____ .
7. Mis vecinos son _____ .
8. La cocina de mi casa es _____ .
9. El cuarto de mis padres es _____ .
10. ¿Para quién es _____ ?

REPASO RÁPIDO

The Verb **Ser** (To be)

soy	somos
eres	
es	son

When do we use **ser**?
1. To tell *who* or *what* a person or thing is.
2. To tell where a person or thing is from, what it is made of, or what it is for.
3. To describe what the person or thing is really like.

Práctica

(You can check your answers in the back of the book.)

1 *Conteste:*
1. ¿De qué es una lámpara, de cristal o de papel?
2. ¿De dónde son Uds., de Europa o de América?
3. Normalmente, ¿cuál es más grande, la cocina o la sala?
4. ¿Quiénes son sus personas favoritas, sus padres o sus vecinos?
5. ¿Para qué cuarto es la televisión nueva, para el baño o para la alcoba?
6. Amigo (Amiga), ¿qué eres, un (una) estudiante excelente o un (una) estudiante terrible?

2 *Ahora diga Ud.:*
1. Tell us where you are from.
2. Tell us where your grandparents (or your neighbors) are from.
3. Ask your teacher whether he or she is Spanish.
4. Describe one of your favorite people.

PANORAMA
¡BIENVENIDOS! (WELCOME!)

Hoy vamos a visitar diferentes casas—casas españolas, casas hispanoamericanas, casas elegantes, casas pobres (poor), casas medianas (average). ¡Bienvenidos al mundo (world) hispánico!

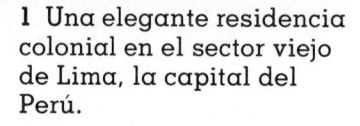

1 Una elegante residencia colonial en el sector viejo de Lima, la capital del Perú.

2 Casa en construcción. Los vecinos ayudan con el techo (roof) nuevo. San Antonio Polopó, Guatemala.

3 Casas blancas y plantas frescas en Córdoba, España. Córdoba, en el sur (south), es famosa por sus patios exquisitos y por su clima ideal.

4 Una escena típica de Quito, Ecuador. Latinoamérica combina la arquitectura española con la tradición nativa. "¡Qué niño más precioso, eh!"

5 ¿Los Ángeles, California? ¡No! Ésta es una casa privada de estilo español en Cartagena, Colombia. ¿Le gusta?

6 "Apartamento 3C. ¿Salinas? ¿Gómez?" Hay muchas casas de apartamentos como (like) ésta en el Madrid nuevo.

LECCIÓN 2

Los muebles y otras cosas
Furniture and other things

la **cómoda**
chest of drawers

funcionar **mal**
to work, run badly

el **televisor**
TV set

la **lámpara**
lamp

el **radio**

la **mesa**

la **silla**

la **cama**
bed

Dígame

1. ¿Qué muebles hay en su alcoba? ¿Es muy grande su cama? ¿Es muy confortable? ¿Cuántas lámparas hay? ¿Cuántas sillas hay? ¿Usa Ud. su alcoba para estudiar?
2. ¿Qué muebles hay en su sala? ¿Hay un sofá largo? ¿Hay sillas grandes? ¿De qué color son? ¿Hay televisor en la sala? ¿Hay acondicionador de aire?
3. ¿Qué muebles hay en su cocina? ¿Es eléctrica o de gas su estufa? ¿Hay máquina de lavar? ¿Qué otros aparatos (appliances) eléctricos hay? ¿Funcionan muy bien? ¿Le gusta a Ud. cocinar?
4. Finalmente, ¿cómo asocia Ud. los Grupos A y B?

A	B
leer	una silla grande/un
escuchar música	acondicionador de aire/la nevera/
"Todo (All) en la Familia"	la cama/una lámpara/el radio/la
el verano	televisión (o el televisor)/la estufa/
cocinar	un lavaplatos
muy confortable	
fruta fría	
lavar	
la noche	

el **acondicionador de aire**
air conditioner

funcionar bien
to work,
to run well

el **congelador**
freezer

el **sofá**
sofa

cocinar
to cook

la **máquina de lavar**
washing machine

el **lavaplatos
eléctrico**
dishwasher

la **estufa**
stove

la **nevera**
refrigerator

lavar
to wash

Muebles musicales

Have you ever played "Musical Chairs"? Well, we're going to play it right here, but with furniture and appliances, not just with chairs. Start some music going (or a timer, if there's no music around). Then begin by calling out a piece of furniture. The next person has to add another one, and the following person another, and so on... When the music stops (or the buzzer sounds), the person whose turn it is to give the next word is out, and the rest of you start all over again.

Oh yes, no repeats, please! If necessary, you can use the same piece of furniture or the same appliance, but give it a different color or size. Por ejemplo: una silla... un sofá... un sofá blanco... un sofá largo... una mesa... una mesa roja... etc. ¡Vamos a jugar!

OBSERVACIONES

4. Tener (to have) and venir (to come)

¿RECUERDA USTED?

¿Tiene Ud. hermanos? —Sí, tengo dos.
(Do you have any brothers?) (Yes, I have two.)
¿Tiene Ud. muchos primos? —Sí, tengo muchos.
(Yes, I have many.)

	tener (to have)	venir (to come)
(yo)	tengo	vengo
(tú)	tienes	vienes
(él, ella, Ud.)	tiene	viene
(nosotros, nosotras)	tenemos	venimos
(ellos, ellas, Uds.)	tienen	vienen

As you can see, **tener** and **venir** do not follow the regular pattern for **–er** and **–ir** verbs. For that reason, we call them "irregular." Actually, they are very easy, and very much alike.

Actividades

1 ¿Tiene Ud....? —Sí, tengo...
¿Viene Ud....? —Sí, vengo...

1. ¿Tiene Ud. muchos amigos? —Sí, tengo...
   (Do you have...?) —No, no tengo...
2. ¿Tiene Ud. mucho tiempo hoy?
3. ¿Viene Ud. a esta clase el lunes? —Sí, vengo...
4. ¿A qué hora viene Ud.?

2 ¿Tienes...? —Sí, tengo...
¿Vienes...? —Sí, vengo...

1. (Alicia), ¿cuántas clases tienes hoy? —Tengo...
2. (Eduardo), ¿vienes a la fiesta esta tarde?

114

3 ¿Tiene su madre...?   —Sí, tiene...
   ¿Viene...?   —Sí, viene...

   1. ¿Tiene muchas amigas su madre?   —Sí, mi madre tiene...
                                         —No, mi madre no tiene...
   2. ¿Tiene mucha paciencia su maestro?
   3. ¿Viene a la clase hoy la directora?   —Sí, viene...
      (Is the Principal coming...?)   —No, no viene...

4 ¿Tienen Uds....?   —Sí, tenemos...
   ¿Vienen Uds....?   —Sí, venimos...

   1. ¿Tienen Uds. examen hoy?   —Sí, tenemos... (Yes, we have...)
   2. ¿Tienen Uds. una cafetería aquí?
   3. ¿Vienen Uds. a la escuela el sábado?
   4. ¿Vienen Uds. al partido de fútbol?   —Sí, venimos... (Yes, we come...)

5 ¿Tienen sus padres...?   —Sí, tienen...
   ¿Vienen...?   —Sí, vienen...

   1. ¿Tienen muchos amigos sus padres?   —Sí, mis padres tienen...
   2. ¿Cuántos hijos tienen sus padres?
   3. ¿Vienen a esta escuela sus amigos? (Do your...?)   —Sí, mis amigos...
   4. ¿Vienen a esta escuela sus hermanos?

Práctica

1 *Complete usando (using)* **tener** *o* **venir:**
   1. Mi prima Elisa _viene_ mañana.
   2. Mario, ¿tú _viene_ ahora?
   3. ¿_____ Uds. tiempo esta tarde?
   4. ¿_____ los estudiantes nuevos hoy?
   5. (Yo) _____ a la clase temprano.
   6. ¿A qué hora _____ Ud.?
   7. Mi familia _____ una casa grande.
   8. (Nosotros) _____ tres televisores. —Yo _____ uno.
   9. Ramón y yo _____ en el bus.
   10. Alonso, ¿(tú) _____ la información?

2 *Primero (First), díganos, ¿qué hora es? Entonces (Then), lea los pequeños diálogos y conteste. Por ejemplo:*

1. —Concha y Pepe vienen en una hora.
   —¡Fantástico! Me gustan mucho.

   Conteste: ¿A qué hora vienen Concha y Pepe?
   Concha y Pepe vienen a las _____.

2. —Tengo examen de ciencia en quince minutos.
   —¡Ay, pobre (poor) Paco!

   Conteste: a. ¿A qué hora tiene Paco su examen?
   b. ¿Es difícil la ciencia?

3. —En diez minutos viene el mecánico.
   —¿Por qué?
   —Porque el televisor funciona mal.

   Conteste: a. ¿A qué hora viene el mecánico?
   b. ¿Por qué viene?

4. —¿Vienes a la fiesta, Elenita?
   —Sí, en dos horas, más o menos. Tengo mi lección de música ahora.

   Conteste: a. ¿A qué hora viene a la fiesta Elenita?
   b. En su opinión, ¿qué instrumento estudia la chica?

5. —Chicos, ¿tienen tiempo para ayudar un poco?
   —Más tarde, mamá. Tenemos clase en media hora.

   Conteste: a. ¿A qué hora tienen su clase los chicos?
   b. En su opinión, ¿cuántos hijos tiene la señora?

5. Special expressions with **tener**

There are many things we can say with the verb **tener.** Here are some:

- **tener calor**   to be (feel) warm
  Daniel, ¿tienes calor?   Dan, are you warm?
  —Sí, tengo mucho calor.   Yes, I'm very warm.

- **tener frío**   to be (feel) cold
  Tengo frío, mucho frío.   I'm cold, very cold.
  —Pues, cierre la ventana.   Well, close the window.

¿Qué tiene esta chica?   ¿Qué tiene este señor?

- **tener sed**   to be thirsty
  Aquí tiene Ud. agua.   Here's some water.
  —No, gracias, No tengo mucha sed.   No, thanks. I'm not very thirsty.

- **tener hambre**   to be hungry
  ¿Tienes hambre?   Are you hungry?
  —No, no mucha.   No, not very.

- **tener sueño**   to be sleepy
  Tengo mucho sueño.   I'm very sleepy.
  —Pues, ¡a la cama!   Well, to bed!

- **tener miedo**   to be afraid
  ¿Continuamos?   Do we go on?
  —No, tengo miedo.   No, I'm afraid.

117

¿Qué tiene?    ¿Qué tiene?    ¿Qué tiene?    ¿Qué tiene?

- **tener que** (trabajar, estudiar, etc.)   to have to (work, study, etc.)
  ¿Tienes que trabajar hoy?   Do you have to work today?
  —Tengo que ayudar en mi casa.   I have to help at home.

¿Tienen que estudiar o tienen que lavar platos?

¿Dónde tienen que escribir, en la pizarra o en el libro?

Práctica

Conteste, por favor:
1. ¿Tiene Ud. calor hoy? ¿Tiene mucho frío?
2. ¿Tenemos más calor en el verano, o en el invierno?
3. ¿Si Ud. tiene mucha sed, ¿qué toma, agua o soda?
4. ¿Tiene Ud. sueño en la clase de español? ¿Y en las otras clases?
5. ¿Tiene Ud. que estudiar para un examen mañana?
6. ¿Tiene Ud. miedo del número trece?
7. ¿Tiene Ud. miedo de sus profesores?
8. ¿Cuántos años tiene Ud.? (How old are you?) ¿Cuántos años tienen sus padres?

REPASO RÁPIDO

tener (to have): tengo, tienes, tiene, tenemos, tienen
venir (to come): vengo, vienes, viene, venimos, vienen

Tener is used in many special expressions to describe people's feelings.

tener (mucho) **frío** to be (very) cold   tener (mucho) **calor** to be (very) warm
tener (mucha) **sed** to be (very) thirsty   tener (mucha) **hambre** to be (very) hungry
tener (mucho) **sueño** to be (very) sleepy   tener (mucho) **miedo** to be (very) afraid
tener **que** (estudiar, trabajar, etc.)   to have to (study, work, etc.)

Práctica

(You can check your answers in the back of the book.)

1 *Estudie por un momento estas ilustraciones:*

1.   2.   3.

4.   5.   6.

Now use these pictures to ask people about their feelings.
Por ejemplo: 1. ¿Tiene Ud. hambre?   or   ¿Tienes mucha hambre?

Look again, and now it's your turn to say how *you* feel.
Por ejemplo: 1. Tengo hambre.   or   No tengo mucha hambre.

2 *Ahora haga diálogos originales (make original dialogues):*
1. ¿venir/Uds./fiesta/...?   —No./(Nosotros)/tener que...
2. (Yo)/venir/de Argentina.   —¿Ah, sí?/Mis.../venir/Buenos Aires.
3. Pepe, ¿por qué no/venir/mi casa?   —Porque (yo)/tener...

CUENTO ¡GANE UN MILLÓN! *Win a million!*

Apartamento 1D. Son las diez de la noche, y la familia Montes **mira** la televisión. — *is looking at*

Miguelín: Yo soy Miguelín Soler, y **bienvenidos,** amigos, a — *welcome*
"¡**Gane** un Millón!" (Música y **aplausos.**) Ahora, — *win; applause*
5 vamos a comenzar. Los **primeros** participantes hoy — *first*
son... Adela y Adolfo García. (Más aplausos y música.) ¿Y de dónde vienen Uds., señores?

Él: Yo vengo de San José. Mi esposa es de San Luis.

Miguelín: ¡Fantástico! ¡Un aplauso especial, amigos, para San
10 José y San Luis! (Aplausos y **silbidos.**) Y ahora, la — *whistles*
primera **pregunta.** Escuchen bien... — *question*

(Carmen Montes habla con su esposo.)

Carmen: ¿Tú tienes hambre, Felipe?

Felipe: No, pero tengo sed. ¿Hay **café frío**? — *iced coffee*

15 Carmen: No, Felipe. La nevera no funciona
muy bien. Tenemos que **comprar** — *buy another*
otra pronto. — *one soon*

Felipe: ¿Y quién tiene **dinero,** Carmen? Yo no. — *money*

Miguelín: ¿**Listos**? Pues si uno y uno son dos, y dos y dos son — *Ready?*
20 cuatro, ¿cuántos son dos y tres? **Recuerden:** Uds. — *Remember*
tienen diez **segundos** para contestar. — *seconds*

(Música. Adela y Adolfo consultan **en voz baja**: "¿Tres? ¿Seis? — *in a low voice*
No, cinco, cinco. ¡Sí, cinco!")

Ella: ¿Cinco?

25 Miguelín: ¡**Así es**! **Felicitaciones,** amigos. Y aquí tienen Uds. — *That's it!; Congratulations*

Bienvenidos, amigos, a "¡Gane un Millón!"

¿Tú tienes hambre, Felipe?

Y aquí tienen Uds. sus premios...

120

Si un romano viene de Roma...

Y aquí tienen Uds. sus premios: muebles completos...

Pero uno tiene que saber muchísimo.

    sus **premios:** un televisor nuevo de colores, un radio con "estereo," una nevera grande con...   prizes

•   Carmen: ¡Ay, Felipe! ¡Qué **suerte** tienen, eh!   luck

Miguelín: ... y un acondicionador de aire, **todo** con los mejores   everything
30   **deseos** de la **Compañía**...   wishes; Company

Adela y Adolfo: ¡Ay! ¡Fabuloso! ¡Fantástico! ¡Sensacional!

Miguelín: Y ahora, amigos, ¿**desean** continuar? Recuerden: Si   do you **want**
    contestan correctamente, tienen la oportunidad **de**
    ganar un millón de pesos. Pero si contestan mal...   of winning

35 Ella: **No sé.** Tengo miedo.   I don't know.

Diferentes personas: ¡Sí, Sí! ¡**Adelante!**   Keep going!

Él: Bueno, continuamos. (Grandes aplausos y **gritos.**)   shouts

Miguelín: Muy bien. Y aquí tienen Uds. la **segunda** pregunta: second
    Si un romano viene de Roma y un parisino viene de
40   París, ¿de dónde es un **berliniano**?   Berliner

Ella: Un berliniano es de...

Él: Es de... ¿Ber...?

Miguelín: ¡Exactamente! ¡Es de Berlín! Y aquí tienen Uds. sus
    premios: muebles completos para la alcoba, con
45   cama, cómoda...

        Felipe: **Niños,** ¡a la cama!   Children

        Niño: Por favor, papá, no tenemos sueño.

Miguelín: ...lámparas y mesitas de noche, un sofá elegante
    para la sala, cuatro...

50   Carmen: Felipe, ¿por qué **no vamos nosotros**   don't we go
        a ese programa?

        Felipe: Ay, Carmencita, pero uno tiene que
        saber muchísimo.   know an awful lot

121

Vamos a conversar

1. ¿En qué apartamento viven los Montes?
2. ¿Qué programa miran? ¿Le gusta a Ud. este tipo de programa?
3. ¿Quién es el M.C. del programa?
4. ¿Quiénes son los primeros participantes hoy?
5. ¿De dónde vienen?
6. ¿Qué tiene en este momento Felipe—hambre o sed?
7. ¿Por qué no hay café frío en la nevera?
8. ¿Por qué no compran los Montes una nevera nueva?
9. ¿Qué pregunta tienen que contestar ahora Adela y Adolfo?
10. ¿Qué premios ganan? ¿Cuáles de estos aparatos tienen Uds. en su casa?

- 1. ¿Qué tienen la oportunidad de ganar Adela y Adolfo ahora?
  2. ¿Desea continuar Adela? ¿Por qué?
  3. ¿Qué gritos hay ahora?
  4. ¿Cuál es la segunda pregunta?
  5. ¿Contestan bien Adela y Adolfo?
  6. ¿Qué premios ganan ahora?
  7. ¿Qué dice (says) Felipe Montes a sus hijos? ¿Tienen sueño los chicos?
  8. ¿Qué idea tiene Carmen ahora?
  9. ¿Qué contesta Felipe?
  10. ¿Hay programas de este tipo en la televisión aquí? ¿Le gustan a Ud. esos programas?

JUEGOS DE PALABRAS

1.    la **suerte**   ¿Tiene Ud....?   buena _____ _____
   luck

2.    la **niña**, el **niño**   ¿Son grandes estos niños?   _____, son _____
   child

122

3. **tener** — to have
¿Qué tiene la señora? muchos _sueño_ _hambre_ _frío_

4. **venir** — to come
¿Viene temprano o tarde? _es temprano_ _es tarde_

5. **mirar** — to look at, to watch
¿Qué miran Uds.? la _televisión_ _libre_ interesante

6. **desear** — to want, to wish
¿Qué deseas? amor _partido de fútbol_ un coche _nuevo y feo_

7. **ganar** — to earn, to win
¿Cuánto gana? _mucho_ ¿Qué gana? _premios_

8. **dinero** — money
¿Cuánto vale? mucho _dinero_ _cero dinero_

123

9.

todo, todos   ¿Cuánto deseas? _____   (Ask for it all!) _____   (Ask for them all!)
all, everything

10.

la pregunta   ¿Cuál es la pregunta? _____
question

11.   12.

listo   ¿Listo? ¡Son las _____!   **pronto**   —Sí, muy pronto. A las _____.
ready   soon

13.   1    2

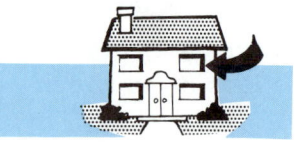

primero   la primera _____   **segundo**   el segundo _____
first   second

OBSERVACIONES

6. Where to put adjectives

¿RECUERDA USTED?

mi amiga   ese chico
mi amiga española   ese chico brillante

Adjectives in Spanish can go either before or after the noun.

A. "This-that" and "my-your," etc., always go before the noun.

B. An adjective that sets the noun off from others of its kind usually goes *after* the noun.

> ¿Tiene Ud. una pluma roja?
> Do you have a red pen? (not green or purple or pink!)
> Luis es un chico muy inteligente.
> Lou is a very intelligent guy. (**Inteligente** sets Lou off from the less bright boys.)

For this reason, adjectives of color, shape, nationality, religion, or quality usually go *after* the noun.

> una mesa baja   a low table
> una chica simpática   a sweet girl
> la música mexicana   Mexican music

C. Mucho and **poco** always go *before* the noun.

> No tengo mucho tiempo.   I don't have much time.
> Hay poco dinero.   There is little money.

D. Bueno, malo, and **primero** can go before or after the noun. When they go before a masculine singular word, they shorten to **buen, mal,** and **primer.**

> un padre bueno, un buen padre   a good father
> un ejemplo malo, un mal ejemplo   a bad example
> el libro primero, el primer libro   the first book

But: una madre buena, una buena madre
la pregunta primera, la primera pregunta

Práctica

1 Can you match up each word in Column 1 with a word in Column 2, and then use them in your own sentences?

1	2
una cocina	muy confortable/azul/grande y
muchos programas	moderna/famoso (famosa)/
una silla	norteamericanas/popular/
una casa	interesantes/muy largo/muy
un (una) artista	bonita
una lámpara	
las mujeres	
la música	
un sofá	

125

2 *Conteste ahora:*
1. ¿Le gustan más las casas grandes o las casas pequeñas? ¿las casas modernas o viejas? ¿los muebles muy modernos?
2. ¿Le gustan más los coches grandes o pequeños? ¿los coches americanos o europeos? ¿Tiene su familia un coche japonés?
3. ¿Hay una persona muy artística en su familia? ¿en su escuela? ¿en su clase? ¿Hay personas muy musicales?
4. ¿Lee Ud. muchos libros interesantes? ¿Cuál es su libro favorito?
5. ¿Hay una mesa muy baja en su casa? ¿una lámpara verde? ¿un sofá pardo? ¿muchas sillas confortables? ¿Tienen Uds. una cocina blanca?
6. ¿Tiene Ud. un buen amigo (una buena amiga)? ¿Tiene Ud. muchos buenos amigos? ¿Quién es su mejor amigo (amiga)?

REPASO RÁPIDO

Where to Place Adjectives

Adjectives that set a person or thing apart from others of that kind usually come *after* the noun.
Mucho and **poco** always go *before* the noun.
Bueno, malo, and **primero** can go before or after. When they go *before* a masculine singular word, they become **buen, mal, primer.**

Práctica

(You can check your answers in the back of the book.)
¿Recuerda Ud. los colores?
    rojo   amarillo   verde   azul   blanco   negro   pardo   gris

Now choose among these colors to complete this little story:
Mi familia y yo vivimos en una casa ___ con puertas ___ y ventanas ___. En el primer piso hay una sala ___, un comedor ___ y una cocina ___. En el segundo piso hay tres alcobas — una alcoba grande ___, y dos alcobas pequeñas, una ___ y la otra ___. En ese piso hay un baño ___ y otro ___. ¡Qué casa más fea, eh!

126

PANORAMA
PASE UD. (COME RIGHT IN.)

1 ¡Vamos a una barbacoa! Sí, en la terraza de esta casa bonita de Acapulco, México. (¿Sabe Ud. qué palabras inglesas vienen de "barbacoa" y "terraza"?)

2 La alcoba principal de una hacienda (ranch) en la pampa argentina. Otra vez, díganos: ¿Vive aquí una familia grande o pequeña? ¿Cuántos cuartos hay? ¿Cómo es el resto de la casa?

3 La cocina de esta familia dominicana no es grande. Pero es moderna, ¡y tiene televisor en colores! Nueva York.

4 La sala de un apartamento moderno en Santurce, Puerto Rico. En su opinión, ¿quiénes viven en este apartamento? ¿Son pobres (poor), ricos o de la clase media?

5 Elías Soto, estudiante de escuela secundaria en San José, Costa Rica, prepara sus (his) lecciones en el comedor de su apartamento. A propósito, ¿quiénes son las personas en la foto?

6 "Siéntese. Mi casa es su casa." Aquí tenemos la sala de una casa pequeña de Palma de Mallorca, España. En efecto, ésta es la casa de vacaciones de una familia de Madrid. La isla (island) de Mallorca es famosa por su clima maravilloso.

7 ¡Qué cocina, eh! Dos estufas grandes, una nevera de veinte pies (feet) cúbicos y todas las conveniencias modernas. En realidad, ésta es la casa de una familia rica de Cali, Colombia. En las casas pobres, especialmente en las regiones rurales, hay pocos aparatos (appliances) eléctricos.

129

LECCIÓN 3

¿Qué voy a llevar?
What am I going to wear?

- la **ropa** — clothing
- el **saco** — jacket
- la **camisa** — shirt
- la **corbata** — tie
- el **jersey** — T-shirt
- los **zapatos** — shoes
- los **pantalones** — pants
- el **abrigo** — overcoat
- el **traje** — suit
- los **calcetines** — socks

Dígame

1. ¿Qué ropa lleva Ud. hoy? ¿Lleva Ud. abrigo? ¿sombrero?
2. ¿De qué color es su camisa (o blusa, o suéter)? ¿De qué color son sus pantalones? (¿De qué color es su vestido o falda?) ¿Son negros sus zapatos?
3. ¿Qué llevamos si hace frío? ¿Usamos botas si hace calor? ¿si llueve? ¿si nieva?
4. ¿Qué colores usa Ud. más en el invierno? ¿y en la primavera?
5. (A las chicas) ¿Le gusta más llevar pantalones o falda? ¿Le gustan más las faldas largas o las faldas cortas? ¿Le gusta más una blusa o un jersey? ¿Le gusta cambiar frecuentemente su ropa?
6. (A los chicos) ¿Le gusta más un suéter o un saco? ¿una camisa o un jersey? ¿Le gusta llevar corbata? ¿Le gusta llevar un traje completo?

3

el **sombrero**
hat

llevar
to wear,
to take,
to carry

cambiar
to change

la **blusa**
blouse

la **falda**
skirt

el **suéter**
sweater

el **vestido**
dress

los **guantes**
gloves

las **botas**
boots

¿Cuánto vale? (How much does it cost?)

Go to your nearest newspaper or magazine and cut out some pictures of articles of clothing. (Only the ones whose names we know, ¡por favor!) Write the real price (más o menos) on the back of each picture and bring them all to class. Y ahora, ¡a comenzar! Hold up one of your pictures and say: "Aquí tengo un bonito... una magnífica... unos fantásticos..., etc. ¿Cuánto vale?" (If the item is plural, say: "¿Cuánto valen?") Your classmates have to guess — en español — how much it costs (tres dólares, dos y medio, cinco noventa y nueve, etc.). Then allow five guesses, and the person who comes closest takes over next.

OBSERVACIONES

7. Ir (to go), dar (to give), and estar (to be)

¿RECUERDA USTED?

¿A dónde va Ud.?, ¿A dónde vas? —Voy al cine.
(Where are you going?) (I'm going to the movies.)

¿Cómo está Ud.?, ¿Cómo estás? —Muy bien, gracias.
(How are you?)

You already know most of the present tense of **ir**, "to go."
Here's the whole thing, along with **dar** and **estar**. All three verbs are very much alike.

	ir (to go)	**dar** (to give)	**estar** (to be)
(yo)	voy	doy	estoy
(tú)	vas	das	estás
(Ana, la clase, Ud.)	va	da	está
(Luis y yo)	vamos	damos	estamos
(Los chicos, Uds.)	van	dan	están

Actividades

1 ¿Va(s)...? —Sí, voy...
¿Da(s)...? —Sí, doy...
¿Está(s)...? —Sí, estoy...

1. ¿Va Ud. mucho al cine? —Sí, voy...
   (Do you go...?) —No, no voy...
2. ¿A qué escuela va Ud.?
3. Laurita, ¿vas a una fiesta hoy?
4. Riqui, ¿tú vas con Laurita?

5. ¿Da Ud. muchas fiestas? —Sí, doy...
   (Do you give many parties...?) —No,...
6. ¿Da Ud. problemas a sus padres?
7. Nanita, ¿das lecciones de español?
8. Roberto, ¿das dinero a otras personas?

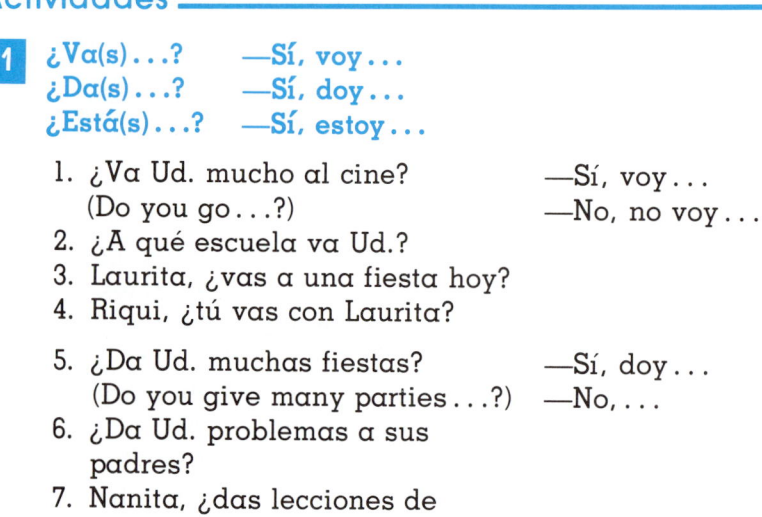

9. Buenos días. ¿Cómo está Ud.? —Estoy...
10. ¿Está Ud. contento (contenta) con sus clases?
11. Bárbara, ¿estás bien o mal hoy?
12. Guillermo, ¿estás preparado, amigo?

2 ¿Va (Da, Está) su madre...? —Sí, mi madre va (da, está)...

1. ¿Va a trabajar hoy su madre? —Sí, mi madre va... —No,...
2. ¿Va a esta escuela su mejor amigo?
3. ¿Da lecciones de arte su padre?
4. ¿Da muchos exámenes su maestro?
5. ¿Cómo está su familia?
6. ¿Está en (name of town) su casa?

3 ¿Van (Dan, Están) Uds....? —Sí, vamos (damos, estamos)...

1. ¿Van Uds. al laboratorio hoy? —Sí, vamos...
   (Are you-all going...) —No,...
2. ¿Van Uds. a un partido mañana?
3. ¿Dan Uds. dinero a la Cruz Roja (Red Cross)? —Sí, damos... —No,...
4. ¿Dan Uds. conciertos aquí?
5. ¿Están Uds. en el primer año del español? —Sí, estamos... —No,...
6. ¿Están Uds. contentos con su clase de español?

4 ¿Van (Dan, Están) sus padres...? —Sí, mis padres van (dan, están)...

1. ¿Van al teatro sus padres? —Sí, mis padres van... —No,...
2. ¿Van a partidos de béisbol?
3. ¿Dan exámenes difíciles sus maestros? —Sí, mis maestros dan...
4. ¿Qué día de la semana dan los exámenes?
5. ¿Dónde están sus hermanos en este momento? —Mis hermanos están...
6. ¿Dónde están sus libros ahora?

Práctica

1 *Rápidamente ahora... Diga las formas correctas:*
1. yo: dar, ir, estar
2. tú: ir, estar, dar
3. Elvira: estar, ir, dar
4. Nico y yo: dar, ir, estar
5. Uds.: ir, dar, estar

2 *Haga frases originales con:*
1. alcoba / estar / segundo piso.
2. Yo / ir a... / mañana.
3. Clara y yo / ir a... / esta noche.
4. ¿Tú no / dar... / al niño?
5. Mi profesor(a) / dar / exámenes.

8. When to use **estar** (to be)

Do you remember the verb **ser** (to be)? **Ser** tells who or what the subject is, what it's made of, or what it's really like. Now look at **estar**.

A. Estar tells *where* someone or something is.

Alfredo, ¿dónde estás?	Alfred, where are you?
—Estoy en el baño.	I'm in the bathroom.
Sra. Montes, ¿está Emilia?	Mrs. Montes, is Emily in?
—No. Está en clase.	No. She's in class.

B. Estar tells *how* the subject is, in what condition or position it is.

¿Qué pasa? ¿Están enfermos?	What's the matter? Are you sick?
—No. Estamos cansados.	No. We're tired.
¿Cómo está su abuelo?	How is your grandfather?
—Está mejor, gracias.	He's better, thanks.
¿Está caliente la sopa?	Is the soup hot?
—No. Está fría.[1]	No. It's cold.

C. Notice how the meaning changes when we use **ser** or **estar** with the same adjective. Por ejemplo:

El hielo es frío.	El café está frío.
Ice is cold (naturally).	The coffee is cold. (It cooled off.)

---

[1] In case you forgot: When the *weather* is cold or hot we say **Hace frío. Hace calor.** When we *feel* cold or warm, we say **Tenemos frío. Tenemos calor.** ¿Recuerda Ud.?

El sofá es negro.	¡Ay, no! ¡El sofá está negro!
The sofa is black. (That's its normal color.)	Oh, no! The sofa's black! (It's all dirty!)
¡Qué bonita eres!	¡Qué bonita estás!
How pretty you are! (You're such a pretty girl!)	How pretty you look. (You look great today!)
Ese niño es muy malo.	Ese niño está muy malo.
That boy is very bad. (He's a rotten kid.)	That boy is very ill (in bad shape).

Práctica

1 *Lea bien, y después indique (then indicate) la contestación correcta:*
   1. —Mis padres están en Roma ahora.
      —¡Qué suerte! (Portugal, Italia, Francia) es muy interesante.
   2. —¿Está Ud. ocupado en este momento, señor?
      —Sí. (Tengo que trabajar. Estoy muy contento. Estoy bien preparado.)
   3. —¿Le gustan estas bananas?
      —No. (Son grandes. Son amarillas. Están verdes.)
   4. —La oficina está a poca distancia de mi casa.
      —¿Ah, sí? Pues (Ud. tiene que tomar el tren, toma mucho tiempo en bus, es muy conveniente), ¿verdad?
   5. —Mi vecina no es vieja, pero está muy blanca y no tiene energía.
      —Posiblemente (está mala, es mala, está ocupada).

2 *Ahora mire las ilustraciones, y conteste:*
   1.

   a. ¿Estamos en un clima frío o en un clima tropical?
   b. ¿Están contentas estas personas?
   c. ¿De qué color es el sol (sun)?
   d. ¿De qué color son las palmas?

2.

a. ¿Dónde está el café?
b. ¿Está frío o caliente?
c. ¿Está frío o caliente el té?

3.

a. ¿Dónde está este señor?
b. ¿Es tarde o temprano?
c. ¿Está muy cansado el señor?
d. En su opinión, ¿es hombre de negocios (businessman), médico o mecánico?

4.

a. ¿Dónde estamos ahora?
b. ¿Qué lengua hablan allí (there)?
c. ¿Es vieja o nueva la Torre Eiffel? ¿Es alta o baja?
d. ¿Le gusta a Ud. visitar otras naciones?

REPASO RÁPIDO
Here's the present tense of **ir** (to go), **dar** (to give), and **estar** (to be):

ir: voy, vas, va, vamos, van
dar: doy, das, da, damos, dan
estar: estoy, estás, está, estamos, están

When do we use **estar**?
1. **Estar** tells *where* someone or something is.
2. **Estar** tells *how* someone or something is, its condition or position.

ser	vs.	estar
who, what		where, how
what it is really like		what condition it happens to be in
where or what it comes from		where it is located
what or whom it is for		

Práctica

(You can check your answers in the back of the book.)

1 *Complete usando (using)* **ir** *o* **dar**:
1. Mañana yo ____ al teatro. —¿A dónde ____ Uds.?
2. Marcos y yo ____ una fiesta este sábado. ¿Tú ____ a venir?
3. Yo ____ lecciones de música. —¿Ah, sí? Pues Clara y yo ____ a estudiar con Ud.

2 *Complete usando* **ser** *o* **estar**:
1. Hola, Juanita. ¿Cómo ____?
2. ¿Dónde ____ mis zapatos?
3. ¿De dónde ____ su familia?
4. Mi café ____ frío.
5. Juanita y yo ____ hermanos.
6. ¿ ____ muy grande su casa? —No, ____ pequeña.
7. ¿Para qué cuarto ____ el televisor nuevo?
8. ¡Cuidado! ¡Estas lámparas ____ de cristal!
9. Perdone, señora. ¿ ____ Ud. ocupada en este momento?
10. ¡Ay, no! ¿Qué pasa? —(Nosotros) ____ enfermos.

El patrón viene a comer...    *No, no hay Roberto Vargas aquí.*    *No, señor. El número aquí es 5-2, no 5-3...*

CUENTO LA INVITACIÓN

Apartamento 2B. Es una noche muy importante para Julia y Esteban Palma. El **patrón** viene a **comer con ellos,** y están muy nerviosos.   *boss; to eat with them*

J.: (**desde** la alcoba) ¿Esteban? ¿Estás listo?   *from*

5 E.: Sí, Julia. ¿Y tú?

J.: **Casi.** Doy los **toques** finales, no más. (Esteban entra.) ¡Ay, Esteban, no!   **Almost;** *touches*

E.: **¿Qué pasa?**   **What's the matter?**

J.: **Es que...** (El teléfono **suena.**) ¿Sí?... ¿Quién?... No, no hay Roberto Vargas aquí... De nada. Adiós... Realmente, Esteban, esa corbata no va muy bien con tu camisa.   *It's that; rings*

10

E.: ¿Ah, no? Pues en dos minutos cambio la camisa.

J.: Gracias, **querido.** (El teléfono suena otra vez.) ¿Sí?... No, señor. El número aquí es 5-2, no 5-3... De nada... Adiós... Por favor, Esteban...   *dear*

15

E.: ¿Qué? ¿No está bien esta camisa?

J.: La camisa, sí. Pero con ese saco, no... Esteban, ¿dónde están mis zapatos negros?

20 E.: En la **zapatería.** Mañana van a estar listos.   *shoemaker's*

J.: ¿Mañana? Pues, ¿cómo voy a llevar mi falda negra esta noche? (Julia va al **armario** y **saca** un vestido rojo. El teléfono suena otra vez.) ¿Sí?... Sí, 5-2... Sí, estoy **segura**... Por favor, señor, estoy muy **ocupada**...   **closet; takes out**

sure; busy

25 Adiós.

Señor, estamos cansados ya de Ud. . . . ¿¿Quién??

No, señor, Esteban y Julia . . . están en el hospital.

Rápido, chica, vamos a salir. —¿No ves, . . . los pantalones!

- E.: Julia, ¿y si llevo mi **traje** azul? — suit

  J.: Buena idea, querido. (Los dos cambian la ropa otra vez.) Esteban, ¿está bien este vestido rojo?

  E.: Magnífico. Pero las **costuras están abiertas.** — seams are open

30 J.: ¡Ay, no! (Julia saca un vestido verde y azul, y . . . el teléfono suena otra vez.) (Al teléfono) Dígame, señor, ¿qué desea Ud. **de mí . . .**? Por favor, hable con la Compañía de Teléfonos, no **conmigo.** Adiós . . . ¡Caramba! — of me? / with me

  E.: ¿Qué pasa ahora?

35 J.: ¡Ay, Esteban! ¡La **cremallera** . . . no sube! ¿Qué voy . . . ? ¡Dios mío, el teléfono otra vez! (Al teléfono) ¿Sí? . . . Escuche, señor, estamos **cansados ya** de Ud. Si Ud. **llama** una vez más este número . . . ¿¿Quién?? (Julia está **pálida.**) Esteban, es **para ti.** El patrón desea
40 hablar **contigo.** — zipper / tired already / call / pale; for you / with you

  E.: Calma, querida, con calma. (Al teléfono) Buenas noches . . . No, señor, Esteban y Julia **no están** . . . Están en el hospital . . . Ah, sí, están muy **enfermos** . . . ¿Yo? Yo soy . . . Roberto Vargas, un vecino . . . Sí, es terrible . . .
45 Pues gracias, . . . Adiós. — aren't in / sick

  J.: Esteban, tú eres fantástico. Pero, ¿qué va a **pensar de nosotros** el patrón? — think of us

  E.: Que **estoy loco,** no más. Y es **verdad,** Julia. Estoy loco **por ti.** (Suena el teléfono otra vez.) Rápido, chica, **vamos**
50 **a salir.** — I'm crazy; true; about you / let's go out

  J.: Bueno, pero no con ese traje azul, Esteban. ¿**No ves,** querido? ¡**Faltan** los pantalones! — Don't you see / are missing

Vamos a conversar

1. ¿Quiénes viven en el apartamento 2B?
2. ¿Quién viene a comer esta noche con Esteban y Julia? ¿Viene a comer con Uds. el patrón de su padre, o de su madre?
3. ¿Quién está listo primero—Esteban o Julia?
4. ¿Qué suena ahora? ¿Con quién desea hablar el señor?
5. ¿Por qué cambia su camisa Esteban?
6. ¿Qué número desea llamar el señor?
7. ¿Y cuál es el número de Esteban y Julia?
8. ¿Por qué no va a llevar su falda negra Julia?
9. ¿Qué vestido saca Julia del armario ahora?
10. ¿Qué nueva interrupción hay?

• 1. ¿Qué traje va a llevar ahora Esteban?
2. ¿Por qué no usa Julia su vestido rojo? ¿Le gusta a Ud. el color rojo? ¿Tiene Ud. un vestido rojo, o una camisa roja?
3. ¿Qué interrupción hay otra vez?
4. ¿Qué dice Julia (does Julia say) al hombre?
5. ¿Qué problema tiene Julia con su vestido verde y azul?
6. ¿Cómo contesta el teléfono esta vez Julia? ¿Qué dice? (What does she say?)
7. Realmente, ¿quién llama ahora?
8. ¿Qué dice Esteban al patrón? ¿Le gusta ahora Esteban?
9. ¿Van a comer en casa (at home) Julia y Esteban? En su opinión, ¿quién llama esta vez?
10. ¿Por qué tiene que cambiar Esteban su traje azul?

JUEGOS DE PALABRAS

1.
*ir
to go
¿A dónde va Ud.?   a un partido   a una _____

2.
*dar
to give
¿Qué dan?   una _____   _____   ¡Feliz cumpleaños! (Happy birthday!)

140

3.

*estar
to be
(in a place or
condition)

¿Cómo estás? _____ **ocupado** _____ **segura**
busy sure

_____ **cansado** ¿A dónde va? A la _____
tired

_____ **enferma** ¿A dónde va? Al _____ ¡Buena suerte!
sick

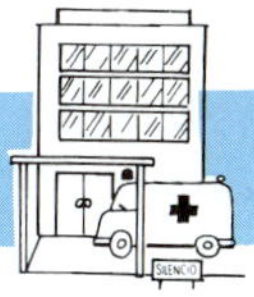

4.

llamar por _____ ¿Quién llama? _____
to call

5.

sacar ¿Qué saca? una _____ unos _____ _____ del armario
to take out

6.

comer ¿Come mucho? _____ Come **casi** todo. **¿Ya?**
to eat almost Already?

7.

pasar "Pasen a _____" ¡Dios mío! ¿Qué pasa?
to pass, to go,
to happen

141

OBSERVACIONES

9. "For me, with you" — pronouns that follow prepositions

¿RECUERDA UD.?

¿Es él o es ella? Is it he or is it she?
Nosotros no vamos. ¿Ellos van? We aren't going. Are *they* going?

Ahora observe, y repita:

¿Es para él o para ella?	Is it for him or for her?
—Es para Ud.	It's for you.
¿Van con nosotros?	Are they going with *us*?
—No, van con ellas.	No, they're going with *them*.
Esteban, es para ti.	Steve, it's for you.
—¿Para mí?	For me?

Here are some prepositions we use often. You already know them all.

a	to	**de**	from, of
en	in, on, at	**con**	with
para	for, (in order) to	**por**	by, through, for

As you can see, the pronouns that follow these prepositions are exactly like the subject pronouns, except for **mí** and **ti**.

(para) **mí**	(for) me	(para) **nosotros** **nosotras**	(for) us
ti	you		
él	him, it (masc.)	**ellos**	them (masc.)
ella	her, it (fem.)	**ellas**	them (fem.)
Ud.	you	**Uds.**	you-all[1]

There are two special forms: **conmigo**, "with me," and **contigo**, "with you," my pal.

¿Vas conmigo?	Are you going with me?
—Contigo, no. Voy con ella.	With you, no. I'm going with her.

Práctica

1 Cambie a pronombres *(Change to pronouns)*.
Por ejemplo: Hablamos de *Débora*. <u>Hablamos de ella.</u>

1. Viven con *los abuelos*.
2. Trabajas con *José*.

---

[1] The friendly "you-all" form is **vosotros, vosotras**. See chart of personal pronouns, page 412.

3. ¿Vienes a la fiesta con *Dolores y Graciela*?
4. La camisa es para ___ (you), amigo. —¿Para ___ (me)?
5. Voy ___ (with you), Pablo. —¿Por qué vas ___ (with me)?
6. Las bananas están en *la nevera*.
7. No hablamos de ___ (you), señor. Hablamos de *Roberto Vargas*.
8. Estas corbatas son de *mi hermano Luis*. —¿No son de ___ (you-all)?
9. Estamos locos por *María*.
10. ¿Por qué hablan mal de *Riqui y de mí*? —No hablamos de ___ (you).

2 ¿Es para mí?
Make a collection of the least worthwhile things you can find — a few paper clips, a rubber band, a piece of chalk — cualquier cosa (anything at all). Now hold up an object, and someone will say: "¡Qué bonito (fantástico, etc.)! ¿Es para mí?" If you decide to say: "Sí, es para ti," the person must thank you properly: "Muchas gracias, Mil gracias," etc. —"De nada." But if you prefer, just say: "No, es para ...," and give the name of one or two other members of your class. The person you're talking to must be properly disappointed: "Ay, no. ¿Es para (él, ella, ellos, etc.)? Por favor... por favor." (Acting counts!)

REPASO RÁPIDO

Here are the most common prepositions. Do you know them?

a   de   en   con   para   por

The pronouns that come after prepositions are just like the subject pronouns, except for **mí** and **ti**.

(para) **mí**
(para) **ti**
(para) Ud., él, ella, nosotros, nosotras, Uds., ellos, ellas

Two special forms: **conmigo**, "with me," and **contigo**, "with you."

Práctica

(You can check your answers in the back of the book.)
Exprese en español, como (as) en los modelos:
1. Are you going with me?   ¿Vas conmigo?
   Are they going with me? ___ *Van conmigo*
   Are they going with you, (pal)? ___ *Van contigo*
2. This shirt is for you.   Esta camisa es para ti.
   These shirts are for you. ___ *Estas camisas son para ti*
   Those shirts are for me. ___ *Esas camisas son para mí*

Repaso, Lecciones 1–3

I. Repaso General

A. The present tense of regular verbs (**Observaciones** 1 and 2)

	–ar	–er	–ir
	ganar	**comer**	**abrir**
	(to win, to earn)	(to eat)	(to open)
(yo)	gano	como	abro
(tú)	ganas	comes	abres
(Ud., él, ella)	gana	come	abre
(nosotros, nosotras)	ganamos	comemos	abrimos
(ellos, ellas)	ganan	comen	abren

¿Cuánto ganas? — How much do you earn?
—No gano mucho. — I don't earn much.
—Pues, ¿cómo vives? — Well, how do you live?
—Como muy poco. — I eat very little.
—¡Ay, pobre! — Oh, my! Poor thing!
—¿Por qué? ¡Estoy a dieta! — Why? I'm on a diet!

B. The present tense of irregular verbs (3, 4, and 7)

ir (to go): voy, vas, va, vamos, van
dar (to give): doy, das, da, damos, dan
estar (to be): estoy, estás, está, estamos, están
ser (to be): soy, eres, es, somos, son
tener (to have): tengo, tienes, tiene, tenemos, tienen
venir (to come): vengo, vienes, viene, venimos, vienen

¿Vas al concierto? — Are you going to the concert?
—Si tengo dinero. — If I have the money.
¿Está aquí Silvia? — Is Sylvia here?
—No. Viene mañana. — No, she's coming tomorrow.

C. Pronouns that follow prepositions: "for her," "from them," etc. (**9**)
Except for **mí** and **ti,** the pronouns that come after a preposition are the same as the subject pronouns.

(para) **mí**	(for) me	(para) nosotros, as	(for) us
ti	you		
él	him	ellos	them
ella	her	ellas	them (f.)
Ud.	you	Uds.	you-all

Special forms: **conmigo,** "with me"; **contigo,** "with you," my friend

¿Es para él o para mí? — Is it for him or for me?
—Para ti, si vas conmigo. — For you, if you go with me.

D. **Ser** vs. **estar** (3, 7, and 8)
   Ser tells: 1. who or what the subject is
               2. what it is made of, where it is from } permanent
               3. what it is really like
   Estar tells: 1. where the subject is located
                 2. what condition or position it is in } temporary, short time

¿Cómo está su tío? — How is your uncle?
—Bien, gracias. — Fine, thanks.
¿Cómo es su tío? — What is your uncle like?
—Es alto y guapo. — He's tall and handsome.
Sus abuelos son de Puerto Rico, ¿no? — Your grandparents are from Puerto Rico, aren't they?
—Sí, pero ahora están en Nueva York. — Yes, but now they are in New York.
¿Qué es esto? ¿Quién es ese hombre? — What's this? Who is that man?
—No sé. — I don't know.

E. Expressions that use **tener** (5)
   Here are some of the many common expressions that use the verb **tener**:

   tener (mucho) **frío**   to be (very) cold
   tener (mucho) **calor**   to be (very) warm or hot
   tener (mucha) **hambre**   to be (very) hungry
   tener (mucha) **sed**   to be (very) thirsty
   tener (mucho) **miedo**   to be (very) afraid
   tener (mucho) **sueño**   to be (very) sleepy
   tener que (trabajar, estudiar, etc.)   to have to (work, study, etc.)

   ¿Tienes que estudiar esta noche? — Do you have to study tonight?
   —Sí, pero tengo mucho sueño. Y tengo hambre, y sed, y frío, y... — Yes, but I'm very sleepy. And I'm hungry, and thirsty, and cold and...
   —¡Suficiente! ¡A la cama! — Enough! To bed!

F. About the position of adjectives (6)
   Spanish adjectives can go before or after the noun.

   1. "This-that" and "my-your," etc., always go before the noun:
      mi familia, esta noche

145

2. Adjectives that set the noun off from others of its kind (color, shape, nationality, etc.) come after the noun:
   una familia mexicana, una mesa blanca
3. **Bueno, malo,** and **primero** can go either before or after the noun. Before a masculine singular noun, they shorten to **buen, mal, primer:**
   un libro bueno, un buen libro
   un día malo, un mal día
   el ejercicio primero, el primer ejercicio
   But: la lección primera, la primera lección

II. Repaso de Vocabulario

el **abrigo** coat, 3
abrir to open, 1
ahora now, 1
la **alcoba** bedroom, 1
aquí here, 1
ayudar to help, 1
bajar to go down, to lower, 1
el **baño** bath, bathroom, 1
bien well, 2
la **blusa** blouse, 3
la **cama** bed, 2
cambiar to change, 3
la **camisa** shirt, 3
cansado tired, 3
la **casa** house, 1
casi almost, 3
la **cocina** kitchen, 1
el **comedor** dining room, 1
comer to eat, 3
la **cómoda** chest of drawers, 2
con with, 1
la **corbata** tie, 3
el **cuarto** room, 1
***dar (doy, das)** to give, 3
desear to want, to wish, 2
el **dinero** money, 2
enfermo sick, 3
entrar (a or en) to enter, to go in, 1
la **escalera** stairway, 1
***estar (estoy, estás)** to be, 3
la **estufa** stove, 2

la **falda** skirt, 3
funcionar to "work," "run," 2
ganar to earn, to win, 2
***ir (voy, vas)** to go, 3
la **lámpara** lamp, 2
lavar to wash, 2
listo ready, 2
llamar to call, 3
llevar to wear, to take, to carry, 3
mal badly, 2
mirar to look at, to watch, 2
los **muebles** furniture, 3
la **nevera** refrigerator, 2
el **niño,** la **niña** child, 2
ocupado busy, 3
(el) **otro** (the) other, another, 1
los **pantalones** pants, 3
para for, intended for, 1
pasar to pass, to go, to happen, 3
pero but, 1
el **piso** floor, story, 1
por by, through, for (the sake of), 1
¿Por qué? Why?, 1
porque because, 1
la **pregunta** question, 2
primero (primer) first, 2
pronto soon, 2
la **ropa** clothing, 3
sacar to take out, 3
el **saco** jacket, 3
la **sala** living room, 1

segundo second, 2
seguro sure, 3
el **sofá** sofa, 2
el **sombrero** hat, 3
subir to go up, to raise, 1
la **suerte** luck, 2
el **suéter** sweater, 3
el **televisor** TV set, 2
*****tener (tengo, tienes)** to have
  tener frío to be cold; **tener calor**
  to be warm; **tener hambre** to be
  hungry; **tener sed** to be thirsty;

tener sueño to be sleepy; **tener
  miedo** to be afraid; **tener que** +
  infinitive to have to, 2
el **tiempo** time, 1
todo, todos all, everything, 2
tomar to take, 1
trabajar to work, 1
el **vecino**, la **vecina** neighbor, 1
*****venir (vengo, vienes)** to come, 2
el **vestido** dress, 3
ya already, 3
el **zapato** shoe, 3

Juegos de Palabras

1 Can you find in each group two words that don't belong?
 1. abrigo, sombrero, cuarto, vestido, zapato, seguro, camisa, saco
 2. cómoda, corbata, cama, sofá, silla, suerte, lámpara, mesita de noche
 3. piso, escalera, comedor, sala, cama, alcoba, baño, corbata
 4. desear, cambiar, ayudar, porque, subir, bajar, mirar, ir, ser, por
Ahora díganos: To what category does each of these groups belong?

2 Can you find in Group 2 the opposite of each word of Group 1?
Grupo Primero: bien, bueno, alto, largo, nuevo, mayor, más,
  mejor, temprano, venir, frío, dar, bajar

Grupo Segundo: menor, menos, tarde, mal, corto, viejo, malo,
  peor, calor, subir, bajo, tomar, ir

3 Crucigrama

Horizontal
 1. ropa de hombre o mujer (singular)
 7. ¡Hurra!
 8. afirmativo
 9. ¿Le gusta .. clase?
 11. no la primera
 14. Hay veinte y cuatro en un día.
 15. preposición
 16. no toman
 17. forma del verbo **amar**
 19. ... Ud. a la pizarra.
 20. Son ... tres y media.

Vertical
 1. ... ejemplo
 2. contracción
 3. muy frías
 4. ⟶
 5. Buen .. días.
 6. chica
 9. ¿Le gustan ... profesores?
 10. artículo indefinido
 11. gaseosa
 12. ¡.... un Millón!
 13. señora
 17. ¿Vas .. concierto?
 18. ¿De dónde ..?

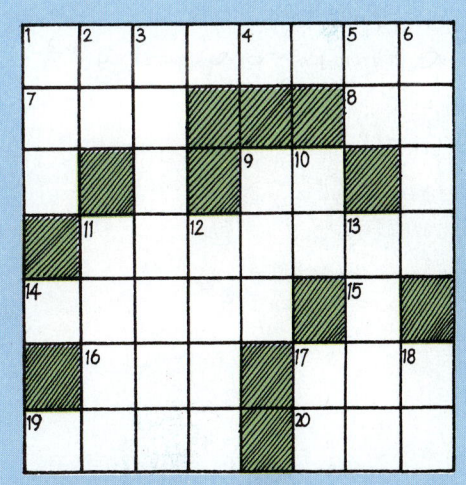

Álbum 3

Ropa y Más...

148

El jersey y los levis — ropa internacional . . .

A propósito, en Puerto Rico el "jersey" es una "camiseta", y en México es una "playera". En Argentina, es un "polo", y en varias otras partes, es una "remera". Los "levis" tienen distintos nombres en diferentes países — levis, blue-jeans, pantalones vaqueros, mahones, y mezclillas.

¿Sabe Ud.?

Los números (sizes) de la ropa en España y en Latinoamérica son diferentes de los números que usamos aquí. Por ejemplo, en España:

Mujer	Aquí	Allí (There)	Hombre	Aquí	Allí
vestido	10, 12	38, 40	traje (suit)	36, 38	38, 42
falda	10, 12	38, 40	sombrero	7, 7½	56, 60
abrigo	10, 12	38, 40	abrigo	36, 38	46, 48
zapatos	7, 8	38, 39	zapatos	8, 9	41, 42
blusa	12, 14	40, 42	camisa	15, 16	38, 41
pantalones	10, 12	38, 40	pantalones	32, 34	81, 86

Ahora imagínese que desea comprar (buy) ropa en España. ¿Qué números usa Ud.?

vestido _____   sombrero _____   blusa _____

camisa _____   zapatos _____   pantalones _____

¿Ganga o Robo? (Bargain or gyp?)

¿Le gusta comprar (buy) ropa? ¿Tiene Ud. talento para los negocios (business)? Vamos a ver. (Let's see.)

la **bata** bathrobe

las **zapatillas** slippers

el **pijama** pajamas

los **calcetines** socks

el **jersey** T-shirt

los **levis** jeans

el **traje** suit

el **traje de baño** bathing suit

Traiga Ud. (Bring) a la clase fotografías de diferentes artículos de ropa, y escriba el precio ($10, $2.95, etc.) al dorso (on the back) de las fotos. (Por favor, ¡el precio tiene que ser un secreto para los otros miembros de la clase!) Ahora la clase forma dos grupos — clientes (customers) y dependientes (salespersons). Y vamos a comenzar. (One "cliente" holds up a picture of a shirt, tie, blouse, etc., and we're ready to begin.)

Dependiente	**Cliente**
Buenos . . . , (Buenas . . . ,) señor(ita).	*Contesta cortésmente y dice:* —Deseo comprar este (esta, etc.) . . . *(Dice el artículo que desea y pregunta cuánto es.)*
Ah, señor(ita). Tengo para Ud. una ganga fantástica. Hoy, sólo hoy, vendo (I'm selling) éste (ésta, etc.) por sólo . . . *(Indica un precio muy alto.)*	—¡Cómo! (What!) Yo doy solo . . . *(Indica un precio mucho más bajo.)*
(Decide si va a aceptar ese precio o no.) —Está bien. _____ pesos (dólares, etc.) O: No. Mi precio mínimo es . . . *(indica otro precio).*	*Decide ahora si compra el artículo a ese precio o si desea continuar regateando (bargaining).*

¿Comprende? Pues ahora viene el momento importante. Vamos a mirar el precio al dorso de la foto. Si el (la) cliente paga (is paying) un precio más alto, gritamos (we shout): "¡Robo!" Y si paga un precio más bajo gritamos: "¡Ganga!" Score one point for the Dependientes for each "Robo," and one for the Clientes for each "Ganga."

¿Sabe Ud.?

If you feel funny about bargaining, you needn't. In many outdoor markets and small stores, it's expected in Latin America. But please, don't try it in a big department store or in an elegant shop!

Muchos de los artículos que (that) usamos todos los días vienen originalmente de España o de Latinoamérica. Aquí tiene Ud. varios. Díganos, ¿cuáles usa Ud.?

1 Ponchos de colores brillantes. México . . . En Colombia, los ponchos de este tipo son "ruanas".

2 Aretes de oro (gold earrings). Hasta (Even) las niñas más pequeñas tienen las orejas con agujero (pierced ears) y llevan pequeños aretes de oro o de otro metal.

152

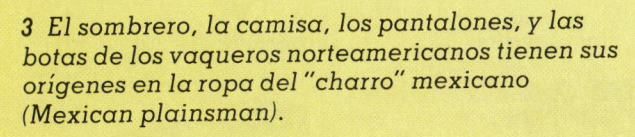

3 El sombrero, la camisa, los pantalones, y las botas de los vaqueros norteamericanos tienen sus orígenes en la ropa del "charro" mexicano (Mexican plainsman).

4 Muchos otros accesorios del vaquero norteamericano derivan su nombre (name) de palabras españolas. Por ejemplo: "lariat" (la reata) y "lasso" (lazo). Recuerde Ud. también: corral, rodeo, pinto, ¡y "buckaroo" (vaquero)!

5 Estas zapatillas o sandalias mexicanas tienen muchas imitaciones en los Estados Unidos. Y ¿sabe Ud.? ¡Nuestros (Our) famosos zapatos con suela de esparto (rope sole) vienen de los zapatos de los pescadores (fishermen) españoles!

153

¿Animal, vegetal o mineral?

la **cartera** wallet

el **paraguas** umbrella

la **vicuña** (Perú)

los **anteojos** eyeglasses

el **reloj** clock, watch

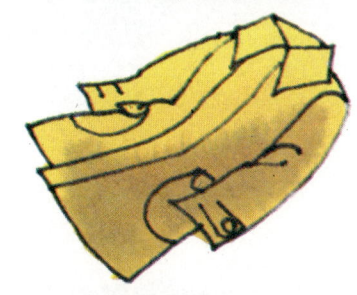

el **impermeable** raincoat

el **jaguar** (Paraguay)

las **botas** boots

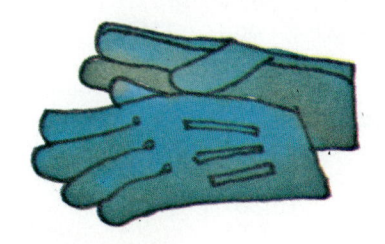

los **guantes** gloves

la **llave** key

el **armadillo** (México)

el **bolsillo** pocket

los **pingüinos** (Argentina)

el **cuaderno** notebook

la **bolsa** bag, purse

¿Qué son — animal, vegetal o mineral? . . .
Ahora díganos diez cosas más (more things) y vamos a jugar.

Piense en una persona o en una cosa. (Think of a person or a thing.)
Si es una persona o un tipo de animal (or even if it's made of
leather), diga Ud.: "Es animal." Si es una forma de planta (or if it's
made of some kind of cloth), diga: "Es vegetal." Y si es de metal,
de plástico, etc., diga simplemente: "Es mineral." Ahora sus
amigos tienen que adivinar (guess) en 20 preguntas quién o qué es.
Por ejemplo:

¿Es una persona? ¿Es un miembro de su familia? ¿Es un miembro
de esta clase? ¿Es un actor o una actriz de cine? ¿Es joven?
¿guapo(a)? ¿norteamericano(a)?

¿Es un animal grande o pequeño? ¿Es bonito o feo? ¿Tengo uno
en mi casa? ¿Es de México, de Perú, etc.? ¿Es blanco, gris,
rojo, etc.?

¿Es una planta? ¿Es un producto o una cosa natural? ¿Es de
plástico? ¿Es de metal? ¿Hay uno en esta clase? ¿Es un mueble?
¿Es para escribir? ¿Es para la cocina? ¿para la alcoba? ¿para
la sala?

En otras palabras, use la imaginación. Y por favor: Use only words
that the class has already learned! . . . Vamos a comenzar.

1 Clase de tejer (knitting) y "crochet" en la capital mexicana... Las artes manuales son muy populares en el mundo hispánico.

2 Un muchacho guatemalteco trabaja en una fábrica (factory) vieja de textiles. Hay fábricas modernas también, pero en muchas partes los métodos tradicionales son preferidos.

¿Sabe Ud.?

Históricamente y en tiempos modernos, los indios hispanoamericanos son famosos por sus textiles extraordinarios. En efecto, todas las regiones tienen sus diseños (their designs) y colores típicos. La producción de los textiles es un arte más que una industria, porque para el indio latinoamericano, la perfección es más importante que la producción "en masa".

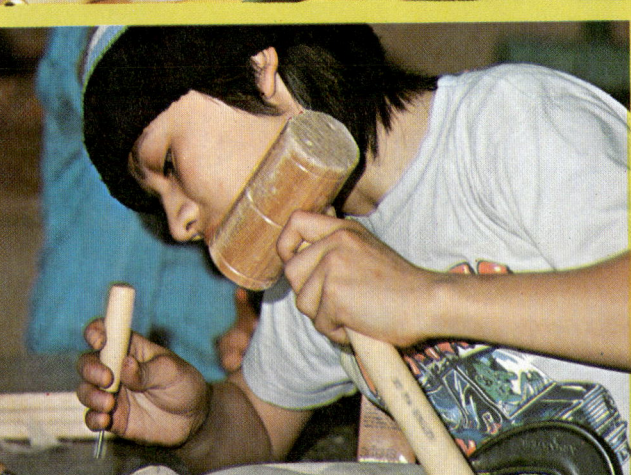

3 Departamento de textiles en una tienda (store) popular de Madrid... Muchas mujeres prefieren comprar la tela (buy the fabric), y crear sus propias modas (their own fashions). Casi todas las muchachas aprenden a coser (sew) en la escuela y en casa, y muchas de ellas son expertas modistas (dressmakers)...

4 Los muchachos también aprenden artes manuales, como carpintería y artesanía (crafts) decorativa. Este joven (young) artesano tiene solamente diez años.

5 ¡Qué concentración! Un joven carpintero en Riobamba, Ecuador... Díganos: ¿Tiene Ud. mucha habilidad con las manos (your hands)?

¿Qué usamos?

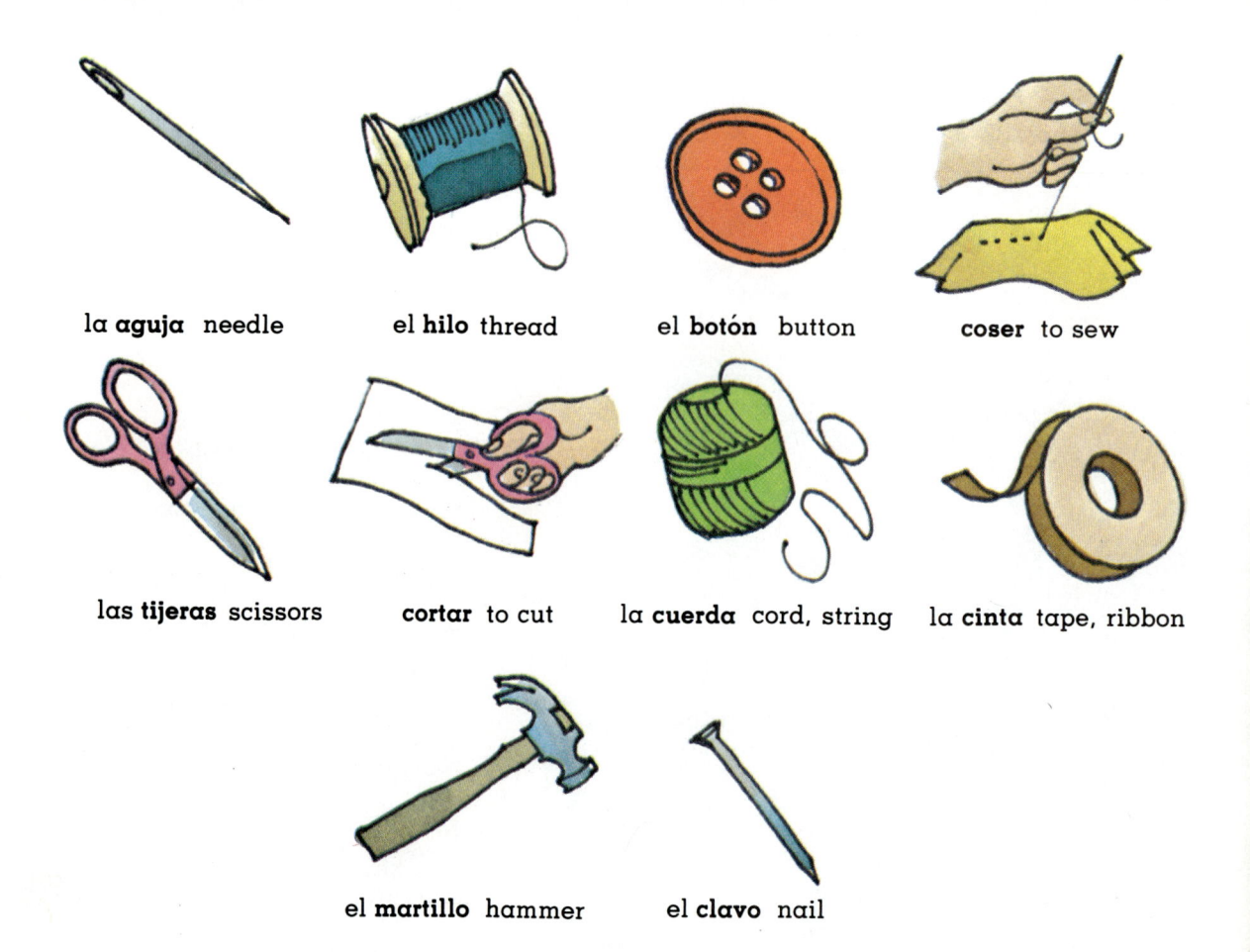

la **aguja** needle el **hilo** thread el **botón** button **coser** to sew

las **tijeras** scissors **cortar** to cut la **cuerda** cord, string la **cinta** tape, ribbon

el **martillo** hammer el **clavo** nail

Haga (Make) una colección de estas cosas: un poco de cuerda o cinta y un poco de hilo, un botón y una aguja, un martillo pequeño y unos (a few) clavos, unas tijeras, un lápiz, una pluma, un poco de papel, and anything else you can think of — un libro, un zapato, una corbata — well, almost anything! Now place all these things in a large bag or box. Reach in, touch something, and try to act out what it is. Importante: Not only do your classmates have to guess what it is, but the one who guesses has only seven seconds in which to say a word that is associated with it. Por ejemplo: ¡Es un botón! . . . ¿Un botón? Bueno: una camisa . . . un vestido . . . coser . . . ¡Vamos a comenzar!

Vocabulario

la **aguja** needle
los **anteojos** eyeglasses
la **bata** robe
la **bolsa** purse, bag
el **bolsillo** pocket
la **bota** boot
el **botón** button
los **calcetines** socks
la **cartera** wallet
la **cinta** tape, ribbon
el **clavo** nail
cortar to cut
coser to sew
el **cuaderno** notebook

la **cuerda** cord, string
el **guante** glove
el **hilo** thread
el **impermeable** raincoat
el **jersey** T-shirt
los **levis** jeans
la **llave** key
el **martillo** hammer
el **paraguas** umbrella
el **pijama** pajama(s)
el **reloj** clock, watch
las **tijeras** scissors
el **traje** suit; – **de baño** bathing suit
la **zapatilla** slipper

LECCIÓN 4

El cuerpo humano
The human body

moreno brunet, dark-haired

corto

los **ojos** eyes

ver (veo, ves, ve) to see

la **cabeza** head

la **boca** mouth

los **dientes** teeth

rubia blonde

el **pelo** hair

largo

Dígame

1. ¿De qué color es su pelo? ¿De qué color es el pelo de su madre? ¿de su padre? ¿de sus hermanos? ¿de su maestro (maestra)?
2. ¿Le gusta más el pelo largo o corto? ¿Cómo es el pelo de Ud.? (Mi...)
3. ¿De qué color son sus ojos? (Mis...)
4. ¿Tiene Ud. los dientes muy buenos? ¿Va mucho al dentista?
5. ¿Tiene la nariz grande o pequeña su padre? ¿y la boca? ¿y las orejas?
6. ¿Es Ud. muy alto (alta)? ¿Tiene Ud. las piernas muy largas? ¿y los pies muy grandes?
7. ¿Qué partes del cuerpo (body) usamos para leer? ¿para comer? ¿para escribir? ¿y para el tenis? ¿y el fútbol?
8. Y finalmente, si uno toca (plays) el piano, ¿qué partes del cuerpo usa? ¿y si toca la guitarra? ¿la trompeta? ¿el violín?

4

la **mano** — hand
la **cara** — face
los **dedos** — fingers, toes
la **nariz** — nose
la **oreja** — ear
el **brazo** — arm
el **corazón** — heart
el **pecho** — chest
la **pierna** — leg
el **pie** — foot

¿Quién soy?

Think of a famous person— a TV or movie star, anyone you like. Then say: "Soy un famoso (una famosa) artista de cine (o de televisión)..." And then give us one more clue. Por ejemplo: "Tengo el pelo largo y rubio." "Soy alto y delgado (slim)." "Vivo en Washington, D.C." "Tengo los dientes muy grandes.", etc. Now your friends have 10 chances to find out who you are. Por ejemplo: "¿De qué color son sus ojos?" "¿Cuántos años tiene (How old are you), más o menos?" "¿Es Ud. muy romántico (romántica)?" "¿Es Ud. muy cómico (cómica)?" "¿Tiene Ud. mucho talento musical?", and any other questions they can think of. When they've got it, they call out: "Ah, Ud. es..." And you tell whether they're right or wrong: "¡Sí, sí! Yo soy...," o "¡Qué va! (Go on!) Yo soy..." ¿Comprende? Pues, ¿quién va a comenzar?

OBSERVACIONES

10. "My father's car" — possession

¿RECUERDA UD.?
Si Juan es el padre de Juanito, Juanito es el hijo de Juan.
If John is Johnny's father, Johnny is John's son.

Spanish has no **'s**! If you want to tell who owns something, you must use **de** plus the owner's name. En otras palabras:

My father's car = The car of my father. **El coche de mi padre.**

los hermanos de Gloria	Gloria's brothers
el pelo del maestro	the teacher's hair
los brazos de Jorge	George's arms
los ojos de Laura	Laura's eyes

Práctica

1 Can you find in Group 2 the endings for Group 1?

1	2
La falda de Rosalinda	son muy confortables / va bien con
El pelo de mi abuela	la blusa / están en la mesa del
Los muebles de mi alcoba	maestro / es grande y moderna / son
El coche de mis vecinos	muy interesantes / es japonés / son
La casa de mis tíos	muy largos / es gris
Los amigos de mi hermana	
Los pantalones de Jaime	
Los papeles de los estudiantes	

2 ¿De quién es? (Whose is it?)
Conteste según (according to) los modelos. Por ejemplo:

¿De quién es este dinero? (Juanita)   <u>Es de Juanita.</u>
(Whose money is this?)   (It's Jane's.)

¿De quién son esas corbatas? (mi padre)   <u>Son de mi padre.</u>
(Whose ties are those?)   (They're my father's.)

1. ¿De quién es esa casa grande? (la familia López)   <u>Es . . .</u>
2. ¿De quién es la alcoba amarilla? (mis padres) _____
3. ¿De quién es ese saco verde? (Víctor Morales) _____
4. ¿De quién es ese coche? (maestro) _____
5. ¿De quién son esos zapatos? (mi tía María) <u>Son . . .</u>
6. ¿De quién son esos pantalones? (mi tío Pío) _____

7. ¿De quiénes son estas blusas? (Judit y Mariana) (**¿De quiénes?** means that there's more than one owner.) _____
8. ¿De quiénes son esos papeles? (los estudiantes) _____
9. ¿De quiénes son estos vestidos? (Elena y Alicia) _____
10. ¿De quiénes son esas camisas? (Eduardo y Martín) _____

3 Can you make complete sentences out of these parts?
Por ejemplo:
casa / mis vecinos / bonita   La casa de mis vecinos es bonita.
1. tío / María / actor famoso
2. ojos / Amelia / negros
3. secretaria / presidente / persona importante
4. saco / Felipe / nuevo
5. estufa / mi abuela / muy vieja
6. familia / mi mejor amigo / mexicana

11. My, your, his, her — the possessives

¿RECUERDA UD.?

¿Es sincero su padre?   —Sí, mi padre es...
(Is your father sincere?)   (Yes, my father is...)

¿Son viejos sus abuelos?   —Sí, mis abuelos son...
(Are your grandparents...?)   (Yes, my grandparents...)

The words "my," "your," "his," "her," etc., are possessive adjectives. Here's how we say them in Spanish:

A. Before a singular word:

> **mi**   my
> **tu**   your (belonging to you, my pal)
> **su**   his, her, your (belonging to **Ud.** or **Uds.**), their
> **nuestro, nuestra**   our[1]

mi mejor amigo, mi mejor amiga   my best friend
tu primo favorito, tu prima favorita   your favorite cousin
su coche nuevo   his, her, your, their new car
su casa nueva   his, her, your, their new house
nuestro maestro, nuestra maestra   our teacher

---

[1] As you see, the possessive **nuestro, nuestra** has a separate feminine form. What do you think **vuestro, vuestra** means?

B. Before a plural word:
When the possessive comes before a plural word, we just add –**s** to the singular ending.

mis amigos   my friends
tus primos   your cousins
sus coches   his, her, your, their cars
nuestros maestros
nuestras maestras   our teachers

You see from these examples that the possessive is masculine or feminine, or singular or plural, according to the word that *follows* it, no matter who the owner is!

C. When NOT to use a possessive
1. Since **su** and **sus** can mean either "his," "her," "their," or "your" (belonging to **Ud.** or **Uds.**), there are times when we have to make clear exactly who the owner is. In such cases, we can replace **su** (**sus**) like this:

su idea ⟶ la idea de él, de ella, de Ud., de ellos, de ellas, de Uds.

sus ideas ⟶ las ideas de él, de ella, de Ud., de ellas, de ellos, de Uds.

2. With parts of the body, we often use **el, la, los,** or **las** instead of a possessive, that is, if the person whose body we're talking about is perfectly clear. Por ejemplo:

¡Levante la mano!   Raise your hand (nobody else's, of course!)
Cierre los ojos.   Close your eyes.

Práctica

1 *Haga plurales.*
Por ejemplo: mi brazo   mis brazos
             nuestra amiga   nuestras amigas
1. mi pie, mi pierna
2. tu mano, tu brazo
3. su diente, su ojo
4. nuestra abuela, nuestro primo

2 *Cambie según (according to) las indicaciones:*
1. mi cama (lámparas), tu saco (pantalones), su idea (preguntas)
2. nuestro comedor (sala), nuestro cuarto (muebles), nuestra ropa (faldas)
3. tu cara (ojos), su nariz (dientes), nuestros pies (manos)
4. mis brazos (piernas), tu boca (pelo), nuestra nevera (sillas)

3 *Ahora conteste:*
1. ¿Dónde vive su familia?
2. ¿Quiénes son sus mejores amigos?

3. ¿En qué mes son nuestras vacaciones de Navidad (Christmas)?
4. ¿En qué meses tenemos nuestras vacaciones de verano?
5. ¿En qué mes tenemos nuestros exámenes finales?
6. Amigo (Amiga), ¿cuál es tu clase favorita?
7. ¿Cuáles son tus colores favoritos?

4 *Finalmente, estudie por un momento las ilustraciones:*

a. Felo   b.   c.   d.   e.

Now tell us:
1. that each of these belongs to you. (Mi...)
2. that each of these belongs to a friend you're speaking to. (Tu...)
3. that each of these belongs to Ester Salinas. (Su...)
4. that each of these belongs to all of us. (Nuestro...)
5. that each of these belongs to some other people. (Su...)

REPASO RÁPIDO

All About Possession
Instead of using 's, Spanish uses **de** + the owner's name:
    Dave's wife   **la esposa de David**
Here are the possessive adjectives:

before a singular noun	before a plural noun
mi my	**mis**
tu your (you, my pal)	**tus**
su his, her, your (**Ud.** or **Uds.**), their	**sus**
nuestro, nuestra our	**nuestros, nuestras**

Práctica

(You can check your answers in the back of the book.)
Point to two things that you are wearing and tell us what they are.
Por ejemplo: <u>mi camisa, mis pantalones</u>
1. Point to two things that someone else is wearing, and tell us what they are. (su...)
2. Ask a friend if his or her eyes are blue. (¿Tus...?)
3. Ask your teacher if his or her eyes are black.
4. Point to something in your classroom and say that it belongs to all of us. (nuestro...)

165

Sr. Palos..., mi música no tiene el principio.

¿Quién tiene mi violón?

¡Tomás y Josué! ¡...son instrumentos, no espadas!

CUENTO CONCIERTO DE PRIMAVERA

Estamos en el **Salón de Música** de la Escuela Intermedia Número 3. El maestro, un señor alto **de** pelo gris, **levanta** los brazos y...   Music Room; with; raises

Maestro: Bueno, ¿estamos listos? Pues, **desde el principio.** Uno, dos y...   **from** the beginning

5

Violín 1: Sr. Palos, ¿qué **hago**? Mi música no tiene el principio.   do I **do**?

Maestro: ¿Ah, sí? Pues, ¿por qué no usas la música de tu vecino?

Violín 1: Porque su música es diferente. Él **toca** la trompeta, no el violín.   plays

10

Maestro: Muy bien, mañana **traigo** música nueva. **Por ahora...**   I'll **bring**; For now

Violín 2: ¿Quién tiene mi **arco**? Yo no veo mi arco.   bow

Otro chico: Aquí tienes tu precioso arco. Ahora, ¿quién tiene mi **violón**?   bass fiddle

Maestro: Bueno, bueno, ¿estamos listos? Pues uno, dos,... ¡Pío y Carla! Tocamos el piano con los dedos, no con la boca, ¿**verdad**? Si Uds. desean conversar... Bueno, otra vez desde el principio. Uno, dos... (La **orquesta comienza** a tocar, y la música es terrible.) ¡No, no, no! ¡Por favor! ¡Tomás y Josué! Sus clarinetes son instrumentos, **no espadas.** Si Uds. tienen que **pelear...**   right?; orchestra; begins; not swords; fight

20

Tomás: No peleamos, señor. **Jugamos.**   We're playing (a game)

166

Por favor, chicos... Salgo por un momento, y...   *¿Quién tiene el disco?*   *¿No digo yo siempre? Con un poco de práctica...*

25 Maestro: Magnífico. Pero más tarde, ¿está bien? Y por favor, con espadas reales, no con instrumentos musicales.
• Bueno, vamos a **marcar el compás** con los pies. Uno, dos, tres... Uno, dos, tres... Bien. Ahora, desde el principio. Uno, dos... (La música comienza otra vez.)   mark the beat
30 ¡Un momento! Juan Carlos, el **violoncelo debe estar entre** tus piernas, no en el **pecho** de tu vecino. ¡Ramiro! ¿Qué es ese **hueco** en tu **tambor**? (**Risas.**) (El maestro está **desesperado.** Hay **lágrimas** en sus ojos.) Por favor, chicos. Nuestro concierto es este sábado.   cello should be between; chest
hole; drum; Laughter
desperate; tears
35 Ahora, ¿ven Uds. esta cabeza gris? Soy un hombre de **sólo** veinte y dos años. ¡Y con seis meses **como** director de esta orquesta...!   only; as

Una chica: Sr. Palos, posiblemente si tomamos cinco minutos...

40 Maestro: Buena idea, Juanita. **Salgo** por un momento, y...   I'm going out
(El maestro **sale,** y comienza **entre** los chicos una furiosa actividad.)   goes out; among

Chico: ¿Quién tiene el **disco**?   record
Otro chico: ¿Dónde **pongo el tocadiscos**?   do I put the record player?
45 Otro chico: Aquí, aquí.
Otra chica: Fantástico. Ahora, ya **saben qué hacer.** ¡Aquí viene el maestro! (Los chicos toman sus intrumentos, y **aparentan** tocar con la música del tocadiscos. La cara del maestro está radiante.)   you know what to do
pretend to

50 Maestro: **¿No digo yo siempre?** Con un poco de práctica... Ahora, ¡Charita Gómez! ¿Cómo vas a **cantar** con **chicle** en la boca?   Don't I always say?
sing
gum

167

Vamos a conversar

1. ¿En qué escuela estamos? ¿En qué salón?
2. ¿Hay orquesta en su escuela? ¿Hay banda? ¿Toca Ud. un instrumento musical?
3. ¿Es alto o bajo el maestro? ¿De qué color es su pelo?
4. ¿Qué problema tiene "Violín 1"?
5. ¿Por qué no usa la música de su vecino?
6. ¿Qué va a traer (bring) mañana el maestro?
7. ¿Qué instrumento tocan Pío y Carla? ¿Toca Ud. el piano?
8. ¿Qué instrumento tocan Tomás y Josué?
9. Si Tomás y Josué desean pelear, ¿qué deben usar?
10. En su opinión, ¿es típica o no esta orquesta?

- 1. ¿Con qué marcan los chicos el compás de la música?
  2. ¿Dónde debe estar normalmente un violoncelo?
  3. ¿Dónde está el violoncelo de Juan Carlos?
  4. ¿Qué problema tiene Ramiro con su tambor?
  5. ¿Cuándo es el concierto? ¿Da conciertos la orquesta de su escuela?
  6. ¿Está contento o descontento el maestro con su orquesta?
  7. ¿Cuántos años tiene el maestro? ¿Por qué tiene el pelo gris? ¿De qué color es el pelo de su maestro o maestra?
  8. El maestro sale por un momento y... ¿qué hacen los chicos? (Ponen un disco en el...)
  9. ¿Qué hacen los chicos cuando (when) el maestro entra? (Aparentan...)
  10. ¿Está contento o no ahora el maestro? ¿Qué dice (does he say)?

JUEGOS DE PALABRAS

1 Conteste según (according to) las ilustraciones.

1.

*hacer (hago)
to make, to do

¿Qué hace la chica?   un _____   _____

¿Qué tiempo hace?   _____   _____   _____

2.

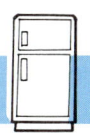

poner (pongo) ¿Qué haces? Pongo la fruta en _____ Pongo la _____
to put, to
turn on

3.

salir (salgo) de la _____ de _____ ¿A qué hora sales de la escuela?
to go out, to leave

4.

traer (traigo) ¿Qué trae Ud.? una _____ para mi _____ y flores para mi _____
to bring ¡Feliz día de los padres! ¡Feliz día de las madres!

5.

decir (digo, dices) ¿Qué dice la maestra? _____
to say, to tell

6.

levantar Por favor... levante _____
to raise, to lift

7.

tocar ¿Qué tocan? _____
to play
(an instrument)

8.

deber ¿Qué deben Uds. hacer? _____ mucho
should, ought to

169

2 Ahora... How many whole phrases or sentences can you make out of these two groups of words?

1	2
desde from, since (with time)	una vez más
entre between, among	va a tomar un segundo
siempre always	el principio (the beginning)
sólo only	amigos
como like, as	estamos ocupados
	estoy cansada
	tú y yo

OBSERVACIONES

12. Some more special verbs

¿RECUERDA UD.?

Diga en español...   Say in Spanish...

A. **decir** (to say, to tell)

(yo) digo	(Pepe y yo) decimos
(tú) dices	
(Pepe) (Ud.) dice	(Pepe y Ud.) (Todos) dicen

B. The **–go** group
In the present tense, the **yo** form of many "irregular" verbs ends in **–go,** just the way **digo** does. However, all the other forms are like those of regular **–er** and **–ir** verbs. Por ejemplo:

hacer (to do, to make): **hago**, haces, hace, hacemos, hacen
poner (to put, to turn on): **pongo**, pones, pone, ponemos, ponen
salir (to go out, to leave): **salgo**, sales, sale, salimos, salen
valer (to be worth, to cost): **valgo**, vales, vale, valemos, valen
traer (to bring): **traigo**, traes, trae, traemos, traen

Actividad

1. ¿Dice Ud. la verdad?
   (Do you tell the truth?)
   —Sí, digo...
   —No, no digo...
2. (María), ¿dices siempre la verdad? (Do you always...?)
3. ¿Sale Ud. esta noche?
   (Are you going out...?)
   —Sí, salgo...
   —No, no salgo...
4. Antonio, ¿sales con María?
5. ¿Hace Ud. mucho en casa?
   (Do you do a lot at home?)
   —Sí, hago...
   —No, no hago...
6. (Rosa), ¿haces mucho para tus amigos?
7. ¿Pone Ud. los platos en la mesa? (Do you put...?)
   —Sí, pongo...
   —No, no pongo...
8. (Riqui), ¿pones los pies en la mesa?
9. ¿Vale Ud. un millón de dólares?
   (Are you worth...?)
   —Sí, valgo...
   —No, no valgo...
10. (Judit), ¿vales mil dólares?
11. ¿Trae Ud. su sandwich a la escuela? (Do you bring...?)
    —Sí, traigo...
    —No, no...
12. (Alfredo), ¿traes mucho dinero hoy?

Práctica

1 *Lea en voz alta, y cambie según (according to) las indicaciones:*

1. Yo no hago eso. (Nosotros, Uds., Tú)
2. ¿Quién pone los pies en el sofá? (Los chicos, Yo, Nosotros)
3. Mañana *Bárbara* trae la música. (yo, nosotros, Uds.)
4. ¿Dicen *Uds.* bien los verbos? (yo, tú, la clase, nosotros)
5. ¿A qué hora sale *Carlos* de la escuela? (ellos, nosotras, yo)

2 *Complete, siempre con el verbo más lógico.*
Por ejemplo:
—¿Estás ocupada? —Sí, ___ mis lecciones ahora. (hacer, poner)
—Sí, hago mis lecciones ahora.

1. ¿A qué hora ___ Uds. de casa? ___ a las ocho y media. (poner, salir)
2. ¿Quién da el dinero, tú o yo? —Yo no. No ___ dinero hoy. (traer, valer)

171

3. ¿Por qué no _dice_ a ese chico la verdad? (dar, (decir))
   —Porque es malo.
4. ¿_Hace_ Uds. una fiesta este sábado? ((hacer), valer) —Sí, si es posible, ___ una fiesta.
5. ¿Dónde _traigo_ (yo) los libros? (poner, traer) —En la mesa del maestro.
6. El señor Vega tiene mucho dinero. _vale_ diez millones de pesos. (valer, decir)
7. ¿Qué _hace_ tú aquí? (hacer, valer) —Lavo las ventanas.
8. ¿Vamos o no vamos? ¿Qué ___ tú? —Yo ___ que no hay tiempo. (decir, traer) _dices_

REPASO RÁPIDO

Here are some special verbs:

1. **decir** (to say, to tell): digo, dices, dice, decimos, dicen
2. The **–go** group (only the **yo** form is special)
   hacer (to make, to do): hago
   poner (to put, to turn on): pongo
   salir (to go out, to leave): salgo
   valer (to be worth, to cost): valgo
   traer (to bring): traigo

Práctica

(You can check your answers in the back of the book.)

Conteste según las indicaciones.
Por ejemplo: ¿Vale Ud. mil dólares? (No. ___ un millón.)
             No. Valgo un millón.

1. ¿Trae Ud. dinero? (Sí, ___ mucho.)
2. ¿Hace Ud. mucho aquí? (No, ___ muy poco.)
3. ¿Dice Ud. la verdad? (Sí, siempre ___ .)
4. Chico (Chica), ¿sales tarde de la escuela hoy? (No, ___ temprano.)
5. ¿Pones tus pies en la mesa? (No, ___ en el sofá.)

172

PANORAMA
¿QUIÉN ES EL HISPANO?

Los hispanos son personas de diferentes orígenes. Los españoles, por ejemplo, son europeos, pero su historia es el producto de muchos pueblos (peoples) y naciones. Y los hispanoamericanos representan una combinación variada de indios, blancos (españoles, italianos, etc.), negros y asiáticos. Ahora bien, ¿somos diferentes o similares nosotros? ¿Somos de un solo grupo racial, o somos una combinación de muchos? Estudie por un momento estas fotos, y díganos: ¿De dónde son estas personas?

1 Rosalinda Andrade Campbell, de Santiago, Chile. Hay muchas familias de origen inglés o irlandés (Irish) en Chile. En efecto, ¡uno de los héroes más importantes de la historia chilena es Bernardo O'Higgins!

2 Entre amigos. . . . Un grupo de estudiantes de primer año en la Universidad de Puerto Rico.

3 Una bonita española, lista para ir a la Feria de Sevilla. ¿Ya ve Ud.? ¡No todos los españoles son morenos!

4 Un muchacho rural, descendiente de indios y blancos. Eugenio Talavera trabaja con sus padres en una región remota de los Andes. Pampa Cangallo, Perú.

5 "Hombre, ¿qué me tocas?" Francisco ("Pancho") Hurtado y su guitarra, dos figuras muy populares en el parque de Chapultepec. México, D.F.

6 "Amigos, éste es Juan María Escobedo, de la Habana, Cuba, ¡y de Miami!" "—Mucho gusto."

7 Una pareja (couple) atractiva de Santo Domingo, y ahora, de Nueva York. "Amor, amor, amor."

8 Otra rubia hispana. Esta simpática costarricense reside ahora en los Estados Unidos, donde estudia para ser secretaria ejecutiva.

9 Una señora india de Guatemala teje (weaves) ropa de muchos colores.

Sí, los hispanos y nosotros tenemos mucho en común. En ciertos respectos somos diferentes. Pero en muchos respectos, ¡somos uno!

LECCIÓN 5

Vamos de compras.
Let's go shopping.

el **ascensor** elevator
el **dueño** owner
el **almacén** store, department store
la **escalera automática** escalator
pagar to pay
*valer (valgo) to be worth, to cost
el **precio** price
la **ganga** bargain
la **cliente** customer

Dígame

1. ¿Cuál es su tienda favorita? ¿Cuál es la tienda favorita de su madre? ¿Qué almacenes grandes hay donde vive Ud.? ¿Son muy altos los precios?
2. ¿Cuántos pisos tienen los almacenes grandes (más o menos)? ¿Tienen escaleras automáticas? ¿Cuál usa Ud. más — la escalera automática o el ascensor?
3. ¿Hay un (una) dependiente de almacén en su familia? ¿Le gusta a Ud. trabajar en un almacén? ¿Le gusta a Ud. vender? ¿Trabajan sus amigos en tiendas?
4. ¿Hay dueños (owners) de tiendas en su familia? ¿Desea Ud. ser dueño (dueña) de una tienda?
5. ¿Le gusta a Ud. comprar ropa? ¿libros? ¿discos (records)? ¿Cuánto paga Ud. normalmente por un disco? ¿Qué artículos le gusta más comprar?
6. En su opinión, ¿es más importante la marca o el precio de un producto? ¿la calidad (quality) o el precio? ¿Compra Ud. muchas gangas? ¿Tiene Ud. mucha suerte para comprar?

5

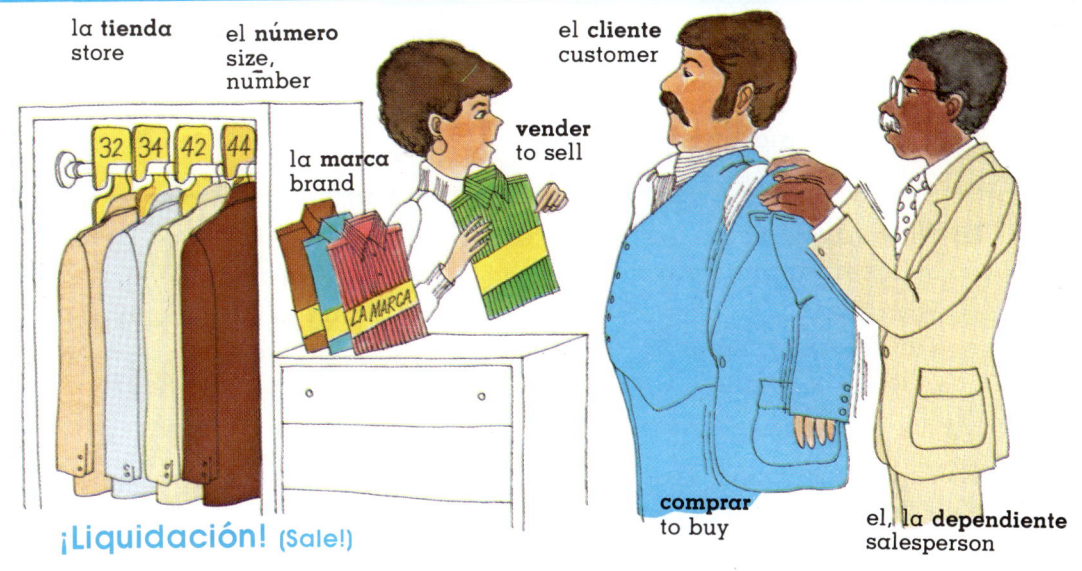

la tienda store
el número size, number
la marca brand
vender to sell
el cliente customer
comprar to buy
el, la dependiente salesperson

¡Liquidación! (Sale!)

Hoy vamos a ir de compras (shopping). Pero hay un pequeño problema. Es el 26 de diciembre, y en todas las tiendas hay muy poca selección. ¡Qué problema! Complete esta conversación.

Dependiente	**Cliente**
Buenas tardes, señor(ita).	(Conteste Ud. cortésmente.)
¿Qué desea Ud. ver?	—Deseo ver... (Diga Ud. el artículo que desea comprar — un abrigo, un par de zapatos, etc.)
Muy bien. ¿De qué color?	(Diga Ud. el color que desea.)
Ah, ¡qué lástima! (What a pity!) No hay... (diga el artículo) en su número. Ahora si Ud. desea tomar otro número...	(Indique si desea aceptar otro número.)
Y otro color...	(Indique si acepta otro color.)
Pues aquí tiene Ud. una ganga fantástica (tell what today's bargain is) —hoy, sólo hoy, a este precio.	—¿Ah, sí? ¿Cuánto vale?
(Tell the price, and give any other sales pitch you want.)	(Make your decision.) —Muy bien. Voy a comprar este..., (esta..., etc.) Or: —No, gracias. Adiós.

177

OBSERVACIONES

13. All about the preposition a

¿RECUERDA UD.?

Vamos a comenzar.   We're going to begin. Let's begin.
Vamos a continuar.

A. The verbs **ir** (to go) and **venir** (to come) are always followed by **a** before an infinitive.

Voy a ver.	I'm going to see.
Van a llamar mañana.	They're going to call tomorrow.
¿Vienes a ayudar?	Are you coming to help?

B. Verbs of learning, teaching, and beginning are also followed by **a** before an infinitive.

¿Aprenden Uds. a hablar español?	Are you learning to speak Spanish?
—Sí, y comenzamos a comprender muy bien.	Yes, and we're beginning to understand very well.
¿Enseñan a leer?	Do they teach how to read?
—Claro, y a escribir también.	Of course, and how to write also.

C. The "personal" **a**

Here is something special that we don't have at all in English. When a *person* receives the action of the verb, we usually use **a** to point to that person.

¿A quién llama Ud.?	Whom are you calling?
—A Roberto Vargas.	Robert Vargas.
Vamos a invitar a Neli.	We're going to invite Neli.
—Buena idea.	Good idea.
¿Ayuda Ud. a Mariana Colón?	Are you helping Marian Colón?
—No. Ella no necesita ayuda.	No. She doesn't need help.

We leave out the **a** only after the verb **tener**.

¿Cuántos primos tienes?	How many cousins do you have?
—Tengo cincuenta y tres.	I have fifty-three.
—¡Dios mío!	My goodness!

Práctica

1 *Lea en voz alta, y cambie según (according to) las indicaciones.*
1. Voy a comprar un coche nuevo.
   Mis padres _____ .
   Julia y yo _____ .
   _____ muebles _____ .
2. ¿Vienes a comer con nosotros?
   ¿____ Uds. _____?
   ¿_____ trabajar ____?
   ¿_____ con ellos?
3. Aprendemos a tocar mejor.
   _____ cantar mejor.
   Comenzamos _____ .
   Enseñan _____ .
4. ¿Ve Ud. a Guillermo Campos?
   ¿Llama Ud. _____?
   ¿Visita _____?
   ¿Invitamos _____?

2 *Cambie. (Change to tell what is going to happen.)*
Por ejemplo: Salimos ahora. <u>Vamos a salir ahora.</u>
          ¿No hablas con él? <u>¿No vas a hablar con él?</u>
1. Estudio esta noche. (Voy...)
2. ¿No compran?
3. Hablamos español.
4. Escribimos en la pizarra.
5. ¿Qué haces?
6. ¿Dónde ponen el sofá nuevo?
7. ¿Traes un sandwich?
8. Vendemos nuestra casa.

3 *Ahora conteste:*
1. ¿Va Ud. a estudiar este verano?
2. ¿Van a comprar un coche nuevo sus padres?
3. ¿Viene a visitar esta clase su madre?
4. ¿Vienen Uds. a trabajar bien hoy?
5. ¿Comenzamos a hablar bien el español?
6. ¿Es más difícil aprender a hablar o a escribir?
7. ¿Invita Ud. a una persona famosa?
8. ¿Tiene Ud. muchos amigos en esta escuela?

4 *Ahora lea bien, y conteste:*
1. —Elvira, ¿no vas a invitar a Miguel Ángel?
   —No. No me gusta. Ese chico es...
   Conteste: a. ¿Va a invitar Elvira a Miguel Ángel?
             b. ¿Por qué?
             c. ¿Cómo termina Ud. la frase de Elvira: "Ese chico es..."?
2. —No veo a Melinda. ¿No viene hoy?
   —No sé, Jaime. ¿Por qué no llamamos a su madre? Aquí está el teléfono.

Conteste: a. ¿Está en clase hoy Melinda?
b. ¿A quién van a llamar sus amigos?
c. En su opinión, ¿dónde están estas personas?

3. —Tomás, tú conoces a Federico Salas, ¿verdad?
—Un poco. ¿No tiene una hermana muy bonita?
—Sí, y ella viene a pasar una semana con él.
—¿Ah, sí? ¡Pues mañana voy a visitar a mi buen amigo Federico!
Conteste: a. ¿Conoce muy bien Tomás a Federico?
b. ¿Qué tiene Federico?
c. ¿Por qué desea visitar Tomás a su "buen amigo"?

14. What verb form comes after a preposition?

First, let's look at some of our most common prepositions.

a to   **de** of, from   **con** with   **sin** without
por by, through   **para** for, intended for
antes de before   **después de** after

Now here is another way in which Spanish is different from English. In English we say: "After going... Before leaving... Without eating," etc. In other words, English normally uses the "–ing" form after a preposition. Spanish uses only the *infinitive*.

¿Estás cansado **de trabajar**?   Are you tired **of working**?
—Sí, pero es difícil vivir   Yes, but it's hard to live
  sin comer.   **without eating.**
Antes de salir, cierre todas las   **Before going out,** close all the
  ventanas.   windows.
—¡Cómo no!   Of course!

Práctica

1 *Complete, usando (using) siempre la preposición más correcta:*
1. Vamos... tener otro examen pronto. (a, con) —¡Ay, no! Estamos cansados... estudiar. (a, de)
2. Una persona no gana dinero... trabajar. (sin, a) —¡Y yo no gano mucho... trabajar! (en, con)
3. ... visitar a una persona, uno debe llamar por teléfono primero. (Antes de, Después de) —Claro. Posiblemente la persona no tiene tiempo... recibir visitas. (sin, para)
4. Tengo mucho sueño. Inmediatamente... comer, voy a la cama. (por, después de) —Bueno. Y yo voy... mirar la televisión. (a, en)

2 *Ahora, ¿cómo relaciona Ud. los Grupos 1 y 2?*

1	2
Tengo que preparar la lección	¿no deben Uds. aprender la música?/ antes de ir a clase/ sin mirar el libro/ ¿por qué no vamos al cine?/ con ganar poco?/ para salir?/ sin cambiar esa camisa?
Después de comer	
¿Estás lista	
Antes de dar el concierto	
Ahora contesten las preguntas	
¿Cómo vas a ir a una fiesta	
¿Estás contento	

3 *Finalmente, complete Ud. de una manera original:*
1. Estoy cansado (cansada) de...
2. ¿Quién está listo para...?
3. Aquí tiene Ud. dinero para...
4. Antes de salir,...
5. Esta noche, después de comer...

REPASO RÁPIDO

All About Prepositions

1. **Ir, venir,** and verbs of beginning, learning, and teaching are followed by **a** before an infinitive:
    Vamos **a** ver.   Vengo **a** ayudar.
2. We also use **a** when a person receives the action of the verb:
    ¿Llamas **a** Judit?   ¿Invitamos **a** Nelson?
3. When a verb follows a preposition, it must be in the infinitive form. This is different from English, which usually uses "–ing":
    antes de comer   **después de salir**
    before eating   after leaving

Práctica _____

(You can check your answers in the back of the book.)
Díganos...
1. what you're going to do tonight. (Esta noche voy a...)
2. that a certain famous person is coming to visit our school soon.
3. whom you're going to invite to your next party... or to your house this Sunday.
4. what you're going to do before eating this evening. And after eating?
5. Are you tired of studying now?

Señora, Ud. debe ir al fin de la cola.

Un dependiente abre las puertas.

Piso primero... perfumes, cosméticos...

CUENTO LA GANGA

¡Especial! ¡Sólo Hoy!
Gangas Fabulosas en Todos los Departamentos
EL ALMACÉN MONARCA
Donde el Cliente es el Rey

Monarch Department Store
king

Son las nueve de la mañana. Muchas **personas esperan** a las puertas del Almacén Monarca. **De repente** hay una conmoción.

1: Perdone, señora, pero Ud. debe ir al **fin de la cola.** Éste es mi **lugar.**

5   2: ¡Ah, no! Yo estoy aquí desde **las siete.**

1: ¿Qué dice? Ud. **acaba de llegar.**

3: Es **verdad.** Ella acaba de llegar.

4: Yo **conozco** a esa mujer. Siempre llega tarde y...

2: Pues yo no vengo a **discutir.** ¿Uds. son **tontos**? ¿O no ven?

10   (Un dependiente abre las puertas, y en dos minutos la tienda está **llena.** Los ascensores suben y bajan.)

Ascensorista: Piso Primero... perfumes, cosméticos y artículos de baño... Piso Segundo... ropa para niños, zapatos, sombreros... (Y las escaleras automáticas

15   depositan a los clientes en los diferentes departamentos.)

people are **waiting**
Suddenly

end of the line
place

7:00 a.m.

just arrived

true

I **know**

to argue; stupid

full

Hoy, sólo hoy, por 99... una ganga fantástica...

Sólo hoy, a 350 pesos... con este amplificador...

El Almacén Monarca, donde el cliente es el rey.

- Un dependiente: Atención, señoras y señores. Aquí tenemos una ganga especial—un **tocadiscos que** vale 200 pesos— ¡hoy, sólo hoy, por 99!   record player **that**

20 Una chica: Perdone, señor, pero ¿de qué marca es?

   Dep.: Señorita, **a** este precio, **nunca** decimos la marca.   at; **never**

   Chico: Pero, ¿está en perfecta condición?

   Dep.: Absolutamente. Es una ganga fantástica.

   Chica: Pues, ¿qué dices tú, Miguel?

25 Chico: Yo digo que sí.

   Chica: Bueno. Vamos a tomar uno.

   Dep.: Excelente. Pero **antes** de comprar... voy a ser muy sincero con Uds. Este modelo tiene una pequeña **falta**.   **before** drawback

   Chico: ¿Ah, sí? ¿Cuál es?

30 Dep.: Es que tiene sólo una **velocidad**, la más rápida. Escuchen Uds. (El dependiente **pone** un disco. **Sale** una música muy rápida y **atiplada**.)   speed / puts on; Out comes / high-pitched

   Chica: Pero, ¿no tiene una velocidad normal?

   Dep.: Este modelo, no. Ahora, aquí está uno que vendemos
35   hoy, sólo hoy, a 350 pesos. Con éste tienen Uds. el **gusto** de escuchar la música a su velocidad normal. (El dependiente pone otra vez el disco, y ahora sale una música bonita pero **bajísima**.)   pleasure / very soft

   Chico: Sí, es mejor. Pero, ¿no tiene más **volumen**?   volume

40 Dep.: Sí, sí... con este **amplificador**, que vendemos hoy, sólo hoy, a 250 pesos. **Después de** hoy...   amplifier / **After**

Chico: ¿Qué dices tú, Marisa?

Chica: Me gusta más la otra, **la** de 99 pesos. Es una ganga fantástica. — the one

45 Chico: Pero, ¿con sólo una velocidad?

Chica: **¿Qué importa? ¡Aprendemos a bailar** más rápidamente! — So what? We'll learn to dance

ଽଽଽଽଽଽଽଽ

Ascensorista: Piso Tercero—trajes de señores, camisas, corbatas...

Una dep.: No, señora, nunca somos responsables si el
50 producto es **defectuoso**... — defective

Otro dep.: No, señorita. El **gerente no ve nunca a nadie**... — manager **never** sees **anyone** **nothing**

Otra dep.: No, señor, no hay **nada** en su número. Ahora, si Ud. paga un poco más...

Un radio: "El Almacén Monarca, donde el cliente es el rey...
55 el rey... el rey...

Vamos a conversar

1. ¿Dónde ocurre este cuento?
2. ¿Qué pasa hoy en la tienda?
3. ¿Cuál es el lema (motto) del Almacén Monarca?
4. ¿A qué hora abren la tienda? ¿A qué hora abren las tiendas normalmente donde Ud. vive?
5. ¿Qué hay de repente entre las personas que esperan?
6. ¿Qué dice la primera persona?
7. ¿Qué contesta la señora? En su opinión, ¿hay muchas personas como ella?
8. ¿Realmente, está allí (there) desde las siete la señora, o acaba de llegar?
9. ¿Qué venden en el primer piso del almacén?
10. ¿Y qué venden en el segundo piso?

- 1. ¿Qué ganga especial tiene el dependiente para Miguel y Marisa? ¿Qué son Marisa y Miguel—amigos, hermanos, esposos, etc.?
  2. ¿Cuánto vale normalmente el tocadiscos? ¿Qué precio tiene hoy?
  3. ¿Dice el dependiente de qué marca es? ¿Por qué?
  4. ¿Qué falta tiene este modelo?
  5. ¿Qué otro modelo recomienda el dependiente a los chicos?

6. ¿Cuánto vale normalmente? ¿Y hoy?
7. ¿Qué tienen que comprar los chicos con el segundo modelo?
8. ¿Cuál de los dos modelos le gusta más a Marisa?
9. Si compran ese modelo, ¿cómo tienen que bailar los chicos?
10. ¿Es una tienda muy responsable el Almacén Monarca? ¿Por qué dice Ud. eso?

JUEGOS DE PALABRAS

1 Complete como siempre.

1.
esperar
to wait (for)
¿Cuánto tiempo espera?
una hora
_____
_____

2.
llegar
to arrive
¿A dónde llega?
a _____
a _____
a _____

3. 
*__conocer__ (conozco)
to know (a person or a place)
¿Conoce Ud....?
a _____
a _____
¿Conoce Ud. a una **persona** famosa?

185

4.

acabar de + infinitive
to have just (done something)
(**acabar** = to finish)

¿Qué acaban de hacer? _____   Acaba de _____   Acabo de _____

5.

lleno
full

¿De qué está lleno? _____   _____

6.

el lugar
place

¿En qué lugar estamos?   en _____   en _____   ¿Es éste el lugar?

7.

el fin del _____   el fin _____   ¡Por fin!
(At last!)

2 Frases revueltas (Scrambled sentences)

Here are some key words.   Can you unscramble them?

que that, who (linking word), which
(la) **verdad** truth, true
nada nothing
nadie nobody, no one
nunca never
antes before, earlier
después after(wards), then, later

tarde dicen es que muy
yo que verdad no es digo
¿listo nada mañana está para?
fiesta conmigo va nadie la a
Juan prepara nunca lecciones sus
¿quién antes ella llega o yo?
¿vamos a después qué hacer?

186

OBSERVACIONES

15. "I don't know nothing" — the double negative

¿RECUERDA UD.?

¡Mil gracias!	—De nada.
Thanks a million!	You're welcome. (It's nothing.)

A. These are the most common negative words in Spanish:

nada nothing **nadie** nobody, no one **nunca** never

B. Unlike English, in Spanish you "don't know nothing," "don't talk to nobody—never"! So keep the **no** before the verb, and let your English teachers weep.

No sé **nada.**	I don't know anything. (Nothing at all!)
No invito a **nadie.**	I'm not inviting anybody. (Nobody!)
Ese radio **no** funciona **nunca.**	That radio never works. (Not ever!)

C. If you wish, you may put **nadie, nunca,** etc., before the verb, and then you no longer need the **no.**

No salimos **nunca** con ellos.	We never go out with them.
Nunca salimos con ellos.	
No viene **nadie** hoy.	Nobody is coming today.
Nadie viene hoy.	

Práctica

1 Conteste de la manera más negativa posible.

Por ejemplo: ¿Hablas con *Gloria*?   —No. No hablo con nadie.
¿Vale *mucho dinero*?   —No. No vale nada.
¿Vienen *siempre*?   —No. No vienen nunca.

1. ¿Funciona *siempre* el ascensor?
2. ¿Vas a comprar *mucho*?
3. ¿Viene *Isabel*?
4. ¿Esperas a *Carlitos*?
5. ¿Pagan Uds. *mucho*?
6. ¿Hay *muchos* clientes en la tienda?
7. ¿Con *quién* vas a la fiesta?
8. ¿*Qué* tienes en la mano?
9. ¿Traes *un suéter* para mí? (No, no traigo...)
10. ¿Van a decir *el secreto* a Marisa?

2 *Cambie como indican los modelos.*
Por ejemplo: No viene nadie hoy.   Nadie viene hoy.
　　　　　　 No me gusta nada aquí.   Nada me gusta aquí.
1. Diego no habla nunca conmigo.
2. ¿No llama nadie?
3. ¿No funciona nada?
4. No dicen nunca la verdad.
5. ¿No tiene nadie suerte?
6. No hago estos ejercicios nunca. —¿Qué me dices?

3 *Finalmente, lea bien, y díganos la conclusión correcta:*
1. —Esta chica nunca dice nada en clase.
   —Es verdad. (Es muy tímida. Siempre contesta bien. Conoce muy bien a los otros.)
2. —Acabamos de llegar y no conocemos a nadie aquí.
   —Eso no es nada. En poco tiempo (van a comprar la casa, van a tener muchos amigos, van a tener muchas gangas).
3. —Nunca hay muchos clientes en ese almacén.
   —Claro, porque (no venden nada bueno, tienen las mejores marcas, los precios son muy bajos).

REPASO RÁPIDO

All About Negatives
　　nada nothing　　**nadie** nobody　　**nunca** never
1. In Spanish, we keep **no** before the verb, even if another negative word follows:
　　No hago nada.　I'm not doing anything.
2. Only if **nada, nadie,** or **nunca** comes before the verb can we leave out **no**:
　　No viene nadie. Nadie viene.　Nobody is coming.

Práctica

(You can check your answers in the back of the book.)
Complete con **nada, nadie** *o* **nunca**:
1. No me gusta ese chico. ____ hablo con él.
2. ¿Tienes dinero? —No. Hoy no tengo ____.
3. ¿Quién viene hoy? —____.
4. ¿Uds. no tienen tiempo ____ para ver a sus amigos? —No tenemos tiempo para ver a ____.
5. ¿Roberto acaba de llamar? —No. ____ acaba de llamar.
6. Comes mucho. —¿Qué dices? No como casi ____.

PANORAMA
TIENDAS, TIENDAS, TIENDAS

1 El Almacén Monarca? ¡No! Éste es uno de los almacenes más populares de la capital mexicana. "Piso primero—muebles y aparatos eléctricos . . . Piso segundo—cosméticos y perfumes . . ."

2 Una tienda de ropa y accesorios en el aeropuerto de Guatemala. Pero esta muchacha no viene a comprar. La televisión es más interesante, ¡y cuesta menos!

3 "Hombres, ¿qué disco debemos comprar?" Hay numerosas tiendas de discos como ésta en Madrid, donde la música de los jóvenes (young people) es internacional.

4 "Rebajas de Verano" (Summer Clearances) en el Corte Inglés, posiblemente el almacén más grande de toda España. ¡Mire Ud. el número de clientes! Las gangas tienen que ser fantásticas.

5 ¡Qué colores más vivos! Ropa tradicional y el omnipresente jersey en una tienda guatemalteca al aire libre (outdoors). En las regiones rurales, la ropa tradicional es todavía la más popular.

6 "Vamos a ver. ¿Tienen Uds. mi número?" La selección es muy buena en esta zapatería también al aire libre. Guayaquil, Ecuador.

7 Marcas locales, marcas internacionales, en un centro comercial. ¿Cuáles de estas marcas conoce Ud.?

8 ¿Qué desea Ud. comprar? Pues aquí está, en el mercado (market) de Guanajuato, México. "No, señor(ita), no aceptamos su Master Card."

LECCIÓN 6

¡Olé!

el, la joven (pl., **jóvenes**) young (young people)

la fiesta party

la voz voice

cantar una canción to sing a song

bailar to dance

la música

el tocadiscos record player

el disco record

Dígame

1. ¿Le gusta a Ud. bailar? ¿Baila Ud. bien? ¿Cuál es su canción favorita ahora? ¿Tiene Ud. buena voz para cantar?
2. ¿Hay muchas fiestas aquí en la escuela? ¿Hacen muchas fiestas sus amigos? ¿y sus padres? ¿Le gusta más a Ud. una fiesta pequeña o una fiesta grande?
3. ¿Tiene Ud. un tocadiscos en su cuarto? ¿Cuántos discos tiene Ud., más o menos? ¿Le gusta a Ud. la música clásica? ¿Va Ud. a conciertos de "rock"?
4. ¿Qué deportes le gustan más? ¿Juega Ud. bien? ¿Hay partido de fútbol este fin de semana (weekend)? ¿Hay partido de básquetbol? ¿de béisbol? ¿de otro deporte? A propósito, ¿le gusta a Ud. el esquí?

6

el teatro
el concierto
el **cine** the movies
el **boxeo** boxing
el **muchacho** boy
una **película** a movie, film
la **televisión**
los **deportes** sports
el **partido** (ball) game
la **muchacha** girl
el **esquí** skiing
jugar (juego, juegas) to play a game
el, la **radio**

5. ¿Va Ud. mucho al cine? ¿Va una vez a la semana (once a week)? ¿dos veces a la semana? ¿más? ¿Hay producciones dramáticas en su escuela? ¿Toma Ud. parte en ellas?
6. ¿Quiénes son sus artistas favoritos de cine? En su opinión, ¿quién es el mejor actor de todos? ¿y el más guapo? ¿Quién es la mejor actriz? ¿y la más bonita? ¿Tiene Ud. ambiciones de ser artista de cine?
7. Finalmente, ¿le gustan a Ud. mucho las películas de misterio? ¿de horror? ¿de vaqueros (cowboys)? ¿de policías? ¿de robots? ¿de amor?

Vamos a cantar

DE COLORES

De— co-lor-es,— de co-lor-es se vis-ten los cam-pos en la pri-ma-ve-ra, De— co-lo-res,— de co-lo-res son los pa-ja-ri-llos que vien-en de fue-ra.— De— co-lor-es,— de co-lor-es es el ar-co i-ris que ve-mos lu-cir,— Y por e-so los gran-des a-mor-es de mu-chos co-lo-res me gus-tan a mí;— Y por e-so los gran-des a-mor-es de mu-chos co-lo-res me gus-tan a mí.—

From *Music U.S.A., Spectrum of Music*. Mary Val Marsh, Carroll A. Rinehart, and Edith J. Savage, Senior Authors. Copyright © 1975 Macmillan Publishing Co., Inc. Used by permission of the Publisher.

OBSERVACIONES

16. "You love me. I love you"—1st and 2nd person object pronouns

¿RECUERDA UD.?

Dígame... Tell me...
Díganos... Tell us...

A. Objects receive the action of a verb. An object can be a noun or a pronoun.

          Let's invite **John.**
          Let's invite **him.**

A direct object receives the action straight on.

I'll bring **you.**   I'm doing the bringing. So *I* am the subject.
                  You are receiving the action. *You* are the object.

An indirect object is the one *to whom* the action is aimed, but it doesn't receive the action itself.

I'll bring the records **to you.**   What am I bringing? The records.
                                        To whom am I bringing them? To you.

Now English can be confusing, because sometimes it uses "to me" or "to you," etc., and sometimes it just uses "me" or "you," etc., for the indirect object. Can you tell us which is which?

1. John sent me. (Is "me" direct or indirect?)
2. John sent me money. (Is "money" direct or indirect? What is "me"?)
3. Do you know him? (What is "him"?)
4. Do you give him lessons? (Which is the direct object? Which is the indirect?)[1]

B. Here are the first and second person object pronouns in Spanish.

me	me, to me
te	you (my pal), to you
nos	us, to us[2]

Actividades

1 ¿Me...? —Sí, te...

1. Anita, ¿me llamas? —Sí, te llamo.
   (Are you calling me?) —No,...
2. Pepe, ¿me invitas al partido?
3. Juanita, ¿me esperas?
4. Riqui, ¿me contestas?
5. Carolina, ¿me das tu libro?
6. Guillermo, ¿me haces un favor? —Sí, te hago...
   (..., will you do me...?) —No,...
7. María, ¿me traes un sandwich? —Sí, te traigo... —No,...
8. Juanito, ¿me dices el número de tu teléfono?
9. Bárbara, ¿me pagas el cine este sábado?
10. Rodolfo, ¿me cantas "De Colores" ahora?

---

[1] Here are your answers: 1. "me" is direct. 2. "money" is direct, "me" is indirect. 3. "him" is direct. 4. "lessons" is direct, "him" is indirect.

[2] The friendly "you-all" form is **os.** See chart of personal pronouns, page 412.

2 ¿Te...? —Sí, me...

1. Roberto, ¿te llamo esta noche?   —Sí, me llamas...
   (Shall I call you...?)   —No,...
2. Nanita, ¿te invito a mi casa mañana?
3. Donado, ¿te ayudo con la lección?
4. Judit, ¿te espero después de la clase?
5. Ana, ¿te gusta mucho el teatro?   —Sí, me gusta...
   (Is the theater pleasing *to you*?)   —No,...
6. Miguel, ¿te gusta más el teatro o el cine?
7. Rosalinda, ¿te gustan mucho   —Sí, me gustan...
   los chicos?   —No,...
8. Carlos, ¿te gustan mucho las chicas?
9. Alano, ¿te gusta mucho comer?
10. Felipita, ¿te gusta la voz de Linda Ronstadt?

3 ¿Nos...? —Sí, nos...

1. Chicos, ¿nos visita el director?   —Sí, el director nos...
   (Is the principal visiting us?)   —No,...
2. ¿Nos dan muchas vacaciones aquí?
3. ¿Nos ayudan mucho nuestros padres?
4. ¿Nos comprenden las personas mayores?
5. ¿Nos conoce personalmente el presidente?
6. ¿Nos trae buena suerte el número 13?
7. ¿Nos dicen siempre la verdad nuestros amigos?
8. ¿Nos gusta una fiesta?   —Sí, nos gusta...
   (Do we like a party? —Is it   —No,...
   pleasing to us?)
9. ¿Nos gusta trabajar día y noche?

10. ¿Nos gusta pagar precios bajos?
11. ¿Nos gusta ganar mucho dinero?
12. ¿Nos gustan los exámenes? —Sí, nos gustan... —No,...
13. ¿Nos gustan las personas generosas?
14. ¿Nos gustan las personas crueles?
15. ¿Nos gustan nuestras clases de español?
16. ¿Nos gustan las vacaciones de invierno?
17. ¿Nos gustan más las vacaciones de verano?
18. ¿Nos gustan estas preguntas largas?

17. Where do object pronouns go?

A. Object pronouns usually go *immediately before* the verb.

¿Me escuchas?	Are you listening to me?
¿No te conocen?	Don't they know you?
Nos esperan.	They are waiting for us.
¿Te gusta?	Do you like it?
—Sí, me gusta mucho.	Yes, I like it a lot.

B. When we order someone to do something, the object pronoun is attached to the end of the verb.

Dígame...	Tell me...
Escúcheme.	Listen to me.
Contéstenos.	Answer us.

C. When we have a verb plus an infinitive, the object pronoun may be attached to the end of the infinitive. Or if you prefer, you may put it before the first verb. Either way is correct.

Voy a llamarte.	I'm going to call you.
Te voy a llamar.	
¿Vienes a visitarnos?	Are you coming to visit us?
¿Nos vienes a visitar?	

Práctica

1 ¿Cómo relaciona Ud. los Grupos 1 y 2?

1	2
¿Me vas a llamar mañana?	El sábado, si tenemos el dinero.
¿Cuándo nos van a pagar Uds.?	Magnífico, pero, ¿dónde?
Te espero a la una, ¿está bien?	Claro. Ud. es... ¿Ud. es...?
Si comes bien, Ana, te llevo al cine.	Porque no te conocen muy bien.
¿Por qué no me invitan a la fiesta?	Yo, pero no tengo muy buena voz.
¿Quién va a cantarnos la canción?	No sé. Voy a estar muy ocupado.
No me gusta esta película.	Sí, cuando no nos habla rápidamente.
¿Me comprenden Uds.?	Pero papá, no tengo hambre.
¿Me recuerda Ud.?	Ya te conozco. Nunca te gusta nada.

2 *Exprese de otra manera.*
Por ejemplo: ¿Nos van a hablar?   ¿Van a hablarnos?
                     ¿Vienes a visitarme?   ¿Me vienes a visitar?

1. ¿Van a verme?
2. Comenzamos a conocerte.
3. ¿Van a esperarnos?
4. El profesor va a darnos un examen hoy.
5. Vengo a verte.
6. Nunca van a pagarnos.
7. ¿No vas a cantarnos una canción?
8. ¿Quién me va a ayudar?
9. Mis padres me van a comprar una bicicleta.
10. Te voy a hacer un favor.

3 ¿Puede Ud. *(Can you) hacer frases originales con estas expresiones?*
Por ejemplo: me... hablar   ¿Me habla Ud.?
                      ¿Por qué no me hablas?
                      Mis amigos me hablan en inglés.

1. me... mirar
2. me... comprar... televisor
3. nos... invitar a (al)
4. nos... hablar todo el tiempo
5. te... decir un cuento
6. te... escribir mañana
7. me... gustar
8. te... gustar
9. nos... gustar
10. me... llamar esta tarde

REPASO RÁPIDO

1. Object pronouns receive the action of the verb.

(1st person)	**me**	me, to me
(2nd person)	**te**	you (pal), to you
(1st person pl.)	**nos**	us, to us

2. Where do we put object pronouns?
   In most cases, object pronouns go right before the verb:
   ¿Quién **me** llama?   —Yo **te** llamo.
   You attach them to the end of the verb when you tell someone to do something:
   Díga**me**...
   And you have a choice when you use an infinitive:
   Van a ver**te**.   **Te** van a ver.

Práctica

(You can check your answers in the back of the book.)

1 *Escriba en español como indican los modelos:*

1. Do they see me?   ¿Me ven?
   Do they see you, (pal)? _____
   Do they call us? _____

2. My teacher is talking to me.   Mi maestro me habla.
   Our teacher is talking to us. _____
   Clarita, your mother is calling you. _____

3. Why don't you wait for me?   ¿Por qué no me esperas?
   Why don't you wait for us? _____
   Why don't you help us? _____

2 *Haga frases originales:*

1. María, ¿te gusta(n) _____?
2. No nos gusta(n) _____.
3. Me gusta(n) mucho _____.

200

¡Chica! ¿Qué hay de comer?

El grupo no está mal. Pero me gustan más "Los Enemigos".

¿Qué dicen si pido pizza para todos?

CUENTO FIESTA

Apartamento 5D. Hay fiesta esta noche en casa de Gloria Vega. Ocho o nueve jóvenes escuchan la música del tocadiscos. Otros miran un programa de televisión. El **timbre suena** otra vez.

    bell
    rings

5 Gloria: ¡Nando! **¡Por fin!**   At last!
Nando: ¡Gloria! ¡Chica! ¿Qué hay **de** comer?   to
Gloria: **Poporocho y maníes.** Y **papas fritas.**   Popcorn and peanuts; potato chips
Nando: ¿Nada más? ¿Por qué **no sirves también**...?   don't you **also** serve

                          ⴰⴱⴰⴱⴰⴱⴰⴱ

(En el centro de la sala dos jóvenes bailan.)

10 Cuco: Nena, ¿te gusta esta música?
Nena: Mucho. ¿Y **a** ti?   do you (like it)?
Cuco: El grupo no está mal. Pero me gustan más "Los **Enemigos.**"   Enemies
Nena: ¿Quiénes?
15 Cuco: ¿Tú no conoces a "Los Enemigos"? **No puede ser.** No hay nadie...   It **can't** be.
Nena: Pues, ¿qué canciones cantan?
Cuco: Bueno, "Te odio, te detesto," "**Yo muero,** tú mueres," y muchas otras. ¿Tú no tienes esos discos?   I **die**
20 Nena: **Todavía no.** ¿Qué más cantan?   Not **yet.**

¿Qué me cuentas? ¿Pito León es tu tío?

Yo te puedo enseñar.
Y yo te enseño lucha libre.

Repito: ¿cuántos quieren queso y cuántos quieren . . . ?

    Nando: (en voz muy alta) ¿Por qué **no pedimos** pizza? ¿Qué dicen si pido pizza para todos?   don't we **order**

✣✣✣✣✣✣✣

• (En otra parte de la sala tres chicos hablan.)
    1: ¿**Uds. quieren** ver a "Los Tigres" mañana?   Do you **want**
25 2: ¡Hombre! ¿Tú vas al partido?
    1: ¡**Cómo no!**   Of course!
    3: Pero no hay **boletos.**   tickets
    2: Yo no tengo dinero.
    1: **No importa.** Mi tío puede admitirnos.   So what?
30 3: ¿Tu tío? ¿Y quién es tu tío para admitirnos?
    1: Pito León.
    2: ¿Qué **me cuentas**? ¿Pito León es tu tío?   are you **telling** me
    3: ¿Pito León? **No te creo.**   I don't believe you.
    1: ¿Ah, no? ¿**Tú piensas** que. . .? Pues, ¿cuánto me **apuestas**?   you **think**; do you **bet**
35   ¿Cuánto me vas a apostar?

✣✣✣✣✣✣✣

    Nena: ¿Y qué más cantan?
    Cuco: "**Siento** un Terror," "**Vuelve** el Horror". . .   I feel; **returns**

202

Nando: **Entonces,** ¿cuántos quieren **queso** y cuántos quieren **salchicha?**   **Then**; cheese
sausage

సా సా సా సా

40 (Un muchacho y una muchacha hablan.)
Eva: Pues si no te gustan el fútbol **ni** el béisbol, ¿qué deporte   or
te gusta?
Pepe: El tenis, pero no juego muy bien.
Eva: Si quieres, yo te puedo **enseñar.**   teach
45 Pepe: ¡Fantástico! Y yo te enseño **lucha libre. ¿Cuándo**   wrestling; **When** do
comenzamos?   we **begin**?

సా సా సా సా

Otra chica: ¡Por favor! **No podemos oír** la televisión.   We **can't** hear
Cuco: ..."Enfermo en Palermo," "**Yo Duermo,** Guillermo,"...   I'm sleeping
Nando: ¡Silencio, o **pierdo la cuenta**! Ahora repito: ¿Cuántos   I'll lose count!
50 quieren queso y cuántos quieren salchi...

Vamos a conversar

1. ¿En qué apartamento hay fiesta esta noche?
2. ¿Cuántos jóvenes hay, más o menos? ¿Qué hacen?
3. ¿Quién llega ahora? ¿Llega tarde o temprano?
4. ¿Qué hay de comer? ¿Qué sirve Ud. cuando tiene fiesta?
5. ¿Le gusta a Ud. el poporocho? ¿Le gustan los maníes?
6. ¿Quiénes bailan en el centro de la sala?
7. ¿Qué grupo musical le gusta más a Cuco?
8. ¿Conoce Nena a ese grupo musical?
9. ¿Qué canciones cantan "Los Enemigos"? ¿Le gustan a Ud. estas canciones?
10. ¿Qué quiere pedir Nando? ¿Le gusta a Ud. también la pizza?

- 1. ¿Adónde va mañana uno de los tres chicos?
  2. ¿A quiénes invita a ir con él?
  3. ¿Quién es el tío del chico? ¿Es una persona famosa?
  4. En su opinión, ¿a qué deporte juegan "Los Tigres"?
  5. ¿Qué otras canciones cantan "Los Enemigos"?
  6. ¿Qué deporte le gusta más a Pepe?
  7. ¿Quién juega mejor — Pepe o Eva? ¿Juega Ud. bien?
  8. ¿Qué dice la chica que mira la televisión?
  9. ¿Qué pregunta todavía Nando?
  10. En su opinión, ¿es ésta una fiesta típica? ¿Por qué?

JUEGOS DE PALABRAS

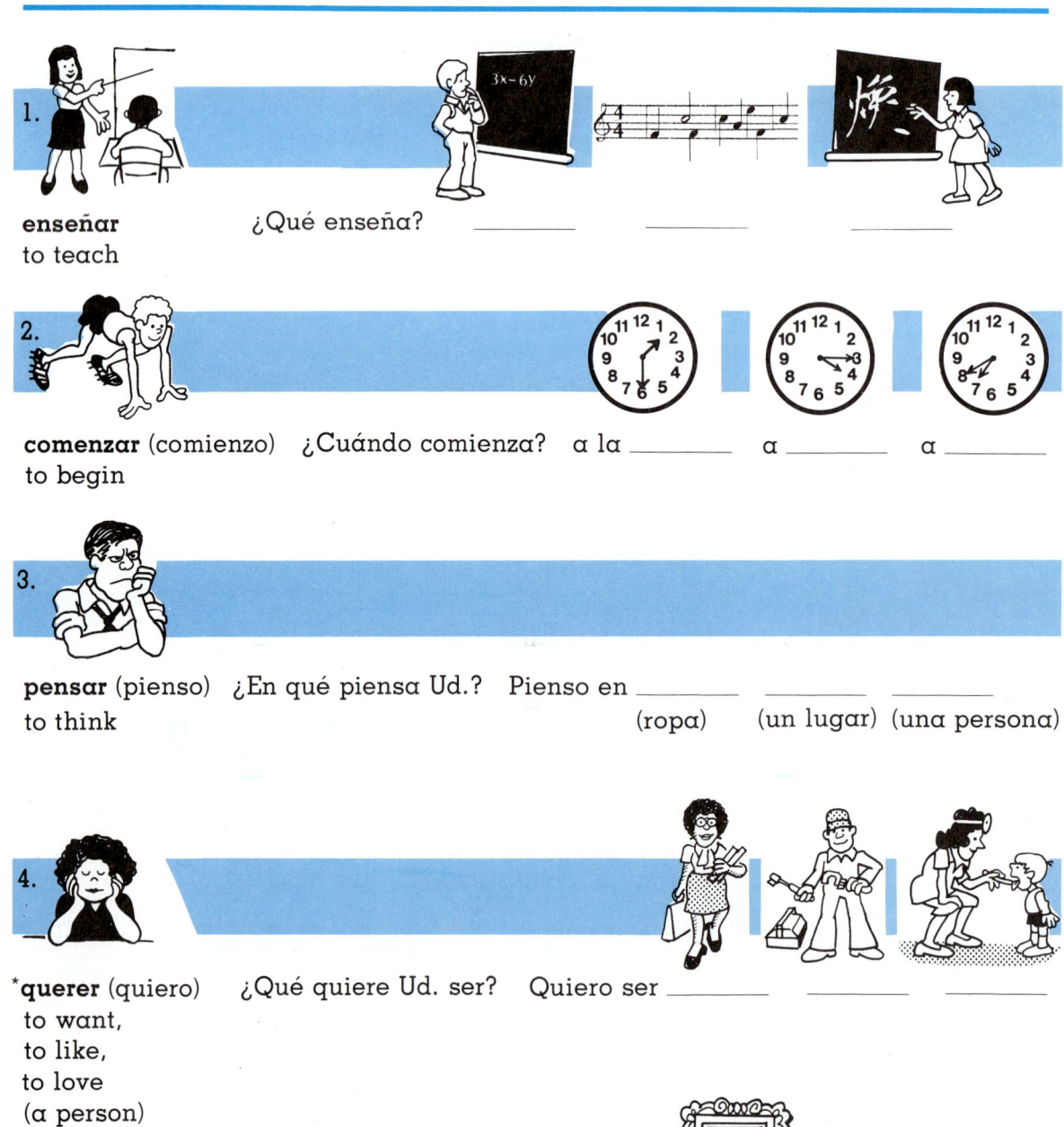

1. **enseñar**
to teach
¿Qué enseña? _____ _____ _____

2. **comenzar** (comienzo)
to begin
¿Cuándo comienza? a la _____ a _____ a _____

3. **pensar** (pienso)
to think
¿En qué piensa Ud.? Pienso en _____ _____ _____
(ropa) (un lugar) (una persona)

4. ***querer** (quiero)
to want,
to like,
to love
(a person)
¿Qué quiere Ud. ser? Quiero ser _____ _____ _____

¿A quién quiere Ud.? Quiero a _____

204

5.

*pedir (pido)　　¿Qué　　Ayuda　　_____　　_____　　—¡Para mí **también**!
to ask for,　　piden?　　　　　　　　　　　　　　　　　　　　also, too
to order

6.

contar (cuento)　　Vamos a contar... diez, veinte, treinta... Continúe Ud....
to count,　　　　　　　　　　　　　　　　　　　　　　　　　¿Qué me cuenta?
to tell (a story)

7.

volver (vuelvo)　　¿Cómo vuelve?　　en tren　　en _____　　en _____
to return,
to come back

8.

morir (muero)
to die

9.

*poder (puedo)　　Puedo _____　y _____　　¿Qué más puede hacer?
to be able, can

10.

¿Cuándo?　　**entonces**　　ahora　　**¿Todavía?**　　**¡Todavía no!**
When　　then　　　　　　　　　Still?　　　Not yet!

OBSERVACIONES

18. Stem-changing verbs

¿RECUERDA UD.?

¿Nieva? —No. Llueve.	Is it snowing? No, it's raining.
Cierre la puerta.	Close the door.
¿Recuerda Ud.?	Do you remember?

The stem of a verb is the main part of the verb, without endings or lead-ins. For example: **llam**-ar, **dec**-ir, com-**prend**-er. Certain verbs make changes in the vowel of their stem. These are called "stem-changing" verbs.

Stem-changing verbs follow a very definite pattern. In the present tense, here's how the pattern goes. (Notice that the "we" form does not change.)[1]

A. e → ie

	pensar (to think)	perder (to lose)	sentir (to feel, to regret)
(yo)	pienso	pierdo	siento
(tú)	piensas	pierdes	sientes
(Ud.)	piensa	pierde	siente
(nosotros)	pensamos	perdemos	sentimos
(Uds.)	piensan	pierden	sienten

In other words, when the weight falls on the **e**, it splits into **ie**. Now do you know why **cerrar** (to close) gives us **cierra**, and **nevar** (to snow) gives us **nieva**?

The irregular verb **querer** is just like a stem-changing verb in its present tense.

	querer (to want, to like, to love)
	quiero
	quieres
	quiere
	queremos
	quieren

---

[1] **Neither does the friendly you-all, vosotros form.**

Actividades

1 ¿Quiere Ud.? —Sí, quiero...

1. ¿Quiere Ud. ir al cine hoy? —Sí, quiero...
   (Do you want to go...?) —No, no quiero...
2. ¿Comienza Ud. a comprender
   esto? —Sí, comienzo...
3. ¿Pierde Ud. frecuentemente la
   paciencia?
4. ¿Cierra o abre Ud. las ventanas
   cuando hace frío?
5. (Dorotea), ¿quieres comer ahora?
6. (Juanito), ¿piensas mucho en
   (about) tus estudios?
7. (Amor mío), ¿me quieres? —Sí, te quiero...
   (My love, do you love me?) —No,...

2 ¿Quieren Uds....? —Sí, queremos...

1. ¿Quieren Uds. un examen hoy? —Sí, queremos...
   (Do you-all want...?) —No,...
2. ¿Pierden Uds. frecuentemente
   la paciencia?
3. ¿Comienzan Uds. a comprender
   esto? —Sí, comenzamos...
4. ¿Cierran Uds. siempre las
   puertas de su clase?
5. ¿Piensan Uds. siempre en sus estudios?

B. o → ue

contar (to tell, to count)	**volver** (to return)	**morir** (to die)
cuento	vuelvo	muero
cuentas	vuelves	mueres
cuenta	vuelve	muere
contamos	volvemos	morimos
cuentan	vuelven	mueren

Díganos: What happens when the weight falls on the **o**?

The irregular verb **poder** has the same pattern in its present tense.

> **poder** (to be able, can)
> p**ue**do
> p**ue**des
> p**ue**de
> podemos
> p**ue**den

Actividades

1 ¿Cuenta Ud....?   —Sí, cuento...

1. ¿Cuenta Ud. bien en español?   —Sí, cuento... —No, no cuento...
2. ¿Cuenta Ud. hasta un millón?
3. ¿Recuerda Ud. a su primera
   maestra?   —Sí, recuerdo...
4. ¿Puede Ud. jugar al tenis hoy?
5. ¿Juega Ud. bien?
6. ¿Vuelve Ud. tarde a casa hoy?
7. ¿Duerme Ud. (Do you sleep)
   mucho?
8. (Julio), ¿duermes ahora?
9. (Adela), ¿puedes hacerme un
   favor?   —Sí, puedo hacerte...
10. (Jorge), ¿a qué hora vuelves a
    casa hoy?   —Vuelvo a la(s)...

2 ¿Recuerdan Uds....?   —Sí, recordamos...

1. ¿Recuerdan Uds. el cuento "La
   Ganga"?   —Sí, recordamos...
2. ¿Recuerdan Uds. los números
   de 10 a 100?
3. ¿Pueden Uds. contar hasta un
   millón?   —Sí, podemos...
4. ¿Vuelven Uds. aquí mañana?
5. ¿Duermen Uds. mucho en la
   clase? (Do you-all sleep...?)   —Sí, dormimos...
                                           —No,...
6. ¿Cuántas horas duermen Uds.
   normalmente en la noche?

C. A few –ir verbs change **e** to **i**.

pedir (to ask for)	**repetir** (to repeat)
pido	repito
pides	repites
pide	repite
pedimos	repetimos
piden	repiten

Actividades

1 ¿Pide Ud....? —Sí, pido...

1. ¿Pide Ud. mucho dinero a su papá? (Do you ask... for...?)
   —Sí, pido mucho dinero a...
   —No,...
2. ¿Pide Ud. muchos favores a sus amigos?
3. ¿Repite Ud. todas estas preguntas?
4. Bárbara, ¿sirves poporocho a tus amigos? (Barbara, do you serve popcorn...?)
   —Sí, sirvo...
   —No,...

2 ¿Piden Uds....? —Sí, pedimos...

1. ¿Piden Uds. más exámenes en esta clase?
   —Sí, pedimos... —No,...
2. ¿Piden Uds. más vacaciones?
3. ¿Repiten Uds. siempre estos ejercicios?
   —Sí, repetimos...
4. ¿Sirven Uds. pizza cuando hay fiesta?
   —Sí, servimos... —No,...

Práctica

1 *Cambie según (according to) las indicaciones:*
1. No *recuerdo* nada. (querer, perder, pedir, repetir)
2. *Comienzo* a comprender estos verbos. (La clase, ¿Tú?, ¿Uds.?, nosotros)
3. ¿*Piensas* aprender francés? (querer, poder, comenzar a)
4. Nadie *duerme* aquí. (morir, volver, perder su dinero)
5. ¿*Puedo* tocar otro disco? (nosotros, tú, Ud., Uds.)

2 *Complete ahora, escogiendo (choosing) el verbo más lógico:*
1. ¿A qué hora ___ Ud.? (volver, pedir) —No sé. Es temprano todavía.
2. ¿___ Uds. ayudarnos? (poner, poder) —Con mucho gusto.
3. Los animales ___ de hambre. (pensar, morir) —No podemos permitir eso.
4. Pepito, ¿___ comer ahora? (querer, conocer) —Gracias, no. Un poco más tarde.
5. Miguel y yo no ___ bien, pero nos gusta mucho el béisbol. (tocar, jugar) —Es nuestro deporte favorito también.
6. ¿___ (tú) que va a nevar? (pensar, comenzar) —Imposible. Hace mucho calor hoy.

REPASO RÁPIDO

Stem-Changing Verbs

This is their pattern:

e → ie: pensar	p**ie**nso, p**ie**nsas, p**ie**nsa, pensamos, p**ie**nsan
o → ue: volver	**vue**lvo, **vue**lves, **vue**lve, volvemos, **vue**lven
e → i: pedir	pido, pides, pide, pedimos, piden

Práctica

(You can check your answers in the back of the book.)

1. Ask someone at what time he or she is returning tomorrow.
2. Ask your classmates if they remember the story "La Ganga."
3. Ask someone: Can you help us?
4. Now ask a friend: Can I help you?
5. Ask someone if he or she is thinking about you. (¿... en mí?)
6. Ask another person: Do you love me?

Repaso, Lecciones 4 - 6

I. Repaso General

A. More irregular verbs—present tense (**Observaciones 12**)

1. **decir** (to say, tell): digo, dices, dice, decimos, dicen

2. The **–go** group

These are verbs whose only special form is the **yo** form.

hacer (to make, to do): **hago,** haces, hace, hacemos, hacen
poner (to put, place): **pongo,** pones, pone, ponemos, ponen
salir (to leave, go out): **salgo,** sales, sale, salimos, salen
valer (to cost, be worth): **valgo,** vales, vale, valemos, valen
traer (to bring): **traigo,** traes, trae, traemos, traen

¿Qué haces hoy?	What are you doing today?
—No hago nada. Salgo por un momento, y ya.	I'm not doing anything. I'm going out for a moment, and that's all.
Yo no digo nada.	I'm not saying anything.
—¿Y qué dicen ellos?	And what do they say?

B. Stem-changing verbs (**18**)

These verbs follow a special pattern in the present tense. When we stress the **e**, it usually splits into **ie**. (Once in a while, it just changes to **i**.) When we stress the **o**, it becomes **ue**.

e ⟶ ie	o ⟶ ue	e ⟶ i
pensar (to think)	**dormir** (to sleep)	**pedir** (to ask for)
pienso	duermo	pido
piensas	duermes	pides
piensa	duerme	pide
pensamos	dormimos	pedimos
piensan	duermen	piden

Other verbs of this type:
comenzar (comienzo) to begin, **volver (vuelvo)** to return, **contar (cuento)** to count, to tell, **morir (muero)** to die

The irregular verbs **querer** (to want, to love) and **poder** (to be able) are stem-changing in the present tense:

querer: quiero, quieres, quiere, queremos, quieren
poder: puedo, puedes, puede, podemos, pueden

¿Qué piensas de la canción "Yo muero, tú mueres"?
—Ah, ¡qué romántica!

What do you think of the song "I die, you die"?
Oh, how romantic!

No puedo ir esta noche. Quiero estudiar. —Yo también.

I can't go tonight. I want to study. Me too.

C. Possession (10 and 11)

1. **De** + a person names the owner of something.

    los zapatos de José   Joe's shoes
    el disco de mi hermano   my brother's record

2. Possessive adjectives replace the owner's name. Here they are:

  mi clase my class   **nuestro** primo, **nuestra** prima our cousin
  tu papel your paper
  su casa his, her, your (**de Ud.** or **Uds.**), its, their house

When the following noun is plural, add **–s** to the possessive:

  mis clases   **nuestros** primos, **nuestras** primas
  tus papeles
  sus casas

Aquí vienen Ana y sus amigos.   Here come Ann and her friends.
—Son nuestros amigos también.   They're our friends, too.

D. Object pronouns—"He loves me, you, us." (16 and 17)

1. Object pronouns receive the action of the verb. Here are the first and second person object pronouns:

    me me, to me   **nos** us, to us
    te you (my friend), to you

2. Object pronouns normally go right before the verb:

    ¿Me quieres? —No, te odio.   Do you love me? No, I hate you.

However, when we tell someone to do something, the pronoun is attached to the end of the verb:

    Díganos... Tell us...

With an infinitive, the object pronoun is usually attached to the end: **Van a invitarnos.** It may also go before the first verb:
    Nos van a invitar.

E. The double negative (15)

    nada nothing   **nadie** nobody   **nunca** never

Spanish keeps the "no" before the verb, even though another negative word may follow. In other words, in English, we "don't do anything"; but in Spanish, we "don't do *nothing*": **No hacemos nada.**

F. About prepositions and how to use them (13 and 14)

1. The preposition **a** points to the person who receives the action of a verb. This is called the "personal **a**."

   ¿A quién llamas? — Whom are you calling?
   —Llamo a Riqui Vegas. — I'm calling Ricky Vegas.
   Quiero invitar a su hermana también. — I want to invite his sister, too.

2. The preposition **a** also follows **ir, venir,** and verbs of beginning, learning, and teaching before an infinitive.

   Vamos a salir pronto. — We're going to leave soon.
   Vienen a vernos. — They're coming to see us.
   Comienzo a comprenderte. — I'm beginning to understand you.

3. The only verb form that normally follows a preposition is the infinitive. This is different from English, which uses the "–ing" form.

   antes de comer — before eating
   después de acabar — after finishing
   sin llamarme — without calling me
   Estoy cansada de esperar. — I'm tired of waiting.

II. Repaso de Vocabulario

acabar to finish; **acabar de** + infinitive to have just (done something), 5
el almacén store, department store, 5
antes before, earlier; **antes de** (prep.) before (doing something), 5
el ascensor elevator, 5
bailar to dance, 6
la boca mouth, 4
el brazo arm, 4
la cabeza head, 4

la canción song, 6
cantar to sing, 6
la cara face, 4
el cine the movies, 6
el, la cliente customer, 5
*****comenzar (comienzo)** to begin, 6
como like, as, 4
comprar to buy, 5
*****conocer (conozco, conoces)** to know (a person or place), 5
*****contar (cuento)** to count, to tell (a story), 6

213

cuando   when, 6
deber   should, ought to, 4
*decir (digo, dices)   to say, to tell, 4
el dedo   finger, toe, 4
el, la dependiente
   salesperson, 5
el deporte   sport, 6
desde *(prep.)*   from, since, 4
después   after(wards), then,
   later; después de
   (prep.)   after (doing
   something), 5
el diente   tooth, 4
el disco   record, 6
enseñar   to teach, 6
entonces   then, 6
entre   between, among, 4
esperar   to wait (for), 5
la fiesta   party, 6
el fin   end, 5
la ganga   bargain, 5
*hacer (hago, haces)   to
   make, to do, 4
el, la joven (pl. jóvenes)
   young, young people, 6
*jugar (juego, juegas)   to
   play (a game), 6
levantar   to raise, to lift, 4
el lugar   place, 5
llegar   to arrive, 5
lleno   full, 5
la mano   hand, 4
la marca   brand, 5
moreno   brunet, dark-haired, 4
*morir (muero)   to die, 6
la muchacha, el muchacho
   girl, boy, 6
nada   nothing, 5
nadie   nobody, no one, 5
la nariz   nose, 4
el número   size, number, 5
nunca   never, 5
el ojo   eye, 4

pagar   to pay, 5
partido   (ball) game, 6
*pedir (pido)   to ask for, to
   order, 6
la película   movie, film, 6
el pelo   hair, 4
*pensar (pienso)   to think, 6
la persona   person, 5
el pie   foot, 4
la pierna   leg, 4
*poder (puedo)   to be able, can, 6
*poner (pongo, pones)   to put,
   to turn on, 4
el precio   price, 5
que   that, who, which, 5
*querer (quiero)   to want, to
   like, to love (a person), 6
rubio   blond, 4
*salir (salgo, sales)   to go out,
   to leave, 4
*sentir (siento)   to feel, to
   regret, 6
*servir (sirvo)   to serve,
   be suitable, 6
siempre   always, 4
sin   without, 5
sólo   only, 4
también   also, too, 6
la tienda   store, 5
el tocadiscos   record player, 6
tocar   to play (an
   instrument), 4
todavía   still; todavía
   no   not yet, 6
*traer (traigo, traes)   to bring, 4
*valer (valgo, vales)   to be
   worth, to cost, 5
vender   to sell, 5
ver (veo, ves, ve)   to see, 4
la verdad   truth, true, 5
*volver (vuelvo)   to return, to
   come back, 6
la voz   voice, 6

Juegos de Palabras

1 ¿Puede Ud. decirnos cinco palabras relacionadas (related) con éstas?:
una tienda... diversiones... el cuerpo humano... los deportes... una fiesta...

2 ¿Con qué partes del cuerpo humano asocia Ud. (do you associate) estas cosas?: pantalones, zapatos, sombrero, saco, falda
¿Qué partes del cuerpo usamos para tocar el piano? ¿el violín? ¿la trompeta? ¿la guitarra?

3 ¿En qué piensa Ud. primero (What is the first thing you think of) cuando decimos: dinero... cine... ojos... número... música... ganga... jugar...?

4 ¿Puede Ud. decirnos lo contrario de estas palabras?
vender... morir... joven... rubio... nada... antes... acabar... salir... nunca...

5 ¿Qué palabras inglesas están relacionadas con estas palabras españolas?:
cine, cliente, comenzar, contar, diente, disco, vender, valer

6 Many Spanish nouns, verbs, and adjectives are related to each other. If we give you one or two, can you fill in the others? Por ejemplo:

Verbo	Nombre	Adjetivo
cantar	_____	
_____	juego	
_____	sentimiento	
	_____	dental
	_____	musical
_____	bailarina	
_____	cuento	
	_____	numeroso

215

Álbum 4

TV Guía

216

Exactamente como aquí, la televisión es una de las diversiones favoritas de los hispanos. Naturalmente, muchos de los programas son locales—programas de noticias (news), de música, de "conversación", etc. Pero un gran número de los programas vienen también de los Estados Unidos. Mire, por ejemplo, estas listas de programas populares y díganos: ¿Cuáles conoce Ud.?

A Decir la Verdad

"Hola. Yo soy Karina Codiani. Soy de Posadas, Argentina, en la provincia de Misiones. Soy campeona (champion) de tenis, y mi primera victoria data del año 1975, a la edad de ocho años. Ahora tomo parte en competiciones internacionales, y **viajo** (I travel) a Europa y a los Estados Unidos. **Cuesta** (It costs) dinero, tiempo y paciencia ser campeona. Y hay días cuando **caigo** (I fall) completamente cansada en la cama y no quiero **mover** (move) un dedo. Pero vale la pena, ¿no? ¡Posiblemente, Ud. va a **oír** mi **nombre** (hear my name) un día en la televisión, y verme jugar!"

Una de estas jóvenes dice la verdad. Las otras dos **mienten** (are lying). Díganos: ¿QUIÉN ES REALMENTE KARINA CODIANI?

Sólo su profesor(a) sabe cuál de las tres es Karina. Y las otras dos, ¿quiénes son?

Una es Marta Sánchez Navarro, hija menor de una de las familias más importantes del teatro y cine mexicanos. Marta tiene diez y nueve años ahora y estudia psicología en la Universidad Anáhuac de México.

La otra es Verónica Durón de Laredo, Texas. Verónica estudia en la Escuela Superior Martín y toca la flauta en la banda. Después de su graduación, desea continuar sus estudios.

"Hola. Yo soy Pedro Medina, de Santo Domingo, la capital de la República Dominicana. Desde los 15 años de edad (age), juego al béisbol profesionalmente con la organización de los Yankees. Soy el jugador (player) más joven en la historia del club. Porque juego en los Estados Unidos, **trato de** (I'm trying to) aprender inglés ahora. **Oigo** (I hear) programas de radio y televisión, y **repito** (I repeat) las frases que más me gustan como '¡Jonrón!' y '¡Out!' Realmente, no hablo inglés muy bien, pero ahora **entiendo** (I understand) mucho mejor. ¿Mi futuro? ¿Quién sabe? Pero mi ambición es ser 'shortstop' permanente de los New York Yankees, ¡y batear como Willie Randolph!"

Díganos: ¿QUIEN ES REALMENTE PEDRO MEDINA?

Otra vez, sólo su profesor(a) sabe cuál de los tres es Pedro. ¿Quiénes son los otros dos?

Uno es Juan Carlos Hinojosa, también de Laredo. Un joven muy talentoso, tiene tres ambiciones principales — ayudar a la humanidad con una buena profesión, escribir poesía y **viajar** (travel).

El otro es Rogelio Matos, un joven mecánico de Arequipa, Perú. Rogelio es muy atlético y juega al fútbol con un equipo local todos los domingos.

Guerra de Familias (Family War)

Primero, estudie Ud. estas palabras:

empezar
(empiezo)
to begin

terminar
to finish,
to end

cerrar
(cierro)
to close

abrir

trabajar

descansar
to rest

ganar

gastar
to spend

dar

quitar
to take away

recibir
to receive

mandar
to send

encender
(enciendo)
to turn on

apagar
to turn off

rápido

despacio
slow(ly)

Ahora, ¿puede Ud. darnos quince palabras más (fifteen more words), each one with its opposite? Por ejemplo: morena, rubia; ir, venir; nunca, siempre, etc. ¿Listos? Pues vamos a jugar.

1. Dividimos la clase en dos "familias".
2. Escribimos en diferentes papeles todas estas palabras, y ponemos los papeles en una bolsa pequeña.
3. El Maestro (La Maestra) de Ceremonias saca de la bolsa un papel y lee en voz alta la palabra. Por ejemplo: "Antes" . . . El "padre" o la "madre" de la primera familia tiene cinco segundos para decir lo opuesto (the opposite): "No. Después." (If the answer is right, then the next member of the family gets the next word. If the answer is wrong, the other family takes over. Pero recuerde: Anyone who misses is "out," at least for the first round.) ¿Qué familia va a ganar?

1 "Ésta es la voz de Cuba en Miami, Florida." Hay más de un millón de refugiados cubanos en esa área, y naturalmente hay muchos programas de televisión y de radio en español. En efecto, Miami es ahora una ciudad bilingüe (bilingual city).

2 Detrás de (Behind) la escena en un estudio puertorriqueño de televisión. El director tiene que decidir instantáneamente qué "tomas" (takes) va a usar.

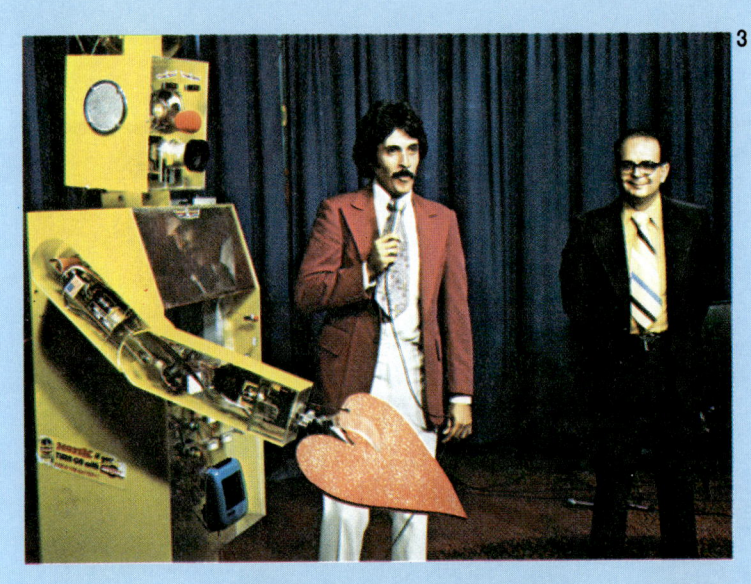

3 "Y ahora, en nombre de Jose María Acevedo, para Erminia Carrión, vamos a oír: *Te quiero, te amo, te adoro. Felicitaciones, José y Erminia . . .*" Programa especial para el Día de San Valentín. San Juan, Puerto Rico.

4 "Buenas tardes, señoras y señores. Aquí tienen Uds. las últimas noticias (*latest news*) del mundo. Boletín. . . ." San Juan, Puerto Rico.

223

Detective

Estamos en un estudio de televisión. Pero, ¿qué es esto? ¡El guión (script) está incompleto! ¡Y el programa empieza en diez minutos! Rápido, a ver si Ud. nos ayuda, con estas palabras.

el **ladrón** thief

andar
to walk, "go"

dirigir
(dirijo, diriges)
to direct

robar
to rob, steal

coger
(cojo, coges)
to catch

la **corte** court

abogada, abogado lawyer

el **testigo** witness

Guión

Actores
Homero Honesto, capitán de detectives
Toni **Tranquilo** (Calm) y Julio Justo, jóvenes agentes de policía
Pito el Soplón, ladrón de segunda clase
Pablo el **Pálido** (Pale), super-criminal

Escena Primera: Homero Honesto, capitán de detectives, habla con Toni Tranquilo y Julio Justo, dos jóvenes detectives.
Homero: Hombres, me acaban de informar que Pablo el Pálido está otra vez entre nosotros. Ahora yo tengo un plan para _____ a este super-criminal. Escuchen . . .

Escena Segunda: Es la medianoche. Toni, con uniforme de policía, _____ el tráfico delante (in front) del Banco Nacional. Julio, sin uniforme, está a la puerta del banco.
Julio (Llama a Toni): Toni, yo oigo un ruido (noise) en el banco.
(Los dos sacan sus pistolas y entran.)
Toni (en voz alta): ¿Quién _____ allí? (Un hombre nervioso sale con las manos en alto.) ¡Es Pito el Soplón!
Pito: Soy inocente. Yo no soy _____. Yo nunca _____ nada.
Julio: ¿Ah, no? Pues hay cinco _____ que dicen lo contrario.
Toni: Sí, Pito. Esta noche te _____ en el acto.
Pito: ¡No, no! Quiero hablar con mi _____. (Está histérico ya.)
Toni: Tranquilo (Calm down), hombre, tranquilo. La _____ va a decidir si eres inocente o no. (En este momento oímos una conmoción grande en el banco. Otro hombre acaba de entrar por una ventana. Tranquilo y Justo corren (run) a ver quién es. El hombre tiene la cara muy blanca. ¡Es Pablo el Pálido!)
Toni: ¡Alto allí! (Hold it!)
(El super-ladrón cae en sus brazos. Julio levanta la máscara (mask) blanca que lleva sobre su cara.)
Julio: Pero no es posible. Pablo el Pálido es . . .
Pablo: Sí. Homero Honesto, capitán de detectives. Gracias, Tranquilo. Gracias, Justo, por ayudarme a poner fin a mi carrera criminal. ¡Vamos, hombres! (Música final.)

Y gracias a Ud. por ayudarnos a completar el guión. Ahora, ¿quiere actuar? ¿O quiere apagar la televisión?

1 "¡Cámara! ¡Acción! . . ." "Perdóname, Adela. Tú sabes que sin ti no puedo vivir." Una telenovela (soap opera) en progreso. San Juan, Puerto Rico.

2 "Y ahora, amigas y amigos, los Super-Supremos van a cantar para Uds.: No me hablen más de amor." Una locutora (announcer) popularísima de programas de discos en Asunción, Paraguay.

3 "Sí, señorita. ¿Ah? ¿Ud. quiere que le toque otra canción por. . . .?" Los programas de discos son tan (as) populares en Latinoamérica como aquí. ¿Cuál es su favorito?

Vocabulario

la **abogada**, el **abogado**   lawyer
andar   to walk, "go"
apagar   to turn off
caer (caigo, caes)   to fall
cerrar (ie)   to close
coger (cojo, coges)   to catch
la **corte**   court
costar (ue)   to cost
descansar   to rest
despacio   slow(ly)
dirigir (dirijo, diriges)   to direct, lead
empezar (ie)   to begin
encender (ie)   to turn on
entender (ie)   to understand
gastar   to spend
el **ladrón**   thief

el **nombre**   name
mandar   to send
mentir (ie)   to lie
mover (ue)   to move
oír (oigo, oyes, oye, oímos, oyen)   to hear
pálido   pale
quitar   to take off or away
recibir   to receive
repetir (i)   to repeat
robar   to rob, steal
terminar   to finish, end
testigo   witness
tranquilo   calm
tratar de   to try to
viajar   to travel

LECCIÓN 7

Cabeza y corazón
Head and heart

el corazón heart
simpático nice
*****soñar (sueño) con** to dream about
un sueño a dream
recordar (recuerdo) to remember
odiar to hate
sentir (siento) to feel, to regret
dormir (duermo) to sleep

Díganos

1. ¿A quiénes ama Ud. más en este mundo (world)? ¿Ama Ud. mucho a sus abuelos? ¿a sus tíos? ¿a todos sus primos?
2. ¿En qué orden (order) de importancia pone Ud.: dinero, amor, salud (health)? ¿Cuál domina en Ud., la cabeza o el corazón?
3. En su opinión, ¿es malo (is it bad) odiar? ¿Es malo odiar a una persona mala?
4. ¿Duerme Ud. bien? ¿Sueña Ud. mucho? ¿Recuerda Ud. sus sueños? ¿Son felices generalmente sus sueños? ¿Con quiénes (About whom) sueña Ud. más — con sus padres, con sus hermanos, con sus amigos?
5. ¿Es Ud. una persona feliz? ¿Conoce Ud. a una persona muy triste? ¿Quién es la persona más simpática que Ud. conoce? (La persona más simpática que conozco es...)
6. ¿Sabe Ud. tocar el piano? ¿Sabe tocar otro instrumento musical? ¿Sabe hablar un poco ya el español?
7. ¿Espera Ud. (Do you hope) ser famoso (famosa) en el futuro? ¿Espera Ud. ir a la universidad? ¿Espera Ud. tener una familia grande?

7

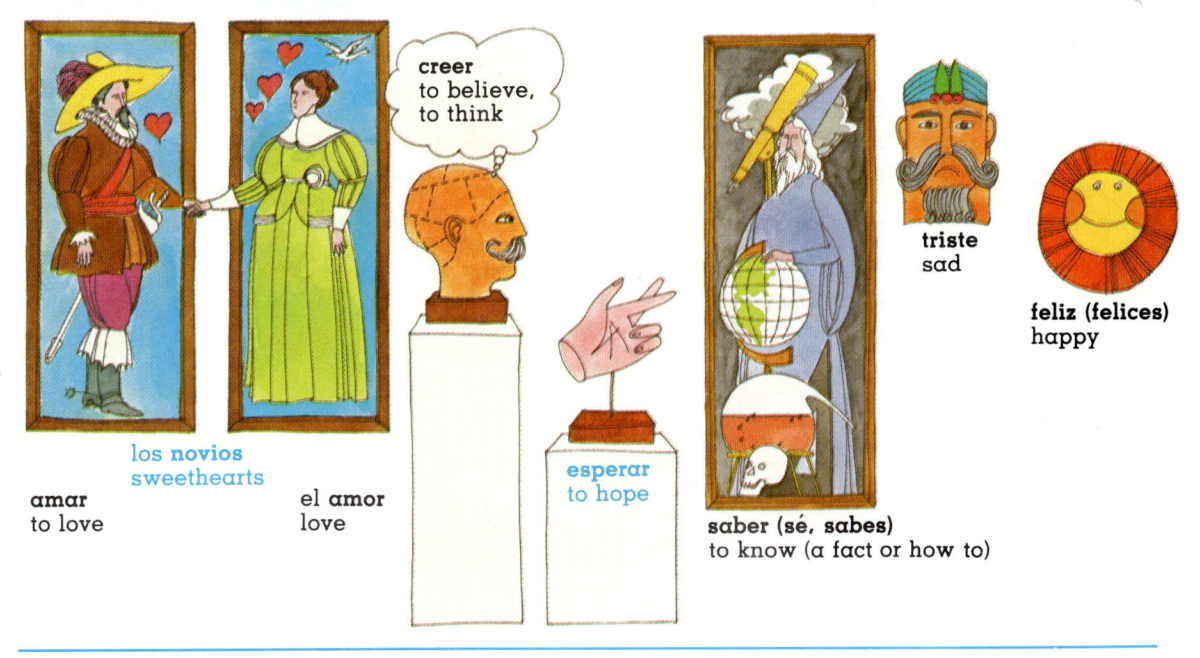

creer to believe, to think

amar to love

los novios sweethearts

el amor love

esperar to hope

saber (sé, sabes) to know (a fact or how to)

triste sad

feliz (felices) happy

¿Sabe Ud. . . . ?

¡Ya lo creo! I do believe it!

¡Ah, no! ¡No lo creo! Oh, no! I don't believe it!

¡Ay, lo siento! I'm so sorry!

¡Así espero! I hope so!

Copy these expressions onto separate slips of paper and hand them to your teacher. Y ahora vamos a comenzar. Escriba Ud. una frase corta (Write a short sentence) beginning with **¿Sabe Ud.?,** and then tell us something about yourself, your friends or family, or about the class. It doesn't even have to be true. Por ejemplo: "¿Sabe Ud.? Mi padre es un gran millonario." "Elton John viene a visitarnos mañana." " Mis maestros van a darme **A** en todas mis clases." "Nuestra maestra tiene veinte hijos." etc. Your classmates then reach into the bag of "expressions," and pull out one at a time: "¡Ya lo creo!", "¡Ay, lo siento!", etc. ¿Comprende? Muy bien. Y recuerde: ¡Todo con mucha emoción!

OBSERVACIONES

19. "Mary loves him. Jim loves her." — 3rd person direct objects

¿RECUERDA UD.?

¿Me llaman?	Are they calling me?
¿Te llaman?	Are they calling you?
¿Nos llaman?	Are they calling us?

As you know, **me** and **nos** are the first person object pronouns. **Te** is the second person, the "friendly" singular. All we have left are the third person objects. And here they are.

3rd Person Direct Objects

lo	him, it, you (Ud., masc.)	**los**	them, you (Uds., masc.)
la	her, it, you (Ud., fem.)	**las**	them, you (Uds., fem.)

¿El libro? No **lo** veo.	The book? I don't see it.
¿José Mora? Sí, **lo** conozco.	Joe Mora? Yes, I know him.
¿La pluma? Aquí **la** tengo.	The pen? I have it here.
¿Ana Olmos? ¡Uf! **La** odio.	Ann Olmos? Ugh! I hate her.

Recuerde: **Ud.** is a third person form, so we still use **lo** and **la** for the direct object "you."

Sr. Colón, ¿por qué no **lo** vemos nunca?	Mr. Colon, why don't we ever see you?
Sra. Salas, **la** voy a ayudar.	Mrs. Salas, I'm going to help you.

The plural forms "them" and "you-all" (**Uds.**) just add –**s**.

¿Los libros? No **los** veo.	The books? I don't see them.
¿Los Mora? Sí, **los** conozco.	The Moras? Yes, I know them.
¿Las plumas? Aquí **las** tengo.	The pens? I have them here.
¿Ana y Luisa? ¡Uf! **Las** odio.	Ann and Louise? Ugh! I hate them.
Señores, ¿por qué no **los** vemos nunca?	Gentlemen, why don't we ever see you?
Señoras, **las** voy a ayudar.	Ladies, I'm going to help you.

Actividades

1 Sí, lo... —No, no lo...

1. ¿Comprende Ud. bien el español? —Sí, lo comprendo... No, no lo...
2. ¿Lo habla un poco? —Sí, lo...
3. ¿Toca Ud. el piano?
4. ¿Toma Ud. el autobús?
5. ¿Usa Ud. mucho el ascensor?
6. ¿Sabe Ud. el número de mi casa? —Sí, lo sé... —No,...
7. ¿Tiene Ud. mi sombrero? —Sí, lo tengo...
8. ¿Trae Ud. el tocadiscos? —Sí, lo traigo...
9. ¿Conoce Ud. a mi hermano Juan? —Sí, lo conozco...
10. Chica (Chico), ¿amas mucho a tu padre?

2 Sí, la... —No, no la...

1. ¿Tiene Ud. mi corbata? —Sí, la tengo... —No, no la...
2. ¿Usa Ud. esa lámpara? —Sí, la uso...
3. ¿Compra Ud. mucha ropa?
4. ¿Toca Ud. la guitarra?
5. ¿Recuerda Ud. la canción "La Cucaracha"?
6. ¿Pone Ud. la fruta en la nevera? —Sí, la pongo... —No,...
7. ¿Dice Ud. siempre la verdad? —Sí, la digo...
8. ¿Conoce Ud. a mi prima Sarita?
9. ¿Ama Ud. mucho a su mamá?
10. Roberto, ¿levantas la mano?

3 Sí, los... —No, no los...

1. ¿Lleva Ud. pantalones hoy? —Sí, los...
2. ¿Recuerda Ud. los números de 1 a 100?
3. ¿Escribe Ud. siempre los ejercicios?
4. ¿Hace Ud. muchos errores? —Sí, los hago. —No,...
5. ¿Pone Ud. los pies en la mesa? —Sí, los pongo... —No,...
6. ¿Trae Ud. sus discos hoy?

7. ¿Conoce Ud. bien a sus profesores?
8. ¿Visita Ud. frecuentemente a sus tíos?
9. Linda, ¿vas a ver a tus abuelos el domingo? —Sí, voy a verlos... —No,... —Sí, los voy a ver...

4 Sí, las... —No, no las...

1. ¿Prepara Ud. bien sus lecciones? —Sí, las...
2. ¿Contesta Ud. todas las preguntas?
3. ¿Ve Ud. muchas películas?
4. ¿Sabe Ud. muchas canciones? —Sí, las sé. —No, no las sé.
5. ¿Tiene Ud. muchas buenas amigas?
6. ¿Compra Ud. siempre las mejores marcas?
7. ¿Conoce Ud. bien a sus vecinas?
8. ¿Hace Ud. muchas fiestas en su casa?
9. David, ¿quieres repetir todas estas frases? —Sí, quiero repetirlas... —Sí, las quiero repetir...

Práctica

1 Cambie a pronombres (Change to pronouns):
1. No traigo *mis libros* hoy. (No los...)
2. Odio *los exámenes*.
3. No puedo recordar *el número*.
4. ¿Quieres comprar *las blusas*?
5. ¿Vas a ver *la película* mañana?
6. No sé muy bien *los verbos*.
7. ¿Conoces *a Isabel*?
8. ¿Conocen Uds. *a Miguel*?

2 Ahora conteste, según los modelos. Por ejemplo:
¿Quién tiene *los papeles*? (Yo)   Yo los tengo.
¿Cuándo tomamos *el examen*? (Mañana)   Lo tomamos mañana.

1. ¿Quién va a contestar *las preguntas*? (Juanito)
2. ¿Quiénes van a tomar *el tren*? (Nosotros)

3. ¿Quién sabe *la verdad*? (Sólo yo)
4. ¿Cuándo traes *el dinero*? (Esta noche)
5. ¿Cuándo vamos a aprender *las canciones*? (Nunca)
6. ¿Dónde van a poner *los libros*? (Aquí)
7. ¿Dónde tiene Ud. *los zapatos*? (En mi alcoba)
8. ¿Quién espera *a Julio*? (Nadie)
9. ¿Dónde vas a comprar *la ropa*? (En el Almacén Monarca)
10. ¿Cuándo llamas *a Margarita*? (Todos los domingos)

20. "I speak to him, to her, to you" — 3rd person indirect objects

	le	to him, to her, to it, to you (Ud.)
	les	to them, to you (Uds.)

A. Spanish has only one singular and one plural form for the third person indirect object. These forms are **le** and **les**.

Voy a hablar**le** mañana.   I'm going to speak to him (to her, to you) tomorrow.

¿**Les** damos el dinero?   Do we give the money to you (to them)?

If you feel that **le** and **les** aren't clear enough, you can add **a él, a ella, a Ud., a ellos,** etc. Remember, though: **le** and **les** still stand!

Voy a hablarle a él mañana.   I'm going to speak to *him* tomorrow.
—Pues yo voy a hablarle a ella.   Well, *I'm* going to speak to *her*.
¿Les damos el dinero a Uds.?   Do we give *you* the money?
¿Les damos el dinero a ellos?   Do we give *them* the money?

Actividades

1 Sí, le... —No, no le...

1. ¿Me escribe Ud. pronto? (Will you write to me...?)
2. ¿Me paga Ud. hoy?
3. ¿Me compra ropa nueva?
4. ¿Me enseña un poco de español?

—Sí, le escribo... (I'll write to you...) —No,...

5. ¿Lee Ud. al niño? —Sí, le leo. (Yes, I read to him).
 —No, ...
6. ¿Vende su casa al Sr. Rosas?
7. ¿Habla Ud. mañana a la directora? —Sí, le ...
8. ¿Siempre dice Ud. la verdad a su madre?
9. ¿Da Ud. lecciones a Tomasito?

2 Sí, les... —No, no les...

1. ¿Nos escribe Ud. mañana? (Will you write to us...?) —Sí, les... (Yes, ... to you-all.)
 —No, ...
2. ¿Nos paga Ud. el dinero?
3. ¿Nos canta Ud. una canción?
4. ¿Nos trae Ud. café?
5. ¿Nos hace Ud. un favor?
6. ¿Escribe Ud. mucho a sus amigos? —Sí, les... (Yes, ... to them.)
7. ¿Trae Ud. muchas cosas a sus hermanos?
8. ¿Da Ud. dinero a los pobres (poor)?
9. ¿Hace Ud. muchos favores a otras personas?
10. ¿Habla Ud. mucho por teléfono a sus amigas?

B. As you know, **gustar** means "to be pleasing." Now you can see that the person *to whom* something is pleasing is the indirect object.

¿Le gusta...?   (Is it pleasing to you?) Do you like it?
¿Le gustan...?   (Are they pleasing to you?) Do you like them?

Actividades

1 ¿Le gusta...?, ¿Le gustan...?

1. ¿Le gusta a Ud. soñar? —Sí, me gusta... —No, no me...
2. ¿Le gusta el cine?
3. ¿Le gustan las películas de horror? —Sí, me gustan... —No, ...
4. ¿Le gusta a su madre bailar? —Sí, le gusta... (It is pleasing to her.)

234

5. ¿Le gusta a su padre trabajar?
6. ¿Le gustan a su madre las gangas?
7. ¿Le gustan a su padre los deportes?

2 ¿Les gusta...?, ¿Les gustan...?

1. ¿Les gusta a Uds. estudiar? —Sí, nos gusta... (It is pleasing to us.) —No,...
2. ¿Les gusta a Uds. tomar exámenes?
3. ¿Les gusta la ropa bonita?
4. ¿Les gustan las gangas? —Sí, nos gustan... (They are pleasing to us.)
5. ¿Les gustan los animales?
6. ¿Les gusta a sus padres el cine? —Sí, les gusta... (It is pleasing to them.) —No,...
7. ¿Les gusta a sus amigos la música?
8. ¿Les gusta a sus amigos bailar?
9. ¿Les gustan a sus hermanos los deportes? —Sí, les gustan...
10. ¿Les gustan más los deportes o los estudios?
11. ¿Les gustan los amigos de Ud.? (Do they like your...?) —Sí, les gustan mis... —No,...

Práctica

1 ¿Qué le gusta?
Termine de una manera original. Y esta vez, diga la verdad.
1. Me gusta(n) mucho _____ .
2. No nos gusta(n) _____ .
3. A mi padre no le gusta(n) _____ .
4. A mi madre siempre le gusta(n) _____ .
5. A mis amigos les gusta(n) _____ .

2 ¡Páselo! (Pass it!)
Here are some questions that people are going to ask you.
Ahora recuerde: No matter what they ask you for, pass it on to someone else in your class. Por ejemplo:

¿Me dice Ud. el secreto? —No. Le digo el secreto a (Diego, Ana, etc.)

¿Nos trae Ud. el dinero? —No. Les traigo el dinero a...

The person you name first is the one who asks the next question. ¿Comprende? Pues, vamos a comenzar:

1. ¿Me habla Ud.? (No, le...)
2. ¿Me pasa Ud. el lápiz?
3. ¿Me dice Ud. la solución?
4. ¿Me trae Ud. suerte?
5. ¿Me compra Ud. un televisor?
6. ¿Me da Ud. todo su dinero?
7. ¿Nos lee Ud. un cuento? (No, les...)
8. ¿Nos hace Ud. un favor?
9. ¿Nos escribe Ud. mañana?
10. ¿Nos paga Ud. hoy?
11. ¿Nos trae Ud. café?
12. ¿Nos repite Ud. la frase?

Now can you make up some questions of your own?

REPASO RÁPIDO

Here are all the direct and indirect object pronouns together:

		direct		indirect
Singular	1st person	**me** (me)		**me** (to me)
	2nd person	**te** (you, pal)		**te** (to you)
	3rd person	**lo** (him, it, you)		**LE** (to him, to her, to it, to you)
		la (her, it, you)		
Plural	1st person	**nos** (us)		**nos** (to us)
	3rd person	**los** (them, you-all)		**LES** (to them) (to you-all)
		las (them — fem., you-all)		

Práctica

(You can check your answers in the back of the book.)
Exprese en español, según (according to) los modelos:

1. I know him very well.   Lo conozco muy bien.
   I know her very well. _____
   We know them (fem.) very well. _____
2. Mr. Salas, I'm writing to you today.   Sr. Salas, le escribo hoy.
   Mrs. Hado, I'm paying you the money today. _____
   Miss Ramos, I'm bringing you the record tomorrow. _____
3. Do you want to sing us a song?   ¿Quieres cantarnos una canción?
   Do you want to sing them a song? _____
   Do you want to tell him a story? _____
   Do you want to tell her a story? _____

¿"Todavía No"? ¡No puede ser!

CUENTO COMPUTADORA

Estamos en un **salón** grande lleno de **máquinas,** y los clientes   hall; **machines**
esperan para darles su dinero. Las voces metálicas hablan:
"**Contestación** para los clientes..." "¿Cuál es su pregunta, por   Answer
favor?" "Contestación para..." (Una máquina azul habla:)

5   Máq. A: Contestación para el cliente Tomás Arenal: **Según**   **According to**
          nuestra información, el **ganador** de la primera **carrera**   winner; horse race
          de caballos hoy va a ser "**Tú Pierdes,**" y en la segunda   "You **Lose**"
          carrera, "Todavía No."

(Tomás comienza a escribirlo en un papel.)

10 Tomás: "Tú Pierdes" y...

     Máq. A: "Todavía No," T- o-d-...

     Tomás: Sí, sí, ya lo sé escribir. Pero hombre, no lo creo.
            ¿"Todavía No"? No puede ser.

     Máq. A: Sí, puede. **Se lo garantizo.**   I guarantee it (to you)

15 Tomás: Muy bien. Ahora,... Pero, no. ¿Está seguro? ¿"Todavía
          No" en la segunda?

(Hay un grupo de chicos **delante de** otra máquina azul.)   in front of

     Máq. B: Contestación para los clientes Nico Montes, Alicia Leal,
          Martín Casona, y Chita González.

20 Nico: ¡Esos somos nosotros!

La primera pregunta en su examen final va a ser...

No puedo encontrar al hombre de mis sueños.

¡Mi amor! ¡Soy yo, su esposo ideal!

    Máq. B: Nuestra investigación indica que su maestro de historia   usa las **mismas** preguntas **cada** tres años. Entonces, la   **same; every**
                primera pregunta en su examen final va a ser:...

    Nico: ¿Dónde está mi pluma? ¿Quién la tiene, eh?

25 Los otros chicos: Yo no... Nosotros no la tenemos... Nadie la
                tiene, Nico. ¿Tú no...?

    Máq. B: ¿Cuáles son las causas principales de la...

    Nico: ¡Espere, eh!

    Máq. B: **Descríbanoslas** en 200 palabras.   **Describe them to us**

30 Nico: ¡Por favor! Espere, ¿eh? ¡Espere!

જીજીજીજી

• (Una señorita triste **le mete** muchas **monedas** a una máquina   **puts...coins into**
      colorada.)   **red**

    Máq. C: Buenas tardes. ¿Cuál es su pregunta, por favor?

    Srta: No sé cómo **explicársela**. Es que... no puedo **encontrar** al   **explain** it to you;
35   hombre de mis sueños.   **find**

    Máq. C: ¿Y qué desea Ud. en un esposo?

    Srta.: Pues debe ser simpático y guapo. Y debe amarme mucho.
            Y debe tener los **mismos gustos que** yo.   **tastes as**

    Máq. C: ¿Y qué **cosas** le gustan más?   **things**

40 Srta.: Me gusta la música buena, me gustan los cuentos de
         detectives, me gusta **cocinar**, y...   **to cook**

238

Máq. C: ¿Le interesan los deportes?

Srta.: Sí, **sobre** todo el básquetbol. Y una cosa más. A mí y a   **above**
toda mi familia nos gustan mucho los animales.
45   Tenemos cinco **perros**, tres **gatos** y un **cocodrilo**.   dogs; cats; crocodile

Máq. C: Ajá. ¿Y en qué trabaja Ud.?

Srta.: Soy arquitecta. Pero no trabajo mucho. Soy
multimillonaria y... (La máquina hace un **ruido**   noise
curioso. Comienza una música muy bonita y por una
50   puerta de la máquina **sale** un señor guapo. En la   comes out
cabeza lleva un sombrero de Sherlock Holmes. En la
mano derecha tiene un **balón**, en la **izquierda** una   right; (basket)ball; left
cacerola grande, y en la **espalda** un gorila **precioso**.)   pot; shoulder; cute

Señor de la Máquina: ¡Mi amor! ¡Soy yo, su esposo ideal! La
55   quiero, la amo, la adoro...

Máq. B: Repito: La segunda pregunta en su examen de historia
va a ser... Cien pesos más, por favor.

Nico: ¡Ay, no! ¿Quién tiene cien pesos? ¿Alicia? ¿Chita?
¿Martín?

60   Los otros chicos: Yo no... Yo no los tengo, Nico... Yo no...

Vamos a conversar

1. ¿En qué salón estamos?
2. ¿Qué máquinas hay en el salón? ¿Le gusta a Ud. la idea de hablar con una máquina?
3. ¿Con quién habla la máquina A?
4. ¿Qué quiere saber Tomás? A propósito, ¿le gustan a Ud. las carreras de caballos? ¿Les gustan a sus padres?
5. Según la máquina, ¿qué caballo va a ganar la primera carrera?
6. ¿Qué caballo va a ganar la segunda? ¿Lo cree Tomás?
7. ¿Quiénes están delante de la máquina B?
8. ¿Qué quieren saber los jóvenes?
9. ¿Cuál es la primera pregunta del examen? (Use Ud. por un momento la imaginación. ¿Puede Ud. completar esa pregunta?)
10. ¿Por qué no puede escribirla Nico?

- 1. ¿Quién le mete monedas a la máquina C?
- 2. ¿Cuántos años cree Ud. que tiene la señorita?

239

3. ¿A quién desea encontrar la señorita?
4. ¿Qué desea ella en un esposo?
5. ¿Qué cosas le gustan a ella? ¿Le gustan a Ud. las mismas cosas? ¿Juega Ud. al básquetbol? ¿Sabe Ud. cocinar?
6. ¿Qué animales les gustan a la señorita y a su familia?
7. ¿Qué profesión tiene la señorita? ¿Por qué no tiene que trabajar?
8. ¿Qué hace ahora la máquina?
9. ¿Quién sale de ella? ¿Puede Ud. describirlo?
10. ¿Cuántos pesos pide ahora la máquina B a los chicos? ¿Los tienen?

JUEGOS DE PALABRAS

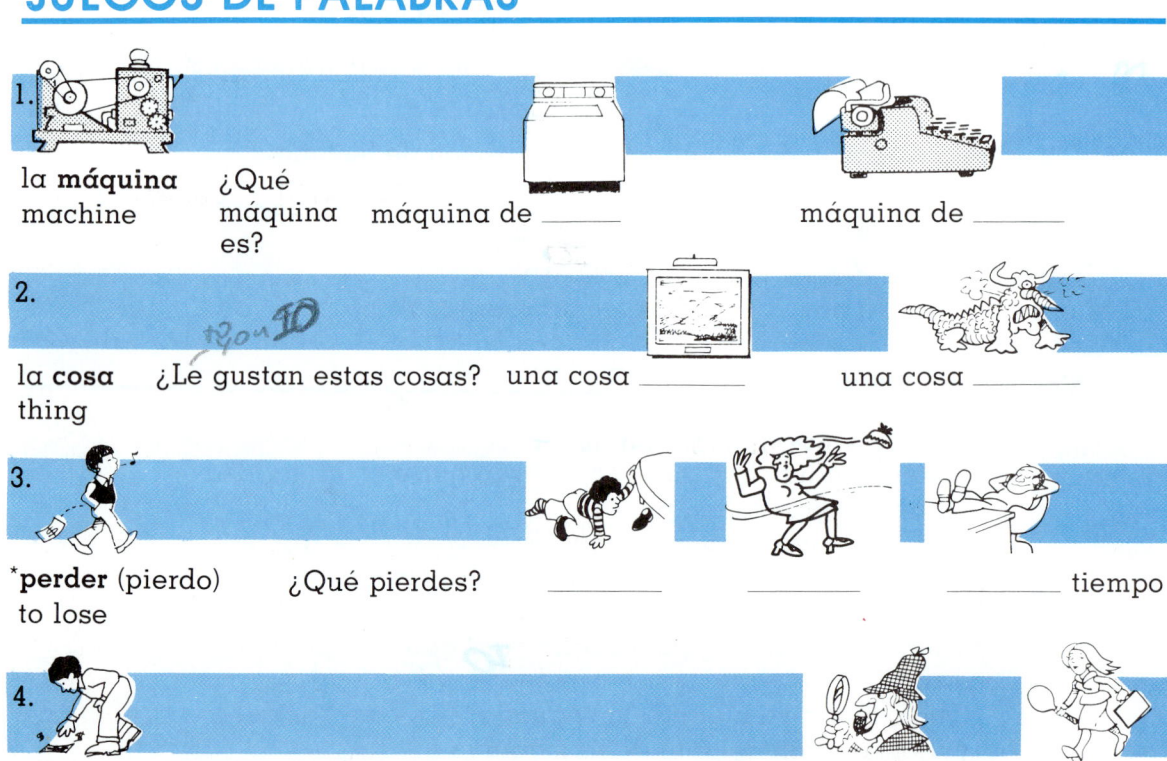

1. la **máquina** — machine | ¿Qué máquina es? | máquina de ____ | máquina de ____

2. la **cosa** — thing | ¿Le gustan estas cosas? | una cosa ____ | una cosa ____

3. ***perder** (pierdo) — to lose | ¿Qué pierdes? | ____ | ____ tiempo

4. ***encontrar** (encuentro) — to find, to meet | ¿A quién deseas encontrar? | al hombre de mis ____ | a la ____

5. **preguntar** — to ask a question | ¿Qué preguntan? | ¿Qué ____? | ¿Quién ____? | **explicar** — to explain

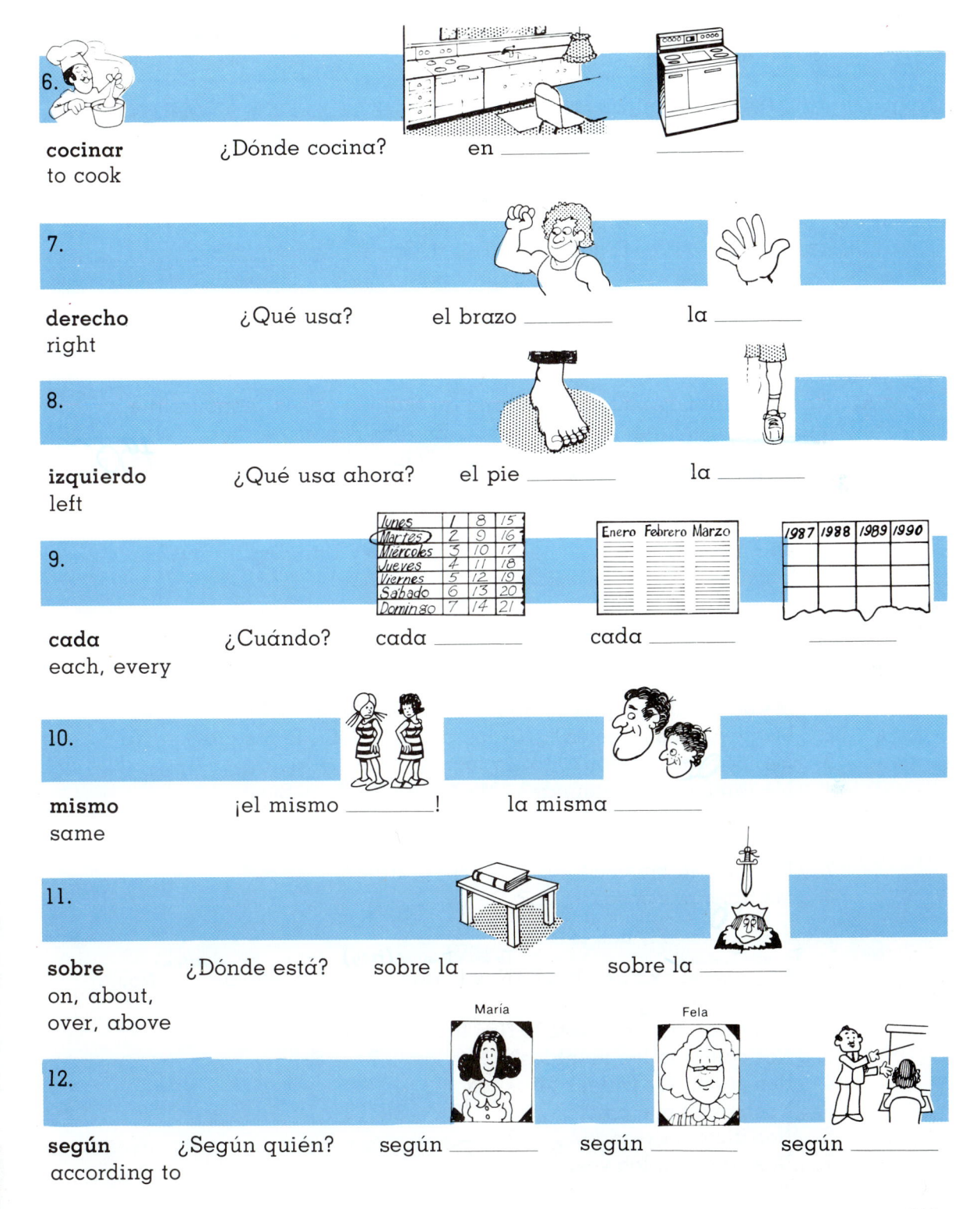

6.

cocinar
to cook

¿Dónde cocina?   en _____

7.

derecho
right

¿Qué usa?   el brazo _____   la _____

8.

izquierdo
left

¿Qué usa ahora?   el pie _____   la _____

9.

cada
each, every

¿Cuándo?   cada _____   cada _____

10.

mismo
same

¡el mismo _____!   la misma _____

11.

sobre
on, about,
over, above

¿Dónde está?   sobre la _____   sobre la _____

12.

según
according to

¿Según quién?   según _____   según _____   según _____

241

OBSERVACIONES

21. "Tell it to me. Give it to us."— two object pronouns together

¿RECUERDA UD.?
Dígame... Tell me...
Dígalo... Tell it. Say it.

So far, we've used only one object pronoun at a time, either the direct or the indirect. Now let's put two pronouns together.

A. When a verb has both a direct and an indirect object pronoun, the <u>indirect comes first</u>. In other words, English can say either: "Tell it to me" or "Tell me it." Spanish says only: "Tell me it." — **Dígamelo.**

Cuco, ¿**me lo** das?   Cuco, will you give it to me?
—No, no **te lo** doy.   No, I won't give it to you.
¿**Nos la** traen?   Are they bringing it to us?
—¡Cómo no!   Of course!

Actividades

1 ¿Me lo...? —Sí, te lo...
1. ¿Me das tu libro? ¿Me lo das? —Sí, te lo doy. —No,...
2. ¿Me pasas los papeles? ¿Me los pasas? —Sí, te los paso. —No,...
3. ¿Me tocas la canción? ¿Me la tocas? —Sí, te la...
4. ¿Me repites las preguntas? ¿Me las repites? —Sí,...
5. ¿Me vendes el coche? ¿Me...? —Sí,...
6. ¿Me compras los zapatos? ¿Me...?
7. ¿Me traes la música? ¿...? —Sí,... traigo.
8. ¿Me traes mis cosas? ¿...?

2 ¿Nos lo...? —Sí, nos lo...
1. ¿Nos dan el examen hoy? ¿Nos lo dan? —Sí, nos lo dan. —No,... (Are they giving us...?)
2. ¿Nos traen buena suerte? ¿Nos la...? —Sí,...
3. ¿Nos compran los muebles? ¿Nos los...? —Sí,...
4. ¿Nos pasan las frutas? ¿Nos las...?
5. ¿Nos pagan ese precio? ¿Nos...? —Sí,...
6. ¿Nos dicen la verdad? ¿...? —Sí,...
7. ¿Nos cambian los vestidos? ¿...?
8. ¿Nos abren las puertas? ¿...?

B. When the indirect object is **le** or **les,** it changes to **se** before the direct object.

¿Recuerda Ud.?   **Dígale...**   Tell him...
                  Dígalo.   Tell it. Say it.

Now put the two together, and you get: **Dígaselo.**

le		lo	lo
	+	la = **SE** la
les		los	los
		las	las

Le digo a Ud. **la verdad.**   I'm telling you the truth.
Le   **la**
Se la digo.   I'm telling it to you.
¿**Les** trae Ud. **el café?**   Are you bringing them the coffee?
Les   **lo**
¿**Se lo** trae Ud.?   Are you bringing it to them?
¿**Le** paso a ella **los chocolates?**   Do I pass the chocolates to her?
Le   **los**
¿**Se los** paso?   Do I pass them to her?

Actividades

1 ¿Se lo...?   —Sí, se lo...

1. ¿Le da Ud. el libro a José? ¿Se lo da?   —Sí, se lo doy. —No,...
2. ¿Le explica Ud. la lección? ¿Se la explica?   —Sí, se la...
3. ¿Le lee Ud. los cuentos? ¿Se los lee Ud.?   —Sí, se...
4. ¿Le repite Ud. las preguntas? ¿Se las repite Ud.?   —Sí,...
5. ¿Les dice Ud. la verdad a sus padres? ¿Se la...?
6. ¿Les trae Ud. diferentes cosas? ¿Se las...?
7. ¿Les enseña un poco de español? ¿Se lo...?
8. ¿Les hace Ud. muchos favores? ¿Se...?   —Sí,... hago.
9. ¿Les trae Ud. buena suerte? ¿...?   —Sí,... traigo.
10. ¿Les da Ud. mucha satisfacción? ¿...?

2 ¿Me lo...?   —Sí, se lo...

1. ¿Me pasa Ud. su lápiz? ¿Me lo pasa Ud.?   —Sí, se lo paso. —No,...
2. ¿Me trae Ud. esa silla? ¿Me la...?   —Sí, se la...
3. ¿Me dice Ud. la hora? ¿Me...?   —Sí, se...

4. ¿Me vende Ud. esos pantalones? ¿...?
5. ¿Me prepara Ud. un poco de café? ¿...?
6. ¿Me toca Ud. estas canciones? ¿...?

3 ¿Nos lo...?   —Sí, se lo...

1. ¿Nos da Ud. todo su dinero? ¿Nos lo da Ud.?   —Sí, se lo... —¡No,...!
2. ¿Nos abre Ud. la puerta? ¿Nos la...?   —Sí, se la...
3. ¿Nos pide Ud. estas cosas? ¿Nos las...?   —Sí, se las...
4. ¿Nos hace Ud. los vestidos? ¿Nos...?   —Sí, se...
5. ¿Nos explica Ud. estas máquinas? ¿...?   —Sí,...
6. ¿Nos lava Ud. la ropa? ¿...?

Práctica

1
Lea bien estos diálogos, y diga la conclusión correcta:

1. —¿Tú conoces a mi prima Liliana?
   —Todavía no.
   —Pues si quieres, (te la presento, se lo enseño, te los traigo).
2. —¿Me permite Ud. usar su tocadiscos? Mi tocadiscos no funciona.
   —Con mucho gusto. (Se lo compro. Se la pago. Se lo traigo mañana.)
3. —Mamá, ¿me das tu coche esta noche?
   —Ay, hijo, no puedo. (Te lo digo con todo el corazón. Se lo doy a tu hermana. No nos lo van a cambiar.)
4. —No comprendemos muy bien esta lección.
   —Pues la maestra (nos lo va a examinar, me los va a preguntar, nos la va a explicar) otra vez.

2
Exprese siempre de otra manera.
Por ejemplo: Vamos a dárselo.   <u>Se lo vamos a dar.</u>
              ¿Me lo quieres explicar?   <u>¿Quieres explicármelo?</u>

A propósito – When two pronouns are attached to the end of a verb, the infinitive ending gets an accent mark:

Voy a traérselas.   ¿Vas a enseñárnosla?

1. Te lo voy a decir.
2. ¿Me lo quieres pasar?
3. Vamos a escribírsela.
4. No pueden dárnoslo.
5. Se lo vamos a vender.
6. Nunca me los van a pagar.
7. Vienen a presentársela.

REPASO RÁPIDO

1. When a verb has both a direct and an indirect object pronoun, the indirect goes first:
   Me lo dan.   They give it to me. (They give me it.)

2. When both object pronouns begin with "l" (**le, les, lo, la, los, las**), the first one (**le, les**) changes to **se**. In other words:

$$\begin{matrix}\text{le} \\ \text{les}\end{matrix} + \begin{matrix}\text{lo} \\ \text{la} \\ \text{los} \\ \text{las}\end{matrix} = \textbf{SE} \begin{matrix}\text{lo} \\ \text{la} \\ \text{los} \\ \text{las}\end{matrix}$$

Práctica

(You can check your answers in the back of the book.)

1 *Cambie según los modelos.*
Por ejemplo: Le compramos los muebles. (Le... los)
                <u>Se los compramos.</u>
              Les explico las lecciones. (Les... las)
                <u>Se las explico.</u>

1. ¿Le paso los chocolates?
2. ¿Le venden la casa?
3. Les traigo el disco.
4. Les doy mi palabra.
5. Le decimos la verdad.

2 *Ahora pregunte Ud.:*

1. Ask someone if he or she is giving you the money. (¿Me da...?) Now ask when he/she is giving it to you. (¿Cuándo me lo...?)
2. Ask someone if she is bringing you her record player. Now ask when she is bringing it to you.
3. Ask your teacher if he or she wants to teach you-all a song. (¿Quiere Ud. enseñarnos...?) Now ask when he or she is teaching it to you. (¿Cuándo nos...?)

PANORAMA
MODOS DE VIVIR (WAYS OF LIFE)

1 Dos jóvenes en un café al aire libre (open air café) de San Juan, Puerto Rico. El café es una de las tradiciones favoritas de los hispanos.

2 "Hola. ¡Qué gusto de verte!" Observe que los hombres hispanos se abrazan (embrace). En efecto, la distancia entre las personas cuando hablan es menos grande que aquí.

3 ¡Qué día para ir a la playa! Pero el día no es completo sin la música de la guitarra. Cumaná, Venezuela.

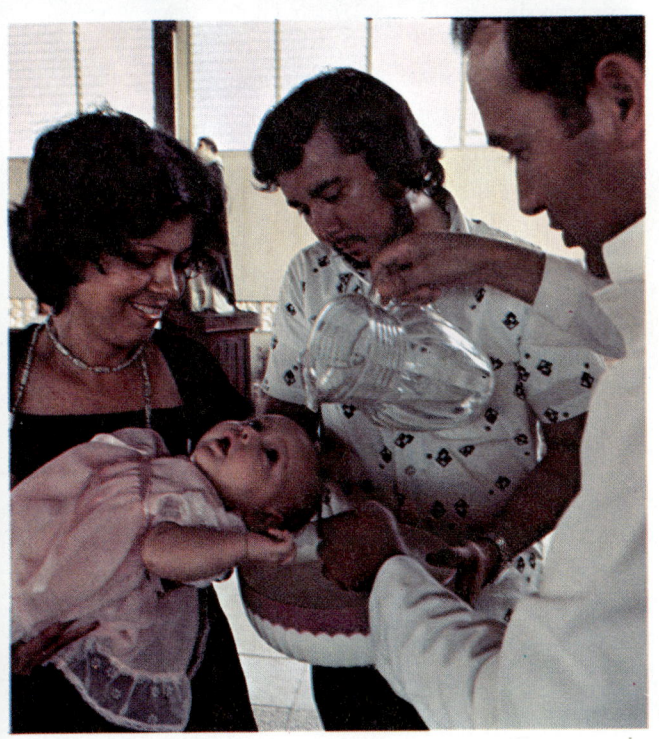

4 Partido de básquetbol (o baloncesto) en Madrid. El básquetbol, un deporte relativamente nuevo en España, es muy popular ahora. Pero los deportes tradicionales (el fútbol, el tenis, etc.) son más populares todavía.

5 Bautizo (Baptism) en Managua, Nicaragua. ¡Qué padres más felices! La religión católica es una de las influencias principales en la vida (life) de casi todos los hispanos.

6 Hora de la siesta en Misiones, Argentina. La siesta es un receso (recess) de tres horas en el medio del día. Comienza normalmente a la una, y si es posible, el hispano vuelve a su casa a comer con la familia, a hablar y a descansar. A las cuatro, más o menos, el día comienza otra vez.

247

LECCIÓN 8

Aquí, allí, arriba, abajo
Here, there, up, down

fuera — outside
dentro — inside
encima de — over, on top of
detrás de — behind
delante de — in front of
a la izquierda — on the left
debajo de — under
a la derecha — on the right

Díganos

1. ¿Vive Ud. cerca o lejos de la escuela? ¿Hay tiendas cerca de su casa? ¿Hay un almacén grande allí? ¿Hay un cine allí? ¿Hay un garage o una estación de servicio?
2. ¿Pasa el autobús cerca de su casa? ¿Está cerca o lejos el tren? ¿Tiene Ud. que tomar el autobús para venir a la escuela? ¿Tiene que tomar el tren?
3. ¿Quién está delante de Ud. en este momento? ¿Quién está detrás de Ud.? ¿Quién está a su derecha? ¿y a su izquierda?
4. ¿Qué cosas tiene Ud. encima de su mesa? ¿Qué hay debajo de su silla?
5. ¿Le gusta a Ud. trabajar? ¿Le gusta ganar dinero? ¿Trabaja Ud. fuera de la escuela? ¿Trabaja Ud. mucho dentro de la escuela?
6. En una casa de dos pisos, ¿dónde están normalmente las alcobas—en el piso de arriba o en el piso de abajo? ¿Dónde está normalmente la sala? ¿y el comedor? ¿Cuál le gusta más a Ud.—una casa de dos pisos o de sólo uno?

8

aquí

arriba
up, above

cerca de
near, close to

cerca
nearby

lejos de
far (from)

lejos
far away

allí
there

abajo
down, below

junto a
next to

¡Tesoro! (Treasure!)

Look around your classroom, find a good place to hide something, y entonces, ¡vamos a comenzar! Ud. comienza con: "El tesoro es... una pluma azul, un lápiz amarillo, una llave (key), un libro, un tisú (tissue), un dólar, un centavo (penny), etc. ¿Dónde está?" Y ahora sus amigos tienen que hacerle preguntas para encontrarlo: "¿Está a su derecha o a su izquierda? ¿Está encima de su mesa? ¿Está debajo de la ventana? ¿Está delante de mí? ¿Está detrás del maestro (de la maestra)? ¿Está dentro del armario? ¿Está en la cesta (basket)? ¿Está encima de la pizarra?," etc. If they find it they call out: "¡Tesoro!" If they don't (in 10 tries), dígales dónde está, y el juego comienza otra vez.

OBSERVACIONES

22. "I came, I saw, I conquered" — the preterite tense (singular)

¿RECUERDA UD.?

Until now we've been using only the present tense — AHORA, HOY.

¿Habla Ud. español? —Sí, lo hablo.
¿Hablas español?
(Do you speak...?) (Yes, I do...)

¿Come Ud. ahora? —No. Como después.
(Are you eating...?) (No. I eat later.)

Now let's move on to the past tense — AYER (yesterday)
ANOCHE (last night)

Spanish has two simple tenses that tell about the past. The one we're going to learn first is called the "preterite."

Actividades

1 ¿Habló Ud.? —Sí, hablé...

1. ¿Habló Ud. con Jaime? —Sí, hablé con él. (Yes, I spoke...)
   (Did you speak...?) —No, no hablé... (No, I didn't...)
2. ¿Bailó Ud. en la fiesta? —Sí, bailé... —No,...
3. ¿Trabajó Ud. ayer (yesterday)? —Sí, trabajé...
4. ¿Ayudó Ud. en casa?
5. ¿Miró Ud. la televisión?
6. ¿Escuchó el radio esta mañana? —Escuché...
7. ¿Qué programa escuchó?

2 ¿Comió Ud.? —Sí, comí.

1. ¿Comió Ud. mucho ayer? —Sí, comí... (Yes, I ate...)
   (Did you eat a lot yesterday?) —No, no comí... (No, I didn't...)
2. ¿Aprendió Ud. mucho en la escuela? —Sí, aprendí... —No,...
3. ¿Comprendió bien las lecciones? —Sí, comprendí...
4. ¿A qué hora salió Ud. de la escuela ayer? —Salí a la(s)...

250

5. ¿A qué hora volvió a su casa?   —Volví a la(s)...
6. ¿Perdió Ud. mucho tiempo ayer?
7. ¿Vio Ud. un programa bueno
   de televisión?   —Sí, vi... (Yes, I saw...)

3 Chico, ¿hablaste...?   —Sí, hablé...

1. Chico, ¿hablaste mucho por
   teléfono ayer?   —Sí, hablé...
   (Kid, did you talk...)   —No,...
2. ¿Llamaste a todos tus amigos?   —Sí, llamé... —No,...
3. ¿Llevaste tus zapatos negros
   ayer?
4. ¿Pasaste el día bien o mal?
5. ¿Con quiénes pasaste tu
   tiempo?
6. ¿Compraste un disco esta
   semana?
7. ¿Cuánto dinero ganaste?

4 Chica, ¿comiste?   —Sí, comí.

1. Chica, ¿comiste bien?   —Sí, comí...
   (Girl, did you eat...?)   —No,...
2. ¿Con quién (quiénes) comiste
   ayer?   —Comí con...
3. ¿A qué hora saliste de casa
   esta mañana?   —Salí a la(s)...
4. ¿Escribiste a un amigo
   anoche (last night)?
5. ¿Leíste un libro bueno?
6. ¿Viste una película buena?
7. ¿Dormiste bien anoche?
8. ¿Cuántas horas dormiste?

5 ¿Habló su vecino...?   —Sí, habló...

1. ¿Habló con Ud. ayer su
   vecino?   —Sí,... habló conmigo.
   (Did your neighbor speak...?)   —No,...
2. ¿Trabajó anoche su padre?
3. ¿Miró un programa de
   televisión?
4. ¿Funcionó bien el televisor?

251

6 ¿Comió la familia? —Sí, comió...

1. ¿Comió tarde anoche su familia?
(Did your family eat late...?) —Sí, mi familia comió...
2. ¿Vivió antes en otro lugar su familia? —Sí, mi familia vivió...
3. ¿Aprendió español su madre en la escuela?
4. ¿Aprendió su padre a cocinar?
5. ¿Vio su tío recientemente a un viejo amigo?

En otras palabras — Here are the normal singular forms of the preterite (**pretérito**). As you can see, the endings for –**er** and –**ir** verbs are exactly alike.

	hablar	comer	vivir
(yo)	hablé	comí	viví
(tú)	hablaste	comiste	viviste
(Ud., Juan, Elisa)	habló	comió	vivió

Práctica

1
1. ¿Cuándo entró Micaela? (bajar, subir, volver, acabar)
2. ¿Aprendiste mucho ayer? (perder, ganar, trabajar, ver)
3. Esperé toda la noche. (trabajar, llamar, leer, dormir)
4. Ud. lo sacó, ¿verdad? (tomar, abrir, conocer, recordar)

2 Ahora complete con el pretérito, escogiendo (choosing) el verbo correcto:
1. Ramón González ___ de México ayer. (volver, sacar) —¿A qué hora ___ ? (acabar, llegar)
2. ¿___ Ud. el tren? —No. ___ el autobús. (tocar, tomar)
3. Mamá me ___ un abrigo nuevo ayer. (comprar, explicar) —¿___ mucho dinero? (pagar, vender)
4. ¿Por qué no me ___ , Paquita? (llegar, llamar) —Porque no ___ el número de tu teléfono. (enseñar, encontrar)
5. ¿Dónde ___ Ud. el español? (comprender, aprender) —Lo ___ por muchos años en la escuela. (esperar, estudiar)

23. "We came, we saw, we conquered" – the preterite tense (plural)

Now that you know the normal singular forms, let's try the plural.

Actividades

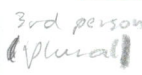

1 ¿Hablaron Uds.? —Sí, hablamos.¹

1. ¿Hablaron Uds. español ayer? —Sí, hablamos (Yes, we spoke...)
   (Did you-all speak...?) —No,...
2. ¿Trabajaron mucho en la clase? —Sí, trabajamos...
3. ¿Comenzaron Uds. una lección nueva ayer?
4. ¿Acabaron todos los ejercicios? —Sí, acabamos...
5. ¿Contestaron todas las preguntas?
6. ¿Jugaron Uds. al tenis el sábado?
7. ¿Miraron mucho la televisión anoche?
8. ¿A qué hora llegaron Uds. a la escuela hoy? —Llegamos a la(s)...

2 ¿Comieron Uds.? —Sí, comimos.

1. ¿Comieron Uds. en casa anoche? —Comimos en...
   (Did you-all eat at home...?)
2. ¿A qué hora comieron?
3. ¿Salieron Uds. de casa anoche? —Sí, salimos... —No,...
4. ¿Conocieron Uds. a una persona interesante ayer? —Sí, conocimos...
   (Did you meet...?)
5. ¿Vieron Uds. un programa interesante? (Did you see...?) —Sí, vimos...
6. ¿Volvieron Uds. temprano o tarde ayer?
7. ¿Escribieron Uds. sus lecciones anoche? —Sí, escribimos...
   —No, no escribimos nada...

---

¹ No, this is no mistake. The **nosotros** form of **–ar** verbs is the same as in the present tense. But don't worry. The rest of the sentence will clear up any doubts. As for **vosotros,** look for the **–is** ending: **hablasteis,** etc. See verb chart, p. 413.

3 ¿Hablaron sus padres?   —Sí, hablaron.

1. ¿Hablaron con los vecinos ayer sus padres?
(Did your parents speak...?)
—Sí, mis padres hablaron...
—No,...
2. ¿Compraron un coche este año sus padres?
—Sí, compraron...
3. ¿Compraron muebles nuevos para la casa?
4. ¿Llamaron sus abuelos ayer?
—Sí, mis... —No,...
5. ¿Llegaron invitados (guests) a su casa?

4 ¿Comieron sus amigos?   —Sí, comieron.

1. ¿Comieron sus amigos en la cafetería ayer?
—Sí, mis amigos comieron...
2. ¿Comieron en casa sus hermanos?
3. ¿Salieron de casa anoche?
4. ¿Vieron una película en la televisión?
5. Vivieron antes en otra casa sus padres?
6. ¿Vivieron en otro país (country)?

Now here are all the singular and plural forms together:

	hablar	comer	vivir
(yo)	hablé	comí	viví
(tú)	hablaste	comiste	viviste
(Ud., él, ella)	habló	comió	vivió
(nosotros, nosotras)	hablamos	comimos	vivimos
(Uds., ellos, ellas)	hablaron	comieron	vivieron

— **Práctica** —————————————

1 *Estudie las ilustraciones y diga la forma correcta del pretérito:*

1. Marcos y yo: a.   b.   c.   d.

254

2. ¿Uds.?: a.   b.   c.   d.

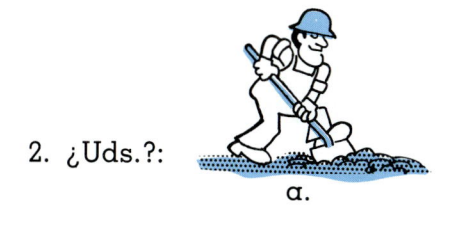

3. Mario y Elda: a.   b.   c.   d.

2 *Ahora complete, usando (using) el pretérito de cada verbo:*
1. (llegar) Nosotras ___ ayer. Los otros ___ el lunes pasado.
2. (subir) Yo ___ por la escalera. Ellos ___ por el ascensor.
3. (esperar) Charita, ¿cuánto tiempo ___ ? — (Yo) ___ todo el día.
4. (comprar) Riqui ___ una ganga maravillosa ayer. —Nosotros la ___ también.
5. (volver) Chicos, ¿___ (Uds.) tarde anoche? —Sí. (Nosotros) ___ a la una.
6. (vivir) ¿___ Uds. antes en California? —No. Mi familia y yo ___ en Virginia.
7. (recordar) ¿La ___ a Ud. sus viejos profesores? —No. Nadie me ___ .
8. (soñar) ¿___ Ud. anoche? —Sí, (yo) ___ contigo (about you).
9. (pensar) ¿Qué ___ ellos de nosotros? —No sé. Pero yo no ___ mucho de ellos.
10. (acabar) ¿___ Uds. ya la Lección Siete? —Sí, la ___ ayer.

3 *Lea bien los diálogos, y después conteste:*
1. —Salimos de Chicago a las ocho y llegamos a Nueva York a las diez.
 —Muy rápido, ¿eh?
 Conteste: a. ¿Cuánto tiempo tomó el viaje (trip)?
 b. ¿Tomaron el autobús, el tren o el avión (plane)?
 c. ¿Conoce Ud. bien Nueva York?

255

2. —Mis padres compraron nuestra casa por veinte mil pesos, y dos años más tarde, la vendieron por treinta y tres mil.
—¡Qué suerte, Timoteo, qué suerte!
Conteste: a. ¿Ganaron o perdieron dinero los padres de Timoteo?
b. ¿Cuánto dinero ganaron?
c. ¿Ocurre esto frecuentemente ahora?
3. —¿Quiénes ganaron el partido?
—Nosotros lo ganamos—115 a 110.
—Entonces ahora somos los campeones (champions), ¿verdad?
Conteste: a. ¿A qué deporte jugaron—al tenis, al básquetbol o al béisbol?
b. ¿Cree Ud. que es el principio o el fin del año?

REPASO RÁPIDO

Here are all the regular forms of the preterite:

	hablar	comer	vivir
(yo)	hablé (I spoke)	comí (I ate)	viví (I lived)
(tú)	hablaste	comiste	viviste
(Ud., él, ella)	habló	comió	vivió
(nosotros, nosotras)	hablamos	comimos	vivimos
(Uds., ellos, ellas)	hablaron	comieron	vivieron

Práctica

(You can check your answers in the back of the book.)

1 *Cambie al pretérito:*
1. *Gano* mucho dinero.
2. *Vendo* mi televisor.
3. ¿*Tomas* café?
4. ¿*Abres* la nevera?
5. Carlota *sale* con Juan.
6. ¿*Cambia* Ud. el vestido?
7. *Pagamos* poco por la máquina.
8. No *perdemos* tiempo.
9. ¿Qué me *preguntan* Uds.?
10. ¿Nos *llaman* hoy?

2 *Ahora haga frases originales usando el pretérito:*
1. Ayer / (yo) visitar / ...
2. ¿Dónde / encontrar (Uds.) / ...?
3. ¿Qué / comer (tú) / ...?
4. Los jóvenes / perder / ...
5. Marta y yo / cocinar / ...
6. Mis hermanos y yo / ver / ...
7. ¿Se lo/ explicar (Ud.) / a...?

¡Lupita Cardenal! . . . Le voy a pedir su autógrafo.

Y el hombre que está con ella es Pedro Montero.

Hay un señor a su derecha y otro a su izquierda.

CUENTO   LA ESTRELLA   The Star

(En una **calle del centro.** Dos jóvenes hablan.)   downtown street
Riqui: ¡Allí **está**!   she is
David: ¿Quién?
Riqui: ¡Lupita Cardenal! ¿No la ves?
5   David: ¿Dónde?
Riqui: Delante del Teatro Luxe. Le voy a pedir su autógrafo.
David: Yo no veo a nadie.
Riqui: Tú nunca ves nada. **Ayer, ¿no te sentaste** sobre el   **Yesterday;** didn't you
    almuerzo del señor Rosas? **Por suerte no te mató.**   **sit down**
                                                                   lunch; Lucky he didn't
                                                                   kill you
10 David: ¡Qué hombre, eh! **Se dañaron** mis pantalones nuevos, y got ruined
    él se molestó conmigo.   he got mad
Riqui: ¿No te digo?
David: Y tú, ¿no recuerdas? Ayer perdiste tu libro de ciencia y
    por tres horas **lo buscaste** arriba y abajo y dentro y   you **looked for** it
15   fuera. Y tú pensaste...
Riqui: ¡Ya, ya!   OK!, OK!
David: Y por fin yo lo encontré encima de tu mesa, debajo de
    mil papeles.
Riqui: No quiero hablar de ayer. Hoy es hoy.
20 David: Entonces, ¿dónde está Lupita Cardenal?
Riqui: Allí, cerca de la puerta. Y el hombre que está con ella
    es Pedro Montero. Le voy a pedir su autógrafo
    también.
David: Hay dos hombres.

257

¡Es Lupita Cardenal!
¡En persona!

Señorita Cardenal una sonrisa, por favor.

¿Por qué no le pedimos su autógrafo?
¿Para qué, hombre? ¡ . . . !

25 Riqui: Antes no viste a nadie, y ahora ves a dos hombres.

David: ¡Pero es verdad! Hay un señor a su derecha y otro a su izquierda. Y uno más detrás de ella.

Riqui: ¿Son tres ya? ¡Caramba!

David: ¿Sabes, Riqui? **Yo me la imaginé** más bonita.   I imagined her

30 Riqui: Desde lejos, ¿cómo lo puedes saber? David, si tú quieres **quedarte** aquí, está bien. Yo...   **stay**

David: ¡**Vamos,** hombre, vamos!   Come on

• (Riqui y David **corren hacia** el Teatro Luxe y **gritan:** "¡Es Lupita Cardenal! ¡En persona! ¡Es Lupita Cardenal!" Varias   **run toward; shout**

35   personas **se paran.**)   stop

Voces: "¿Lupita Cardenal? ¿La estrella de cine?" "No. Es **campeona** de golf." "¡Vamos! ¿Dónde la vieron?" "En frente del Teatro Luxe." "¿Realmente, es ella?" "Yo la vi **anoche** en la televisión." "¿No escribió la película   **a champion**

    last night

40   **Viejo Amor**?" "¡Qué va! Es **cantante** de ópera, no **escritora.**" "¡Vamos! ¡Vamos todos! ¡¡Es Lupita Cardenal!!"   **a singer**
    a writer

(En pocos minutos cientos de personas **rodean** a una "estrella" muy **sorprendida.**)   surround
    surprised

45 Voces: "Lupita, ¿me da su autógrafo?" "Señorita Cardenal, una **sonrisa,** por favor." "Perdone, pero ¿**cómo se llama** este señor? ¿Ud. va a **casarse con él**?"   **smile; What's the name** of **marry** him

(Riqui comienza a correr en otra dirección.)

David: Pero Riqui, ¿por qué **no nos quedamos**? ¿Por qué no le   didn't we stay

50   pedimos su autógrafo?

Riqui: ¿**Para qué,** hombre? ¡No hay **ninguna** "Lupita Cardenal"!   What for; any

258

Vamos a conversar

1. ¿Dónde ocurre este cuento? A propósito, ¿vive Ud. en el centro?
2. ¿A quién ve Riqui? ¿Dónde está "la estrella"?
3. ¿Qué le va a pedir Riqui?
4. ¿Ve David también a Lupita?
5. ¿Qué le pasó a David ayer? (Se sentó sobre...)
6. ¿Qué perdió Riqui ayer? ¿Dónde lo buscó?
7. ¿Quién lo encontró por fin? ¿Dónde lo encontró?
8. Según Riqui, ¿quién es el hombre que está con Lupita?
9. ¿A cuántos hombres ve David ahora? ¿Dónde están?
10. En su opinión, ¿quién es el líder (leader)—Riqui o David? ¿Cuántos años cree Ud. que tienen los muchachos? (How old do you think...?)

•
1. ¿Hacia dónde comienzan a correr Riqui y David?
2. ¿Qué gritan?
3. ¿Quiénes se paran?
4. ¿Conocen bien estas personas a Lupita Cardenal?
5. ¿Qué dicen estas personas?
6. ¿Cuántas personas corren a ver a "la estrella"?
7. ¿Qué le piden a Lupita? A propósito, ¿tiene Ud. el autógrafo de una persona famosa? ¿Desea Ud. tenerlos?
8. ¿Qué hace Riqui ahora?
9. ¿Por qué no le pide su autógrafo a "Lupita"?
10. ¿Qué piensa Ud. ahora de Riqui? ¿Quién le gusta más—Riqui o David?

JUEGOS DE PALABRAS

1. la **calle** ¿Qué hay en su calle?
   street

2. **centro** ¿Qué hay en el centro? _____ _____ muchas _____
   center, downtown

3.

el **almuerzo** ¿A qué hora a _____ a _____ ¿Qué tiene? _____
lunch toma el almuerzo?

4.

ayer hoy _____ **anoche**
yesterday last night

5.

casarse (con) ¿Qué asocia Ud. _____ un vestido _____ ¡Felices!
to get married (to) con casarse?

6.

sentarse (me siento) ¡Siéntese, por favor! en ese _____ en esta _____
to sit down

7.

quedarse ¿Dónde se queda? en casa en _____
to stay, to remain

8.

buscar ¿Qué busca Ud.? mi _____ nuevo ¡Ya lo encon ___!
to look for

9.

correr hacia ¿Hacia dónde corres? mis _____ la "_____"
to run toward

10. ¿A quién **grita**? _____

11. ¿**Cómo se llama Ud.**? Me llamo _____
What's your name?

260

OBSERVACIONES

24. "I love myself. He talks to himself." — the reflexives

¿RECUERDA UD.?

Me habla.	He talks to me.
Te amo.	I love you.
Nos odian.	They hate us.

So far, our subjects have always done the action to someone else: "I love you," "He talks to me." But what happens when "I love *myself*," "He talks to *himself*"? We use what is called a reflexive, that's all.

A. Here are the reflexive pronouns. Except for the third person **se**, they are exactly the same as the direct and indirect object pronouns.

me	myself, to myself	**nos**	ourselves, to ourselves
te	yourself, to yourself		
SE	(to) himself, herself, itself, yourself (Ud.),		
	(to) themselves, yourselves (Uds.)[1]		

B. We use the reflexive whenever the subject does the action to itself.

Pablo se habla siempre.	Paul always talks to himself.
—Ah, ¿sí? ¿Qué dice?	Oh yes? What does he say?
¿Por qué no te ayudas?	Why don't you help yourself?
—Porque estoy cansado.	Because I'm tired.
¿Cómo se llama Ud.?	What's your name? (How do you call yourself?)
¿Cómo te llamas?	
—Me llamo Cuqui.	My name is "Kooky."
Me lavé el pelo ayer.	I washed my hair yesterday.
—¡Por fin!	At last!

---
[1] The friendly "you-all" form is **os**. See chart of personal pronouns, page 412.

261

C. Sometimes the reflexive adds "to get" to the meaning of a verb.

¿Cuándo van a casarse? — When are you getting married?
—¡Nunca! — Never!
Se dañaron mis pantalones, ¡y él se molestó conmigo! — My pants got ruined, and *he* got mad at me!

── Práctica ──────────────────────

1 ¿Cómo se llama...?
1. ¿Cómo se llama Ud.? (Me llamo...)
2. ¿Cómo se llama su mejor amigo (amiga)?
3. ¿Cómo se llama la persona a su derecha? ¿y la persona a su izquierda? ¿la persona detrás de Ud.? ¿la persona delante de Ud.?
4. ¿Cómo se llaman sus padres?
5. ¿Cómo se llaman sus hermanos?

2 Complete, usando siempre el reflexivo. (En otras palabras: Make the subject do the action to itself.)
Por ejemplo: Ayer ___ levanté tarde.   Ayer me levanté tarde.
¿Por qué no ___ sienta Ud.?   ¿Por qué no se sienta Ud.?
¿___ servimos ahora?   ¿Nos servimos ahora?
1. Elena ___ considera maravillosa. —Claro, ___ admira mucho.
2. ¿Por qué no ___ preparaste mejor? —___ preparé muy bien.
3. Niño, ¿por qué no ___ lavas las manos?
4. ¿___ sienta Ud. cerca de la ventana? —No. (Yo) ___ siento cerca de la puerta.
5. Donada ___ compró una bicicleta nueva ayer. —¿De qué marca?
6. ¿___ perdieron Uds. en el centro? —¡Hombre! No ___ perdemos nunca.
7. ¿___ casó ya su hermana Raquel? —¿No lo sabe? Ella y Roberto ___ casaron en junio.
8. Amanda, ¿me ayudas? —Sí, si tú ___ ayudas primero, yo te ayudo después.

3 Mire las ilustraciones, y después conteste:

1. a. ¿Qué hace esta chica? (Se...)
   b. ¿Se lava Ud. el pelo todos los días?
   c. ¿Prefiere Ud. lavarse el pelo por (in) la mañana o por la tarde?

2. a. ¿Qué hace este muchacho?
   b. ¿Quién habla con él?
   c. ¿Se lava Ud. siempre las manos antes de comer?

3.
　　a. ¿Qué acaba de comprarse este señor?
　　b. ¿Vale poco o mucho dinero este coche?
　　c. ¿Se compraron un coche nuevo este año sus padres?

4.
　　a. ¿Qué hacen hoy estos jóvenes?
　　b. ¿Cuántos años cree Ud. que tienen? (Creo que...)
　　c. ¿Cree Ud. que van a ser felices?

REPASO RÁPIDO

These are the reflexive object pronouns. We use them when the subject is doing the action to itself.

me　myself, to myself　　　**nos**　ourselves, to ourselves
te　yourself, to yourself
SE　(to) himself, herself, itself, yourself, themselves, yourselves

They can also add "get" to the meaning of a verb.
　　perder　to lose　　**perderse**　to get lost
　　lavar　to wash　　**lavarse**　to get washed

Práctica

(You can check your answers in the back of the book.)
Escriba según los modelos:
1. Did you wash your hair?　¿Te lavaste el pelo?
   Did you wash your hands?　¿ _____ ?
   Did you-all (Uds.) wash your feet?　¿Se _____ ?
2. Why don't you sit down (seat yourself)?　¿Por qué no se sienta Ud.?
   Why don't you-all sit down?　¿ _____ ?
   Why don't we sit down (seat ourselves)?　¿ _____ ?
3. Fran got married last night.　Paquita se casó anoche.
   Jean and Bob got married yesterday.　_____
   Victor and I got married in June.　_____ nos _____
4. He stayed all day.　Se quedó todo el día.
   They stayed all night.　_____ toda la _____
   I stayed all week.　_____

PANORAMA
SOBRE LA EDUCACIÓN

¿Cómo vamos a prepararnos para el futuro? ¿Qué oportunidades vamos a tener? Todo depende de (on) la educación. Y en diferentes partes del mundo hispánico, la solución es distinta.

1 "¿Cómo va a resultar el experimento?" En los centros urbanos, el sistema educacional es generalmente muy bueno. Aquí, por ejemplo, vemos un laboratorio de ciencia en una escuela privada de Puerto Rico.

2 Matemáticas, Grado 10. Una joven maestra enseña una clase de álgebra en una escuela secundaria boliviana. En años recientes, la educación superior se extiende mucho más que antes a las regiones rurales.

3 "Tome dos aspirinas y llámeme mañana." Estos jóvenes se preparan para la profesión médica en la Universidad de Santiago, Chile. Hay numerosas escuelas de medicina de primera categoría en España y Latinoamérica, y atraen (they attract) a muchos estudiantes norteamericanos también.

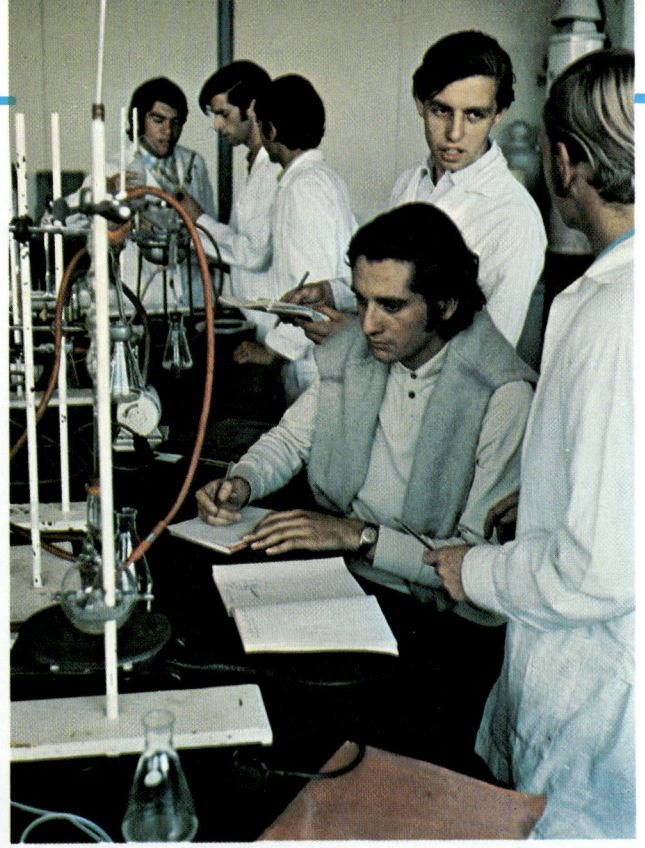

4 "Ahora, desde el principio, vamos a cantar." Clase de música en una escuela pública de México, D.F. Observe que los estudiantes hispanos normalmente llevan uniforme, y que los chicos y las chicas generalmente se sientan separados. En efecto, todavía hay muchas escuelas españolas y latinoamericanas que son exclusivamente para hombres o para mujeres.

5 La Universidad de México, una de las más importantes del mundo, es famosa también por su arquitectura moderna y por el arte de Diego Rivera que la adorna.

LECCIÓN 9

Cosas de todos los días
Everyday things

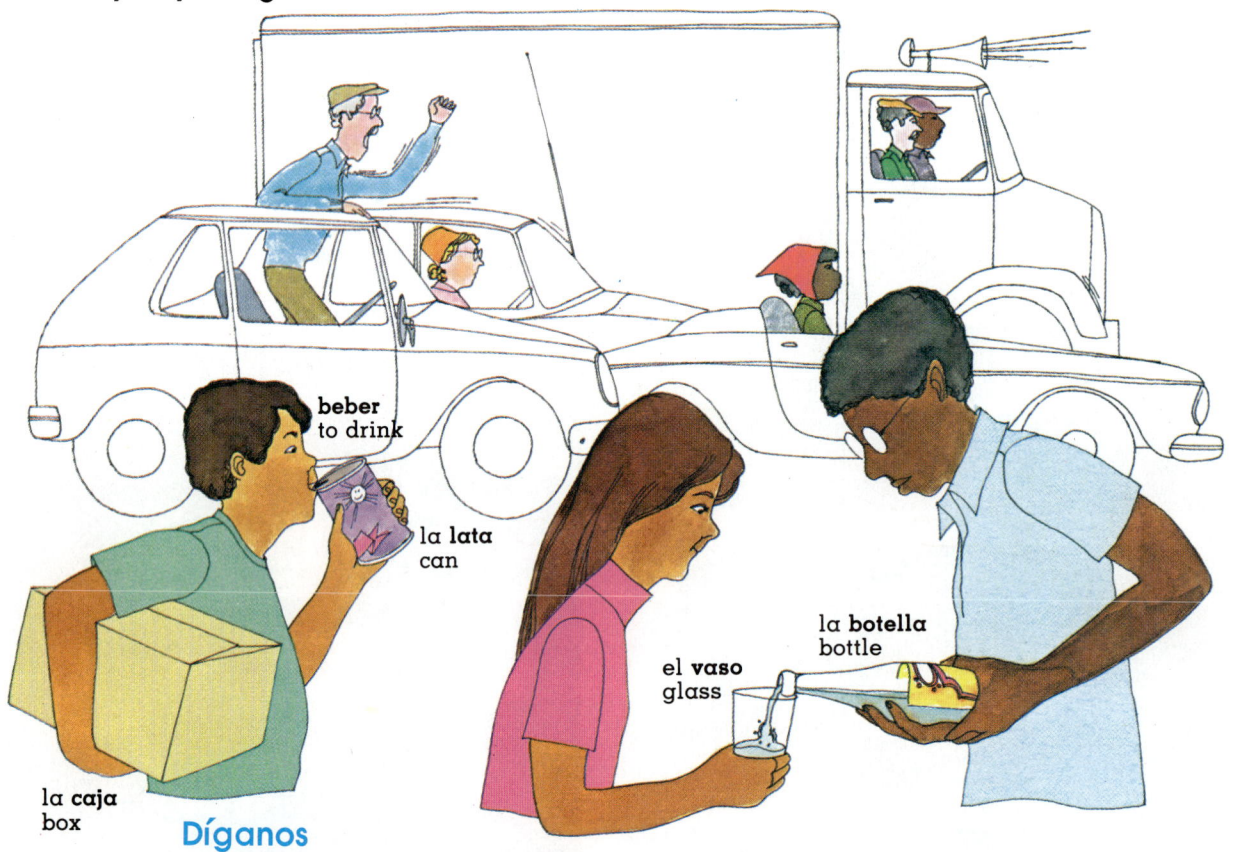

beber
to drink

la **lata**
can

la **botella**
bottle

el **vaso**
glass

la **caja**
box

Díganos

1. De todas las cosas que vemos aquí, ¿cuáles usa Ud. todos los días? ¿Cuáles usa para comer? ¿para beber? ¿para llevar cosas a un "picnic"?
2. ¿Prefiere Ud. usar vasos de plástico o vasos de cristal? (Prefiero...) ¿Prefiere Ud. usar servilletas de papel o de tela (cloth)? ¿platos de plástico o de porcelana? ¿Le gustan las tazas de papel? ¿Cuáles prefiere su madre?
3. ¿De qué es normalmente una lata — de aluminio o de otro metal? ¿Compra Ud. la leche (milk) en botellas o en cartones de papel? A propósito, ¿compran Uds. la leche en el supermercado, o la traen (do they bring it) a su casa?

9

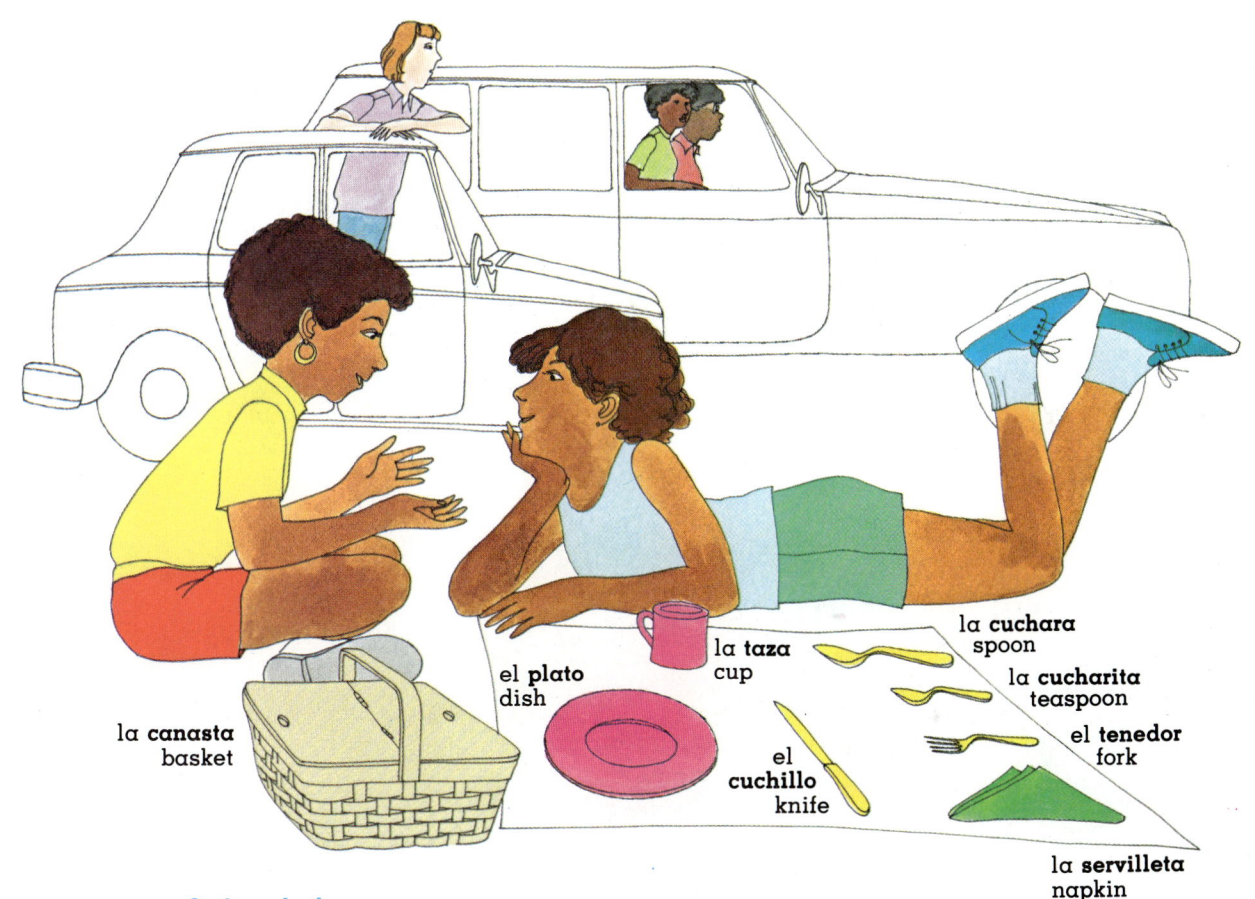

la **canasta** basket
el **plato** dish
la **taza** cup
el **cuchillo** knife
la **cuchara** spoon
la **cucharita** teaspoon
el **tenedor** fork
la **servilleta** napkin

¡Subasta! (Auction!)

Haga Ud. una colección de cosas pequeñas — vasos, tazas, servilletas de papel, peines (combs), botellas, llaves (keys), lápices, platos de papel, discos, etc. Y ahora vamos a comenzar. Ud. levanta uno de los artículos y dice: "¿Cuánto me dan Uds. por este magnífico... por estas maravillosas... por estos fantásticos...? ¿Quién quiere comprar...?" And the bidding begins. "Cinco centavos (cents)... Veinte centavos... Un dólar... Mil dólares," etc. When you get the price you had in mind, call out: "Bueno. Se vende (Sold...) a la señorita... Se vende al señor... Se vende al muchacho del suéter rojo," etc. ¿Comprenden?

OBSERVACIONES

25. Special preterite patterns

¿RECUERDA UD.?

(yo) hablé, comí, viví	I spoke, ate, lived
(Ud.) habló, comió, vivió	You spoke, ate, lived

These are the usual first and third person singular forms of the preterite. Most verbs go along with them. A few do not.

Many irregular verbs fall into a pattern of their own. Here are the clues to the pattern:

The **yo** form ends in **–e**, but **e** does not have an accent. The **él, ella, Ud.** form ends in **–o**, but the **o** has no accent. All the other forms have the usual preterite endings.

A. The **u** group

> **tener: tuve,** tuviste, **tuvo,** tuvimos, tuvieron
> **estar: estuve,** estuviste, **estuvo,** estuvimos, estuvieron
> **andar: anduve,** anduviste, **anduvo,** anduvimos, anduvieron
>
> Do you get the idea? Well, here are a few more:
>
> **poder: pude,** pudiste, **pudo,** ___, ___
> **poner: puse,** ___ , **puso,** ___ , ___
> **saber: supe,** ___ , ___ , ___ , ___

___ **Actividad** ___

¿Estuvo Ud....? —Sí, estuve...

1. ¿Estuvo Ud. aquí ayer? (Were you...?) —Sí, estuve... (Yes, I was...)
   —No,...
2. ¿Estuvo Ud. bien preparado (preparada)?
3. ¿Dónde estuvo Ud. anoche?
4. ¿Estuvo muy ocupado(a)?
5. ¿Tuvo tiempo para ver televisión? (Did you have...?) —Sí, tuve... (Yes, I had...)
   —No,...
6. ¿Tuvo Ud. mucho sueño anoche?

7. ¿Puso Ud. este libro sobre mi mesa? (Did you put...?) — Sí, puse... —No, ...
8. ¿Se puso Ud. el abrigo hoy? (Did you put on a...?) — Sí, me puse... —No, ...
9. ¿Pudo Ud. completar sus lecciones anoche? (Were you able to...?) — Sí, pude... (Yes, I could...) —No, ...
10. ¿Pudo Ud. comprenderlas perfectamente?

B. The **i** and **a** groups

> **venir: vine,** viniste, **vino,** vinimos, vinieron
> **hacer: hice,** hiciste, **hizo**[1], **hicimos, hicieron**
> **querer: quise,** ____ , **quiso,** ____ , ____
> **decir: dije,** ____ , ____ , ____ , dijeron[2]
> **traer: traje,** ____ , ____ , ____ , trajeron

Actividades

1 ¿Hizo Ud....? —Sí, hice...

1. ¿Hizo Ud. algo interesante ayer? (Did you do something...?) — Sí, hice... (Yes, I did...) —No, no hice nada...
2. ¿Hizo Ud. sus ejercicios anoche?
3. ¿Hizo muchos errores? (Did you make...?)
4. ¿Hizo Ud. una fiesta recientemente?
5. ¿Vino Ud. a la escuela ayer? (Did you come...?) — Sí, vine... —No, ...
6. ¿A qué hora vino hoy?
7. ¿Quiso Ud. salir anoche? (Did you want to go out...?) — Sí, quise... —No, ...
8. ¿Quiso Ud. ir al cine?
9. ¿Dijo Ud. que hay examen hoy? (Did you say that...?) — Sí, dije... —No, ...

---
[1]The **c** changes to **z** so that the sound won't change. How would **"hico"** be pronounced?
[2]The **i** of the ending –**ieron** disappears after a **j**. Actually, the force of the **j** sound swallows the **i** up. Try it, if you don't believe us!

10. ¿Me dijo Ud. el número de su
    casa? (Did you tell me...?)   —Sí, le...
11. ¿Me trajo Ud. algo hoy?   —Sí, le traje... (Yes, I brought...)
    (Did you bring me...?)   —No, no le traje nada...
12. ¿Me trajo una taza de café?

2 ¿Dijeron Uds....? —Sí, dijimos...

1. ¿Dijeron Uds. que no hay clase
   mañana? (Did you-all say...?)   —Sí, dijimos... (Yes, we said...)
2. ¿Dijeron Uds. que les gusta el
   español?   —Sí, dijimos que nos...
3. ¿Trajeron Uds. el almuerzo hoy?   —Sí, trajimos...
   (Did you-all bring your lunch...?)   —No,...
4. ¿Trajeron Uds. una cosa bonita   —Sí,... para Ud.
   para mí?   —¡No! ¡No trajimos...!

Práctica

1 Diga ahora las formas correctas del pretérito:

1. (yo) tener, estar, saber, poder, hacer, querer, decir, traer
2. (tú) poner, poder, estar, venir, decir, traer
3. (Juan) estar, saber, poner, tener, traer, decir, venir, hacer
4. (Nena y yo) estar, tener, saber, venir, hacer, decir
5. (Uds.) poner, tener, estar, hacer, decir, traer

2 Cambie según las indicaciones:

1. No *dije* nada.
   No _____. (hacer)
   Nosotros _____.
2. ¿Quién lo *hizo*?
   ¿_____ lo _____? (traer)
   ¿Quiénes _____?
3. ¿*Viniste* con ellos?
   ¿(Ud.) _____?
   ¿_____? (estar)
4. Ud. no lo *tuvo*, ¿verdad?
   Uds. _____, ¿____?
   _____, ¿____? (querer)

3 ¿Dónde lo puso Ud.?

1. ¿Lo puso delante o detrás de la mesa?
2. ¿Lo puso debajo o encima de la mesa?
3. ¿Lo puso dentro o fuera de la casa?

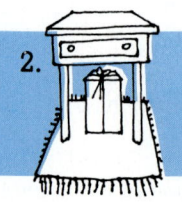

4 *Ahora conteste según el modelo. Por ejemplo:*
Tú lo tuviste? (Yo no. Juan.)   <u>Yo no lo tuve. Juan lo tuvo.</u>
1. ¿Tú los pusiste allí? (Yo no. Alberto.)
2. ¿Ud. vino tarde? (Yo no. Elisa.)
3. ¿Ud. pudo abrirlas? (Yo no. Lupita.)
4. ¿Uds. lo hicieron? (Nosotros no. Ellas.)
5. ¿Uds. se lo dijeron? (Nosotros no. Ellos.)

5 ¿Puede Ud. relacionar los Grupos 1 y 2?

1	2
¿Por qué no vino Ud. ayer?	Mil gracias. ¿Qué es?
Te traje una cosa muy bonita.	Entonces, ¿cómo lo supo?
¿Quién los puso allí?	Pues, ¿por qué no comieron?
¿Pudiste acabar la lección anoche?	Porque estuve muy cansada.
Yo no le dije nada a José.	En la oficina. Tuve que trabajar.
Tuvimos muchísima hambre anoche.	Yo. ¿Los quieres en otro lugar?
¿Dónde estuviste el otro día?	No, pero hice los ejercicios.

26. Hace una semana...   A week ago...

Spanish uses **hace** plus a period of time to tell what happened some time ago. Of course the main verb has to be in the past tense.

¿Ya vino Alicia?	Did Alice come yet?
—Sí, hace una hora.	Yes, an hour ago.
Hijo, ¿por qué no te lavas?	Child, why don't you wash up (yourself)?
—Pero mamá, ¡me lavé hace dos semanas!	But Mom, I washed two weeks ago!
¿Cuándo vuelven tus vecinos?	When are your neighbors coming back?
—Volvieron hace meses.	They came back months ago.

Actividad

¿Cuándo...?   —Hace...
Escriba cada una de estas expresiones en un papel diferente, indicando siempre un período de tiempo.
Por ejemplo: 1. hace ___ minutos   hace diez, quince, (etc.) minutos
2. hace... hora(s)   5. hace... mes(es)
3. hace... día(s)   6. hace... año(s)
4. hace... semana(s)   7. hace... siglo(s) (centuries)

Now you and your classmates place your seven slips in a box, and get ready to draw one slip to answer each of the following questions. You may get some pretty surprising answers!

a. ¿Cuándo se lavó Ud. la última vez (last time) el pelo? ¿las manos? ¿la cara? ¿los pies?
b. ¿Cuándo preparó Ud. la última vez sus lecciones? ¿y estudió para un examen? ¿y sacó (got) "A" en una clase? ¿y contestó bien una pregunta?
c. ¿Cuándo dijo Ud. la última vez la verdad? ¿y una cosa falsa? ¿y ayudó a otra persona? ¿y tuvo suerte?
d. ¿Cuándo se casaron sus padres? ¿Cuándo nació Ud. (were you born)? (Nací hace...) ¿Cuándo cree Ud. que nació su maestro (maestra) de español? (¿De verdad?)

REPASO RÁPIDO

1. Some verbs have a special pattern in the preterite:
The **yo** form ends in an unaccented **e**.
The **Ud.** form ends in an unaccented **o**.

tener:	tuve... tuvo	**venir:**	vine... vino
estar:	estuve... estuvo	**querer:**	quise... quiso
poder:	pude... pudo	**hacer:**	hice... hizo
poner:	puse... puso	**decir:**	dije... dijo... dijeron
saber:	supe... supo	**traer:**	traje... trajo... trajeron

2. **Hace** + a period of time means "ago": **hace una semana,** "a week ago."

Práctica

1 (You can check your answers in the back of the book.)
Conteste según el modelo.
Por ejemplo: ¿Los puso Ud. arriba? (No, abajo)
 No, los puse abajo.
1. ¿Lo hizo Ud. esta mañana? (No, anoche) 2. ¿Le trajo Ud. la canasta? (No, la caja) 3. ¿Se lo dijiste a Ramón? (No, a nadie) 4. ¿Vinieron Uds. tarde? (No, temprano) 5. ¿Estuvieron Uds. muy cerca? (No, lejos)

2 Ahora, diga Ud....
1. that your family came here 100 years ago. (Mi...)
2. that the class finished the lesson two days ago.
3. that you washed the cups three weeks ago. (Lavé...)
4. that you washed your hands six months ago. (Me lavé...) ¡Ay, no!

¿Por qué tomas este camino?    ¡¡NO!! . . . ¡Ahora! . . . ¡Cuidado!    ¿Quiso matarnos? ¿Cuándo le dieron la licencia . . .? ¡Estúpidos!

CUENTO   LÍO DE TRÁFICO   Traffic Jam

Es un día **hermoso** de verano, y el tráfico es imposible. Una **pareja** en un **coche** verde **discute**:

Él: Linda, ¿no te dije? ¿Por qué tomas este **camino**? El otro es mejor. ¿No te lo dije **tres veces**?

5 Ella: Seis veces, Alberto. Pero el **policía** dijo . . .

Él: ¡El policía! ¿Qué sabe él? ¡Dios mío! En diez horas no vamos a llegar.

Ella: Pues, ¿qué debo yo hacer? ¿**Volar** encima de los otros coches?

10 Él: Linda, . . . ¿si tomamos la **pista de la derecha** . . . ? Yo te voy a decir cuándo . . . **Así** . . . ¡Ahora! (Linda comienza a ir hacia la derecha.) ¡Linda! ¡¡NO!! Ahora está mejor la pista de la izquierda . . . Bueno. ¡Ahora! (Linda va hacia la izquierda.) **¡Cuidado!** ¿**No viste** ese coche rojo? Chica, ¿por qué . . . ?

15 (Un señor en un Volkswagen rojo lleno de niños abre la **ventanilla** y grita.)

Sr.: ¡Hombre! ¿Quiso **matarnos**? ¿Cuándo **le dieron** la licencia para **manejar**?

20 (Tres niños gritan por la ventanilla también.)

Niños: ¡**Tontos**! ¡Estúpidos! ¿Nos quisieron matar?

Sr.: (a su esposa) Yo no sé, Graciela. **Hoy día** hay sólo **locos** en los caminos.

beautiful
couple; car; is arguing
road
three times
policeman

Fly

right-hand lane
That's it.

Careful!; Didn't you see

car window

kill us; did they give you
drive

Dummies!
Nowadays; nuts

¿No podemos volver?... creo que dejé la estufa prendida.

Toño, ¿qué hiciste con la botella de Pepito?

¿Me quieres dar un beso? ¡Malo!... Sólo uno?

25 Sra.: ¿Sabes, Francisco? No me gustan **ya** estas excursiones al **campo**. ¿No podemos volver? — any more / country

Sr.: ¿A dónde?

Sra.: **A casa.** Por favor, Francisco... creo que **dejé** la estufa **prendida.** — Home; I left on

Sr.: **¿Qué importa?** Nada le va a pasar. — So what?

30 Sra.: ¿Ah, no? Hace dos semanas la estufa nueva de Carmen Montes **explotó.** — exploded

Sr.: ¡No! ¿La famosa ganga que compró en el Almacén Monarca?

Niña: **No fue** hace dos semanas, mamá. Fue hace un mes. — It wasn't

35 Sra.: Pues yo **lo supe** sólo ayer cuando estuve en... (Un bebé que tiene en sus brazos comienza a **llorar.**) ¿Qué te pasa, mi amor? ¿Tú tienes hambre?... Toño, ¿qué **hiciste** con la botella de Pepito? — I learned it / cry / did you do

Toño: No hice nada, mamá. Nadie **me la dio.** — gave it to me

40 Laurita: Yo la puse en la canasta blanca, mamá, con las servilletas y los cuchillos y tenedores y...

Sra.: ¿Y dónde está la canasta, Laurita?

Laurita: Encima del coche, mamá, con la caja de los vasos y tazas y...

45 Sra.: ¡Ay, Dios! Francisco, ¿tú crees que posiblemente puedes **parar** por un momento el coche? — stop

Sr.: ¿Si puedo pararlo? Pero Graciela, ¡hace diez minutos se paró!

(Una **pareja** de **recién casados** conversa en un fabuloso convertible italiano.) — couple; newlyweds

Ella: ¿Lo viste, Gregorio? El coche rojo delante de nosotros se paró, ¡y el hombre abrió la puerta y **bajó**! — got out

Él: Seguro. **Prefiere caminar.** Es más rápido. — He prefers to **walk.**

Ella: Puede ser, puede ser. Pero en serio, mi amor, con este tráfico, ¿cuándo vamos a llegar?

Él: ¿Qué importa, Gloria? (**La abraza.**) ¿Me quieres dar un **beso**? — He embraces her. kiss

Ella: ¡Malo! ... ¿Sólo uno?

Vamos a conversar

1. ¿En qué estación del año estamos?
2. ¿Hay mucho o poco tráfico? ¿Es así donde vive Ud.?
3. ¿Quiénes van en el coche verde?
4. ¿Quién maneja?
5. ¿Quién le da instrucciones constantemente?
6. ¿Qué instrucciones le da? A propósito, ¿quién maneja más en su familia? ¿Sabe Ud. manejar? Si no, ¿cuándo va a aprender?
7. ¿Hay muchas o pocas personas en el Volkswagen rojo?
8. ¿Qué grita el hombre del Volkswagen?
9. ¿Qué hacen los tres niños? ¿Qué dicen?
10. En su opinión, ¿son típicas o no estas personas? Y una cosa más: En su opinión, ¿quiénes manejan mejor—los hombres o las mujeres?

- 1. ¿Por qué quiere volver Graciela a casa?
  2. ¿Qué pasó hace dos semanas con la estufa de Carmen Montes?
  3. ¿Dónde la compró? A propósito, ¿recuerda Ud. el Almacén Monarca? ¿Le gusta a Ud. esa tienda?
  4. ¿Quién comienza a llorar? Díganos: ¿Hay niños pequeños todavía en la familia de Ud.?
  5. ¿Tiene Toño la botella de Pepito?
  6. ¿Dónde está la botella del niñito?
  7. ¿Qué pregunta la señora a su esposo Francisco?
  8. ¿Qué contesta su esposo?
  9. ¿Quiénes van en el convertible italiano? Use la imaginación y díganos: ¿Son ricos o pobres (rich or poor)? ¿viejos o jóvenes?
  10. ¿Qué piensa Ud. de Gregorio y Gloria? ¿Le gustan a Ud.?

JUEGOS DE PALABRAS

1 Llene los blancos. (Fill in the blanks.)

1.

el **coche**	¿Qué asocia Ud. con un coche?	**manejar**	el **policía**	el **camino**
car		to drive	policeman	road
			la **policía**	
			the police (force)	

2.

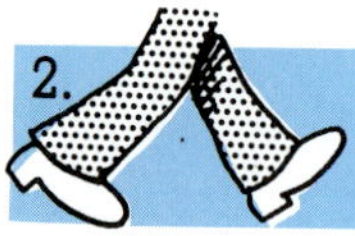

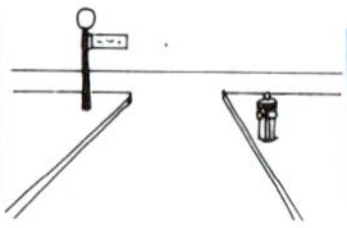

caminar ¿Dónde caminamos? en el _____ en la _____ en el **campo**
to walk country

3.

parar(se) ¿Nos paramos a... la luz verde o la luz roja?
to stop

4.

dejar ¿Qué dejaste? mi _____ en _____ el _____ en _____
to leave
(behind)

5.

hermoso ¿Son feos o hermosos? _____ _____ _____
beautiful

2 ¿Qué dice Ud?
Estudie por un momento estas palabras:

¡**Cuidado!** Careful! Watch out!   ¡**Así!** That's it! Like this!
¡**Tonto!** Stupid! Silly!   ¡**Loco!** Crazy!

Ahora, ¿qué les dice Ud. a estas personas?

1.   2.   3.   4.

OBSERVACIONES

27. More special preterites

¿RECUERDA UD.?

¿Lo vio Ud.?   —Sí, lo vi.
¿Lo viste?   (Yes, I saw it.)
(Did you see it?)

¿Lo vieron Uds.?   —No, no lo vimos.
(Did you-all see it?)   (No, we didn't see it.)

A. The preterite of **dar** (to give) is almost exactly like the preterite of **ver** (to see). Here's the way it goes:

dar	
di	dimos
diste	
dio	dieron

Actividad

¿Dio Ud. . . . ?   —Sí, di . . .

1. ¿Dio Ud. dinero a la Cruz Roja?   —Sí, di . . .
 (Did you give . . . to the Red Cross?)   (Yes, I gave . . .)
2. ¿Me dio Ud. el número de su teléfono?   —Sí, le . . .
3. Anita, ¿me diste tus ejercicios hoy?   —Sí, le di mis . . .
    —No, . . .

4. Jaime, ¿le diste la caja a
   Dorotea? — Sí, le...
5. Chicos, ¿me dieron Uds. los
   papeles? — Sí, le dimos...
   (Did you-all give me...?) — No,...
6. ¿Dieron una fiesta esta semana
   sus padres? — Sí, mis padres dieron...
   (Did your parents give...?) — No,...

B. **Ir** (to go) and **ser** (to be) share one set of preterite forms between them.

---

ir and **ser**

fui   fuimos
fuiste
fue   fueron

How do we tell them apart? The rest of the sentence helps us do that.

¿A dónde fuiste anoche? | Where did you go last night?
—Fui a un concierto. Riqui y Elsa fueron también. | I went to a concert. Ricky and Elsa went too.
¿Quién fue el primero de la clase? | Who was the first in the class?
—Nena y yo fuimos los primeros. Ud. fue el número 3. | Nina and I were the first. You were number 3.

Actividad

¿Fue Ud....?   —Sí, fui...

1. ¿Fue Ud. a un almacén ayer? — Sí, fui... (Yes, I went...)
   (Did you go...?) — No, no fui...
2. Amigo, ¿fuiste a la cafetería hoy?
3. Chica, ¿a dónde fuiste ayer? — Fui a(l)..., Fui a la...
4. Chicos, ¿fueron Uds. al cine el sábado? — Sí, fuimos...
5. ¿Fueron a trabajar sus padres? — Sí, mis padres fueron...
   (Did your... go...?) — No,...
6. ¿Fue Ud. presidente de su clase? (Were you...?) — Sí, fui... (Yes, I was...)
   — No, no fui...
7. Carlos, ¿tú fuiste el primer hijo de tu familia?

8. Patricia, ¿fue irlandesa su familia?
(... was your family Irish?)
—Sí, mi familia fue...
—No,...
9. Chicos, ¿fueron Uds. siempre muy buenos estudiantes?
—Sí, fuimos...
10. ¿Fueron mexicanos sus abuelos?

C. Stem-changing verbs that end in **–ir** make a slight change in the third person of the preterite: **e** becomes **i**; **o** becomes **u**.

pedir (to ask for)		**dormir** (to sleep)	
pedí	pedimos	dormí	dormimos
pediste		dormiste	
pidió	pidieron	durmió	durmieron

¿Ud. pidió café?　　　　　　　　　Did you ask for coffee?
—No. Pedí un vaso de leche.　　　No. I asked for a glass of milk.
¿Durmieron Uds. bien?　　　　　　Did you-all sleep well?
—No, no dormimos nada.　　　　　No. We didn't sleep at all.

Remember: Of all the stem-changing verbs, the **–ir** verbs are the only ones that have any special preterite forms. The **–ar** and **–er** stem-changing verbs are like any normal verb in the preterite. Por ejemplo:
　　　pensar: pensé, pensaste, pensó
　　　volver: volví, volviste, volvió

Práctica

1 *Cambie según las indicaciones:*
1. *Serví* café. (pedir)
2. *Durmió* anoche. (morir)
3. ¿Qué *pidieron*? (servir)
4. ¿Lo *sintió* Ud.? (repetir)
5. *Comenzamos* tarde. (dormir)
6. ¿*Recordó* el número? (repetir)
7. ¿*Murieron* todos? (volver)
8. ¿Qué *pensaste*? (pedir)

2 *Complete, usando el pretérito de* **ser, ir** *o* **dar**:
1. ¿Quién ____ al aeropuerto contigo? —Nadie. (Yo) ____ solo (alone).
2. ¿No le ____ (yo) el número de mi teléfono? —No. Ud. no me ____ nada.
3. Clara y yo ____ a tu casa a verte. —Ah, lo siento. Ayer Gilberto y yo ____ a Filadelfia.

4. ¿Quién ____ el mejor presidente de los Estados Unidos? —No sé.
5. Mis amigos me ____ una caja de chocolates para mi cumpleaños. —¿ ____ muy deliciosos?
6. ¿Uds. tienen todavía los platos? —No. Se los ____ a Graciela.
7. ¿ ____ Uds. los primeros en llegar? —No. (Nosotros) ____ los segundos.

REPASO RÁPIDO

More Special Preterites:

ir and **ser:** fui, fuiste, fue, fuimos, fueron
dar: di, diste, dio, dimos, dieron

–ir stem-changing verbs change **e** to **i** or **o** to **u** in the third person:

pedir: pedí, pediste, pidió, pedimos, pidieron
morir: morí, moriste, murió, morimos, murieron

Práctica

(You can check your answers in the back of the book.)
Complete, según los modelos:

1. Did the man die?   ¿Murió el _____
   Yes, he was very sick.   —Sí, estuvo _____
   Did the child sleep well?
   Yes, he was very tired.

2. Did you-all go to the movies?   ¿Fueron Uds. _____
   No, we went to a party.   —No, fuimos _____
   Did they go to the country?
   No, they went downtown.   ____ al ____

3. Were you the oldest?   ¿Fue Ud. el (la) _____
   No, I was the youngest.   —No, fui _____
   Were you-all the best?
   No, we were the worst.

4. Did you give it to Marian?   ¿Se lo dio Ud. a Mariana? _____
   No, I gave it to her brother.   —No, se lo di _____
   Did they give them to the customer?
   Yes, they gave them to her.

Repaso, Lecciones 7–9

I. Repaso General

A. Chart of the direct and indirect object pronouns
(**Observaciones 19, 20,** and **21**)

direct		indirect	
		me	me, to me
		te	you (pal), to you
lo	him, it, you (**Ud.**)	**LE**	to him, to her, to it, to you
la	her, it, you (**Ud.**)		
		nos	us, to us
los	them, you (**Uds.**)	**LES**	to them, to you (**Uds.**)
las	them, you (fem.)		

Remember:

1. **Me, te,** and **nos** are both direct and indirect objects.
Nos odia. He hates us. **Nos habla.** He speaks to us.

2. When we have both a direct and an indirect object pronoun, the indirect goes first.
¿Me lo das? Are you giving it to me?
—No, no te lo doy. No, I'm not giving it to you.

3. **Le** and **les** change to **SE** before **lo, la, los,** or **las.**
Pagan el dinero al Sr. Mera. They pay the money to Mr. Mera.
Le pagan el dinero. They pay the money to him.
Se lo pagan. They pay it to him.
Doy los mejores precios a mis clientes. I give the best prices to my customers.
Les doy los mejores precios. I give them the best prices.
Se los doy. I give them to them.

4. With the verb **gustar** (to be pleasing), we can use only an indirect object.
¿Le gustan? Do you like them? (Are they pleasing to you?)
Les gusta bailar. They like to dance. (Dancing is pleasing to them.)
No nos gusta. We don't like it. (It is not pleasing to us.)

B. The preterite tense of regular verbs: "I won, I ate, I opened" (22 and 23)

-ar	-er, -ir
ganar	**comer, abrir**
gané	comí, abrí
ganaste	comiste, abriste
ganó	comió, abrió
ganamos	comimos, abrimos
ganaron	comieron, abrieron

¿Qué comieron? What did you-all eat?
—No comimos casi nada. We ate almost nothing.
¿Tú ganaste? Did you win?
—No, perdí. No, I lost.

C. Special preterite forms (25 and 27)

1. Three irregular verbs: **ir, ser, dar**
   ir: fui, fuiste, fue, fuimos, fueron
   ser: fui, fuiste, fue, fuimos, fueron
   dar: di, diste, dio, dimos, dieron
   (Yes, **ser** and **ir** are exactly alike.)

2. Special preterite patterns
   Note: The **yo** form ends in an unaccented **e**.
   　　　The **Ud., él, ella** form ends in an unaccented **o**.

   a. The **u** group
      tener: tuve, tuviste, tuvo, tuvimos, tuvieron
      estar: estuve, estuviste, estuvo, estuvimos, estuvieron
      poder: pude, pudiste, pudo, pudimos, pudieron
      poner: puse, pusiste, puso, pusimos, pusieron
      saber: supe, supiste, supo, supimos, supieron

   b. The **i** and **a** groups
      venir: vine, viniste, vino, vinimos, vinieron
      hacer: hice, hiciste, hizo, hicimos, hicieron
      querer: quise, quisiste, quiso, quisimos, quisieron
      decir: dije, dijiste, dijo, dijimos, dijeron
      traer: traje, trajiste, trajo, trajimos, trajeron

   c. All -**ir** stem-changing verbs change **e** to **i**, **o** to **u** in the third person.
      pedir: pedí, pediste, pidió, pedimos, pidieron
      dormir: dormí, dormiste, durmió, dormimos, durmieron

D. With a verb in the past tense, **hace** (plus a period of time) means "ago." (26)

Marcos vino hace un mes. Yo vine hace tres días.	Mark came a month ago. I came three days ago.
—¿Nada más?	That's all?

E. The reflexive object pronouns — myself, to myself, etc. (24)
When the subject does the action to itself, we use a reflexive pronoun. Except for the third person **se**, the reflexives are exactly like the other object pronouns.

me myself, to myself **nos** ourselves, to ourselves
te yourself, to yourself (pal)
SE (to) himself, (to) herself, (to) yourself—**Ud.**; (to) itself
   (to) themselves, (to) yourselves—**Uds.**

¿Se prepararon Uds. ya?	Did you prepare yourselves already?
—No nos preparamos nunca, ¡para nada!	We never prepare ourselves for anything!
Se habla todo el tiempo.	He talks to himself all the time.
—Yo también.	So do I.

II. Repaso de Vocabulario

abajo down, below, **8**
el **almuerzo** lunch, **8**
allí there, **8**
amar to love, **7**
el **amor** love, **7**
anoche last night, **8**
arriba up, above, **8**
así like this, so, that's it, **9**
ayer yesterday, **8**
beber to drink, **9**
la **botella** bottle, **9**
buscar to look for, **8**
cada each, every, **7**
la **caja** box, **9**
la **calle** street, **8**
caminar to walk, **9**
el **camino** road, **9**
el **campo** country (not city), **9**
la **canasta** basket, **9**
casarse (con) to get married (to), **8**
el **centro** center, downtown, **8**
cerca nearby; **cerca de** (prep.) near, close to, **8**
cocinar to cook, **7**
el **coche** car, **9**
¿**Cómo se llama?** What's your name?, **8**
el **corazón** heart, **7**
correr to run, **8**
la **cosa** thing, **7**
creer to believe, to think, **7**
la **cuchara** spoon, **9**

la **cucharita** teaspoon, 9
el **cuchillo** knife, 9
¡Cuidado! Careful!, Watch out!, 9
debajo de under, 8
dejar to leave (behind), 9
delante de in front of, 8
dentro inside, 8
derecho right, 7; **a la derecha** on the right, 8
detrás de behind, 8
*__dormir (duermo)__ to sleep, 7
encima de over, on top of, 8
*__encontrar (encuentro)__ to find, to meet, 7
explicar to explain, 7
feliz (pl., **felices**) happy, 7
fuera outside, 8
gritar to shout, 8
hacia toward, 8
hermoso beautiful, 9
izquierdo left, 7; **a la izquierda** on the left, 8
la **lata** can, 9
lejos far away; **lejos de** far (from), 8
loco crazy, 9
manejar to drive, 9
la **máquina** machine, 7

mismo same, 7
odiar to hate, 7
parar(se) to stop, 9
*__perder (pierdo)__ to lose, 7
el **plato** dish (of food), plate, 9
el **policía** policeman; la **policía** policewoman; the police (force), 9
preguntar to ask a question, 7
quedarse to stay, to remain, 8
*__recordar (recuerdo)__ to remember, 7
*__saber (sé, sabes)__ to know (a fact or how to), 7
según according to, 7
*__sentarse (me siento)__ to sit down, 8
sentir (siento) to feel, to regret, 7
la **servilleta** napkin, 9
simpático nice, 7
sobre on, about, over, above, 7
*__soñar (sueño) con__ to dream about, 7
el **sueño** dream, 7
la **taza** cup, 9
el **tenedor** fork, 9
tonto stupid, silly, 9
triste sad, 7
vaso (drinking) glass, 9

―――― Juegos de Palabras ――――――――――――――――――

1 ¿Puede Ud. encontrar en el Grupo 1 lo contrario de cada palabra del Grupo 2?
  1: amar, feliz, cerca, arriba, delante, dentro, aquí, derecho
  2: abajo, allí, izquierdo, lejos, triste, odiar, fuera, detrás

Ahora, ¿puede encontrar un sinónimo en el Grupo 4 para cada palabra del Grupo 3?
  3: amar, centro, sobre, tonto, decir, hermoso
  4: ciudad, querer, encima de, contar, bonito, estúpido

2 Detective

¿Puede Ud. encontrar aquí 20 palabras relacionadas con artículos de uso diario?

botellas	cuchillos	sal
caja	lata (4)	servilleta
calle	máquina	silla
canasta	mesa (2)	taza (2)
cosa	nevera	tenedor
cuchara	olla	vaso(s) (2)
cucharita	platos	

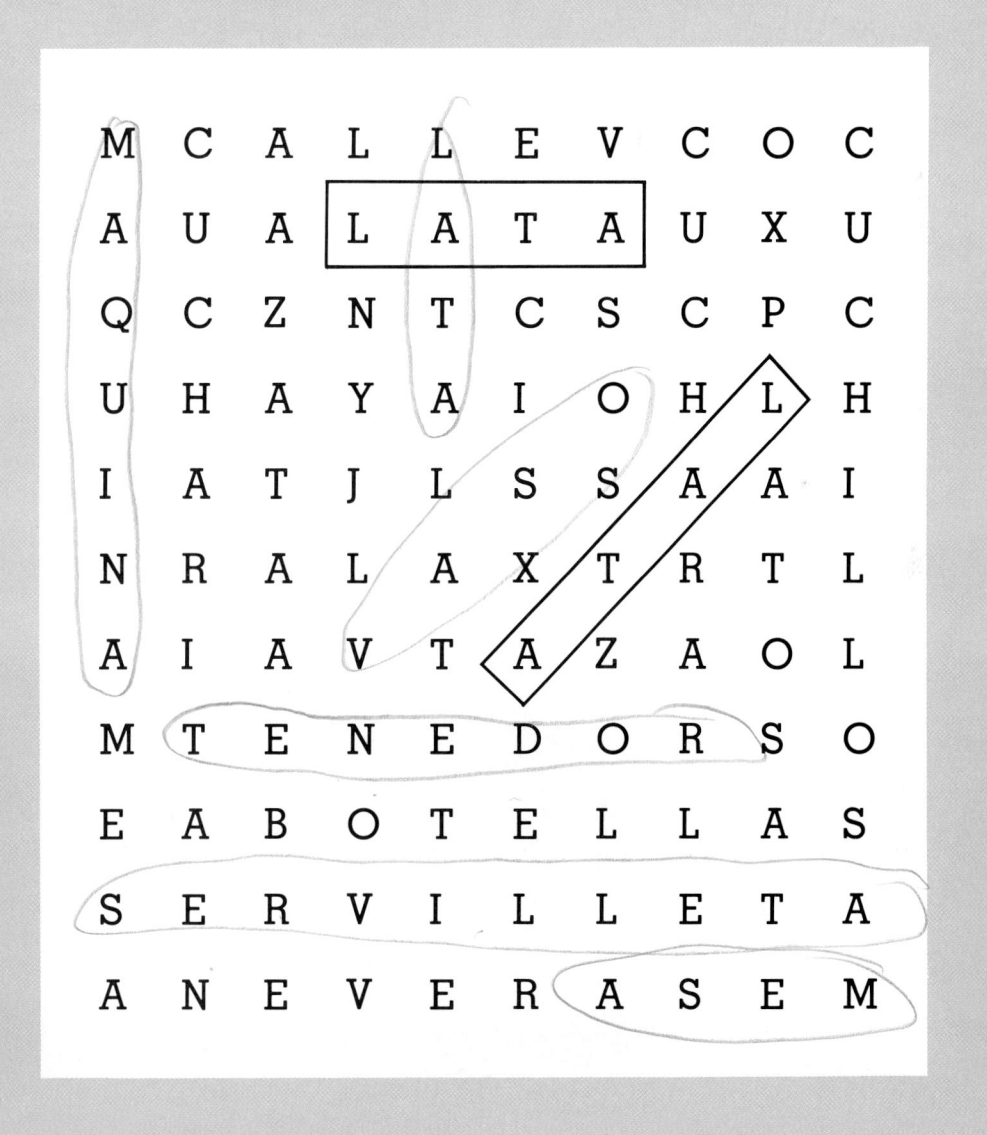

```
M  C  A  L  L  E  V  C  O  C
A  U  A  L  A  T  A  U  X  U
Q  C  Z  N  T  C  S  C  P  C
U  H  A  Y  A  I  O  H  L  H
I  A  T  J  L  S  S  A  A  I
N  R  A  L  A  X  T  R  T  L
A  I  A  V  T  A  Z  A  O  L
M  T  E  N  E  D  O  R  S  O
E  A  B  O  T  E  L  L  A  S
S  E  R  V  I  L  L  E  T  A
A  N  E  V  E  R  A  S  E  M
```

285

Álbum 5

Sociales

¿Sabe Ud.?

En Hispanoamérica, los padres hacen una fiesta especial cuando la hija llega a los quince años, no a los diez y seis, como hacemos aquí en algunas partes. ¡**Parece** (it seems) que las jóvenes hispanas quieren sentirse "mayores" antes que las norteamericanas!

¿Qué opina Ud.?

Vida social... familia... la mujer en el mundo comercial... Frecuentemente, las ideas del hispano son similares a las **nuestras** (ours). Pero no siempre. Ahora, ¿quiere Ud. saber cómo piensan nuestros hermanos hispanoamericanos? Pues fuimos a Latinoamérica y ofrecimos a 200 estudiantes un cuestionario sobre estos mismos temas.

Éstos son algunos (some) de los estudiantes que respondieron a nuestro cuestionario en la biblioteca (library) de la Universidad de México.

Ahora se lo ofrecemos a Ud. A ver cómo contesta:

CUESTIONARIO

Nombre: _____

Dirección: _____

¿Dónde nació? _____

¿Cuántos años tiene Ud. ahora? _____

I. **Ud. y su familia**
   1. ¿Cuántos hermanos tiene Ud.? _____
   2. ¿Cuántos hijos quiere Ud. tener? _____
   3. ¿Vive con Uds. otro pariente (un abuelo, una tía, etc.)? _____

4. ¿Va Ud. a vivir con sus padres hasta el momento de casarse? _____
5. Si sus padres dicen que no les gusta su novio (o novia), ¿se casa Ud. con esa persona? _____
6. En su opinión, cuando los padres son viejos y no pueden trabajar,
   ____ ¿deben ir a una "casa de viejos"?
   ____ ¿deben vivir con sus hijos casados (married)?

II. Su Vida Social

1. ¿Cómo le gusta más pasar su tiempo?
   ____ con un grupo de amigos   ____ con uno solo (una sola)
2. ¿A qué edad empezó Ud. a salir solo (sola) con jóvenes del otro sexo? _____
3. ¿Invita Ud. a sus amigos con frecuencia a su casa? _____
4. ¿Dónde pasa Ud. la mayor parte de su tiempo libre (free time)?
   ____ en su propia casa   ____ en la calle
   ____ en casa de amigos   _____

III. Hombre y mujer

1. Si dos amigos — un muchacho y una chica — salen juntos (together) al cine, a un café, etc., ¿quién debe pagar?
   ____él   ____ella   ____los dos
2. ¿Le parece bien o mal cuando los novios **se besan** (kiss) en público? _____
3. En su opinión, ¿cuál es la mejor edad para casarse?

	mujer	hombre
a los 18 años o antes	_____	_____
entre los 19 y 21	_____	_____
entre los 22 y 25	_____	_____
después de los 26	_____	_____

4. ¿Cuál es su idea de una mujer bonita, o de un hombre guapo?

	mujer	hombre
altura (height)	_____	_____
peso (weight)	_____	_____
color del pelo	_____	_____
ojos	_____	_____

5. Finalmente, una pregunta personal: ¿Está Ud. **enamorado (enamorada)** (in love) ahora? _____ ¿De quién estuvo Ud. enamorado (enamorada) la primera vez (first time)? _____

¿Quiere saber las opiniones de nuestros estudiantes hispanoamericanos? Las puede encontrar en la página 299.

¡Viene el Correo!

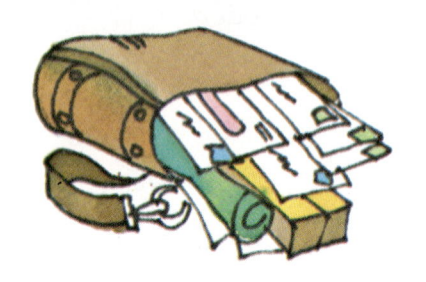

correo mail

carta letter

cartero mailman

la **dirección** address

sello stamp

el **sobre** envelope

¿Sabe Ud.?

En Latinoamérica o en España, cuando escribimos la dirección en una carta o en el sobre, ponemos el nombre de la calle primero y el número de la casa después.

el **buzón** mailbox

una **postal** postcard

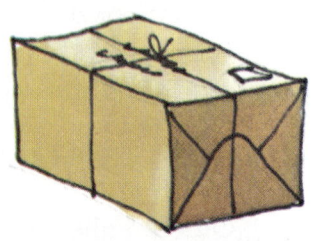

un **paquete** package

Ahora díganos:

1. ¿Cuál es la dirección de su casa?
2. ¿Escribió Ud. una carta ayer? ¿Recibió una carta, o una postal?
3. ¿Hay un buzón aquí en la escuela? ¿Hay uno en su calle?
4. ¿Hay un cartero en su familia? ¿Desea Ud. ser cartero? ¿Por qué?
5. ¿Cuánto cuesta ahora un sello? ¿Cuesta mucho mandar por correo un paquete? (A propósito, ¿qué es una Casa de Correos?)
6. Ahora use la imaginación y díganos: El sobre que va a Elvira Martínez, ¿contiene una carta personal o de negocios (business)? ¿Quién escribe al Sr. Castañeda? ¿Dónde cree Ud. que vive esa persona? ¿A dónde viajó la amiga de Cecilia Alvarado?

> ## Susana y Gabriel
>
> *Participan su Matrimonio en compañía de sus Padres*
>
> S. Jack Hillock   R. Andrés Ochoa
> Clara Damm de Hillock   Bertha Ornelas de Ochoa
>
> Y le invitan a la Ceremonia Religiosa, que se efectuará el sábado 9 del presente a las diez treinta horas, en la Parroquia de Santa Teresita del Niño Jesús, (Sierra Nevada 750, Lomas de Chapultepec), oficiará la misa el R. P. Miguel Angel Sanz O. A. R.
>
> Ciudad de México, Agosto de Mil Novecientos Ochenta.

¿Quiere Ud. **asistir a** una boda (attend a wedding)? Pues primero, estudie bien la invitación y díganos: ¿Cómo se llaman los **novios** (bride and groom, or sweethearts)? ¿Cómo se llaman los padres de la novia? ¿Y del novio? ¿Dónde se va a celebrar la boda? ¿Qué día de la semana va a ser? ¿Y a qué hora? ¿Vamos?

El día más feliz de su vida. . . . El matrimonio es para siempre según la tradición hispana. Y hay menos divorcios que aquí.

¿Sabe Ud.?

Cuando los novios anuncian su compromiso, el muchacho le da a la novia un anillo sencillo de oro (plain gold ring), y ella lo lleva en la mano izquierda. Cuando se casa, pasa el anillo a la mano derecha. (Yes, the wedding band is worn on the right hand.)

Imagínese que Susana y Gabriel son amigos suyos (of yours). Díganos entonces:

1. ¿Cuántos años de edad tiene (How old is) la novia? ¿Dónde vive? ¿Es estudiante todavía? ¿Trabaja? ¿Es muy bonita? ¿De qué color son sus ojos? ¿De qué color es su pelo? ¿Tiene la nariz grande o pequeña? ¿Y la boca? ¿Es muy alta? ¿Es muy baja? ¿Tiene hermanas mayores? ¿Ya se casó una hermana suya (of hers)? ¿O un hermano suyo?
2. En su opinión, ¿cómo es el novio? ¿Puede Ud. describírnoslo un poco? ¿Es alto, bajo, rubio, moreno, etc.? ¿Cuántos años tiene? ¿Dónde trabaja? ¿Cómo es su familia? ¿Cuántas personas van a asistir a la fiesta? ¿Cree Ud. que van a ser felices Susana y Gabriel? ¿Están muy enamorados?

Al teléfono

sonar (sueno) to ring, sound

marcar to dial   **línea** line    **prometer** to promise    **guardar** to keep

Rosalía González, con la invitación de Susana todavía en la mano, corre al teléfono y marca un número. La línea está ocupada. Espera dos o tres minutos y marca el número otra vez. El teléfono suena . . . ¡en la casa de Ud.! Ud. lo coge y contesta: "¿Sí?" Vamos a ver cómo continúan Uds. la conversación. (Of course, you'll speak to each other as "tú".)

Rosalía	**Ud.**
Hola, ____. Habla Rosalía. ¿____?	(Ud. contesta.) ¿____?
¿Sabes? Una amiga **tuya** (of yours) se va a casar.	—¿Una amiga mía? ¿Quién?
(Le dice el nombre.)	—¡Qué va! Ella no es amiga mía. Sí, conozco a sus hermanos, y ellos son amigos nuestros. Y nosotros somos amigos **suyos** (of theirs). Pero, ¿Susana? ¿Amiga mía? ¡Qué va!
Bueno. Entonces, ¿me prometes una cosa?	(Dice que sí, promete.)
(Pregunta si puede guardar un secreto.)	(Dice que seguramente puede.)
Pues yo no soy amiga **suya** (of hers) tampoco (either). ¡Su novio . . . fue mío!	(¡Una exclamación!)

1 "Deposite su dinero después de oír la señal para marcar (dial tone)." A las cinco de la tarde, muchas personas esperan para usar el teléfono público en el Paseo de la Reforma, México, D.F. "Por favor, cinco pesos más."

2 "¿Rosalía? Aquí habla Susana. Sí . . . ¡Me voy a casar! Sí, con Gabriel."

¿Sabe Ud.?

La manera más común de decir un número telefónico en español es de dar los números en pequeños grupos, no uno por uno. Por ejemplo, si el número es 534–2756, decimos: cinco/ treinta y cuatro/ veinte y siete/ cincuenta y seis.

¿Puede Ud. decirnos ahora el número de su teléfono?

¿Quién llamó?

cuidarse
to take care
of oneself

acostarse
(me acuesto)
to go to bed

vestirse
(me visto)
to get dressed

divertirse
(me divierto)
to enjoy oneself

Yo no tengo teléfono privado. Y así, cuando quiero llamar a un amigo, siempre oigo fragmentos de otras conversaciones. Anoche, por ejemplo . . . ¿Puede Ud. decirme quiénes estuvieron en la línea?

1. Esteban, tienes que cuidarte más.
   —Pero me cuido mucho. Realmente.
   —Entonces, ¿por qué te acuestas tarde todas las noches?
   —No me acuesto tarde siempre.
   —Pues, ¿prometes que vas a acostarte temprano esta noche? ¿Me lo prometes, Esteban?

   ¿Quién llamó a Esteban, un pariente suyo (una pariente suya), un amigo suyo (una amiga suya), o su novia?

2. Entonces, ¿tú vas también?
   —Claro.
   —¡Qué maravilla! Vamos a divertirnos mucho.
   —Seguro. Si tú estás allí, siempre me divierto. A propósito, ¿cómo te vas a vestir?
   —Depende. Si la fiesta es muy formal, me pongo los levis nuevos. Si es informal, me pongo los viejos. ¿Qué te parece, amor mío?
   —Fantástico. Así me visto yo también.

   Ahora, ¿quiénes son estas personas, amigos, hermanos, novios, o esposos? ¿Cuántos años de edad cree Ud. que tienen?

3. Amalia, ¿puedes guardar un secreto?
   —¡Cómo no! ¿Qué pasó?
   —¿Prometes que no se lo vas a decir a nadie?
   —Prometo, prometo, ¿Qué pasó?
   —Pues la nueva vecina tuya besó al cartero el otro día.
   —¿Y por qué no? ¡El cartero es su esposo!

   Díganos: ¿Quién habló con Amalia, un(a) agente de policía, un hijo suyo (una hija suya), o un vecino suyo (una vecina suya)? ¿Dónde cree Ud. que viven?

4. Señora, le voy a ofrecer una oportunidad que no ofrezco a todos mis clientes.
   —Gracias, no. No me gustan esos precios suyos.
   —Entonces, le ofrezco otra cosa, una ganga fantástica . . .
   —Por favor, señor, hoy no.

   Diga otra vez; ¿Quién habló con la señora, un primo suyo, el dueño de una tienda, o un íntimo amigo suyo? En su opinión, ¿qué cosa quiere vender?

Detectives . . . Dentistas . . . Discos . . . ¿Qué busca Ud.? Aquí lo encuentra en las "páginas amarillas" de la Guía Telefónica.

Vocabulario

acostarse (me acuesto) to go to bed
asistir a to attend (a function)
besar to kiss
el **buzón** mailbox
la **carta** letter
el **cartero** mailman
conducir (conduzco) to conduct, lead
el **correo** mail; **Casa de Correos** Post Office
cuidarse to take care of oneself
la **dirección** address
divertirse (me divierto) to enjoy oneself, have a good time
enamorado (de) in love (with)
guardar to keep
la **línea** line
marcar to dial
mío mine, of mine
nacer (nazco, naces) to be born
novia, novio sweetheart
ofrecer (ofrezco, ofreces) to offer
el **paquete** package
parecer (parezco, pareces) to appear, seem
la **postal** postcard
producir (produzco, produces) to produce
prometer to promise
el **sello** stamp
el **sobre** envelope
sonar (sueno) to ring, sound
suyo his, hers, its, yours, theirs; of his, of hers, etc.
tener . . . años (de edad) to be . . . years old
tuyo yours, of yours
vestirse (me visto) to get dressed

mi(s)	means "my"	**mío(s), mía(s)**	mean "mine" or "of mine"
tu(s)	your	**tuyo(s), tuya(s)**	yours, of yours
su(s)	his, her, its, your (de **Ud.** or **Uds.**), their	**suyo(s), suya(s)**	his, hers, its, yours, theirs

Nuestro, nuestra (and **vuestro, vuestra**) work either way.
nuestro amigo our friend   un amigo nuestro a friend of ours

Me gusta esa idea tuya.	I like that idea of yours.
Me gustan esas ideas tuyas.	I like those ideas of yours.
Este papel es mío.	This paper is mine.
Ésos son suyos.	Those are his (hers, yours, theirs).

Of course, we can change **suyo** to **de él, de ella, de Ud.**, etc., to make things perfectly clear.

La casa es suya . . . La casa es de él.   The house is *his*.
　　　　　　　　　　 La casa es de ella. The house is *hers*.
　　　　　　　　　　 La casa es de ellos. The house is *theirs*.

Respuestas al Cuestionario

Aquí tiene Ud. las respuestas (answers) de nuestros amigos latinoamericanos:

I. Ud. y su familia
  1. ¿Cuántos hermanos?   70%, entre 4 y 6
  2. ¿Cuántos hijos desea Ud.?   La gran mayoría dijo "Dos"
  3. ¿Vive con Uds. otro pariente?   60%—Sí
  4. ¿Va a vivir con sus padres hasta casarse?   60%—Sí
  5. ¿Se casa Ud. contra los deseos de sus padres?   70%—Sí
  6. ¿Dónde deben vivir los padres viejos?   90%—¡con los hijos casados!

II. Vida social
  1. ¿Cómo pasa su tiempo?   65% —con un grupo de amigos
  2. ¿Cuándo comenzó a salir solo (sola)?   60%— a los catorce años o después
  3. ¿Invita Ud. a su casa . . .?   70%— ¡No!
  4. ¿Dónde pasa su tiempo libre?   #1—en la calle con amigos   #2—en casa (televisión, etc.)

III. Hombre y mujer
  1. ¿Quién debe pagar?   La gran mayoría dijo "Él". ¡Nadie dijo "Ella"!
  2. ¿Besarse en público?   50%—Está bien; 50%—Está mal.
  3. ¿La mejor edad para casarse una mujer? —la mayoría dijo: 18–22
  　　　　　　　　　　　　　　　 ¿un hombre? —la mayoría dijo: 26 o más
  4. ¿Mujer bonita?   70%—5'5" de alto; 125–135 libras de peso
  　　　　　　　　　65%—ojos oscuros, pelo moreno
  　¿Hombre guapo?   80% 5'11"– 6'0" de alto; peso—160–165 libras
  　　　　　　　　　　95% ojos y pelo—oscuros (dark)

LECCIÓN 10

¡A comer!
Let's eat!

la **sopa** — soup
el **té** — tea
el **café** — coffee, café
el **pescado** — fish
la **hamburguesa** — hamburger
el **jamón** — ham
la **salsa de tomate** — catsup
la **carne** — meat
el **pollo** — chicken

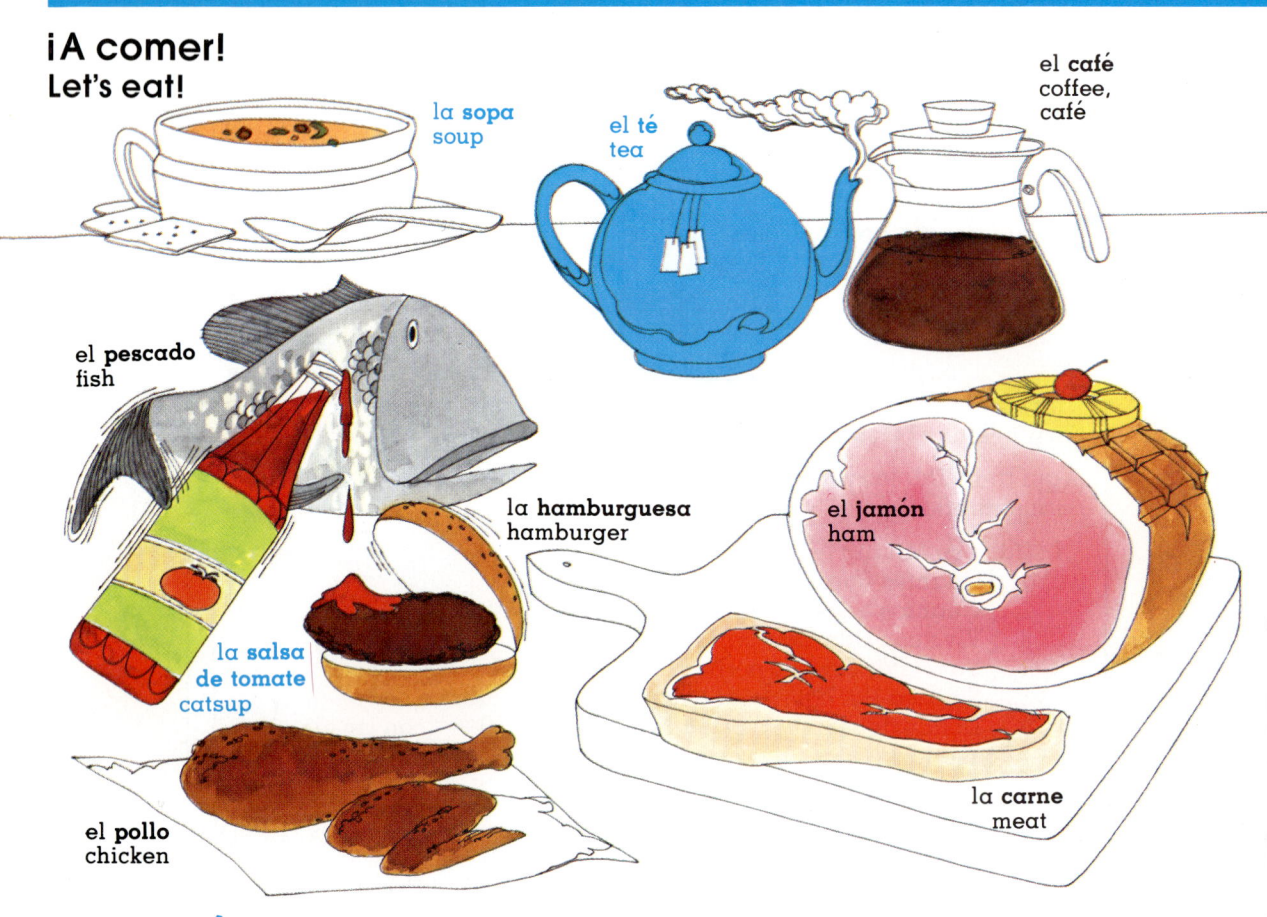

Díganos

1. ¿Le gusta mucho a Ud. comer? ¿Dónde le gusta más comer — en casa o fuera? ¿Dónde comió anoche? A propósito, ¿es buena la comida (food) en la cafetería aquí?
2. ¿Come Ud. solamente cosas buenas para la salud (health)? ¿Come muchas cosas "malas"? ¿Vigila (Do you watch) mucho su dieta?
3. ¿Qué le gusta más a Ud. — la carne o el pescado? ¿Le gustan las hamburguesas "comerciales"? ¿Las come con mucha salsa de tomate? ¿Le gusta el pollo "al estilo Kentucky"?
4. ¿Le gustan a Ud. los vegetales? ¿las frutas? ¿los helados?

10

la **mantequilla**
butter

los **frijoles**
beans

el **arroz**
rice

los **vegetales**
vegetables

el **queso**
cheese

el **maíz**
corn

la **leche**
milk

los **helados**
ice cream(s)

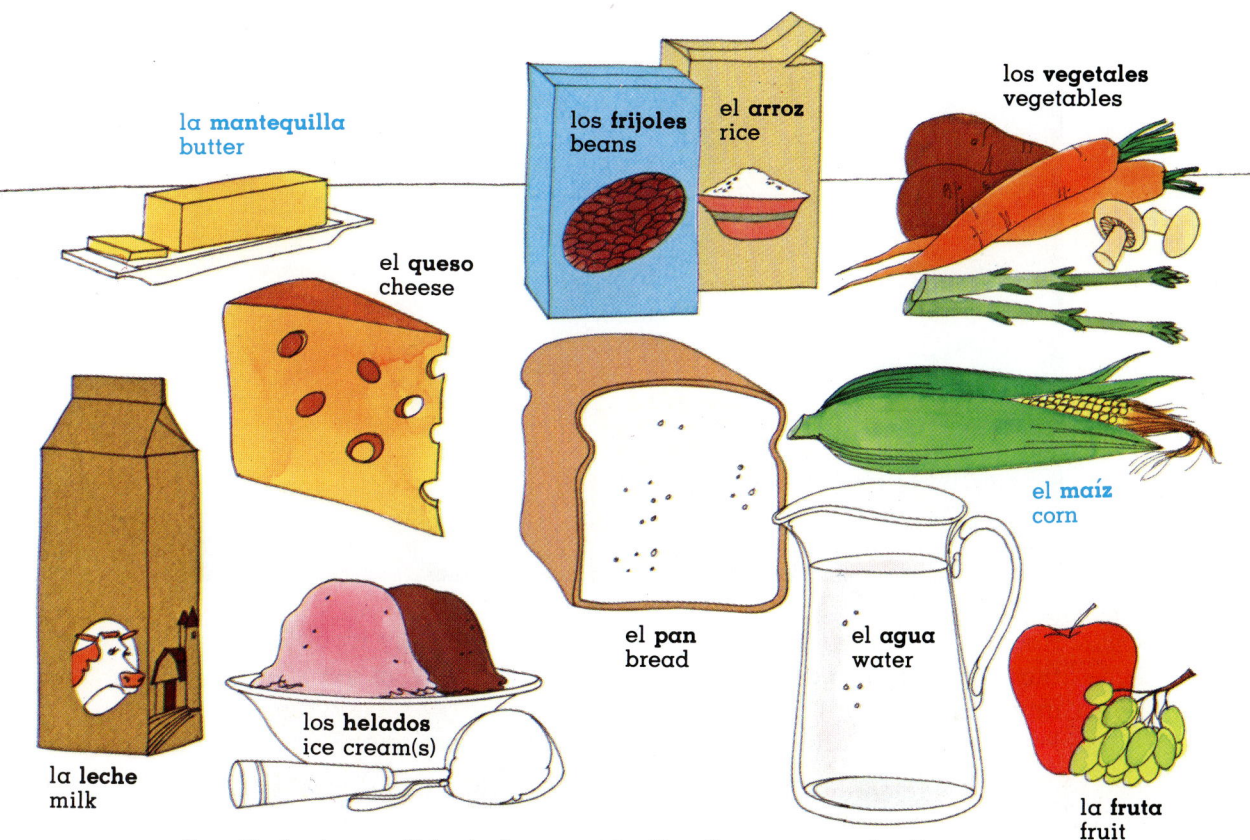

el **pan**
bread

el **agua**
water

la **fruta**
fruit

5. ¿Qué piensa Ud. de la comida (food) mexicana? ¿Conoce Ud. los tacos? ¿los tamales? ¿los frijoles? ¿el arroz con pollo? ¿Qué otros platos hispanos conoce Ud.?

6. ¿Le gusta la comida china? ¿Cuál le gusta más — la comida china, la comida italiana o la comida francesa? A propósito, ¿hay restaurantes japoneses donde vive Ud.?

7. ¿Qué toma Ud. normalmente con su comida — agua, leche, jugos (juices) o soda? ¿Le gusta el jugo de tomate? ¿el jugo de naranja (orange)? ¿Bebe Ud. café? ¿Bebe mucho té? ¿Sirve su familia vino (wine) con la comida?

8. Finalmente, ¿quién prepara las comidas en su casa? ¿Sabe Ud. cocinar? ¿Sabe su padre cocinar? ¿Saben sus hermanos? En su opinión, ¿es importante para un hombre aprender a cocinar?

Restaurante

Hoy vamos a comer en un restaurante, ¿está bien? Vamos a un lugar muy bonito, nos sentamos a una mesa, el mesero (waiter) nos da el menú, y...

— Menú —

CARNES
rosbif, hamburguesa, biftec, pollo, jamón, cordero (*lamb*)

PESCADOS
salmón fresco, mariscos (*shellfish*) variados

VEGETALES
arroz, frijoles, papas fritas (*french fries*), maíz (*corn*), bróculi, coliflor

ENSALADA
lechuga (*lettuce*) y tomate, con salsa francesa, rusa o italiana
pan con mantequilla

POSTRES (*Desserts*)
helados de vainilla o chocolate
flan (*custard*) con caramelo
tarta (*cake*) de chocolate o de queso fruta fresca

BEBIDAS - café, té, chocolate, sodas variadas

Ahora vamos a pedir (order), ¿está bien? The only trouble is that the waiter is a "health freak" and won't let us get anything we want.
Por ejemplo: ¿Cómo completa Ud. esta conversación?

Mesero (Mesera)	**Usted**
Buenas..., señor(ita). ¿Qué le puedo traer hoy?	—Buenas... ¿Me trae Ud....? (*Pida una carne o un pescado, con vegetales, papas, etc.*)
Ah, no, señor(ita). Eso no está muy fresco hoy. Yo le recomiendo más el...	—Muy bien. Entonces, voy a tomar... (*Pida Ud. otra cosa diferente.*)
Ay, por favor, señor(ita). Eso tiene muchas calorías. ¿Por qué no pide Ud....?	—Bueno, si Ud. insiste. Pero para terminar, quiero... (*Pida Ud. un postre delicioso y una bebida.*)
¡Por Dios, señor(ita)! Eso es muy malo para la salud. ¿Por qué no toma Ud....?	(*Decida Ud. si quiere aceptar esta recomendación o si prefiere ir a otro restaurante.*) —Muy bien, muy bien. O... —Adiós, señor(ita), me voy a otro lugar.

OBSERVACIONES

28. "I was going, I used to go" — the imperfect tense (singular)

¿RECUERDA UD.?

hablo	I speak, I am speaking	hablé	I spoke
como	I eat, I am eating	comí	I ate

So far, we have learned only two tenses—the present and the preterite. In other words, we can tell what *is happening* now or what *happened* at some moment in the past. Today we're going to tell what *was happening*, what *used to happen*. The new tense we're going to learn is called the "imperfect."

A. Here are the regular singular forms of the imperfect tense.

Actividades

1 ¿Hablaba...? —Sí, hablaba...

Yes, the first and the third persons are exactly alike in the imperfect tense.

Ahora, piense bien, y díganos:
A la edad de dos años (At the age of two):
1. ¿Hablaba Ud. ya?   —Sí, hablaba...
 (Were you talking already?)   —No, no hablaba todavía.
2. ¿Miraba Ud. ya la televisión?
3. ¿Gritaba Ud. mucho?   —Sí, gritaba... (Yes, I used to...)
 (Did you yell...?)   —No,...
4. ¿Hablaba otra lengua en casa su familia? (Did your family speak...?)   —Sí, mi familia... (My family used to...)

A la edad de cinco años:
1. ¿Jugaba Ud. con otros niños?
2. ¿Jugaba Ud. en la calle o en casa?
3. ¿Amaba Ud. mucho a sus abuelos?
4. ¿Los visitaba mucho su familia? (Did your family visit them...?)
5. ¿Le gustaba a Ud. aprender canciones?   —Sí, me gustaba...
6. ¿Qué le gustaba comer?   —Me gustaba comer...

2 ¿Vivía...? —Sí, vivía...

A la edad de diez años:
1. ¿Dónde vivía Ud.? —Vivía en...
   (Where were you living?)
2. ¿Vivía cerca de la escuela su familia?
3. ¿Tenía Ud. muchos amigos en la escuela? (Did you have...?) —Sí, tenía... (Yes, I used to...)
   —No,...
4. ¿Tenía Ud. que ir a la cama temprano? (Did you have to...?)
5. ¿Podía Ud. salir de noche? —Sí, podía...
   (Could you go out at...?)
6. ¿A qué hora volvía Ud. de la escuela? —Volvía a la(s)...
7. ¿Sabía Ud. tocar un instrumento musical?
8. ¿Comía mucha fruta?
9. ¿Comía muchos vegetales?

3 Tú estabas...? —Sí, estaba...
   Tú tenías...? —Sí, tenía...

Just as with the present tense, the **tú** form simply adds –**s** to the verb ending for **usted**. Por ejemplo:

1. ¿Dónde estabas hoy a las seis de la mañana? —Estaba en...
   (Where were you...?)
2. ¿Dormías todavía? —Sí, dormía...
   (Were you sleeping...?) —No,...
3. ¿Dónde estabas anoche a las nueve?
4. ¿Mirabas la televisión?
5. ¿Escuchabas el radio?
6. ¿Ayudabas a tus padres?
7. ¿Comías un helado?
8. ¿Leías un libro?
9. ¿Llamabas por teléfono a un amigo?
10. ¿Hacías tu lección de español?
11. ¿Te sentías triste o feliz? —Me sentía...
    (Were you feeling...?)

B. There are only three verbs that have special forms in the imperfect.

	ser (to be)	**ir** (to go)	**ver** (to see)
(yo, él, ella, Ud.)	era	iba	veía
(tú)	eras	ibas	veías

— **Actividad** ——————————————————

era..., iba..., veía

Cuando Ud. era pequeño (pequeña):
1. ¿Era Ud. obediente o desobediente? (Were you...?) —(Yo) era...
2. ¿Era Ud. alto (alta) o bajo (baja) para su edad?
3. ¿Era Ud. simpático (simpática) o imposible?
4. ¿Iba Ud. frecuentemente al cine? (Did you go...?) —Sí, iba... (Yes, I used to...)
5. ¿A qué hora iba normalmente a la cama?
6. ¿Veía Ud. muchas películas? (Did you see...?) —Sí, veía...
7. ¿Veía Ud. todas las semanas a sus primos?

En breve—here are all the singular forms of the imperfect tense:

	hablar	**comer**	**vivir**
(yo, él, ella, Ud.)	hablaba	comía	vivía
(tú)	hablabas	comías	vivías
	ser	**ir**	**ver**
(yo, él, ella, Ud.)	era	iba	veía
(tú)	eras	ibas	veías

— **Práctica** ——————————————————

1 *Diga las formas correctas del imperfecto:*
1. yo: bailar, cantar, volver, morir
2. tú: amar, odiar, creer, sentir
3. nuestro vecino: pensar, soñar, dormir, perder
4. Ud.: caminar, manejar, tener, conocer

2 Frases revueltas (Scrambled sentences)
Can you unscramble them? Do you know what they mean?
1. ¿ibas partido hoy no al conmigo?
2. hamburguesa esa buena era no muy
3. veía aquí sábados la todos los yo
4. era creo que hermano su o primo su
5. ¿siempre primera la clase eras la de?

3 Cuento
Complete este cuento, usando siempre el imperfecto:

Cuando yo ___ niña, ___ un amigo imaginario. (ser, tener) Mi amigo ___ Pitumbo. (llamarse) No sé de dónde ___ ese nombre (name), pero ___ misterioso, y me ___ mucho. (venir, sonar, gustar) Todos los días (yo) ___ con él. (hablar) Le ___ mis pequeños problemas, y él me ___ con ellos. (contar, ayudar) Cuando (yo) ___ a la mesa, siempre ___ un plato para Pitumbo. (sentarme, poner) Cuando (yo) ___ a la calle, Pitumbo ___ conmigo. (salir, ir) Y (yo) nunca ___ miedo. (tener) Nunca ___ sola. (sentirme) Pero un día, todo cambió. ___ mi cumpleaños. (ser) Mamá ___ mi comida favorita — hamburguesa con helados. (preparar) Y Papá ___ con los trenes que (él) ___ de comprarme. (jugar, acabar de) De repente (Suddenly), oí un ruido (I heard a noise) en la puerta. La abrí, y allí, delante de mis ojos ___ un perrito (little dog) blanco y negro. (estar) Lo miré por un momento, y él me miró. "¿Pitumbo?" le dije. El perrito entró, y desde ese momento, mi amigo imaginario desapareció (disappeared).

Conteste ahora:
1. En su opinión, ¿cuántos años tenía la niña de este cuento?
2. Cuando Ud. era pequeña (pequeño), ¿tenía un amigo imaginario? ¿Tenía un perrito? ¿Cómo se llamaba?

29. "We were going, we used to go" — the imperfect tense (plural)

A. Here are the regular plural forms.

Actividades

1 ¿Hablaban Uds....? —Sí, hablábamos...

Cuando Uds. estaban en la escuela primaria:
1. ¿Hablaban Uds. mucho o poco en clase? —Hablábamos...

2. ¿Siempre preparaban bien sus
    lecciones? —Sí, preparábamos . . .
3. ¿Estudiaban ya el español?
4. ¿Caminaban Uds. a la escuela,
    o tomaban el autobús?
5. ¿A qué deportes jugaban Uds.? —Jugábamos al . . .
6. ¿Hablaban otra lengua en casa
    sus padres? —Sí, mis padres hablaban . . .
    (Did your parents speak . . .?) —No, . . .
7. ¿Le enseñaban muchas cosas
    sus padres? —Sí, me enseñaban . . .
    (Did your parents teach you . . .?) —No, . . .
8. ¿Lo (La) amaban mucho a Ud.?
9. ¿Le gustaban a Ud. las fiestas? —Sí, me . . .
10. ¿Le gustaban los helados?

2 ¿Comían Uds . . . ?   —Sí, comíamos . . .[1]

Cuando Uds. eran niños:
1. ¿A qué hora comían Uds.? —Comíamos a las . . .
    (. . . did you usually have
    dinner?)
2. ¿Comían Uds. con sus padres o
    comían antes?
3. ¿Cuántas horas dormían cada
    noche? —Dormíamos . . .
4. ¿A qué hora tenían que ir a la
    cama?
5. ¿Tenían Uds. miedo de los
    animales?
6. ¿Veían Uds. frecuentemente a
    sus abuelos?
7. ¿Leían Uds. muchos libros?
8. ¿Venían muchos invitados a su
    casa? —Sí, muchos invitados venían . . .
    (Did many guests come . . .?)
9. ¿Tenían muchos amigos sus
    padres?
10. ¿Hacían muchas fiestas en
    casa?

---

[1] As always, for the **vosotros** form, look for the **-is** ending: **hablabais, comíais,** etc.
See verb chart, p. 413.

B. The three irregulars: **ser, ir,** and **ver**

― Actividades ―

1 ¿Eran Uds....?   —Sí, éramos...

Cuando Uds. estaban en la escuela primaria:
1. ¿Eran muy buenos estudiantes?   —Sí, éramos... —No,...
2. ¿Eran buenos atletas (athletes) también?
3. ¿Eran más felices que (than) ahora?
4. ¿Eran muy simpáticos los maestros?   —Sí, los maestros eran...

2 ¿Iban Uds....?   —Sí, íbamos...

Cuando Uds. eran más jóvenes:
1. ¿Iban a fiestas en casa de amigos? (Did you go...?)   —Sí, íbamos... (Yes, we would...) —No,...
2. ¿Iban frecuentemente al centro?
3. ¿Iban sus hermanos ya a la escuela?   —Sí, mis hermanos iban...
4. ¿Iban a trabajar su mamá y su papá?

3 ¿Veían Uds....?   —Sí, veíamos...

Y finalmente, cuando Uds. eran estudiantes nuevos en esta escuela:
1. ¿Veían todos los días a los mismos maestros? (Did you see every day...?)   —Sí, veíamos...
2. ¿Veían Uds. mucho a sus viejos amigos?   —Sí, veíamos a nuestros...
3. ¿Veían películas en la clase de historia?
4. ¿Veían experimentos en la clase de ciencia?

En breve — here are the plural forms of the imperfect:

hablar	comer	vivir	ser	ir	ver
hablábamos	comíamos	vivíamos	éramos	íbamos	veíamos
hablaban	comían	vivían	eran	iban	veían

Notice the accent marks on the forms **éramos, íbamos,** etc.

Práctica

1 *Haga plurales todas las palabras indicadas.*
Por ejemplo: ¿Se casaba su primo?   ¿Se casaban sus primos?
Yo iba con él.   Nosotros íbamos con ellos.
¿Ud. no la conocía?   ¿Uds. no las conocían?

1. ¿A qué hora *bajaba Ud.*?
2. Yo siempre la *ayudaba.*
3. No me *gustaba* esa marca.
4. ¿Dónde se *sentaba Ud.*?
5. Yo no *quería* verlo.
6. *El tren* se *paraba* a cada momento.
7. ¿No me *recordaba Ud.*?
8. ¿Cómo se *llamaba* ese chico?
9. Yo no *sabía* nada de *ella.*
10. ¿Se *sentía Ud.* muy cansado?

2 *Cambie ahora al imperfecto:*
(Y recuerde: Hay sólo 3 verbos irregulares — **ir, ser** y **ver**.)

1. Los niños *corren* a su papá.
2. *Caminamos* en el campo.
3. ¿Quiénes *van* contigo?
4. No *queremos* hacerlo.
5. ¿Quién *sabe* la verdad?
6. No *vemos* nada.
7. Tú no *eres* como él.
8. *Vamos* a llamarlos hoy.
9. No *puedo* decírselo.
10. *Pienso* que *es* ella.

REPASO RÁPIDO

Here is the whole imperfect tense:

	hablar	comer	vivir	ser	ir	ver
(yo)	hablaba	comía	vivía	era	iba	veía
(tú)	hablabas	comías	vivías	eras	ibas	veías
(Ud., él, ella)	hablaba	comía	vivía	era	iba	veía
(Ud. y yo)	hablábamos	comíamos	vivíamos	éramos	íbamos	veíamos
(Uds., ellos)	hablaban	comían	vivían	eran	iban	veían

Práctica

(You can check your answers in the back of the book.)

Díganos...
1. where you were living in 1975.
2. how old you were then. (Tener... años)
3. what you used to like to do when you were a child. (Me...)
4. what you used to like to eat.
5. who your favorite people used to be.

Desde que se casó... ya no tiene interés en su familia.

Quiero una hamburguesa...

¿Oyen? Cuando nosotros éramos pequeños...

CUENTO   REUNIÓN DE FAMILIA

Apartamento 4A. Es domingo, 22 de junio, y la familia Sender está **reunida.** Los niños corren de un cuarto a otro y juegan y gritan, y los **mayores** conversan en pequeños grupos en la sala.   *gathered together / adults*

5 Víctor: Entonces, ¿Elvira no viene?
Silvia: No. Hablé con ella el jueves y dijo que tenía que ir a una **boda.**   *wedding*
Jorge: **¡Qué va!** Yo la conozco. Desde que se casó con el nuevo esposo, **ya no** tiene interés en su familia.   *Go on! / no longer*
10 Amanda: Eso no es verdad. ¿No fue al funeral de Pío?
Jorge: Sí, para ver si estaba **bien finado.**   *good and dead*
Silvia: ¡Muy bonito! ¡Muy **gracioso**! Si hablas así de tu **propia**...   *funny / own*
(Tres niños entran con mucha conmoción.)
15 Amanda: Pero, ¿qué es esto? Rafaelito, ¿qué te pasa?
Rafaelito: Quiero una hamburguesa, y **no hay.**   *there aren't any*
Víctor: Si no hay, ¿por qué no comes otra cosa, hijo?
Manuelita: Ya le dije que hay pollo y jamón...
Michín: Y frijoles y arroz, y...
20 Manuelita: Y él dice **que no, que no, y que no.**   *"no, no, no"*
Olga: El niño está muy **consentido.**   *spoiled*
Amanda: ¿Ah, sí? ¿Y tus hijos son **angelitos**, Olga?   *little angels*
Olga: No digo eso. Sólo digo que si un niño de ocho años no está **contento** con la **comida** que tiene aquí —   *satisfied; food*
25 carnes y pescados y vegetales...

310

*Cuando era pobre, ah, ...
las cosas eran diferentes.*

*Su precioso Rafaelito rompió
el plato de los helados.*

*Tengo que estar loco. Pero ...
los extraño, ¿saben?*

    Rafaelito: **¡Uf!**   Ugh!
    Olga: ... y frutas y quesos y helados...
    Rafaelito: Quiero un helado.
    Víctor: Sólo si dices "por favor" y "gracias."
30   Rafaelito: Por favor, y gracias.
    Olga: **¿Oyen?** Cuando nosotros éramos pequeños,   Do you hear?
        ¿hablábamos así a nuestro papá? (Sale con los niños.)
•   Jorge: **Como yo decía,** cuando ella vivía con el primer esposo,   As I was saying
        cuando era **pobre,** ah, entonces las cosas eran   poor
35   diferentes. **Todos los días** nos llamaba, y nos   Every day
        preguntaba cómo estábamos y cuándo íbamos a
        visitarla.
    Amanda: ¿Quién?
    Jorge: Elvira. **¿Y quién más?** Y todos los domingos venía a   And who else?
40   comer con nosotros.
    Silvia: Eso no. Los domingos ella sólo iba a la **iglesia.**   church
    Jorge: ¡A la iglesia! Yo nunca la veía allí.
    Silvia: ¡Caramba! ¿Y cuándo ibas tú? Pero, ¿por qué no
        hablamos de otra cosa? Dámaso, Natalia, ¿cómo va
45   ahora su **negocio**?   business
    Dámaso: Así, así. **Ricos** no vamos a ser nunca.   Rich
    (Olga entra otra vez, furiosa. Trae a Rafaelito, **cubierto de**   covered with
        helados.)
    Olga: Víctor, Amanda, ¿ahora ven **lo que** pasó?   what
50   Víctor: ¿Qué pasó?
    Olga: Que su precioso Rafaelito **rompió** el plato de los   broke
        helados. Ahora, ¿quién va a **limpiar el piso**?   clean the floor
    Rafaelito: Yo no hice nada.

311

Amanda: ¿Qué me cuentas? ¿Tú no rompiste el plato?

55 Rafaelito: Manuela **me empujó.** Yo fui a tomar un helado, y   pushed me
ella me empujó y...

Víctor: ¿Ya ves, Olga, cómo siempre **acusan** a Rafaelito? Tu   they accuse
divina Manuela...

Jorge: Elvira **tiene razón.** No sé por qué vengo yo a estas   is right
60 reuniones. Como digo siempre, uno puede **escoger**   choose
a los amigos, pero a los **parientes**...   relatives

Silvia: Pues si piensas así, ¿por qué vienes?

Jorge: No sé. Tengo que estar loco. Pero... **los extraño,**   I miss you-all
¿saben?

Vamos a conversar

1. ¿En qué apartamento está reunida hoy la familia Sender?
2. ¿Qué hacen los niños?
3. ¿Dónde conversan los mayores?
4. ¿Por qué no viene Elvira?
5. ¿Habla bien o mal de ella Jorge? A propósito, en su opinión, ¿qué son Elvira y Jorge — hermanos, primos, cuñados (in-laws), etc.?
6. ¿Qué conmoción hay?
7. ¿Qué desea comer Rafaelito? ¿Por qué no puede comerla?
8. ¿Qué otras cosas hay de comer? ¿Le gustan a Rafaelito?
9. ¿Qué opinión tiene Olga del niño Rafaelito? En su opinión, ¿quién es Olga? ¿Cómo se llaman los padres de Rafael?
10. ¿Qué decide comer por fin Rafaelito? ¿Qué tiene que decir?

• 1. ¿Es rica o pobre ahora Elvira? ¿Era rica siempre?
2. Según Jorge, ¿a dónde iba Elvira todos los domingos?
3. Según Silvia, ¿a dónde iba Elvira los domingos?
4. ¿La vio muchas veces Jorge en la iglesia? ¿Va frecuentemente a la iglesia Jorge?
5. ¿Cómo va el negocio de Dámaso y Natalia? En su opinión, ¿quiénes son estos dos?
6. ¿Cómo entra Rafaelito ahora?
7. Según Olga, ¿qué hizo el niño?
8. ¿Cómo lo explica Rafaelito?
9. ¿Le gustan a Jorge estas reuniones de familia? Entonces, ¿por qué viene?
10. ¿Tiene reuniones la familia de Ud.? ¿Son como esta reunión de la familia Sender? ¿Hay una persona en su familia como Jorge? ¿como Silvia? ¿como Olga? ¿como Rafael?

JUEGOS DE PALABRAS

1 Como siempre, llene (fill) los blancos.

1. los **parientes**
relatives
(not parents!)

¿Quiénes son sus parientes favoritos?   mi _____

2. la **iglesia**
church

¿Qué asocia Ud. con la iglesia?   Hoy es _____.   una **boda** wedding

3. la **comida**
food, meal, dinner

¿Qué relación hay?   _____   el _____   _____

4. **limpiar**
to clean

¿Qué limpiamos?   los _____   el _____   el _____

5. **romper**
to break

¿Qué rompiste?   los _____   una _____   _____

¡Pero mamá! ¡Yo no _____ nada!

2 ¿Tienen razón? (Are they right?)
Estudie por un momento estas palabras (words) o expresiones:
- **pobre** poor
- **rico** rich
- **gracioso** funny
- **contento** pleased, satisfied
- **propio** (one's) own
- **cubierto de** covered with
- **ya no** no longer, not any more

313

Now here are some common things that people say. Díganos:
¿Tienen razón? (Are they right?) **¿O no tienen razón?** (Are they wrong?)
1. "Nadie está realmente contento con sus parientes." _____
2. "La cosa más importante de todas es ser rico." _____
3. "Una persona pobre puede ser feliz también." _____
4. "Tu cuarto siempre está cubierto de mugre (dirt)." _____
5. "Cada persona debe hacer sus propias decisiones." _____
6. "Ya no hay sinceridad entre las personas." _____
7. "Woody Allen es el hombre más gracioso que hay." _____

OBSERVACIONES

30. Why both imperfect and preterite?

¿RECUERDA UD.?

¿A dónde fuiste?	—Fui a verla.
(Where did you go?)	(I went to see her.)
¿A dónde ibas?	—Iba a verla.
(Where were you going?)	(I was going to see her.)

A. Perhaps this diagram can show you what the imperfect and the preterite really mean, and what the difference is between them:

Imperfect / *Preterite*

The **imperfect** describes what was happening at a certain time, or how things used to be.
The **preterite** simply reports that something took place.

B. How to use the imperfect
1. It tells what was going on, or how someone was feeling at a certain time.
¿Qué **hacías** cuando te llamé?
—**Dormía**.
¿Te **sentías** mal?
—No. **Estaba** cansada, nada más.

What were you doing when I called you? I was sleeping.
Were you feeling bad?
No. I was tired, that's all.

314

Llovía mucho, y yo no **tenía** abrigo.　It was raining a lot, and I didn't have a coat.

—Pues, ¿qué hiciste?　Well, what did you do?

2. It tells what used to happen or how things used to be.

Nuestra casa no **era** grande, pero **era** muy hermosa.　Our house wasn't big, but it was very beautiful.

—Ah, sí, la recuerdo bien.　Ah, yes, I remember it well.

Cuando **vivíamos** en California, **íbamos** siempre a México.　When we lived in California, we always went (used to go) to Mexico.

—Nosotros también.　So did we.

3. It tells time in the past. It sets the stage for something to happen.

¿Qué hora **era**?　What time was it?

—**Eran** las tres, más o menos.　It was three o'clock, more or less.

Era julio, y **hacía** mucho frío.　It was July, and it was very cold out.

Práctica

1 ¿Puede Ud. relacionar los Grupos 1 y 2?

1	2
En el verano íbamos al campo.	Servilletas y platos, nada más.
¿Fue muy grande la boda?	Todavía no. No tuve tiempo.
¿Qué tenías en la canasta?	Hace diez años, más o menos.
¿Ya comiste el almuerzo?	¿Y dónde pasaban el invierno?
Los papeles estaban debajo de la mesa.	Ajá. Por eso no los pude encontrar.
¿Cuándo se casaron sus tíos?	Tienes razón. ¿Quién las sacó?
Las frutas debían estar en la nevera.	No. Sólo los parientes estuvieron presentes.

2 Ahora lea los pequeños diálogos, y conteste las preguntas:

1. —¡Dios mío, Gerardo! ¿Qué pasó? El piso está cubierto de helados.
   —No fue nada, mamá. Lo limpio todo en tres minutos.
   —¿Y quién rompió mis vasos de cristal? ¿Y mis tazas nuevas? ¿Y los platos que me compró tu papá?
   —Con calma, mamá, con calma. Es que mis amigos y yo estábamos...

   a. ¿De qué está cubierto el piso?
   b. ¿Quién lo va a limpiar?
   c. ¿Qué cosas se rompieron (got broken)?

d. En su opinión, ¿quiénes fueron responsables de todo esto?
e. ¿Jugaban o peleaban (were fighting) los jóvenes?
f. Cuántos años de edad cree Ud. que tienen Gerardo y sus amigos?

2. —No lo comprendo. Yo manejaba perfectamente bien, y...
—Y entonces, ¿por qué te paró el policía?
—¿Qué sé yo? Los otros iban más rápidamente que (than) yo, y... No es justo. Voy a protestar.
—¿Y la otra vez, Niqui? ¿Y las diez veces antes? ¿Protestaste también?

a. En su opinión, ¿quiénes son las dos personas que hablan?
b. ¿Quién paró a Niqui?
c. ¿Fue la primera vez?
d. ¿Cree Ud. que Niqui maneja bien o mal?
e. ¿Por qué piensa Ud. así?

REPASO RÁPIDO

Imperfect vs. Preterite

The imperfect describes what was happening at a certain time, or what used to happen or be.
The preterite just says that something took place.
The imperfect sets the background. The preterite reports the event.

Práctica

(You can check your answers in the back of the book.)
Complete, esogiendo (choosing) el pretérito o el imperfecto:
1. ¿Quién ___ (manejar) cuando ___ (ocurrir) el accidente? —Yo, señor.
2. Ayer yo ___ (dejar) mi sombrero en la iglesia. —¿Y nadie lo ___ (encontrar)?
3. Cuando Elvira ___ (vivir) cerca, me ___ (visitar) todos los días. ¡Qué suerte, eh!
4. Cuando (nosotros) ___ (ser) pequeños, no nos ___ (gustar) los frijoles. —¿Y ahora? —¡Los odiamos!
5. De repente, Rafael ___ (entrar), cubierto de chocolate. "Rafael," ___ (decir) su mamá, "¿tú ___ (romper) el plato de los helados?" —"No, mamá. Yo no ___ (hacer) nada." —"¡Ay, no! ¡Y yo ___ (limpiar) el piso sólo ayer!"

PANORAMA
LA FAMILIA HISPANA

La idea hispana de la familia es un poco diferente de la nuestra. Por ejemplo, el concepto hispano no se limita a los miembros de la familia inmediata—padres, hijos y hermanos. ¡Al contrario! La familia hispana incluye a los abuelos, los tíos, y a todos los primos, cercanos y distantes. Y muy frecuentemente, dos o tres generaciones viven en la misma casa. ¡A los hispanos no les gusta mandar a sus parientes viejos a una "casa de viejos"!

1 "¿Me amas, abuelita?" En efecto, esta amable señora es la bisabuela (great-grandmother), no la abuela de Raquel Baca. La señora, que nació en México, vive ahora con la familia de su hija en Belén, Arizona.

2 Cuatro generaciones se reúnen en la casa de Antonio y Sofía Baca. Con sus doce hijos, los Baca formaron hace poco una banda musical que toca en las fiestas locales.

3 "¡Ah, pero la vida es buena!" Domingo en un parque mexicano. El amor toma muchas formas.

4 Siempre unida, la familia del gran actor mexicano Manolo Fábregas se reúne delante de su casa en Cuernavaca. De izquierda a derecha: Rafael, Marta, la señora Fela Fábregas, Manolo, Virginia, Manolo hijo, y Mónica (que también es estrella de teatro y cine). Para el hispano, la unidad de la familia vale más que el triunfo social.

5 Mientras sus padres trabajan, Elena Hostos pasa el tiempo con su abuelo. La familia ya no vive en Puerto Rico, pero la tradición hispana continúa.

6 "¡Uyyy! ¡Qué bonito!" Mamá, papá, niño y sombrero en un parque de recreo (amusement park). México, D. F.

7 Fiesta de cumpleaños en Cali, Colombia, y toda la familia está reunida. Los hispanos no celebran solamente su cumpleaños. ¡Celebran el día de su santo (saint's day) también!

LECCIÓN 11

¡Qué bien, eh!

¡Qué bien! Terrific!
¡Claro! Of course!
¡Qué rico! How great!
¡Caramba! Well, I'll be . . . !
¡Qué va! Go on! Nonsense!
Tal vez Maybe
No importa. It doesn't matter. Never mind.
¡Cómo! What!
¡Me encanta! I love it!
¡Qué maravilla! How wonderful!

Díganos

1. ¿Es Ud. una persona muy emocional? ¿muy expresiva? ¿muy sentimental?
2. ¿Es Ud. una persona tranquila o nerviosa? Y sus padres, ¿cómo son? ¿y sus hermanos?
3. ¿Es Ud. una persona celosa (jealous)? ¿Es Ud. celoso (celosa) de sus amigos? ¿de los miembros de su familia? ¿de las personas ricas o famosas?
4. ¿Ama Ud. fácilmente? ¿Llora Ud. (Do you cry) mucho? ¿Ríe (Do you laugh) mucho? ¿Ríe Ud. en voz muy alta?
5. ¿Se molesta Ud. (Do you get annoyed) fácilmente? (Sí, me . . .) ¿Con quién se molesta Ud. más? ¿Odia Ud. a esa persona?
6. ¿Se entusiasma Ud. (Do you get enthusiastic) fácilmente? ¿Pierde Ud. rápidamente su entusiasmo?
7. Y una cosa más: ¿Cuáles son sus expresiones favoritas en inglés? ¿Cuáles le gustan más en español? (¡Dios mío!)

11

¡Qué demonios!
What the devil!

¡Qué lata!
What a mess!
What a nuisance!

¡Qué cosa!
What a thing!

¡Dios mío!
My goodness!
Oh no!

¡Qué demonios! . . . ¡Qué rico!

Vamos a hacer un experimento, ¿está bien? Escriba Ud. en papeles individuales todas las expresiones que acabamos de aprender, y métalas (put them) en una caja o canasta. (Si sabe más expresiones — ¡expresiones decentes, por favor! — , métalas allí también.) Ahora prepare Ud. seis o siete frases originales. (Sus amigos van a hacerlo también.) Por ejemplo: "¿Saben Uds.? Nuestra profesora se casó secretamente anoche." "¡Mi madre ganó la lotería ayer!" "Este sábado es mi cumpleaños (birthday)." "El viernes vamos a tener cinco exámenes." "(Una persona famosa) viene a visitar nuestra clase." "(Nombre de una persona) tiene un novio nuevo (una novia nueva)." ¿Comprende? Y no importa realmente si son verdad.

Ahora, cuando una persona lee su frase, la persona a su derecha (o izquierda) mete la mano en la caja y saca una de las expresiones: "¡Qué demonios!" . . . "¡Qué maravilla!" . . . "¡Caramba!" . . . Vamos a jugar.

OBSERVACIONES

31. The present participle: —ing

¿RECUERDA UD.?

Complete, usando . . .   Complete, using . . .
Conteste, escogiendo . . .   Answer, choosing . . .

The English verb form that ends in –*ing* ("talking, eating," etc.) is called the present participle. Here's the way we say it in Spanish:

> hablar: **hablando** speaking   comer: **comiendo** eating
> vivir: **viviendo** living

In other words: Change the –ar infinitive ending to –ando.
Change the –er or –ir to –iendo.

Of course –iendo becomes –yendo after a vowel. You know why, don't you?

caer (ca-iendo) ⟶ **cayendo** falling
oír (o-iendo) ⟶ **oyendo** hearing

Práctica

Diga rápidamente la forma de –ndo:

1 dar, estar, gastar, descansar, pensar, cerrar, encontrar, comprar

2 nacer, parecer, ser, mover, recibir, subir, permitir, dirigir, traer, oír

One small exception: –ir stem-changing verbs change the **e** to **i** and the **o** to **u** in their main part.[1] Of course, the –**iendo** ending still stands:

servir: **sirviendo**   dormir: **durmiendo**

Vamos a continuar.

3 pedir, repetir, sentir, mentir, vestir, divertir; dormir, morir

---

[1] A few, very few, irregular verbs have the same type of change. We'll come to them one by one.

32. "Not now! I'm working!" —estar + —ando, —iendo

Actividades

1 ¿Está(s) hablando . . . ?   —Sí, estoy hablando . . .

1. ¿Está Ud. hablando español?   —Sí, estoy . . .
2. ¿Está hablando inglés?
3. ¿Está trabajando mucho?
4. ¿Está aprendiendo una cosa nueva?
5. ¿Está escribiendo ahora en la pizarra?
6. (Charita), ¿estás hablando con tu vecina?
7. (Arturo), ¿estás escuchándome?   —Sí, . . . escuchándola (escuchándolo).
   —No, . . .

2 ¿Están hablando . . . ?   —Sí, estamos hablando . . .

1. Chicos, ¿están hablando ahora en español?   —Sí, estamos . . .
2. ¿Están practicando los verbos?
3. ¿Están aprendiendo muchas expresiones nuevas?
4. ¿Qué lección están Uds. estudiando?   —Estamos . . .
5. ¿Están comenzándola o terminándola ahora?

3 ¿Qué estaba(s) haciendo . . . ?   —Estaba . . .

Anoche a las once, díganos:

1. ¿Estaba Ud. comiendo todavía?   —Sí, estaba . . .   —No, . . .
2. ¿Estaba Ud. mirando la televisión?
3. ¿Estaba conversando con sus hermanos?
4. ¿Estaba durmiendo?
5. Y tú, (Rogelio), ¿estabas hablando por teléfono?
6. (Dorotea), ¿estabas preparando tus ejercicios?
7. (Micaela), ¿estabas escribiéndolos?

4 ¿Qué estaban haciendo?   —Estábamos . . .

Esta mañana a las siete:
1. ¿Estaban Uds. durmiendo todavía?   —Sí, estábamos . . . —No, . . .
2. ¿Estaban sirviendo el café?
3. ¿Estaban caminando ya a la escuela?
4. ¿Estaban trabajando o descansando
    sus padres?   —Mis padres estaban . . .

En otras palabras (In other words):

A. As you know, Spanish can tell what is happening right now just by using the present tense, without the help of any other verb.

| ¿Qué haces? | What are you doing? |
| —Preparo la comida. | I'm preparing dinner. |

But if we want to really point out that the action is going on at this very moment, we can use **estar** and the present participle.

| ¿Qué estás haciendo? | What are you doing? |
| —Estoy preparando la comida. | I'm (in the middle of) preparing dinner. |

B. The same idea can work with the past. Instead of using the simple imperfect tense, we can use the imperfect of **estar** plus –**ando**, –**iendo**.

¿Qué hacías?
¿Qué **estabas haciendo**?   What were you doing?

—Preparaba la comida.
—**Estaba preparando** la comida.   I was preparing dinner.

C. Where do object pronouns go? Either at the end of –**ando**, –**iendo**, or before **estar**. (It's always safer to attach them!)

Estoy preparándola.
La estoy preparando.   I am preparing it.

Estamos sirviéndosela.
Se la estamos sirviendo.   We are serving it to you.

Now you tell us: Why do we need the written accents? (Recuerde: The secret is in the saying!)

Práctica

1 *Cambie según los modelos:*

Llegan en este momento.   Están llegando en este momento.
¿Dormías?   ¿Estabas durmiendo?

1. ¿Descansas ahora?   2. ¿Toman el tren?   3. Producimos más este año.   4. Sirvo la comida ya.   5. ¿Terminan Uds.?   —No, comenzamos ahora.   6. Escribía una carta.   7. El teléfono sonaba.   8. ¿Quiénes manejaban?   9. ¡Ese hombre mentía!   10. No hacíamos nada.   —Entonces, ¿por qué no ayudaban?

2 *Esta vez, mire las ilustraciones, y complete según los modelos.*

Por ejemplo:

Estoy cocinando los (vegetales).
Estoy cocinándolos.

Estaba buscando sus (llaves).
Estaba buscándolas.

1. ¿Estás buscando un ____?
¿Estás ____?

2. Estamos usando el ____.
Estamos ____.

3. Estoy cosiendo los ____.
____

4. ¿Estabas llevando ____?
¿Estabas ____?

5. ¡Estaba robándome la ____!
¡Estaba ____!

6. Estaban pidiéndonos ____.
____

325

3 *¿Puede Ud. expresar estas frases de otra manera?*

Por ejemplo:

¿Están vistiéndose? ¿Se están vistiendo?
¿**Lo** estabas ayudando? ¿Estabas ayudándo**lo**?

1. ¿**Te** estás cuidando? 2. ¿**Se** están acostando ahora? 3. Están levantándo**se** ya. 4. Estábamos terminándo**las**. 5. ¿Estabas divirtiéndo**te**? 6. Yo estaba escribiéndo**selo**. 7. ¿Quién está ofreciéndo**selos**?

REPASO RÁPIDO

1. The present participle (English *-ing*) has only two endings in Spanish: **-ando** for **-ar** verbs; **-iendo** for **-er** or **-ir** verbs: **comprando, vendiendo.**
Stem-changing **-ir** verbs change **e** to **i**, **o** to **u** in the main part: **pidiendo, muriendo.**

2. **Estar** + the present participle points out that the action is or was happening at a particular moment.

3. An object pronoun is either attached to the end of **-ando, -iendo,** or goes before **estar: Está usándolo. Lo está usando.**

Práctica

(You can check your answers in the back of the book.)

*Usando siempre **estar** y la forma de **-ndo:***

1. Say that your friends are arriving now.
2. Say that you're looking for your eyeglasses.
3. Ask someone if he or she is using those scissors.
4. Ask someone if it's raining.
5. Tell us what you're doing at this moment.

... está limpiando sus
alfombras. ¡A estas horas!

Si ella puede limpiar ...
Riqui puede tocar su trompeta.

Riqui ... ¿Quieres
tocarnos una canción?

CUENTO LOS VECINOS

Casa de apartamentos. Apartamento 3B.
Sra. Alas: Pablo, ¿oyes? **¡Otra vez!** **Again**
Sr. A.: ¿Qué?
Sra. A.: **Arriba.** La señora Romero está **limpiando** sus **Upstairs**
5 **alfombras.** ¡A estas horas! **rugs**
Sr. A.: ¿Qué hora es?
Sra. A.: **Las diez pasadas.** **Past ten**
Sr. A.: ¡Dios mío! ¡Y qué **ruido** está haciendo esa **noise**
  aspiradora! **vacuum cleaner**
10 Sra. A.: ¿Aspiradora? ¡Está usando un tractor!
Sr. A.: ¿Y no lo puede hacer **durante** el día? **during**
Sra. A.: **Dice que** no. Trabaja todos los días. **She says**
Sr. A.: Entonces no hay **remedio.** **choice**
Sra. A.: Tal vez. Pero, ¿sabes, Pablo? ¿Sabes por qué
15 **me molesta?** Porque cuando nuestro Riqui quiere tocar **it annoys me**
  la trompeta después de las nueve, los vecinos llaman al
  dueño, y el dueño me llama a mí, y ... **landlord**
Sr. A.: ¡Qué cosa! ¿Ellos pagan más que nosotros?
Sra. A.: ¡Qué va! ¿Pero ves? Cuando la señora Romero
20 limpia sus alfombras a la **medianoche,** con esa **midnight**
  empujatierra suya, nadie dice nada. **bulldozer**
Sr. A.: ¡Caramba! Pues yo digo que si ella puede limpiar
  sus alfombras, Riqui puede tocar su trompeta.
Sra. A.: Claro. **Lo justo** es justo ... ¡Ri-qui! ... **What's fair**
25 Sr. A.: Riqui ... ¿Quieres tocarnos una canción?

327

Julita . . . ¡Riqui Alas está tocando su trompeta!

Si Riqui puede . . . nosotros podemos bailar.

¿Qué es esto? ¿Una discoteca?

- Apartamento 2B.

  Esteban: Julita, ¿oyes? ¡Otra vez! Riqui Alas está tocando su trompeta.

  Julia: ¡Cómo! ¿A estas horas?

  30 E.: ¿Sabes? Ésa no es una trompeta normal. ¡Es la trompeta de Gabriel!

  J.: Yo no lo entiendo. El jueves **pasado**, ¿recuerdas?, estábamos bailando a la música del tocadiscos, a las ocho y media de la noche . . .   last

  35 E.: No, Julita. Eran las once, **por lo menos**.   at least

  J.: Pues no importa. Estábamos bailando tranquilamente, tú y yo, en nuestra propia casa, y los vecinos comenzaron a **golpear en las paredes** y en . . .   bang on the walls

  E.: Es verdad. Y **siguieron** golpeando **hasta que** tuvimos   they kept; until
  40 que parar.

  J.: ¡Qué cosa, eh!

  E.: Pues yo pienso que si Riqui Alas puede tocar la trompeta . . . ¿Qué dices, Julita? ¿Vamos a bailar? (Los vecinos del 2A y 2C abren sus ventanas y comienzan a
  45 gritar: "¡Caramba! ¿Qué es esto? ¿Una discoteca?" "¡Qué demonios! . . . Ana, ¿dónde está mi martillo?" **Mientras**   While
  en el apartamento 1 B . . .)

  Sra. Losada: Luis, si **sigues** golpeando, va a caer el **cielo**   you keep on; ceiling
  raso.

  50 Chito Losada: Mamá, ¡está cayendo ya! ¡Cui-da-do!
  (Julia y Esteban están bailando todavía.)

  J.: ¡Qué bien! ¡Qué rico! Me encanta bailar.

  E.: Me encantas tú, Julita. ¿Qué dices, chica? ¿**Seguimos**   Shall we keep on
  bailando?

Vamos a conversar

1. ¿En qué apartamento comienza este cuento? ¿Quiénes viven allí?
2. ¿Qué está haciendo la señora Romero arriba?
3. ¿Qué hora es? En su opinión, ¿es tarde para limpiar alfombras?
4. ¿Hace mucho o poco ruido la aspiradora? ¿Piensa Ud. que es una aspiradora vieja o nueva? ¿buena o mala? ¿Hace mucho ruido la aspiradora de Uds.?
5. ¿Por qué no limpia sus alfombras durante el día la señora Romero?
6. ¿A quién llaman los vecinos cuando Riqui toca su trompeta?
7. ¿Llaman al dueño cuando la señora Romero limpia sus alfombras?
8. Según el señor Alas, ¿qué puede hacer Riqui entonces?
9. ¿A quién llaman los señores Alas?
10. ¿Qué le dicen?

- 1. ¿Quiénes viven en el apartamento 2B? ¿Los recuerda Ud.? Los vimos en la lección 3.
  2. ¿Son jóvenes o mayores Julita y Esteban? ¿Cuántos años cree Ud. que tienen? ¿Están muy enamorados?
  3. ¿Qué oye Esteban?
  4. ¿Qué hacían Julita y Esteban el jueves pasado?
  5. ¿Y qué hicieron los vecinos? ¿Ocurre esto en la casa de Ud.?
  6. ¿Qué deciden hacer ahora Esteban y Julita?
  7. ¿Qué gritan los vecinos de los apartamentos 2A y 2C? ¿Qué más cree Ud. que gritan?
  8. ¿Por qué está cayendo el cielo raso en el 1B?
  9. ¿Qué siguen haciendo Esteban y Julita?
  10. En su opinión, ¿son típicas o no estas personas? ¿Quién le gusta más a Ud.? ¿Quién(es) le gusta(n) menos? ¿Con quién se identifica Ud. (do you identify yourself?) (Me . . .)

JUEGOS DE PALABRAS

1 ¿Puede Ud. llenar (fill) los blancos?

1.

la **pared**	**cielo raso**	¿Dónde están estas cosas?	El mapa está en _____.	La _____ está _____.	La foto _____.
wall	ceiling				

2.

alfombra
rug

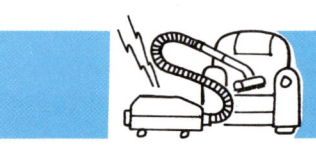

aspiradora
vacuum cleaner

¿Dónde encontramos
la _____?
¿En la _____? ¿En el _____?
¿En el _____?

¿Qué limpiamos con
la _____?
Los _____

3.

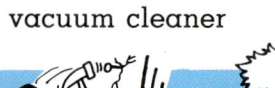

golpear
to hit, bang

molestar
to annoy, bother

Golpea en _____ _____ ¿Le molesta a Ud.?

4.

ruido
noise

¿Qué ruido le molesta? _____ _____ _____

5.

la **medianoche**
midnight

¿A la medianoche,
qué hace Ud.?
¿_____ Ud.? ¿_____? ¿Va Ud. _____?

6.

dueño, dueña
owner

¿De qué son
dueños?
de _____

7.

justo
just, fair

¿Es justo o no? _____ _____ _____

330

2 Aquí tiene Ud. cuatro expresiones muy comunes:
durante during   **mientras** while   **por lo menos** at least
otra vez again, one more time   (**una vez** one time, once)

¿Cómo las relaciona Ud. con las cosas siguientes?
la noche . . . cien personas . . . repetir . . . estábamos jugando . . .
Ahora, ¿puede Ud. usarlas en cuatro frases originales?
(A propósito, si **una vez** es "one time, once", y **otra vez** es "another time, again", ¿qué significa **a veces**?)

OBSERVACIONES

33. Seguir (to continue; to follow)

¿RECUERDA UD.?
Lea las frases siguientes . . .   Read the following sentences . . .

A. The verb **seguir** has two meanings. One is "to continue, to keep on" (doing something). The other is "to follow."
Seguir is a normal stem-changing verb (e ⟶ i), like **pedir** and **servir.** But it also has a special spelling change, for reasons of sound. Can you explain it?

Present	*Preterite*
sigo (I continue, I follow)	seguí (I continued, I followed)
sigues	seguiste
sigue	siguió
seguimos	seguimos
siguen	siguieron

Ahora díganos: ¿Cuál es la forma de **–ndo**? _____[1]

B. When we use **seguir** + **–ando, –iendo,** it means "to keep on" (doing something).
¿Seguimos bailando?   Shall we keep on dancing?
Siguieron caminando.   They kept on walking.
¿Por qué sigues golpeando?   Why do you keep on banging?

---
[1] **Siguiendo.** Did you get it?

Práctica

1 *Llene los blancos según las indicaciones:*

1. ¿Sigues una nueva dieta?
   Yo _____.
   Anita y yo _____.
   ¿Por qué no ____ Uds. ____?

2. El ladrón me siguió a la tienda.
   Los ladrones _____ banco.
   ¿Tú _____ en el camino?
   Yo los _____.

3. ¿Por qué sigues invitándolos?
   ¿_____? (molestarme)
   ¿____ Ud. ____? (llamarlas)
   ¿____ yo ____? (repetirlo)

4. Seguí leyendo.
   La clase _____.
   Los niños _____. (jugar)
   Roque y yo _____. (comer)

2 *Indique siempre la conclusión correcta:*

1. Si seguimos bailando a estas horas, los vecinos van a (descansar mejor, llamar al dueño de la casa, hacerse abogados).
2. Si sigue lloviendo, te voy a dar (mi impermeable y paraguas, mis llaves y anteojos, mi bolsa y cartera).
3. Si sigues golpeando en esa mesa, (la alfombra, el martillo, la lámpara) va a caer.
4. Si siguen acostándose tarde, van a estar (muy cansados, muy tristes, muy tranquilos) para manejar un coche.
5. El policía trató de cogerlo, pero el ladrón siguió (andando despacio, vistiéndose, corriendo).

3 Enigma (Puzzle).
A ver cómo lo soluciona Ud.:

Bobi   David   Rita   Yo   Tú   Michín   Nena   Sara   Cuco

Yo le seguí a Bobi, y Bobi te siguió a ti. Tú seguiste a Sara y Cuco, y ellos siguieron a David. Nadie siguió a Rita. Rita siguió a Michín. Nena vino antes de Michín, y a nadie siguió David.

Ahora díganos: ¿Quién llegó primero? ¿y segundo? ¿Puede Ud. ponernos en nuestro orden (order) correcto?
Y una cosa más: ¿Quién vino conmigo? ¿A quiénes seguimos tú y yo?

REPASO RÁPIDO

seguir (to continue, keep on; to follow)
present: sigo, sigues, sigue, seguimos, siguen
preterite: seguí, seguiste, siguió, seguimos, siguieron
present participle: siguiendo

Seguir + **–ando, –iendo** means "to keep on" (doing something).

Práctica

(You can check your answers in the back of the book.)

1 *Mire las ilustraciones, y conteste según el modelo.*

Por ejemplo:

¿Sigue Ud. leyendo?   —No, sigo <u>escribiendo</u>.

1. ¿Sigues escuchando tus discos?    2. ¿Siguen Uds. trabajando?

3. ¿Sigue durmiendo la abuela?    4. ¿Seguimos bailando?

2 *¿Puede Ud. hacer frases originales usando las expresiones siguientes? (Use el pretérito de* **seguir** *por lo menos dos veces.)*

1. La señora Romero / seguir . . . / durante la noche.
2. ¿Por qué / seguir / molestarnos?
3. El dueño / seguir / pedirnos más dinero / por . . .
4. Si Uds. / seguir . . . / vamos a . . .

PANORAMA
FIESTAS Y FESTIVALES

Como ya dijimos, la gran mayoría de los hispanos son católicos. Y por eso, la mayor parte de sus festivales son religiosos—fiestas como la Navidad, las Pascuas (Easter) y otras dedicadas a diversos santos patrones. Pero debemos recordar también que la cultura hispanoamericana es una combinación de dos tradiciones fundamentales, la española y la india, sin mencionar la africana que es importantísima en ciertas regiones. Y así, los festivales latinoamericanos conservan sus orígenes nativos—su música, sus danzas, sus espectáculos excitantes. ¿Quiere Ud. ir con nosotros a verlos? Vamos.

1 El festival de la cosecha (harvest) en Oaxaca, México. Mire. Las jóvenes están bailando con canastas de flores en la cabeza, ¡exactamente como en tiempos antiguos!

2 El Día de Todos los Santos (All Saints' Day) en Sacatepéquez, Guatemala. Estos papalotes son parte de la celebración.

3 El festival de San Lucas en Guatemala conmemora la lucha (struggle) de los indios contra los conquistadores españoles.

4 "Vamos a la Feria." En Fuengirola, España, se celebra un festival muy similar a la famosa Fiesta de Abril de Sevilla. Hasta los caballos (Even the horses) van adornados.

5 El siete de julio a las siete de la mañana, los toros (bulls) corren por las calles de Pamplona, España, para comenzar la Fiesta de San Fermín. ¡Cuidado!

LECCIÓN 12

¡Ummm! ¡Rico!

torta de cumpleaños

el **rosbif**
roast beef

mantequilla
butter

crema
cream

salchicha
sausage,
frankfurter

Díganos

1. ¿Le gusta a Ud. hablar de comida? ¿Le gusta comer? ¿Qué le gusta más — la carne, el pescado o el pollo? ¿Le gusta la fruta? ¿Es Ud. vegetariano? ¿Tiene Ud. amigos vegetarianos?
2. Ud. sabe que los hispanos toman su comida principal al mediodía, ¿verdad? Pues díganos: ¿Prefiere Ud. un almuerzo completo o una cosa más sencilla (simple)? ¿Qué le parece (How do you like) un sandwich de lechuga y tomate? ¿una salchicha? ¿una hamburguesa con papas fritas? ¿una pizza?
3. ¿Come Ud. mucha ensalada? ¿La sirven frecuentemente en su casa? ¿Usan Uds. mucha mayonesa? ¿muchas salsas (sauces)? ¿mucha mantequilla? ¿mucha sal y pimienta?
4. A propósito, ¿comen Uds. más pan blanco o pan negro? Según los médicos, ¿cuál es mejor para la salud (health)?
5. Volviendo a Ud. personalmente, díganos otra vez: Cuando Ud. era pequeño (pequeña), ¿cuál era su comida favorita? ¿Cuál es ahora? ¿Sabe Ud. prepararla?
6. ¿Quién prepara las comidas en su familia? ¿Ayudan también los otros miembros de la familia? ¿Quién lava los platos y limpia la mesa? ¿Qué hace Ud.?

12

el **azúcar**
sugar

jefe de cocina

pimienta
pepper

sopa
soup

la **sal**
salt

el **tomate**
tomato

lechuga
lettuce

ensalada
salad

papas fritas
french fries

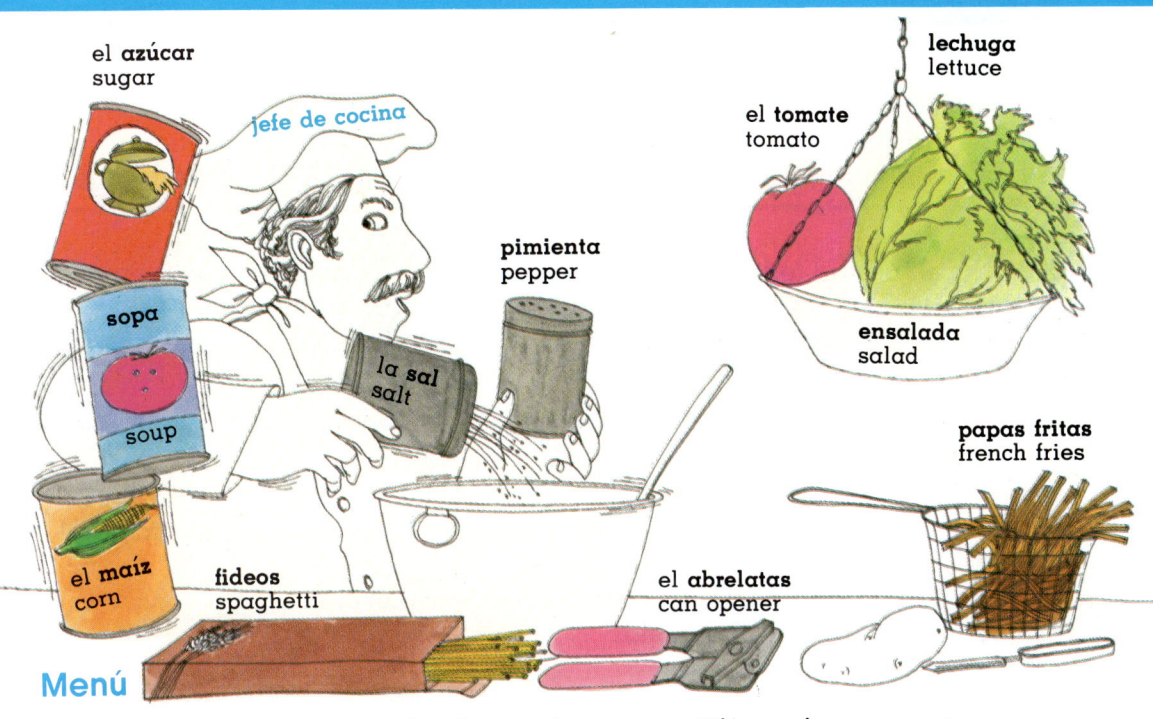

el **maíz**
corn

fideos
spaghetti

el **abrelatas**
can opener

Menú

Esta semana vienen invitados (guests) a comer. Sí, ya sé que cuesta dinero, y un poco de trabajo (work). Pero no importa. La única (only) dificultad es que hay unos problemas. A ver cómo los resolvemos entre Ud. y yo.

1. El lunes viene una amiga que está a dieta. Puede comer solamente cosas de pocas calorías. ¿Qué debemos servirle para comenzar? ¿y como plato principal? ¿y después?
2. Pues el martes viene un amigo que estuvo enfermo recientemente. Ahora puede comer de todo y no le importan las calorías. ¡Al contrario! El pobre está muy delgado (thin) y . . . Dígame: ¿Qué le vamos a servir?
3. El miércoles vamos a hacerle una fiesta de cumpleaños a Lorenzo Rosales. No va a ser una comida completa. Sólo cosas pequeñas y postres (desserts). ¿Qué me recomienda Ud.?
4. El jueves vienen tres amigos nuestros a tomar el almuerzo. Pero, ¡Dios mío!, nos quedan (we have left) sólo dos dólares y medio para comprar comida. ¿Qué les vamos a servir?
5. Viernes . . . ¿Quién nos ofrece un poco de pan?

OBSERVACIONES

34. "Speak to me!" – about giving people commands

¿RECUERDA UD.?

Escuche y repita Ud.	Listen and repeat.
Contesten (Uds.) en español.	Answer in Spanish.
Pase(n) a la pizarra y escriba(n) . . .	Go to the board and write . . .

A. If we want to tell someone to do something, usually we just take the **Ud.** (or **Uds.**) form of the present tense and change the final **a** to **e**, the final **e** to **a**. Even stem-changing verbs follow this rule!

Actividades

1 ¿Escucha Ud.? —¡Escuche (Ud.)!

1. ¿Escucha Ud. al maestro?	¡Escuche (Ud.) al maestro!
2. ¿Habla a su vecino?	¡Hable . . .!
3. ¿Levanta la mano derecha?	¡Levante . . .!
4. ¿Guarda bien el secreto?	¡. . .!
5. ¿Paga al dueño?	¡Pague . . .![1]
6. ¿No gasta su dinero?	¡No . . .!
7. ¿No piensa en eso?	¡. . .!
8. ¿No cierra la ventana?	¡. . .!
9. ¿No toca el piano?	¡No toque . . .!
10. ¿No busca hilo blanco?	¡. . .!

(Now how would you give these commands to more than one person — **Uds.**?)

2 ¿Escribe Ud.? —¡Escriba (Ud.)!

1. ¿Escribe Ud. los ejercicios?	¡Escriba (Ud.) . . .!
2. ¿Corre a la escuela?	¡Corra . . .!
3. ¿Recibe mis paquetes?	¡. . .!
4. ¿Vuelve Ud. pronto?	¡. . .!
5. ¿Entiende a su hermana?	¡. . .!
6. ¿No pierde su tiempo?	¡No . . .!
7. ¿No mueve los muebles?	¡. . .!

---

[1] You remember the old **g** ⟶ **gu**, **c** ⟶ **qu** before **e**, don't you?

8. ¿No duerme ahora? ¡. . .!
9. ¿No coge ese tren? ¡No coja . . .!
10. ¿No dirige este grupo? ¡. . .!

(Otra vez, ¿cómo dirige Ud. estas órdenes a más de una persona — **Uds.**?)

Vamos a continuar.

B. With almost all irregular verbs, you make a command by taking the **yo** form of the present tense and changing the **o** to **a**. That's all![2]

Por ejemplo: digo ⟶ **Diga** Ud. . . .   Say . . .!
              hago ⟶ **Haga** Ud. . . .   Do . . .!, Make . . .!

Continúe Ud.: pongo, ____; salgo, ____; caigo, ____; traigo, ____;
                vengo, ____; tengo, ____;
                conozco, ____; ofrecer, ____; producir, ____;
                conducir, ____

As always, the **Uds.** command just adds **–n**: **Digan** . . . **Hagan** . . . **Vengan** . . .

Actividad

¡Páselo! (Pass it!)

Ahora vamos a hacer algo un poco diferente. Someone is going to give you a command. But instead of doing it yourself, pass it on to someone else and that person must do it. Por ejemplo: "Abra la puerta." You turn to someone nearby and say: "No. (Roberto), abra Ud. la puerta." Y la otra persona se levanta y la abre. Entonces esa persona . . . Ud. comprende, ¿verdad?

Vamos a empezar:

1. Dígame dónde vive.   —No. Rosa, dígame Ud. . . .   —Yo vivo . . .
2. Dígame su nombre.   —No. Pepe, . . .   —Mi nombre es . . .
3. Abra esa ventana.
4. Ahora abra la otra ventana.
5. Cierre la puerta.
6. Levante la mano derecha.
7. Levante la mano izquierda.
8. Levántese Ud.
9. Ahora siéntese.

---

[2] Only **ser, saber, ir,** and **haber** (which you haven't learned yet) have special forms. **Estar** is perfectly regular: **esté**. And so is **dar: dé**. We put an accent on **dé** when it stands alone to set it off from the preposition **de** (of, from).

10. Pregúntele a la profesora (al profesor) dónde vive.
11. Pregúntele si tiene novio (novia).
12. Deme todo su dinero. (¿Ah, no?)
13. Escriba su nombre en la pizarra.
14. Ponga su cuaderno en el piso.
15. Traiga pizza para toda la clase.
16. Repita Ud.: "Te amo, te adoro."
17. Repita Ud.: "¡Me encanta el español!"
18. Y finalmente: Deme un beso (kiss). (!!!)

¿Qué dice? ¿Pasamos a otra cosa?

35. Where do object pronouns go with commands?

A. If you tell someone to do something, *attach* the pronoun to the *end* of the command.

Dígame.	Tell me.
Siéntense (Uds.).	Sit down.
Mándenselo.	Send it to him.

B. If you tell someone *not* to do something, put the pronoun *before* the command.

¡No me diga!	Don't tell me!
No se sienten (Uds.).	Don't sit down.
No se lo manden.	Don't send it to him.

Actividades

1 Bébalo. —No. No lo beba.

Imagínese que Ud. quiere dar unas órdenes. Pero hay otra persona presente que siempre dice lo contrario (the opposite). Por ejemplo:

Ud.	**La otra persona**
¿El café? Bébalo.[1]	—No. No lo beba.
1. ¿Los vegetales? Cómalos.	—No. Nos los ____
2. ¿Esta caja? Úsela.	—No. No la ____
3. ¿Esas frutas? Córte____	—No. ____
4. ¿El jamón? Sírva____	—No. ____todavía.

---

[1] When we add pronouns to the end of a verb, most of the time we have to put a written accent on the syllable where the weight normally falls. Say the word out loud and you'll see.

5. ¿El dinero? Gáste____ —No. ____ todo.
6. ¿Esos números? Márque____ —No. ____ ahora.
7. ¿Esas lámparas? Apágue____ —No. ____ todas.
8. ¿La comida? Hága____ —No. ____ todavía.
9. ¿Esos clavos? Pónga ____ aquí. —No. ____

2 Esta vez la otra persona va a dar unas órdenes a diferentes amigos suyos. Pero Ud. va a decir siempre lo contrario. "Lo justo es justo", ¿verdad?

La otra persona — **Ud.**

1. ¿Estas palabras? Repítanlas (Uds.). — No. No las ____
2. ¿Estos discos? Escúchenlos. — No. No ____ ahora.
3. ¿El cuento? Díganmelo. — ¡Qué va! No me ____ a mí.
4. ¿La cuerda? Pásenmela. — ¡Por Dios! No ____
5. ¿La canción? Cántennosla. — ¡Caramba! No nos ____ a nosotros.
6. ¿Esas batas? Tráigannoslas. — ¡Qué cosa! No ____
7. ¿Las corbatas? Ofrézcanselas. — ¡Qué va! No se ____
8. ¿Esta carta? Mándensela al dueño. — ¡No! No ____ a él.
9. ¿El número? Pregúntenselo a Ana. — ¡Caramba! No ____ a ella.
10. ¿Las llaves? Pídanselas a sus tíos. — ¡Dios mío! No ____ a ellos.

Práctica

1 Lea bien, y escoja siempre la conclusión correcta:

1. Por favor, no hagan mucho ruido.
   —¿Por qué? (¿Hay fiesta arriba? ¿Están durmiendo los niños? No queremos molestar a nadie.)
2. Por una semana, no coman más que tomate, lechuga y vegetales frescos.
   —¡Ajá! (¿Nos está poniendo a dieta? Ud. quiere verme más alto. Entonces vamos a necesitar un abrelatas nuevo.)
3. Cuando trabajo hasta la medianoche, no puedo levantarme por la mañana. No puedo concentrarme en la escuela.
   —Pues, (duerma menos, acuéstese más temprano, trate de descansar durante las clases).
4. ¡Dios mío! Paquito va a cortarse con ese cuchillo.
   —Pues (ofrézcaselo, enciéndaselo, quíteselo) inmediatamente.
5. Tengo que mandar esta carta y no sé dónde está la Casa de Correos.
   —No importa. (Póngala en este buzón. Escriba otra vez la dirección. No le ponga más sellos.)

2 *Cambie ahora según las indicaciones:*

1. Créame. (Believe me!)
   _____ Uds.
   _____. (ayudar)
   No _____.

2. Por favor, sáquenlo.
   _____. (buscar)
   _____. (tocar)
   ____, no ____.

3. Diviértase ahora.
   _____. (cuidarse)
   _____. (servirse)
   _____. (vestirse)

4. Prométaselo.
   _____. (preguntar)
   _____. (pedir)
   No _____ Uds.

3 *Mire las ilustraciones, y después conteste según los modelos.*

Por ejemplo:

¿Preparo la (cama)?
—Sí. Prepárela.

¿Usamos esta (cómoda)?
—No. Por favor, no la usen.

1. ¿Limpio la ____?
   —Sí. ____.

2. ¿Uso esta ____?
   —No. No ____.

3. ¿Compramos este ____?
   —Sí, ____. (Uds.)

4. ¿Escribimos aquí la ____?
   —No. ____ Uds. allí.

5. ¿Sacamos el ____?
   —Claro. ____ ahora.

REPASO RÁPIDO

1. To make a command form, you normally take the present tense form of **Ud.** or **Uds.** and change the **a** of the ending to **e**, the **e** to **a**:

   Ud. trabaj**a** . . . ¡Trabaj**e** (Ud.)!   ¿Uds. recuerd**an**? . . . Recuerd**en** (Uds.).
   ¿Ud. sub**e**? . . . Sub**a** (Ud.).   ¿Uds. duerm**en**? . . . ¡Duerm**an** (Uds.)!

   With almost all irregular verbs, you take your command from the **yo** form of the present tense:

   Digo ⟶ Diga Ud., Digan Uds.
   Tengo ⟶ Tenga Ud., Tengan Uds.

2. When you tell someone to <u>do</u> something, attach the object pronoun(s) to the end: **Escúchela. Díganselo.**

   When you tell someone <u>not to do</u> something, put the pronoun(s) *before*: **No la escuche. No se lo digan.**

Práctica

(You can check your answers in the back of the book.)

1 *Mire las ilustraciones siguientes y díganos: ¿Qué órdenes estamos dando?*

1. ¡_____!   2. ¡_____se!   3. ¡_____!

4. ¡_____!   5. ¡No _____!

2 Ahora . . .
1. Ask someone in your class to pass you his (or her) notebook.
2. Ask someone to tell you what time it is.
3. Ask several people to raise their right hand (la mano derecha).
4. Ask your teacher not to give you-all a test tomorrow. (Por favor, . . .)
5. Tell some people not to bother you . . . ¿oyen?

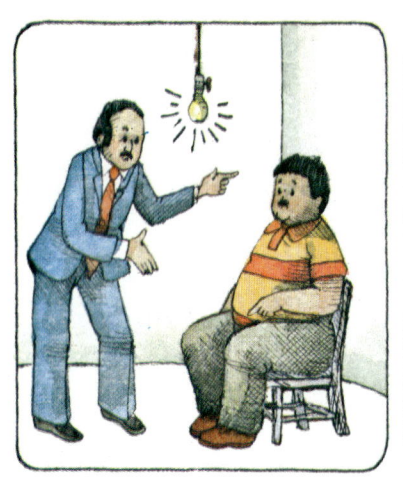

Sr. Salinas: ¿Qué comió en la noche del 10 de enero?

Comió tres huevos con azúcar. Y dos salchichas con miel.

Confiéselo, Sr. Salinas. Estas personas lo vieron todo.

CUENTO CONFESIÓN

Un cuarto pequeño **iluminado** por una **sola bombilla.** El Sr. Salinas está **sentado** en una silla baja de metal. Un hombre alto y **delgado** lo interroga.

    Hombre: Díganos otra vez, Sr. Salinas: ¿Qué comió en la
5   noche del 10 de enero?
    Sr. S.: ¿De este año, señor?
    Hombre: Precisamente. No me diga que no lo recuerda.
    Sr. S.: Déjeme pensar. En la noche del 10 de enero yo comí . . . Perdone. Repita Ud. la pregunta, por favor.
10   Hombre: Sr. Salinas, **hablemos** francamente. ¿No dijo Ud. ayer que sólo comió una ensalada de lechuga y tomate?
    Sr. S.: Sí. Con sal y pimienta. Créame. Se lo **juro.**
    (La puerta se abre y cuatro personas entran.)
    1: ¡Qué va! Yo lo vi. Comió tres **huevos** con azúcar y
15   mayonesa.
    2: Y dos salchichas con **miel.**
    3: Y papas fritas con maíz y frijoles.
    4: ¡Y una hamburguesa con **salsa** de chocolate!
    Sr. S.: ¡No, no, no!
20   Hombre: **Confiéselo,** Sr. Salinas. Aquí tenemos cuatro personas que lo vieron todo.
• Sr. S.: ¡**Déjenme en paz**! ¡No me molesten más! Sí, confieso. Comí rosbif, con pan y mantequilla.

lighted; single bulb
seated
slim

let's speak

I swear

eggs

honey

sauce

Confess it

Leave me alone!

344

*Fideos con jalea de banana
. . . Y sopa de margarina.*

*Hay maneras de hacerle
hablar. . . Traigan el espejo.*

*¡Ayyyyyy!
¿Qué soñaste?*

	1: Y fideos con **jalea** de banana.	jelly
25	2: Y sopa de margarina.	
	3: Y **batatas** con crema de **maníes**.	yams; peanuts
	4: Y **torta de queso** con helado de vainilla.	cheese**cake**
	Sr. S.: ¡Quítenlos de aquí! ¡Están mintiendo!	
	Hombre: ¿Ah, sí? Pues vamos a ver quién miente y quién no.	
30	Sr. S.: ¡Ellos, ellos!	
	Los cuatro: ¡Él, él!	
	Hombre: Recuerde, Sr. Salinas. Hay **maneras** de hacerle	ways
	hablar . . . ¡**Caballeros**! Traigan el **espejo**.	Gentlemen; mirror
	Sr. S.: ¿El es . . . ? Por favor. ¡Tengan compasión!	
35	(Dos hombres entran trayendo un espejo enorme.)	
	Hombre: Ahora, Sr. **Gordo**, mírese en el espejo.	Fat
	Sr. S.: ¡Ayyyyy! (**Se lanza** hacia la puerta.)	hurls himself
	¡**Sálvenme**! ¡No me hagan **sufrir**!	Save me!; suffer
	Hombre: ¡**Cojámoslo**! ¡**No lo dejemos** salir!	Let's grab him!; Let's not let him
40	Sr. S.: ¡Ayyyyyyyyyyyyyyyy!	
	(La señora Salinas y su hija entran corriendo.)	
	Sra.: ¡Dios mío! ¿Qué soñaste?	
	Hija: ¿Por qué gritaste, papá?	
	Sr. S.: Es que . . . Perdonen. No fue nada, realmente.	
45	Sra.: Pues son las nueve ya. ¿Qué dices? **Vamos a** comer,	Let's
	¿eh?	
	Sr. S.: Si quieres, Lola. Pero la verdad, no tengo mucha	
	hambre. Sólo quiero una hamburguesa . . . con jalea, y	
	salsa de chocolate.	

Vamos a conversar

1. Cuando comienza este cuento, ¿dónde estamos?
2. ¿En qué está sentado el Sr. Salinas?
3. ¿Quién lo interroga?
4. ¿Qué le pregunta el hombre delgado?
5. ¿Qué dijo Salinas ayer que comió en la noche del 10 de enero?
6. ¿Quiénes entran en este momento?
7. Según el primer testigo, ¿qué comió Salinas esa noche?
8. Según el segundo, ¿qué más comió?
9. ¿Y según el tercero (third)? ¿y según el otro?
10. ¿Qué piensa Ud. de estos platos? ¿Cuál le parece el mejor? ¿y el peor?

•
1. ¿Qué confiesa Salinas que comió?
2. Según los cuatro testigos, ¿qué más comió?
3. En su opinión, ¿quién está mintiendo — Salinas o los cuatro testigos?
4. ¿Qué va a traer el hombre delgado para obligarlo a confesar?
5. ¿Cuántos hombres entran trayendo el espejo?
6. ¿Desea verse Salinas en el espejo?
7. ¿Le permite el hombre escapar? ¿Qué dice?
8. Cuando Salinas grita, ¿quiénes entran corriendo?
9. ¿Fue real todo esto o fue un sueño? A propósito, ¿tiene Ud. malos sueños? ¿Tiene Ud. sueños como éste?
10. ¿Qué desea comer esta noche Salinas? ¿Qué le parece a Ud. esta combinación? . . . ¡Ummm! ¡Delicioso!

JUEGOS DE PALABRAS

1.

peso   ¿Pesan mucho   Es **gordo.**   Pesa _____.   Es **delgada.**   Pesa _____.
weight   o poco?   fat   slim

¿Cómo son sus padres?

2.

la **paz**
peace

¡Déjeme en paz! ¿Qué dice Ud.? ¡No me mo____! ¡_____ en paz!

3.

bombilla
light bulb

¿Dónde la usamos? ¿en la _____? ¿Qué hacemos? La en____ _____

4.

espejo
mirror

¿Quién se mira en el _____? una _____ un _____ mi _____ Fela

5.

sentado
seated

¿Está sentado... **solo?** solo o no? ¿Con quién está
    alone   sentado(a) Ud.?

6.

jurar
to swear

confesar
(confieso)
to confess

¿Qué hacen estas personas? _____ _____ ¿Dónde estamos? en la _____

7.

sufrir
to suffer

¿De qué sufre? _____ ¿Hay **manera** (a way) de ayudar? ¿Le damos _____? ¿o una **torta**? cake

347

OBSERVACIONES

36. "Let's..."

¿RECUERDA UD.?

Vamos a comenzar.	Let's begin.
Vamos a continuar.	Let's go on.

"Let's . . ." is a command we give when we want to get ourselves into the action, too. (You do it. So will I. Let's do it!)
There are two ways of saying "Let's . . ." in Spanish. You already know one.

A. Vamos a . . . plus an infinitive.

Vamos a trabajar.	Let's work.
—¡Qué va! Vamos a descansar.	Nonsense! Let's rest.
Vamos a decírselo ahora.	Let's tell it to them now.
—No. Vamos a esperar.	No. Let's wait.

You see, **Vamos** means both "We are going" and "Let's go!"

B. Or if you prefer, add **–mos** onto the **Ud.** command form. (This works for everything except stem-changing verbs.) Of course, object pronouns are attached to the end.

Hable Ud.	Speak.
Hablemos.	Let's speak.
Cójalos.	Grab them.
Cojámoslos.	Let's grab them.
Hágala.	Do it.
Hagámosla.	Let's do it.

When we say "Let's *not* . . .," the pronouns go *before* the command. You knew that, didn't you?

No le hablemos.	Let's not speak to him.
No los cojamos.	Let's not grab them.
No la hagamos.	Let's not do it.

(Remember: **Vamos a . . .** does not work in the negative!)

Práctica

1 *Cambie a **nosotros** las órdenes siguientes. (En otras palabras: Get yourself into the act!)*

Por ejemplo:
        Espere Ud.   Esperemos.
        Bébalo.   Bebámoslo.

1. Baile Ud. 2. Coma. 3. Tenga paciencia. 4. Déjelo en paz.
5. Hágale un favor. 6. Deles (Give them) el dinero. 7. Guárdelas en la bolsa. 8. Condúzcalo bien. 9. Apague esa lámpara.
10. Búsquelo allí. 11. Póngalas en esa cartera. 12. ¡Tómelo con calma!

2 *Ahora haga negativas estas órdenes:*

1. Gastémoslo todo. 2. Saquémoslos de allí. 3. Traigámosla mañana. 4. Ofrezcámosle más dinero. 5. Rompámosla.
6. Hagámoslo otra vez.

3 *Esta vez, exprese las órdenes usando **Vamos a . . .***

Por ejemplo:
        Cantemos.   Vamos a cantar.
        Acabémoslo.   Vamos a acabarlo.

1. *Mandemos* el paquete esta tarde. 2. *Salgamos* temprano.
3. *Invitémoslos.* 4. *Quitémoslo* ahora. 5. *Viajemos* con ellos.
6. *Preguntémosle* dónde vive. 7. *Ayudémosla,* ¿está bien?

4 *Y finalmente, ¿cómo relaciona Ud. los Grupos 1 y 2?*

1	2
a. No puedo encontrar mis guantes.	___ Entonces vamos a manejar con mucho cuidado.
b. La línea está ocupada ahora.	___ No. Siempre llegan tarde.
c. Hay muchos accidentes en este camino.	___ Pues busquémoslos en tus bolsillos.
d. Ofrezcámosles nuestro coche.	___ Muy bien. En cinco minutos llamemos otra vez.
e. Son las siete y media de la mañana.	___ ¿Por qué? ¿No funciona el suyo?
f. Esperémoslos un poco más.	___ Bueno, vamos a levantarnos.

REPASO RÁPIDO

1. "Let's" (do something)!
   Either:

   a. Use **Vamos a** + an infinitive: **Vamos a ver.**

   b. Or add **–mos** to the **Ud.** command form of most verbs:
   Ame . . . **Amemos.** Salga . . . **Salgamos.**
   Remember that object pronouns must be attached to the end:
   Tomémoslos.   Dejémosla en paz.

2. "Let's not" (do something)!

   For most verbs, add **–mos** to the **Ud.** command form. But put the object pronoun(s) *before* the verb: **No los tomemos.**
   No la dejemos en paz.

Práctica

(You can check your answers in the back of the book.)

Exprese en español según los modelos:

1. Let's call them.   Vamos a llamarlos.
   Let's help her.   _____.
   Let's give it to her.   _____.

2. Let's get dressed.   Vamos a vestirnos.
   Let's get up.   _____.
   Let's get to bed.   _____.

3. Let's eat now.   Comamos ahora.
   Let's eat it now.   _____.
   Let's finish it later. _____.

4. Let's not go out today. No salgamos hoy.
   Let's not do it today. _____.
   Let's not put it here. _____.

Repaso, Lecciones 10-12

I. Repaso General

A. The imperfect tense: "I was eating, used to eat" (**Observaciones 28, 29, 30**)

1. Regular forms

-ar	-er, -ir
ganar	**comer, abrir**
ganaba	comía, abría
ganabas	comías, abrías
ganaba	comía, abría
ganábamos	comíamos, abríamos
ganaban	comían, abrían

2. There are only three irregular verbs in the imperfect tense.

   ser: era, eras, era, éramos, eran
   ir: iba, ibas, iba, íbamos, iban
   ver: veía, veías, veía, veíamos, veían

¿A qué hora llegaron Uds.?	What time did you arrive?
—Íbamos a llegar a las seis, pero no llegamos hasta las ocho. Fuimos primero al cine.	We were going to arrive at six, but we didn't arrive until eight. First we went to the movies.

3. Remember: The preterite simply reports what took place.

   The imperfect describes what was happening at a certain time or what used to happen over a period of time.

Ganó mucho dinero.	He earned a lot of money.
Ganaba mucho dinero.	He used to earn a lot of money. He was earning a lot of money.

B. The present participle and its uses (**Observaciones 31, 32, 33**)

1. The present participle is normally formed by changing the infinitive ending to **-ando** or **-iendo**.

-ar verbs	-er, -ir verbs
hablando	comiendo, viviendo

   A few exceptions:
   a. After a vowel, **-iendo** becomes **-yendo: oyendo, leyendo**
   b. **-ir** stem-changing verbs change the stem **e** to **i, o** to **u**:
      pidiendo, sirviendo, muriendo, durmiendo

2. **Estar** + a present participle describes an action in progress at a particular time.

¿Estás trabajando?	Are you working (at this moment)?
—No, estoy descansando.	No, I'm resting.
¿Qué estaban haciendo?	What were they doing?
—Estaban cantando y divirtiéndose, nada más.	They were singing and having fun, that's all.

Remember that an object pronoun is either attached to the end of **–ando, –iendo,** or goes before **estar**.

3. **Seguir** (to continue or to follow) + a present participle means "to keep on" (doing something). (Notice that **seguir** is both a spelling-changing and a stem-changing verb.)

Present Indicative	*Preterite*
sigo	seguí
sigues	seguiste
sigue	siguió
seguimos	seguimos
siguen	siguieron

Siguió mirándome.	He kept on looking at me.
—¿Y qué hiciste?	And what did you do?
Pablo, ¿por qué sigues molestando?	Paul, why do you keep on annoying?
—¿Quién? ¿Yo?	Who? Me?

C. How to give commands to **Ud., Uds.** or **nosotros** (34, 35, and 36)

1. With regular verbs, take the present tense and change the **a** of the ending to **e**, the **e** to **a**.

Ud. habla.	You speak. You are speaking.	¡Hable Ud.!	Speak!
Comemos.	We eat. We are eating.	¡Comamos!	Let's eat!

2. With almost all irregular verbs, take the **yo** form of the present indicative and change the final **o** to **a**.

Digo ⟶ Diga Ud.,
Digan Uds.,
Digamos.

3. When we say "Let's (do something)," we have a choice. For all verbs except the stem-changers, we can add **–mos** onto the **Ud.** command form. Or we can use **Vamos a** + an infinitive.

Viajamos.	We travel.	¡Viajemos!	Let's travel!
	We are traveling.	¡Vamos a viajar!	
Lo hacemos.	We do it.	¡Hagámoslo!	Let's do it!

When we say "Let's *not* (do something)," we cannot use **Vamos a . . .**

¡No viajemos!   Let's not travel.

4. **Important!** When we tell someone to do something, we *must attach* any object pronouns to the end of the verb.

Háblenme.	Speak to me.
Dígaselo.	Tell it to him.

When we tell someone *not* to do something, object pronouns go *before* the verb.

No me hablen.	Don't speak to me.
No se lo diga.	Don't tell it to him.
No lo hagamos.	Let's not do it.

II. Repaso de Vocabulario

el **abrelatas**   can opener, 12
el **agua** *(fem.)*   water, 10
la **alfombra**   rug, 11
el **arroz**   rice, 10
la **aspiradora**   vacuum cleaner, 11
el **azúcar**   sugar, 12
la **boda**   wedding, 10
la **bombilla**   light bulb, 12
el **café**   coffee, 10
¡**Caramba**!   Well, I'll be . . .!, 11
la **carne**   meat, 10
el **cielo raso**   ceiling, 11
¡**Claro**!   Of course!, 11
la **comida**   food, meal, dinner, 10
¡**Cómo**!   What!, 11
confesar (confieso)   to confess, 12
contento   pleased, satisfied, 10
la **crema**   cream, 12

cubierto de   covered with, 10
delgado   slim, 12
¡**Dios mío**!   My goodness!, 11
la **dueña,** el **dueño**   owner, landlord, 11
durante   during, 11
la **ensalada**   salad, 12
el **espejo**   mirror, 12
los **fideos**   spaghetti, 12
los **frijoles**   beans, 10
la **fruta**   fruit, 10
golpear   to hit, bang, 11
gordo   fat, 12
gracioso   funny, 10
la **hamburguesa**   hamburger, 10
el **helado**   ice cream, 10
la **iglesia**   church, 10
el **jamón**   ham, 10
jurar   to swear, 12

justo just, fair, 12
la leche milk, 10
la lechuga lettuce, 12
limpiar to clean, 10
el maíz corn, 12
la manera manner, way, 12
la mantequilla butter, 12
¡Me encanta! I love it!, 11
la medianoche midnight, 11
mientras while, 11
molestar to annoy, bother, 11
No importa. It doesn't matter. Never mind. 11
otra vez again, 11
el pan bread, 10
la papa potato; **papas fritas** French fries, 12
la pared wall, 11
el, la pariente relative, 10
la paz peace; **dejar en paz** to leave (someone) alone, 12
el pescado fish, 10
el peso weight; unit of money in certain Hispanic countries, 12
la pimienta pepper, 12
pobre poor, 10
el pollo chicken, 10
por lo menos at least, 11

propio (one's) own, 10
¡Qué bien! How good! Terrific!, 11
¡Qué cosa! What a thing!, 11
¡Qué demonios! What the devil!, 11
¡Qué lata! What a mess! What a nuisance!, 11
¡Qué maravilla! How wonderful!, 11
¡Qué rico! How great! How delicious!, 11
¡Qué va! Nonsense! Go on!, 11
el queso cheese, 10
rico rich, 10
romper to break, 10
el rosbif roast beef, 12
el ruido noise, 11
la sal salt, 12
la salchicha frankfurter, sausage, 12
seguir (sigo) to follow; continue, keep on, 11
sentado seated, 12
solo alone, single, 12
la sopa soup, 12
sufrir to suffer, 12
tal vez maybe, perhaps, 11
*****tener razón** to be right, 10
el tomate tomato, 12
la torta cake, 12
el vegetal vegetable, 10
ya no no longer, not any more, 10

Juegos de Palabras

1 ¿Cómo relaciona Ud. las palabras del Grupo 1 con las del Grupo 2? (Recuerde: There can be more than one for each in Group 2.)

1	2
un abrelatas	piso / mirarse / abrir / luz / torta / aspiradora /
una alfombra	
azúcar	lata / teatro / baño / lámpara / sardinas /
bombilla	
espejo	té y café / encima de la cómoda

354

2 Detective de Palabras

¿Puede Ud. encontrar aquí 34 palabras diferentes relacionadas con la comida? *(The words go from left to right, right to left, backwards, diagonally, and up and down. We'll get you started on the first. Y después, ¡adelante!)*

agua	hamburguesas	pollo
ajo (garlic)	helados	queso
apio (celery)	higo (fig)	rosbif
arroz	jamón	sal (4 veces)
azúcar	leche	salchicha
café	lechuga	sopas
carne	maíz	té (6 veces)
crema	mantequilla	tomates
ensalada	miel (honey)	torta
fideos	pan (3 veces)	vegetales
frijoles	papas fritas	
frutas	pescado	

```
R O S B I F S A L C H I C H A
N A P C C R H P T A O I P A S
L A A R A U E O O F G Q G M A
N Z P E R T L L R E I U E B L
A U A M N A A L T Y H E H U O
G C S A E S D O A C Y S C R D
U A F R I J O L E S Y O E G A
A R R O Z A S L E I M E L U C
M A I Z Y M V E G E T A L E S
S E T A M O T E T S O P A S E
O J A M A N T E Q U I L L A P
E N S A L A D A F I D E O S Y
```

355

Álbum 6

¡Buen Apetito!

356

1 "Tortillas calientes." Las tortillas de maíz son la base de la comida tradicional mexicana. Pero México tiene otros platos muy diversos también.

2 "Ummm. Tacos." Los tacos son tortillas fritas, llenas de carne, queso y condimentos. ¿Los come Ud.?

¿Qué comen los hispanos? La pregunta es difícil de contestar, porque la comida depende de la geografía y de la situación económica del individuo. Cerca del mar (sea), hay mucho pescado y mariscos (shellfish). En el interior, hay más vegetales, frutas, granos, o posiblemente carnes. Pero en todas partes hay platos favoritos. Aquí tiene Ud. varios.

3 La paella valenciana—arroz amarillo con pollo, salchicha, mariscos y vegetales—tal vez el plato más famoso de toda España.

4 ¿Para la dieta? No exactamente. Pero, ¡ay, qué deliciosos son los pasteles (pastries) españoles! Barcelona, España.

357

¿Qué Comemos?

el **desayuno** breakfast

la **tostada** toast

jugo de naranja orange juice

los **huevos** eggs

el **tocino** bacon

la **olla** pot

una **flor** flower

la **jarra** jar

el **cereal** cereal

El desayuno normal del hispano consiste en pan o tostadas con café, o tal vez un plato de churros (thin crullers) con chocolate. (A propósito, el chocolate caliente que sirven en España tiene mucho más azúcar y es más negro que el nuestro.) En el campo se toma un desayuno más grande—cereal, queso, sopa, huevos, y posiblemente un poco de carne también . . . Mire ahora el menú a la derecha y díganos: ¿Qué desayuno pide Ud.?

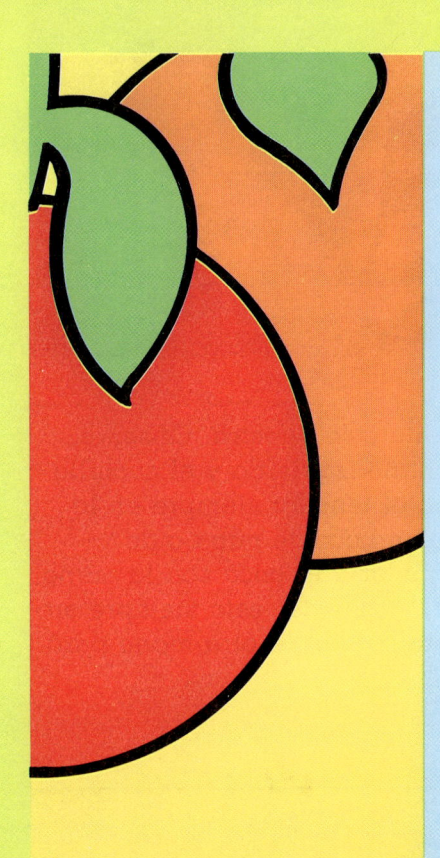

desayuno   breakfast

desayuno continental $ 48

jugo de naranja
pan tostado o bolillos dulces
mantequilla y mermelada
café, té o leche

desayuno americano $ 88

a escoger jugo de naranja o fruta
dos huevos al gusto
    con jamón, tocino o salchicha
Bolillos Tostados
mantequilla y mermelada
café, té o leche

desayuno la huerta $ 95

a escoger jugo de naranja o fruta
huevos pochés en caldo de frijol
Bolillos Tostados
mantequilla y mermelada
café, té o leche

jugos y fruta fresca

jugos de naranja, toronja, tomate	$ 18
jugos de manzana, ciruela, uva y V8	18
yoghurt natural de sabores	22
plato surtido de frutas frescas	48
orden de papaya, sandía, piña o ½ melón	35
½ toronja	35
suprema de toronja	50

cereales

avena, crema de trigo, corn flakes, rice krispies	$ 34
con plátano	34
con fresas	50

---

continental breakfast $ 48

orange juice
toast or sweet rolls
butter and preserves
coffee, tea or milk

american breakfast $ 88

orange juice or fresh fruit
two eggs any style
    with ham, bacon or sausage
toast
butter and preserves
coffee, tea or milk

"la huerta" breakfast $ 95

orange juice or fruit
poached eggs mexican style
toast
butter and preserves
coffee, tea or milk

juice and fresh fruit

orange, grapefruit or tomato juice	$ 18
apple, prune, grape, V-8 juice	18
choice of yoghourt	22
assorted fruit plate	48
order of papaya, watermelon, pineapple or half cantaloupe	35
half grapefruit	35
supreme of grapefruit	50

cereals

oat meal, cream of wheat, corn flakes, rice krispies	$ 34
with slices of bananas	34
with fresh strawberries	50

La manera de comer del hispano es un poco distinta a la nuestra. Observe, por ejemplo, que el hispano toma el tenedor con la mano izquierda y el cuchillo con la derecha. Corta la carne y toma un poquito con el tenedor siempre en la mano izquierda. Usa el cuchillo entonces para poner un poco de papa o de vegetal sobre la carne en el tenedor. Y levanta el tenedor a la boca con la mano izquierda. En otras palabras, en el mundo hispánico, el tenedor está siempre en la misma mano. En los Estados Unidos, pasamos el tenedor a la otra mano para llevarlo a la boca.

1 "Mira bien, hija. Tomamos las hojas (leaves) del banano y las llenamos con carne y maíz, y. . . ." La Sra. Concepción Samaniego da lecciones de cocina a su hija Magda. Barranquilla, Colombia.

2 Un plato de sopa caliente con arroz y vegetales al mediodía. La comida no es elegante pero es nutritiva. Y a esta familia de Cundinamarca, Colombia, le gusta sobre todo estar unida a la hora de comer.

3 "Buenos días." Desayuno al estilo norteamericano, con una familia cubana de Tampa. Jugo de naranja, huevos con tocino... ¿Qué más ve Ud. aquí?

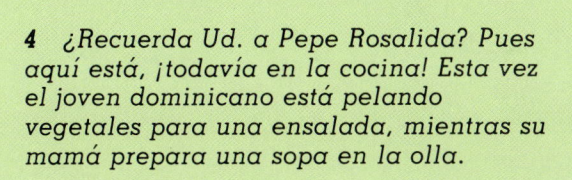

4 ¿Recuerda Ud. a Pepe Rosalida? Pues aquí está, ¡todavía en la cocina! Esta vez el joven dominicano está pelando vegetales para una ensalada, mientras su mamá prepara una sopa en la olla.

¿Éste, ése o aquél? (that one over there)

1. ¿Éste, ése o aquél?

   este desayuno　　　ese desayuno　　　aquel desayuno

   ¿Qué desayuno es más grande, éste, ése o aquél?
   ¿Cuáles tienen fruta?
   ¿Cuál tiene cereal? ¿y carne?
   ¿Cuál es más nutritivo?
   ¿Cuál es mejor para la dieta?
   ¿Cuál le gusta más a Ud.?
   ¿Puede Ud. decirnos todas las cosas que hay en aquél?

2. ¿Ésta, ésa o aquélla?

   esta comida　　　esa comida　　　aquella comida

   De todas estas comidas, ¿cuál es la más elegante, ésta, ésa o aquélla?
   ¿Cuál es la más económica?
   ¿Cuál tiene carne? ¿Cuál tiene pollo o pescado?
   ¿Cuál sabe Ud. preparar?
   ¿Cuál sirve más frecuentemente su mamá?
   ¿Cuál se sirve con flores en la mesa?

3. ¿Éstos, ésos o aquéllos?

    estos platos   esos platos    aquellos platos

De todos estos platos, ¿cuáles son líquidos, éstos, ésos o aquéllos?
¿Cuáles son vegetales?
¿Cuáles tienen más calorías? ¿y menos?
¿Cuáles servimos fríos?
¿Cuáles son los más deliciosos?

4. ¿Éstas, ésas o aquéllas?

    estas manos   esas manos    aquellas manos

¿De quién son estas manos, de un norteamericano,
  de un español o de un asiático? ¿Y ésas? ¿Y aquéllas?
¿En qué manos vemos un cuchillo y un tenedor?
¿En qué manos vemos otra cosa?

La Cocina Moderna

COLIFLOR FRITA

1 coliflor cocida (boiled)
5 dientes de ajo (garlic)
Aceite (oil)
Sal
Pimienta

Fría (fry) los ajos en el aceite caliente. Retírelos. Fría en la misma grasa la coliflor. Sazone con sal y pimienta. Sírvala con los ajos encima.

FLAN DE CARAMELO

6 huevos
1 taza y ½ de azúcar
1 litro de leche
1 cucharadita de vainilla
Azúcar para el molde

Bata los huevos con el azúcar. Añada la leche hirviendo (boiling) y la vainilla. Páselo a un molde acaramelado y póngalo en el horno (oven) por 30 minutos.

ARROZ CON PESCADO

1 taza de arroz
1 taza de tomates
pelados y picados
1 cebolla picada (chopped)
2 pimientos rojos
1 diente de ajo picado
2 tazas de agua

1 rama de perejil (parsley)
Aceite
Sal
Pimienta negra
½ kilo de pescado cocido

Fría en aceite caliente la cebolla, el ajo y los pimientos. Agregue el tomate. Muela (mash) la pimienta junto con el perejil. Incorpore el agua hirviendo y añada el arroz. Sazone con sal. Deje hervir 10 minutos a fuego fuerte (high flame). Añada el pescado. Baje el fuego y cocine por otros 10 minutos. Deje reposar un momento y sirva.

1 "Arroz... frijoles... sopas... frutas en lata... Muy bien, pero ¿dónde está la crema de maníes (peanut butter)?" Los supermercados son un fenómeno relativamente nuevo en el mundo hispánico, y todavía se limitan a los centros más grandes. Pero donde hay supermercados, son enormes y modernísimos, como éste de Guadalajara, México.

2 "¡Especial hoy! Lechuga—19 centavos. Gandules (beans)—tres libras (pounds) por 99 centavos. Habichuelas rojas (red beans)...." Gangas en una tienda puertorriqueña de Nueva York. A propósito, ¿qué son "Vitarroz" y "Goya"? Sí, son marcas populares.

3 "¿Qué les apetece?" Departamento de fiambres (cold cuts) y . . . . Díganos: ¿Qué más vende esta dependienta atractiva? Barcelona, España.

4 Un mercado al aire libre. Fuera de las ciudades, el mercado tradicional es todavía el mejor lugar para comprar comida. Los campesinos (farmers) traen sus vegetales frescos todos los días. Y si uno quiere un pollo bien fresco, pues, ¡lo matan delante de sus ojos, y ya! Toluca, México.

1 Comida a las nueve en "El Vesuvio", uno de los restaurantes de lujo de la capital mexicana. En realidad, la comida que se sirve en la mayor parte de los restaurantes finos de México es internacional—francesa, española, italiana, etc., con un poco "extra" de sabor (flavor) nativo.

2 Verano en Toledo, España. Los jóvenes se reúnen en un café al aire libre a tomar un refresco y hablar, hablar. . . . El café ocupa un lugar importantísimo en la vida hispana porque no se va allí solamente a comer. El café es realmente una combinación de "snack bar" y de club social.

¿Sabe Ud.?

En cada parte del mundo hay diferentes platos favoritos. Al mexicano le gustan sus tortillas y tamales, al español le gustan sus "paellas" y pescados, y a nosotros nos gustan nuestro pollo frito y nuestras hamburguesas. Pero en realidad, hoy, con los nuevos sistemas de transporte y comunicación, la comida es más internacional. Por ejemplo, en España, y en Latinoamérica hay restaurantes que sirven comida francesa, italiana o china, exactamente como los restaurantes de aquí que sirven comida española o mexicana. "Oigan, chicos, ¿que vamos a comer, tacos o pizza?"

3 Un plato de pollo frito "al estilo Kentucky" en México, D.F. En los centros grandes, muchos hispanos están adoptando ahora la costumbre norteamericana del almuerzo rápido—una hamburguesa, una salchicha con papas fritas, etc.

4 ¡Qué variedad de comida! Tamales, tortillas, enchiladas, frijoles, pan con queso, jamón y aguacate (avocado). . . . Domingo en "La Lagunilla" (flea market) de México, la capital.

Vocabulario

aquel, aquella that (over there), that one (over there)
aquellos, aquellas those (over there)
el **cereal** cereal
el **desayuno** breakfast
eso that (in general)
esto this (in general)
la **flor** flower
la **jarra** jar, pitcher
el **jugo de naranja** orange juice
la **olla** pot
el **tocino** bacon
la **tostada** toast

Appendices

ADDITIONAL PRACTICE

Primera Parte

1 Hola. Yo soy . . .

Escriba los nombres en inglés (Write the names in English):

1. Alicia
2. Tomás
3. Miguel
4. Susana
5. Eduardo
6. Sara
7. Carolina
8. Ricardo

2 ¿Es usted . . . ?

- *Conteste, por favor (Answer, please):*

  Ejemplo: Paco es sincero, ¿y María?   María es sincera.

  1. Diego es inteligente, ¿y Luisa?
  2. Susana es famosa, ¿y Roberto?
  3. Víctor es interesante, ¿y Alicia?
  4. Isabel es generosa, ¿y Pablo?
  5. Tomás es modesto, ¿y Sara?

- *Answer "yes" and add one more adjective:*

  Ejemplo: Es usted inteligente?   Sí, soy inteligente y artístico (artística).

  1. ¿Es usted brillante?
  2. ¿Es usted sociable?
  3. ¿Es usted obediente?
  4. ¿Es usted popular?
  5. ¿Es usted paciente?

3 ¿Qué es esto?

Complete con **un** *o* **una** *(Complete with* **un** *or* **una***):*

1. _____ libro
2. _____ maestra
3. _____ silla
4. _____ mesa
5. _____ maestro
6. _____ pluma
7. _____ ventana
8. _____ lápiz
9. _____ escuela
10. _____ puerta

4 Si un mexicano es de México...

- *Conteste:*

    1. Miguel es español. ¿De dónde es?
    2. Luisa es peruana. ¿De dónde es?
    3. Tomás es argentino. ¿De dónde es?
    4. Mi amiga es colombiana. ¿De dónde es?
    5. Andrés es chileno. ¿De dónde es?

- *Complete según el modelo (Complete according to the model):*

    Ejemplo: Soy de Chile.   Soy <u>chileno.</u>

    1. Mi amigo es de Bolivia. Es ____.
    2. Elena es de Venezuela. Es ____.
    3. Pedro y José son de Ecuador. Son ____.
    4. Mi maestra es de México. Es ____.
    5. Ana y María son de Honduras. Son ____.

- *Conteste:*

    1. ¿De dónde es usted?
    2. ¿De dónde es su padre?
    3. ¿Es mexicana su maestra?
    4. ¿Es americana su madre?
    5. ¿Es de Cuba su amigo?
    6. ¿Es de Nueva York su amiga?

5 ¿Hay un médico en la casa?

- *Conteste:*

    1. ¿Hay una mesa en la clase?
    2. ¿Hay maestros cubanos en la escuela?
    3. ¿Hay sillas en la clase?
    4. ¿Hay una ventana en la clase de español?
    5. ¿Hay un médico en la clase?

- *Conteste usando* **no**, *según el modelo (Answer using* **no**, *according to the model):*

    Ejemplo: ¿Hay un dentista en la clase?   <u>No, no hay un dentista en la clase.</u>

    1. ¿Hay una pluma en la clase de español?
    2. ¿Hay estudiantes en la clase?
    3. ¿Hay papeles en la clase?
    4. ¿Hay libros en la clase?
    5. ¿Hay peruanos en la clase?
    6. ¿Hay actrices famosas en la clase?

6 Álbum de familia

- *Lea las frases, y después complete (Read the sentences, and then complete):*

Andrés y María son los padres de Roberto. Ramón y Marisa son los hermanos de Roberto. Carlos y Felipe son los primos de Roberto.

1. _____ es la madre de Roberto.
2. _____ es el esposo de María.
3. _____ y _____ son los primos de Roberto.
4. Roberto, Ramón, y Marisa son _____.
5. Andrés es el _____ de Carlos y Felipe.

- *Complete con **el, la, los** o **las** (Complete with **el, la, los** or **las**):*

Ejemplo: las tías, el abuelo

1. _____ hermano
2. _____ primas
3. _____ hija
4. _____ primo
5. _____ esposo
6. _____ abuela
7. _____ hombres
8. _____ padre
9. _____ hijos
10. _____ madres

7 ¿Le gusta?

- *Complete con **gusta** o **gustan** (Complete with **gusta** or **gustan**):*

1. Me _____ mis maestros.
2. No me _____ la televisión.
3. ¿Le _____ la música popular?
4. ¿Le _____ sus clases?
5. ¿Qué actor le _____?
6. ¿Le _____ el español?

- *Conteste (con **no**):*

1. ¿Le gusta el fútbol?
2. ¿Le gustan las óperas?
3. ¿Le gusta su hermano?
4. ¿Le gusta el golf?
5. ¿Le gustan los conciertos?
6. ¿Le gustan los dentistas?

8 Números 1-12

- *Conteste en español:*

1. ¿Cuántas ventanas hay en la clase?
2. ¿Cuántos libros hay en su mesa?
3. ¿Cuántos maestros de francés hay en la escuela?
4. ¿Cuántas mesas hay en la clase?
5. ¿Cuántas clases tiene Ud.?

- *Escriba los números que faltan (Write the missing numbers):*

    Ejemplo: siete, <u>ocho</u>, nueve, diez, <u>once</u>

    1. dos, cuatro, ____, ocho, ____
    2. uno, tres, ____, ____
    3. doce, ____, diez, ____, ocho
    4. ocho, seis, ____, ____
    5. ____, seis, nueve, ____

9   ¿Qué hora es?

- ¿Qué hora es?

    Ejemplo: 1:00   <u>Es la una.</u>

    1. 1:30   2. 2:15   3. 6:30   4. 8:00   5. 8:45

- *Complete las frases (Complete the sentences):*

    Ejemplo: Mi clase de inglés es <u>a las diez.</u>

    1. Mi clase de español es ____.
    2. Mi clase de música es ____.
    3. Mi clase de ciencia es ____.
    4. Mi clase de matemáticas es ____.
    5. Son ____ ahora.
    6. Mi clase de historia es ____.

10   Los días de la semana

- *Complete las frases:*

    1. Hoy es lunes; mañana es ____.
    2. Si hoy es sábado, mañana es ____.
    3. Hay siete ____ en la semana.
    4. Hoy es martes; mañana es ____.
    5. Mañana es viernes; hoy es ____.
    6. Hoy es domingo; mañana es ____.

Álbum 1   ¿Qué Tiempo Hace?

- *Conteste las preguntas (Answer the questions):*

    1. ¿Cuántos meses hay en el año?
    2. ¿Cuántas estaciones hay en el año?
    3. ¿En qué estación es el mes de junio?
    4. ¿En qué estación es el mes de enero?
    5. ¿Cuál mes del año le gusta?
    6. ¿Cuál estación le gusta?
    7. ¿Cuáles son los meses del verano?

- *Asociaciones. Can you match Column A with Column B?*

    A
    1. Hace frío.
    2. Hace mucho frío.
    3. Llueve.
    4. Hace mucho calor.
    5. Hace viento.

    B
    a. en abril
    b. en enero
    c. en agosto
    d. en marzo
    e. en noviembre

• *Conteste, por favor:*

1. ¿Qué tiempo hace en febrero?
2. ¿Nieva mucho en abril?
3. ¿En qué mes llueve mucho?
4. ¿En qué mes hace mucho viento?
5. ¿Nieva o hace calor en junio?
6. ¿Hace calor en diciembre?

• *Complete las frases siguientes (Complete the following sentences):*

1. Mi estación favorita es ____.
2. Mi mes favorito es ____.
3. El aniversario de mis padres es en ____.
4. Mi cumpleaños es en ____.
5. Mi signo es ____.
6. Soy una persona muy ____.

11 Números 13–30

• *Escriba los números y complete los problemas (Write the numbers and complete the problems):*

Ejemplo: 6 + <u>2</u> = ocho

1. ____ + ____ = siete
2. ____ + ____ = treinta
3. ____ + ____ = trece
4. ____ + ____ = veinte y cinco
5. ____ + ____ = veinte y uno
6. ____ × ____ = diez y ocho
7. ____ × ____ = veinte
8. ____ × ____ = diez y seis

• *Escriba los números que faltan (Write the missing numbers):*

1. trece, ____, quince, ____, diez y siete
2. cinco, diez, ____, veinte, ____
3. doce, ____, diez y ocho, ____, veinte y cuatro
4. treinta, ____, veinte y seis, ____, veinte y dos
5. diez y nueve, ____, veinte y tres, ____, veinte y siete

12 ¿Habla Ud. Japonés?

• *Conteste, por favor:*

1. ¿Amigo, hablas inglés?
2. ¿Habla español su hermano?
3. ¿Escuchas en la clase?
4. ¿Contesta Ud. en español?
5. ¿Escucha música popular su maestra?

• *Complete con la forma correcta del verbo (complete with the correct form of the verb):*

1. Yo ____ música. (escuchar)
2. Mi padre ____ japonés. (hablar)
3. Mi madre ____ el teléfono. (contestar)
4. Mi amigo ____ ciencia en la escuela. (estudiar)
5. Su amiga ____ italiano. (hablar)

ADDITIONAL PRACTICE

13 ¡Sí, sí, comprendo!

• *Escriba las frases, cambiando el sujeto a **Diego** (Write the sentences, changing the subject to **Diego**):*

Ejemplo: Vivo en Costa Rica.   Diego vive en Costa Rica.

1. Comprendo español.
2. Aprendo matemáticas.
3. Leo muchos libros de historia.
4. Escribo poemas en la clase de inglés.

• *Complete con la forma correcta del verbo (Complete with the correct form of the verb):*

1. Yo ___ español. (comprender)
2. ¿___ Ud. libros de ciencia? (leer)
3. Mi familia ___ en Texas. (vivir)
4. Paco, ¿___ rápidamente? (aprender)
5. Julia, ¿___ poemas? (escribir)

14 ¿De qué color es el amor?

Complete con un color (Complete with a color):

Ejemplo: un libro negro

1. una pluma ___
2. una silla ___
3. un papel ___
4. un lápiz ___
5. una pizarra ___
6. una mesa ___

15 Escuche y repita, por favor.

¡Escriba en Español! (Write in Spanish!):

1. Speak Spanish!
2. Open the door!
3. Listen in class!
4. Don't read aloud!
5. Don't talk!
6. Repeat, please!

• *Cambia las frases a mandatos (change the sentences to commands):*

Ejemplo: Roberto lee el libro.   Roberto, lea el libro.

1. Margarita abre la puerta.
2. Clarita aprende español.
3. José escribe en la pizarra.
4. Isabel habla italiano.
5. Pedro pasa a la pizarra.
6. Carlos escucha la música.
7. Luisa estudia mucho.

16 ¿Cómo está Ud.?

● *Complete el diálogo (Complete the dialogue):*

Sr. Díaz: Buenos _____, señor.
Pedro: Buenos _____. ¿Cómo _____ Ud.?
Sr. Díaz: Así, _____. ¿Y Ud.?
Pedro: _____, gracias. Pues, _____.
Sr. Díaz: Hasta _____.

● *Respond to each phrase below:*

1. Buenas tardes, Pepe.
2. Adiós.
3. ¿Cómo está Ud.?
4. Hasta luego.

17 Números, otra vez

● *Counting by 10's to 100, write the numbers in Spanish.*

● *Counting by 100's to 1000, write the numbers in Spanish.*

18 Bueno, malo, mucho, poco

● *Escoja el adjetivo correcto para completar la frase (Choose the correct adjective to complete the sentence):*

bajo, alta, grandes, pequeños, bonitas, larga

1. María es _____.
2. Roberto es _____.
3. Las chicas son _____.
4. Los elefantes son _____.
5. Los insectos son _____.
6. La serpiente es _____.

● *Escriba lo contrario (Write the opposite):*

1. bonita
2. alto
3. nuevo
4. grande
5. corto
6. malo

● *Dé (give) un ejemplo de:*

1. un actor alto
2. un animal feo
3. una actriz bonita
4. un libro corto
5. un color bonito
6. una universidad grande
7. una persona baja
8. un objeto pequeño en la clase

● *Complete con el adjetivo opuesto (Complete with the opposite adjective):*

1. Pepe no es alto; es _____.
2. Mis amigas no son feas; son _____.
3. No hay muchos libros; hay _____.
4. Una serpiente no es corta; es _____.
5. Las sillas no son nuevas; son _____.
6. Mi familia no es grande; es _____.

19 ¿Cuál es más grande?

• *Cambie según el modelo (Change according to the model):*

Ejemplo: Paco es alto, ¿y Pedro?   Pedro es más alto que Paco.

1. Susana es bonita, ¿y su hermana?
2. Elena es baja, ¿y Rosa?
3. Su hermano es guapo, ¿y su padre?
4. Su escuela es pequeña, ¿y su casa?

• *Conteste las preguntas (Answer the questions):*

1. ¿Quién es mayor, usted o su amigo (amiga)?
2. ¿Quién es más alta (alto), usted o su madre?
3. ¿Quién es mayor, usted o su maestra?
4. ¿Qué es más interesante, inglés o historia?

• *Complete, según (according to) el modelo:*

Ejemplo: a. Pepe es grande.   b. Diego es más grande. (bigger)
         c. Jaime es el más grande. (the biggest)

1. a. Juanita es bonita.
   b. Rosa _____. (prettier)
   c. Elena _____. (the prettiest)
2. a. El tiempo es malo.
   b. El curso _____. (worse)
   c. El examen _____. (worst)
3. a. Mi madre es estricta.
   b. Mi padre _____. (stricter)
   c. Mi abuelo _____. (strictest)
4. a. El fútbol es bueno.
   b. El vólibol _____. (better)
   c. El básquetbol _____. (best)

20 ¿Éste o ése?

• *Cambie las frases al plural (Change the sentences to the plural):*

Ejemplo: Esta chica es alta.   Estas chicas son altas.

1. Este libro es grande.
2. Esa casa es bonita.
3. Este elefante es viejo.
4. Ese coche es nuevo.
5. Esta clase es maravillosa.

• *Exprese en español, según el modelo:*

Ejemplo: Esta señora es española.   Ésta es española.

1. Esos chicos son altos.
2. Ese señor es jugador de fútbol.
3. Estas flores son bonitas.
4. Esta chica es alta.
5. Estos estudiantes son buenos.

- *Complete las frases, según el modelo:*

  Ejemplo: No me gusta este libro; me gusta ése.

  1. No vivo en esta casa; vivo en ____.
  2. No leo estos libros; leo ____.
  3. No hay gasolina en este coche; hay gasolina en ____.
  4. No comprendo esos ejercicios; comprendo ____.
  5. No escribo este ejercicio; escribo ____.

Álbum 2   ¿A Dónde Va Ud.?

- *Complete con al o a la:*

  1. Voy ____ banco.
  2. Raúl va ____ concierto.
  3. Mi madre va ____ oficina.
  4. Su padre va ____ gimnasio.
  5. ¿Vas ____ farmacia?
  6. Hoy no voy ____ partido de béisbol.
  7. Dolores, ¿vas ____ fiesta?
  8. ¿Va Ud. ____ cine?

- *Cambie según las indicaciones:*

  1. Mi padre va al teatro.
     ____ oficina.
     ____ aeropuerto.
     ____ estación de gasolina.

  2. Rosita va a la fiesta.
     (Yo) ____.
     Amigo, ¿____?
     ____ ¿____ concierto?

Segunda Parte

LECCIÓN 1

1. The present tense

- *Conteste según el modelo (Answer according to the model):*

  Ejemplo: María comprende español, ¿y ustedes?
  <u>Nosotros comprendemos español.</u>

  1. Pedro vive en España, ¿y ustedes?
  2. Mis vecinos escuchan música, ¿y ustedes?
  3. Juan escribe libros, ¿y ustedes?
  4. Mis amigos aprenden francés, ¿y ustedes?
  5. Ana lee mucho, ¿y ustedes?

379

● *Escriba otra vez, cambiando las palabras indicadas al plural (Rewrite, changing the italicized words to the plural):*

Ejemplo: *Mi hermano estudia* inglés.   Mis hermanos estudian inglés.

1. *Usted estudia* ciencia.
2. *Su amigo comprende* español.
3. *El vecino escucha* el radio.
4. *La maestra abre* la ventana.
5. *No aprendo* rápidamente.
6. ¿*Vive Ud.* en esa casa?

● Complete con la forma correcta del verbo (Complete with the correct form of the verb):

Ejemplo: (hablar) Luisa ____ francés.   Luisa habla francés.

1. (escuchar) Mis amigos ____ el radio.
2. (contestar) Alicia no ____ hoy.
3. (estudiar) ¿Qué ____ (tú), Carlos?
4. (bajar) Sr. Pardo, ¿____ Ud.?
5. (hablar) (Yo) ____ español y francés.
6. (comprender) Diego no ____ inglés.
7. (leer) Carlota no ____ muchos libros.
8. (comprender) ¿(Tú) ____ esta lección, Donado?
9. (vivir) ¿____ ustedes en Puerto Rico?
10. (escribir) ¿____ ustedes frecuentemente?
11. (subir) ¿(Tú) ____ ahora?
12. (vivir) Ana ____ en Arizona y nosotros ____ en Texas.

● Conteste las preguntas siguientes (Answer the following questions):

1. ¿Dónde viven ustedes?
2. ¿Hablan ustedes español?
3. ¿Estudia francés su padre?
4. ¿Escribe poemas Víctor?
5. ¿Abren ustedes sus libros en clase?
6. ¿Leen mucho sus amigos?

2. Subject pronouns

● *Escriba el sujeto correcto para cada frase (Write the correct subject pronoun for each sentence):*

Ejemplo: Estudio en mi cuarto.   yo

1. ¿Bajamos a la cocina?
2. No aprendo la música.
3. ¿Hablas español en la clase?
4. Suben a su cuarto.
5. ¿A qué hora entras?
6. Habla español y portugués.
7. Son de España.
8. ¿Contestamos en francés o en italiano?
9. ¡Caramba, es inteligente!
10. Subo por la escalera.

- *Escriba la frase otra vez con el pronombre correcto (Rewrite the sentence with the correct pronoun):*

  Ejemplo: *Isabel* estudia mucho.   Ella estudia mucho.
  1. *Pepe y yo* subimos la escalera.
  2. *Eduardo y Luisa* comprenden bien el italiano.
  3. *El señor Gómez* es mi vecino.
  4. *Esteban y usted* escuchan el radio.
  5. *Carmen y Rosa* van al cine.

- *Escriba la forma correcta de cada verbo (Write the correct form of each verb):*

  1. entrar
     a. Tú y yo ____.
     b. Usted y yo ____.
     c. Nosotros ____.
     d. Raul y Anita ____.

  2. bajar
     a. el vecino ____.
     b. el vecino y yo ____.
     c. mis amigos ____.
     d. nosotros ____.

  3. subir
     a. Juan y usted ____.
     b. Isabel y Pablo ____.
     c. Riqui y yo ____.
     d. Carla y José ____.

3. The verb ser

- *Asocie los Grupos A y B (Match Column A with Column B):*

A	B
1. ¿De dónde es Federico?	a. Sí, de la universidad.
2. ¿Son Uds. chilenos?	b. Es una lámpara.
3. ¿Qué es esto?	c. No. Somos panameños.
4. ¿Son grandes los cuartos?	d. Es de Francia.
5. ¿Es estudiante Juan?	e. Sí, son enormes.

- *Cambie según el modelo (Change according to the model):*

  Ejemplo: María es inteligente. (yo)   Yo soy inteligente.
  1. Mis abuelos son de Venezuela. (tú)
  2. Juan y yo somos buenos estudiantes. (ellos)
  3. Las flores son de plástico. (la pluma)
  4. Yo no soy de España. (Uds.)
  5. Mis primas son altas. (nosotras)
  6. El sofá es para la sala. (las sillas)
  7. Pedro y yo somos de Puerto Rico. (él)
  8. Mi padre es médico. (yo)

- *Complete con la forma correcta del verbo **ser** (Complete with the correct form of the verb **ser**):*

    1. Paco, ¿_____ (tú) de España? —No, _____ de Chile.
    2. ¿_____ ustedes hermanos? —No, _____ primos.
    3. Sí, su casa _____ verde.
    4. Yo no _____ alta.
    5. Estos libros _____ muy buenos.
    6. Mañana _____ sábado, ¿no?
    7. María y yo _____ hermanas.
    8. ¿De dónde _____ usted? —Yo _____ de San Luis.

- *Conteste las preguntas:*

    1. ¿De dónde es usted?
    2. ¿De dónde es su amigo?
    3. ¿Es su familia muy talentosa?
    4. ¿Son Uds. buenos estudiantes?
    5. ¿Es alto o bajo su padre?
    6. ¿Son generosos sus amigos?

LECCIÓN 2

4. Tener and venir

- *Conteste con la forma correcta del verbo **tener** (Answer with the correct form of the verb **tener**):*

    1. ¿Cuántos hermanos tiene Ud.?
    2. ¿Tiene Ud. muchas fiestas esta semana?
    3. ¿Tienen Uds. buenos amigos?
    4. ¿Tienen Uds. un televisor en la sala?
    5. ¿Tienen mucha paciencia sus padres?
    6. ¿Tiene una cafetería su escuela?

- *Complete con la forma correcta del verbo **tener** (Complete with the correct form of the verb **tener**):*

    1. Pedro y yo no _____ papel.
    2. ¿_____ Ud. un piano en su casa?
    3. (Yo) No _____ hermanas pero mi primo _____ una hermana.
    4. Ellos _____ una casa grande.
    5. Antonio, ¿(tú) _____ mi lápiz?
    6. (Yo) _____ dos tíos en Colorado.

- *Conteste con la forma correcta del verbo **venir** (Answer with the correct form of the verb **venir**):*

    1. ¿Viene a la clase hoy el director?
    2. ¿Vienen a esta escuela sus hermanas?
    3. ¿Vienen Uds. al partido de béisbol?
    4. ¿Viene Ud. a la fiesta mañana?
    5. ¿Vienen al teatro sus padres?

- *Complete con la forma correcta del verbo **venir** (Complete with the correct form of the verb **venir**):*

    1. ¿De dónde _____ Uds.?
    2. Delia _____ con nosotros.
    3. Mi padre _____ a las ocho y yo _____ mañana.
    4. Sara y yo _____ hoy.
    5. Francisca, mañana (tú) _____ a mi casa, ¿no?
    6. ¿A qué hora _____ sus amigos?

- *Complete usando (using) **tener** o **venir**:*

    1. Yo _____ dos hermanos.
    2. Mis amigas _____ a mi fiesta.
    3. En mi casa, nosotros _____ dos radios.
    4. Inés y yo _____ un coche viejo.
    5. Pablo no _____ a la escuela hoy.
    6. Lucía, ¿(tú) _____ tiempo ahora?
    7. Mi padre _____ a la oficina temprano.
    8. Alberto, ¿(tú) _____ mañana?

5. Expressions with **tener**

- *Complete, usando una expresión con **tener** (Complete using an expression with **tener**):*

    1. En el invierno yo _____.
    2. No voy a la cafetería. No _____.
    3. En el verano, nosotros _____.
    4. A las diez, mi hermana va a la cama. Ella _____.
    5. Mi madre _____ de las serpientes.
    6. Si nosotros _____, tomamos agua.

- A group of students is on an overnight camping trip in the mountains. As it grows dark, the weather turns bad and everyone begins to complain. Can you tell your Spanish friend what each one is saying? *Exprese en español:*

    Ejemplo: (Roberto): "I'm hungry."   <u>Tengo hambre.</u>

    1. (Susana): "I'm not hungry, I'm scared."
    2. (dos chicas): "We're thirsty."
    3. (Roberto, a su amigo): "Are you sleepy?"
    4. (el maestro): "Are you (all) warm?"
    5. (dos chicos): "No, we're not warm, we're cold."
    6. (Paco): "Caramba, I have to study tomorrow!"

- *Lea la frase, y después decida si es verdad o falso (Read the sentence, and then decide whether it's true or false):*

    1. Tengo que lavar platos en la clase.
    2. Tengo que aprender español.
    3. Tengo que estudiar para la fiesta.
    4. Tengo que ayudar en mi casa.
    5. Tengo que subir por la ventana.

383

6. Where to put adjectives

- *Escriba la frase otra vez con el adjetivo en paréntesis (Rewrite the sentence, adding the adjective either before or after the italicized noun):*

    Ejemplo: (grande) Es una *casa*.   Es una casa grande.

    1. (bonita) Es una *chica*, ¿no?
    2. (mucho) No tenemos *tiempo*.
    3. (generoso) Andrés es un *chico*.
    4. (bajo) ¿Quién es ese *hombre*?
    5. (americana) ¡Sí, me gusta la *música*!
    6. (pequeña) Tengo una *alcoba*.
    7. (pocas) ¡Caramba, hay *ventanas* aquí!
    8. (amarilla) Mis abuelos viven en una *casa*.

- *Complete con la forma correcta del adjetivo (Complete with the correct form of the adjective):*

    1. (mucho) ¿Tiene Ud. ____ amigos?
    2. (simpático) Son niños ____.
    3. (poco) Ramón gana ____ dinero.
    4. (primero) Alicia es la ____ hija de su familia.
    5. (generoso) ¿Son ____ sus tíos?
    6. (nuevo) Es un estudiante ____ de Italia.
    7. (francés) Miramos programas ____.
    8. (primero) Es mi ____ coche.
    9. (bueno) Es una ____ pregunta.
    10. (malo) Hace ____ tiempo.

- *Escriba otra vez, cambiando la posición del adjetivo (Write again, changing the position of the adjective):*

    Ejemplo: un buen libro   un libro bueno

    1. un niño malo
    2. el primer ejercicio
    3. los primeros años
    4. una amiga buena
    5. el ejemplo primero
    6. un mal programa

LECCIÓN 3

7. Ir, dar, and estar

- *Complete con la forma correcta del verbo ir (Complete with the correct form of the verb ir):*

    1. Ellos ____ con Rafael.
    2. Yo ____ mañana.
    3. Nosotros ____ a las cinco.
    4. ¿____ Ud.?
    5. Yo no ____ al parque.
    6. ¿A dónde ____ (tú)?
    7. ¿Cuántos chicos ____ a ir?
    8. Pepe y yo ____ temprano.

- *Complete con la forma correcta del verbo dar (Complete with the correct form of the verb dar):*

    1. ¡Caramba, el señor Gómez _____ muchos exámenes!
    2. Por favor, ¿quién _____ lecciones de español?
    3. Yo _____ lecciones de francés.
    4. ¿Por qué no _____ (nosotros) una fiesta?
    5. Los músicos _____ conciertos los sábados.
    6. Beto, ¿(tú) _____ el dinero? —Sí, yo _____ un poco.

- *Complete con la forma correcta del verbo estar (Complete with the correct form of the verb estar):*

    1. Flaco y yo _____ en el patio.
    2. ¿Cómo _____, mi amigo? —(Yo) _____ bien, gracias.
    3. ¿Dónde _____ sus padres?
    4. ¿_____ aquí el Sr. Rivas?
    5. ¿Cuántas chicas _____ en la sala?
    6. (Yo) _____ en la cocina, Pepe.
    7. ¡Ay, este café _____ frío!

- *Complete con la forma correcta de dar o ir (Complete with the correct form of dar or ir):*

    1. Mis amigos _____ al partido.
    2. Nosotros _____ conciertos en la escuela.
    3. Marisa _____ una fiesta mañana.
    4. Yo _____ al laboratorio temprano.
    5. El maestro de ciencia _____ muchos exámenes.
    6. Beatriz, ¿_____ al cine hoy?

8. When to use estar

- *Exprese en inglés:*

    1. La sopa está fría.
    2. El hielo es frío.
    3. El chico está malo.
    4. Esa chica es muy mala.
    5. Isabel está bonita en el vestido rojo.
    6. Mi vecina es muy bonita.

- *Escoja el verbo correcto y complete (Choose the correct verb and complete):*

    1. Mi madre _____ de Portugal. (es, está)
    2. Susana _____ enferma hoy. (es, está)
    3. Sus zapatos _____ en la sala. (son, están)
    4. Felipe _____ muy alto. (es, está)
    5. ¡Ay! El té _____ frío ahora. (es, está)
    6. La lámpara _____ de cristal. (es, está)
    7. Estos pantalones _____ para Roberto. (son, están)
    8. Mi padre _____ en Caracas. (es, está)
    9. Yo _____ venezolano. (soy, estoy)
    10. Las serpientes _____ largas. (son, están)

• *Complete con la forma correcta del verbo **ser** o **estar** (Complete with the correct form of the verb **ser** or **estar**):*

1. Enrique ____ con su hermano pero los otros ____ aquí.
2. Este libro ____ muy interesante, ¿no?
3. Marta ____ una chica brillante pero no ____ en la clase hoy.
4. ¿Dónde ____ mis zapatos, Guillermo?
5. ¡____ las once y los niños no ____ en la cama!
6. Nosotros ____ en el comedor y Clarita ____ en la cocina.
7. Daniel, (tú) ____ chileno, ¿no? —No, (yo) ____ peruano.
8. ¿De dónde ____ Ud.?

9. Pronouns that follow prepositions

• *Complete la frase con el pronombre correcto.*

1. La pregunta es para ____. (her)
2. El televisor es de ____. (him)
3. Amigo, voy al cine con ____. (you)
4. Trabajamos con ____. (him)
5. Ellos van al partido con ____. (us)
6. Los chicos están locos por ____. (her)

• *Cambie a pronombres (Change to pronouns):*

Ejemplo: El saco es para *Roberto*.   El saco es para él.

1. Las camisas son para *Carlos y Juan*.
2. Los muebles son para *Estela*.
3. Estas lámparas son para *los Gómez*.
4. Pepe trabaja con *su vecino*.
5. ¿Vienes a mi casa con *Rosa y Gabriela*?

• *Complete usando la preposición correcta (Complete using the correct preposition):*

1. Vivimos ____ San Francisco. (en, de)
2. Estas faldas son ____ ti. (para, con)
3. ¿Come Ud. ____ la cocina? (en, a)
4. Están locas ____ ese actor. (por, para)
5. Ellos siempre hablan mal ____ mí. (de, para)
6. ¿Por qué vas al cine ____ Miguel? (a, con)

• *Exprese en español usando la preposición **de, con,** o **para** (Express the following in Spanish using the preposition **de, con,** or **para**):*

Ejemplo: We're speaking *with her*.   Hablamos con ella.

1. It's *for you* (tú), Pablo.
2. Is it *for me*?
3. The sweater is *from us*.
4. Ana is coming *with you* (all).
5. Is it *for you* (**Ud.**) or *for him*?
6. My brothers are going *with me*.
7. The shirt is *from her*.
8. Is Barbara going *with you*?

LECCIÓN 4

10. Possession

- *Conteste según (according to) el modelo:*

  Ejemplo: ¿De quién es ese abrigo? (Paco)   Es de Paco.

  1. ¿De quién son esos papeles? (la profesora)
  2. ¿De quién es ese sombrero? (mi hermano)
  3. ¿De quiénes son esas plumas? (los estudiantes)
  4. ¿De quiénes son estos muebles? (mis vecinos)
  5. ¿De quién es este coche? (Tomás y Guillermo)
  6. ¿De quién es ese dinero? (maestro)

- Mrs. Rodríguez is making a list of things to take on a family vacation. Can you translate her list into Spanish for her? *Exprese en español:*

  Ejemplo: Daniel's shoes   Los zapatos de Daniel

  1. Ann's dress
  2. Charlie's books
  3. John's radio
  4. the children's shirts
  5. Amalia's overcoat
  6. the neighbor's son

11. The possessives

- *Cambie usando la forma correcta de* **nuestro**:

  Ejemplo: *Mi* casa es bonita.   Nuestra casa es bonita.

  1. *Mi* familia es muy grande.
  2. *Mi* madre es bonita.
  3. *Mi* padre es simpático.
  4. El Sr. Muñoz es *mi* vecino.
  5. No me gusta *mi* alcoba.

- *Cambie según el modelo:*

  Ejemplo: mi amigo (zapatos, casa)   mis zapatos / mi casa

  1. nuestra clase (primos, padre)
  2. su clase (maestros, corbata)
  3. tu cama (pelo, ojos)
  4. mi brazo (piernas, nariz)
  5. nuestro tío (alcobas, calcetines)
  6. su dinero (vestidos, nevera)
  7. mi saco (pantalones, coche)
  8. tu cara (hermanas, idea)

- When the Rodríguez family returns from vacation, they discover their house has been burglarized! Can you tell in Spanish what each one says is missing? *Exprese en español:*

    Ejemplo: (Sra. R): "Oh, where is my stove?"   Ay, ¿dónde está mi estufa?"

    1. (Amalia): "Where are my blouses and her dresses?"
    2. (Carlos): "And where are your shoes?"
    3. (Sra. R.): "Where is our table, and where are our chairs?"
    4. (Sra. R.): "Where is our television?"
    5. (Sra. R. a sus hijos): "Carlos, Juan, where are your shirts and your ties?"

12. Special verbs: **decir** and the **–go** group

- *Conteste las preguntas:*

    1. Ramón pone sus zapatos en la cama, ¿y usted?
    2. Alfonso sale esta noche, ¿y usted?
    3. Margarita hace un sandwich, ¿y usted?
    4. Marcos trae un millón de dólares a clase, ¿y usted?
    5. Rosario hace mucho en casa, ¿y usted?

- *Cambie al singular, según (according to) el modelo:*

    Ejemplo: Salimos tarde de la clase.   Salgo tarde de la clase.

    1. Traemos los instrumentos mañana.
    2. Ponemos los exámenes en la mesa de la maestra.
    3. Hacemos calcetines para los chicos.
    4. Valemos un millón de dólares.

- *Complete con la forma correcta del verbo (Complete with the correct form of the verb):*

    1. (salir) Juanito _____ mañana pero yo _____ hoy.
    2. (poner) Ellos _____ su ropa aquí pero yo _____ mi ropa en la alcoba.
    3. (hacer) Manolo, (tú) _____ el ejercicio bien, pero yo _____ la lección mejor.
    4. (traer) Mario _____ el café y yo _____ el té.
    5. (decir) Mis amigos _____ "sí", pero yo _____ ¡"no"!
    6. (valer) ¡Mi primo dice que Víctor _____ poco y que yo _____ menos!

- *Lea la frase y escriba* **verdad** *o* **falso**:

    1. Mi libro de español vale mil dólares.
    2. Su hermano hace las lecciones en casa.
    3. Ud. trae su televisor a la escuela.
    4. Ud. pone los zapatos en la mesa.
    5. Su padre sale tarde de casa todos los días.

LECCIÓN 5

13. The preposition a

- *Decida cuáles frases requieren la preposición a, y escriba otra vez (Decide which sentences require the preposition a, and rewrite):*

    1. Llamo _____ mi amigo.
    2. Tenemos _____ primos.
    3. ¿Ves _____ María?
    4. Voy _____ salir temprano.
    5. Ellos hablan _____ mucho en la clase.
    6. Vamos _____ estudiar para el examen.
    7. ¿Tiene Ud. _____ amigos generosos?
    8. Vengo _____ comprar las flores.
    9. ¿Hago _____ la cama?
    10. Invitamos _____ Isabel.

- *Conteste según el modelo:*

    Ejemplo: ¿Trae Ud. el dinero?   No, voy a traer el dinero mañana.

    1. ¿Hace Ud. los ejercicios ahora?
    2. ¿Ramón da una fiesta hoy?
    3. ¿Estudian Uds. para el examen?
    4. ¿Llama Ud. a Roberto ahora?
    5. ¿Invitan Uds. a Elvira hoy?

- *Haga frases completas usando la preposición a (Make complete sentences, using the preposition a in the proper place):*

    Ejemplo: voy / salir.   Voy a salir.

    1. voy / trabajar / pronto.
    2. ¿vienen / estudiar / con nosotros?
    3. ¿quién / llamas?
    4. llamo / Pepito Jiménez.
    5. ¿vamos / la fiesta?
    6. ¡no / contesto / Jorge!
    7. Chelo / aprende / tocar / la guitarra.
    8. tus abuelos / vienen / comer hoy.
    9. Sr. Vargas, ¿/ quién / habla?

14. Using the infinitive after a preposition

- *Complete con la forma correcta del verbo (Complete with the correct form of the verb):*

    1. Estoy cansada de _____. (escribir, escribo)
    2. ¿Están listos para _____ al teatro? (van, ir)
    3. Cuando tengo hambre, _____ un sandwich. (comer, como)
    4. Sin _____ el libro es difícil comprender la lección. (leo, leer)
    5. Este dinero es para _____ un sombrero. (comprar, compramos)
    6. Si tienes frío, _____ el abrigo. (usar, usa)

• *Complete, usando el verbo correcto (Complete the sentence, using the correct verb):*

1. Vamos a (estar / llamar) a Gloria.
2. ¿Están Uds. listos para (comer / ser)?
3. Este verano trabajo sin (llegar / ganar) mucho dinero.
4. Después de (salir / sacar) de su casa, Víctor va a (trabajar / tomar).
5. ¿Vienes para (salir / ayudar) en la tienda?
6. Lupe, ¿estás cansada de (deber / escuchar) música?
7. ¿Por qué vas a (acabar / sacar) tu dinero del banco?
8. Voy a (esperar / llamar) por teléfono.

15. The double negative

• *Cambie según el modelo:*

Ejemplo: Nunca comemos tarde.   No comemos tarde nunca.

1. Nadie viene a la fiesta.
2. Los estudiantes nunca estudian.
3. Nada funciona en esta casa.
4. Nadie llama por teléfono.
5. Nunca decimos la verdad.

• *Complete con* **nada, nadie,** *o* **nunca:**

1. Jaime, ¿debes dinero? —No, no debo ____.
2. ¿Hay un médico en la casa? —No, no hay ____ en la casa.
3. ¿Conocen ustedes a mis padres? —No, no conocemos a ____.
4. ¿Cuándo vas a llamar a Pepe? —No voy a llamar ____.
5. ¿Siempre van Uds. a las fiestas? —No, no vamos ____.
6. ¿Esperamos a los otros? —No, no esperamos a ____. Vamos ahora.
7. ¿Qué tienes en la boca? —No tengo ____ en la boca.
8. ¿Vende este hombre ropa bonita? —No, no vende ____.
9. ¿Vienen los artistas aquí? —No, no viene ____ aquí.
10. ¿Cuándo estudias tus lecciones? —¿Yo? ¡No estudio ____ mis lecciones!

• *Complete de la manera más negativa:*

Ejemplo: ¿Estudian ustedes mucho en casa?
            No, no estudiamos nunca en casa.

1. ¿Hay buenas gangas en el almacén ahora?
2. ¿Qué compras en el primer piso del almacén?
3. ¿Conoce Ud. a muchos actores?
4. ¿Usa Ud. el ascensor en la escuela?
5. ¿Funciona este coche viejo?
6. ¿Come Ud. un sandwich?

LECCIÓN 6

16. 1st and 2nd person object pronouns

• *Complete con* **me, te,** *o* **nos,** *según el modelo.*

Ejemplo: ¿____ ayudo esta tarde? (a ti)   ¿Te ayudo esta tarde?

1. ¿____ das un sandwich? (a mí)
2. Mamá, ¿____ compras un tocadiscos? (a nosotros)
3. ____ invito a mi fiesta. (a ti)
4. Miguel, ¿____ esperas después del partido? (a mí)
5. ¿____ traes los discos mañana? (a nosotros)
6. Rosita, ____ llamo a las ocho. (a ti)

• *Complete con* **me, te,** *o* **nos:**

1. ¿____ pagas mañana, Alberto? —Sí, ____ pago mañana.
2. ¿____ llamas, mamá? —Sí. ¿Uds. no tienen hambre? Vamos a comer.
3. Rosa, ¿____ esperas cien años? —¡Claro, querido, ____ espero mil años!
4. Por favor, hombres, ¿____ ayudan un poco? —Con mucho gusto.
5. Papá, ¿____ traes un televisor nuevo? —No, hijo, no ____ traigo nada hoy.
6. ¿____ cantas una canción, Diego? —Sí, me gusta cantar para Uds.

17. Position of object pronouns

• *Escriba otra vez usando el pronombre indicado (Write the sentence again using the pronoun in parentheses):*

Ejemplo: ¿Traes el café, Juana? (me)   ¿Me traes el café, Juana?

1. Hombres, ¿ayudan el sábado? (nos)
2. Luis, ¿cuándo dices la verdad? (me)
3. Adela debe cincuenta pesos. (nos)
4. Traigo el tocadiscos mañana. (te)
5. Caramba, Felipe, ¿por qué llamas ahora? (me)
6. Silvia, ¿quién habla? (te)
7. ¿Va a esperar en la tienda? (nos)
8. Ellos siempre dan buenos precios aquí. (me)

• *Asocie los grupos A y B (Match Column A with Column B):*

A	B
1. ¿Te gusta el número 13?	a. El domingo, si tengo tiempo.
2. ¿Me das tu número de teléfono?	b. No, gracias. No tengo hambre.
3. ¿Cuándo nos vienes a visitar?	c. Sí, cuando nos hablas en inglés.
4. ¿Me comprenden Uds.?	d. No, siempre me trae mala suerte.
5. ¿Te hago un sandwich?	e. No, no te conozco.

- *Exprese de dos maneras, usando el pronombre indicado:*

  Ejemplo: Vas a dar el dinero? (me)   ¿Me vas a dar el dinero?
  ¿Vas a darme el dinero?

  1. Vienen a visitar mañana. (nos)
  2. ¿Vienes a ver? (me)
  3. Mis padres van a comprar un televisor. (nos)
  4. ¿Quién va a ayudar? (te)
  5. Va a dar un examen. (me)

- *Exprese en español:*

  1. Tell us.
  2. Listen to us.
  3. Answer me.
  4. Read to me.
  5. Talk to us.
  6. Help me.

  18. Stem-changing verbs

- *Complete con la forma correcta del verbo:*

  1. (pedir) Nosotros _____ dinero a nuestros padres. Mis amigos _____ ropa nueva.
  2. (dormir) Mi hermano menor _____ mucho. Yo _____ muy poco.
  3. (volver) ¿A qué hora _____ Uds. del partido de béisbol? Nosotros _____ temprano.
  4. (poder) Yo no _____ volver tarde a casa. Nosotros no _____ volver tarde nunca.
  5. (servir) Mi tía _____ poporocho, pero nosotros _____ pizza.

- *Cambie según las indicaciones:*

  Ejemplo: Duermen hasta las siete. (él, nosotros)   Duerme hasta las siete.
  Dormimos hasta las siete.

  1. Vuelvo a casa a las ocho. (nosotros, ellos)
  2. Pedimos un buen precio. (yo, ellos)
  3. Marta piensa en las gangas. (yo, Paco y yo)
  4. Ramon comienza a estudiar. (Nosotros, Elena y María)
  5. Quiero ir al cine mañana. (él, nosotros)

- *Complete con la forma correcta del verbo:*

  1. Juan Carlos no *duerme* mucho, pero yo _____ mucho.
  2. María *vuelve* temprano, pero nosotros _____ tarde.
  3. Ellos *piden* dinero, pero yo _____ más vacaciones.
  4. Los chicos *comienzan* a jugar al fútbol, pero nosotros _____ a escuchar los discos.
  5. Dorotea y Juan *quieren* bailar, pero nosotros _____ cantar.

- *Complete con los sujetos nuevos (Complete with the new subjects):*

    1. No recuerdo la hora.
       Ellos no _____ la hora.
       ¿No _____ (tú) la hora?
       Pepe y yo no _____ la hora.

    2. Queremos bailar.
       Marta _____ bailar.
       ¿_____ Uds. bailar?
       Las chicas _____ bailar.

    3. Elena vuelve a las ocho.
       (Nosotros) _____ a las ocho.
       El Sr. Suárez _____ a las ocho.
       ¿Yo? _____ a las ocho.

    4. ¿Pueden venir mañana?
       Amigo, ¿_____ venir mañana?
       Yo no _____ venir mañana.
       Mi hermana y yo no _____ venir mañana.

    5. Pensamos jugar con amigos.
       (Yo) _____ jugar con amigos.
       ¿_____ Uds. jugar con amigos?
       Martín, ¿(tú) _____ jugar con amigos?

    6. Te pido un gran favor.
       Tu mamá y yo te _____ un gran favor.
       Sus amigas le _____ un gran favor.
       Enrique nos _____ un gran favor.

- *Conteste, por favor:*

    1. ¿Repite Ud. los verbos?
    2. ¿Piensa Ud. en los exámenes?
    3. ¿Vuelven Uds. temprano de la fiesta?
    4. ¿Pierden Uds. sus papeles en la clase?
    5. ¿Puede Ud. cantar bien?

LECCIÓN 7

19. 3rd person direct objects

- *Escriba otra vez usando el pronombre correcto (Write the sentence again using the correct pronoun):*

    Ejemplo: Vemos *los discos*. (lo, los)   Los vemos.

    1. Cantan *las canciones*. (las, la)
    2. Visitamos *a mi tía*. (la, las)
    3. Conozco bien *a mis primos*. (lo, los)
    4. Odio *este disco*. (lo, los)
    5. No usamos *la escalera*. (la, las)
    6. Ayudan *al maestro*. (lo, los)

- *Cambie a pronombres (Change to pronouns):*

    Ejemplo: Escucho *los discos*.   Los escucho.

    1. Digo siempre *la verdad*.
    2. ¿Tiene Ud. *mi sombrero*?
    3. Odio a *Luisa y Estela*.
    4. Vamos a ver *la película*.
    5. Quiere comprar *un sandwich*.
    6. ¿Puedes traer *las botas*?

ADDITIONAL PRACTICE

- Carlos is staying at his cousin's house for the summer. When his parents come to visit, they have brought several articles which Carlos forgot. Fortunately, his mother remembered to bring everything! *Exprese en español, usando los pronombres lo, la, los, las:*

Carlos	Su mamá
1. ¿Tienes mi sombrero?	—Sí, lo tengo.
2. ¿Tienes mis camisas?	_____
3. ¿Tienes mi abrigo?	_____
4. ¿Tienes mi lápiz y mi papel?	_____
5. ¿Traes mi guitarra?	—Sí, ____ traigo.
6. ¿Traes mi suéter verde?	_____
7. ¿Traes mis discos nuevos?	_____
8. ¿Traes mis zapatos viejos?	_____
9. Y mamá, ¿traes mi dinero?	_____

- Amalia, who is going to have a party, is asking her new friend, Dorotea, whether she knows some of the invited guests. It seems that Dorotea doesn't know anyone! *Conteste por Dorotea, usando el pronombre lo, la, los, o las:*

Amalia	Dorotea
1. ¿Conoces a mi amigo Donado?	—No, no ____ conozco.
2. ¿Conoces a *Luis Vargas*?	—No, no ____.
3. ¿Y conoces a mis hermanos, Rudi y Paco?	____.
4. ¿No conoces a Paco?	____.
5. Entonces, ¿conoces a mi hermana mayor?	____.
6. Sé que conoces a Marta y Alicia Sánchez.	—Perdón, pero no ____.
7. ¡Caramba! ¿No conoces a Alicia Sánchez?	____.

- Use la imaginación y escriba a qué se refiere el pronombre (Use your imagination and write what the pronoun refers to):

    1. **Lo** veo.
    2. Julia **las** canta.
    3. Marco **los** escucha.
    4. **Lo** toco bien.
    5. **La** abro cuando hace calor.
    6. **Los** odio.

20. 3rd person indirect objects

- Complete con **le** o **les**, *según el modelo.*

    Ejemplo: ____ pagamos mañana. (a ellos)   <u>Les pagamos mañana.</u>

    1. ____ escribo. (a ustedes)
    2. ____ vendemos el coche. (a él)
    3. ____ traigo un suéter. (a ella)
    4. ____ decimos la verdad. (a ellas)
    5. ____ doy una ganga. (a Ud.)

- *Conteste según el modelo, usando **le** o **les**:*

    Ejemplo: ¿Enseñas el baile a Ricardo? —Sí, le enseño el baile.

    1. ¿Escribes a *tus primos*?
    2. ¿Escuchan Uds. a *sus hermanos mayores*?
    3. ¿Hablas a *María*?
    4. ¿Da Ud. dinero a *sus hijos*?
    5. ¿Explicamos el problema a *Felipe*?
    6. ¿Debes mucho a *tu hermano*?
    7. ¿Cantan Uds. a *los niños*?
    8. ¿Preguntas muchas cosas a *tus padres*?
    9. ¿Lees a *tu hermana menor*?
    10. ¿Piden Uds. favores a *sus amigos*?

- *Conteste según el modelo, usando **le** o **les**:*

    Ejemplo: ¿Me da Ud. el dinero?   Sí, le doy el dinero.
    No, no le doy el dinero.

    1. ¿Les dice Ud. la verdad?
    2. ¿Nos trae Ud. un café?
    3. ¿Me escribe Ud. de Chile?
    4. ¿Nos sirven Uds. el chocolate?
    5. ¿Les explicas el problema?

- *Complete con **les** o **le**:*

    1. Sra. Morena, _____ digo la verdad.
    2. Sr. Gómez, _____ pago el dinero pronto.
    3. Amigas, _____ compro estas blusas.
    4. Roberto y Paco, _____ doy mi fútbol.
    5. Srta. Palma, _____ traemos su lámpara nueva.
    6. Alumnas, _____ voy a dar un examen.

21. Two object pronouns together

- *Cambie la frase, según el modelo:*

    Ejemplo: a. Digo la verdad.   La digo.
              b. Digo la verdad a Mario. Se la digo.

    1. a. Riqui trae los chocolates.
       b. Riqui trae los chocolates a Juanita.
    2. a. Mis padres venden la casa.
       b. Mis padres venden la casa al Sr. Pérez.
    3. a. Isabel lee el cuento.
       b. Isabel lee el cuento a los niños.
    4. a. Explican la pregunta.
       b. Explican la pregunta a nosotros.

- *Ponga estas frases revueltas en orden (Put these scrambled sentences in order):*

    1. se/digo/la
    2. trae/se/los
    3. la/damos/se
    4. la/nos/escriben
    5. se/no/pedimos/los

- *Cambie dos veces, según el modelo:*

    Ejemplo: ¿Das <u>dinero</u> <u>a Carlos</u>?   —Sí, le doy dinero.
    —Sí, <u>se lo doy.</u>

    1. ¿Dices <u>la verdad</u> <u>a tus amigos</u>?
    2. ¿Venden <u>discos</u> <u>a los estudiantes</u>?
    3. ¿Damos <u>chocolate</u> <u>a los niños</u>?
    4. ¿Pedimos <u>la soda</u> <u>al señor</u>?
    5. ¿Pagamos <u>el dinero</u> <u>a ellos</u>?
    6. ¿Llevan <u>las máquinas</u> <u>a los clientes</u>?
    7. ¿Explica <u>el sueño</u> <u>a su esposo</u>?
    8. ¿Escribe Ud. <u>la verdad</u> <u>a Fernando</u>?
    9. ¿Vendemos <u>la casa</u> <u>a los vecinos</u>?
    10. ¿Lees <u>el libro</u> <u>a los otros</u>?

- *Exprese de otra manera:*

    Ejemplo: Se lo vamos a traer.   <u>Vamos a traérselo.</u>

    1. Me la van a comprar.
    2. Quiero leértelo.
    3. Se la vienen a presentar.
    4. Van a enseñárnosla.
    5. No se las puedo repetir.
    6. ¿Vas a traérmelo?
    7. Nos las quieren explicar.

LECCIÓN 8

22. The preterite tense (singular)

- *Escriba el párrafo (paragraph) otra vez, cambiando el sujeto (the subject) a* **Cristina:**

    Hoy *salí* de casa a las ocho. *Tomé* el autobús a la escuela. *Entré* en la clase de inglés a las ocho y media. *Trabajé* mucho, y luego *volví* a casa. Allí *escuché* discos y *hablé* por teléfono con mis amigos. ¡Qué día!

- *Conteste según el modelo:*

    Ejemplo: ¿Salió Ud. de casa ayer?   <u>No, yo no salí, pero Juan salió.</u>

1. ¿Comió Ud. muchos chocolates ayer?
2. ¿Trabajaste en casa ayer?
3. ¿Volvió Ud. tarde a casa?
4. ¿Escuchó Ud. el piano?
5. ¿Escribió Ud. un cuento?

• *Cambie las frases al pretérito:*

Ejemplo: Hablo con el profesor.   Hablé con el profesor.

1. ¿Escuchas los discos?
2. Pablo vende el piano.
3. No comprendo las preguntas.
4. Gabriel sale temprano.
5. Le escribo un poema.
6. ¿A qué hora entra Ud.?

• *Complete en el pretérito con la forma correcta del verbo:*

1. Ud. no ____ nada. (comer)
2. Yo ____ en un hospital. (trabajar)
3. Tú ____ mucho. (aprender)
4. Sara me ____ en México. (conocer)
5. El televisor no ____ bien. (funcionar)
6. ¿Con quién ____ tú? (salir)

23. The preterite tense (plural)

• *Complete en el pretérito con la forma correcta del verbo:*

1. (ganar) Ellos ____ cien pesos pero nosotros ____ sólo setenta.
2. (comprender) Mis padres ____ la película pero mi hermano y yo ____ muy poco.
3. (conocer) María y yo ____ a muchos estudiantes en la escuela pero mis primos no ____ a nadie.
4. (salir) Nosotras ____ a las cinco y los otros ____ después.
5. (encontrar) Nuestros amigos ____ un hotel en Monterrey y nosotros ____ un motel en San Felipe.
6. (acabar) ¡Elena y yo ____ ayer pero los otros nunca ____!

• *Cambie las frases al pretérito (Change to the preterite):*

Ejemplo: Mis padres venden los muebles.
         Mis padres vendieron los muebles.

1. Ellas bailan mal.
2. Uds. salen temprano.
3. Conocemos a Isabel.
4. ¿Ganan Uds. mucho dinero?
5. Trabajamos en una oficina.
6. ¿Qué piensan ellas del concierto?
7. Suben por la escalera.
8. ¿Sueñan Uds. conmigo?

24. The reflexives

- **Complete con *la forma correcta del reflexivo* — *me, te, nos* o *se*:**

  Ejemplo: María ____ lava. (washes herself)   <u>María se lava.</u>

  1. Mi hermano ____ habla. (talks to himself)
  2. ____ llamo Lorenzo. (I call myself)
  3. Ayer mi amigo ____ casó con una francesa. (married himself to)
  4. ____ sentamos en unas sillas enormes. (sat ourselves down)
  5. Jorge, ¿por qué (tú) ____ lavas ahora? (wash yourself)
  6. Perdón, (yo) no ____ explico bien. (explain myself)

- **Conteste las preguntas:**

  1. ¿Te casaste ayer con Raúl?
  2. ¿Se lavó Ud. el pelo ayer?
  3. ¿Se prepararon Uds. para el examen?
  4. ¿Se sentaron sus amigos en la cocina?
  5. ¿Te quedaste en casa todo el día?
  6. ¿Se levantaron Uds. tarde hoy?

- **Escriba las frases en español usando el reflexivo** (using the reflexive form of the verb):

  Ejemplo: Adela talks to herself.   <u>Adela se habla.</u>

  1. I call myself Juan.
  2. They sat (themselves) down.
  3. What is her name?
  4. Shall we wash our hands?

- **Complete con *los sujetos nuevos* (new subjects):**

  1. María *estuvo* enferma.
     Yo ____ enfermo(a).
     Tú y yo ____ enfermos.
     Mis padres ____ enfermos.
  2. Yo *puse* mi suéter allí.
     ¿Quién ____ mi suéter allí?
     Mis amigas ____ mi suéter allí.
     Tú ____ mi suéter allí.
  3. Carlos *supo* la verdad el lunes.
     ¿Quiénes ____ la verdad el lunes?
     ¿Tú ____ la verdad el lunes?
     La chica ____ la verdad el lunes.
  4. ¿Qué *hiciste* tú ayer?
     ¿Qué ____ Ud. ayer? (¡Cuidado!)
     ¿Qué ____ Uds. ayer?
     ¿Qué ____ nosotros ayer?

5. Mi hermano y yo no *trajimos* corbata.
   Yo no ____ corbata.
   El mecánico no ____ corbata.
   Los actores no ____ corbata.

LECCIÓN 9

25. Special preterite patterns

• *Complete en el pretérito (in the preterite), usando el verbo correcto:*

1. Isabel ____ estudiar anoche. (querer, decir)
2. Carlos no ____ pasar el examen la semana pasada. (poner, poder)
3. Pablo ____ en el centro ayer. (saber, estar)
4. Los niños ____ un sandwich a clase. (traer, decir)
5. Juan ____ a clase tarde ayer. (venir, querer)

• *Complete con la forma correcta del mismo verbo:*

1. ¿No tuviste tiempo? —Sí, ____ tres horas.
2. ¿Viniste tarde o temprano? —____ tarde, muy tarde.
3. ¿Qué quisiste hacer? —____ sacar A en inglés.
4. ¿____ Uds. a visitarme? —No. No vinimos a visitar a nadie.
5. ¿Ya ____ "gracias" a la señora, Juanito? —No dije nada. No me gusta esa señora.
6. ¿____ entrar en la casa? —No pude entrar. Fue imposible.
7. ¿Dijeron Uds. que sí o que no? —____ que no.
8. ¿No pudieron Uds. hacerlo? —Quisimos, pero no ____.

26. Hace plus a period of time

• *Conteste usando* **hace:**

Ejemplo: ¿Cuándo salieron sus amigos? (una hora)   Salieron hace una hora.

1. ¿Cuándo comieron Uds. el almuerzo? (media hora)
2. ¿Cuándo compraste la nevera? (dos meses)
3. ¿Cuándo te dijeron la verdad? (tres días)
4. ¿Cuándo llegaron Uds. del centro? (cinco minutos)
5. ¿Cuándo estuviste en México? (diez años)

• *Complete usando el pretérito y* **hace:**

Ejemplo: ¿Viene su tío mañana?   No. Vino hace una hora.

1. ¿Traen el dinero mañana?
2. ¿Se casan Uds. el sábado?
3. ¿Se lava Ud. el pelo esta noche?
4. ¿Van a hacer Uds. las camas?
5. ¿Salen sus tíos mañana?

- *Complete cada frase, usando un elemento del Grupo A y un elemento del Grupo B (Complete each sentence using an expression from Group A and an expression from Group B):*

    1. Mi padre (madre)
    2. Mi mejor amigo (amiga) _____
    3. Mi maestro (maestra) de _____
    4. El director de la escuela
    5. _____ (your choice)

A	B
trabajó mucho	hace dos años
contestó en la clase	hace veinte semanas
lavó sus pantalones (su falda)	hace cien días
se sentó en su oficina	hace ocho meses
leyó un libro	hace un siglo (century)

27. More special preterites

- *Escriba las formas correctas del verbo en el pretérito:*

    1. yo: dar, ir, ser
    2. él: pedir, servir, dormir
    3. nosotros: dormir, pedir, repetir
    4. ellos: ir, volver, servir
    5. tú: volver, servir, ir

- *Identifique el infinitivo,* **ser** *o* **ir:**

    Ejemplo: ¿Fuiste al partido de béisbol ayer?   ir

    1. *Fui* al cine con Julia.
    2. *Fue* médico en un hospital grande.
    3. *Fuimos* al centro para ver a mi padre.
    4. *Fueron* buenos estudiantes.
    5. Inés *fue* a Lima hace un año.

- *Complete con los sujetos nuevos (new subjects):*

    1. Yo serví café y soda.
       Mamá _____ café y soda.
       Ud. y yo _____ café y soda.
       Las maestras _____ café y soda.
    2. Nosotros no morimos de hambre.
       Los estudiantes no _____ de hambre.
       Tú no _____ de hambre.
       Alicia no _____ de hambre.
    3. Luisa fue a España.
       Tú _____ a España.
       ¿Quiénes _____ a España?
       Mi amiga y yo _____ a España.

- *Complete con la forma correcta del mismo verbo:*

    1. ¿No diste una fiesta la semana pasada? —Sí, _____ cuatro. Mis padres fueron a China.
    2. ¿A dónde fuiste el sábado? —_____ a un concierto de rock.
    3. ¿_____ Uds. ocho horas? —¿Con esos niños? ¡No dormimos tres!
    4. ¿No _____ Uds. cucharas? —Sí, pedimos cucharas. Y nos dieron tenedores. ¡Qué restaurante!
    5. ¿Dónde _____ Ud. anoche? —Dormí en la sala, en el sofá.
    6. ¿Por qué _____ Ud. la pregunta, señora? —La repetí porque tú no la contestaste.
    7. ¿Quién _____ el primero en llegar? —¡Fui yo!

LECCIÓN 10

28. The imperfect tense (singular)

- *Escriba en español:*

    1. I was opening (abrir) _____.
    2. were you (pal) helping? (ayudar) ¿_____?
    3. she was reading (leer) _____.
    4. you weren't speaking (hablar) Ud. no _____.
    5. he used to know (conocer) _____.
    6. you (pal) used to shout (gritar) _____.
    7. I always wrote (escribir) _____.
    8. you (pal) always paid (pagar) _____.

- *Complete en el imperfecto con la forma correcta del verbo:*

    1. ¿_____ a la escuela, Pablo? (caminar) —Pues, no _____. (correr)
    2. ¿Qué _____ a la maestra, Elisa? (decir) —Le _____ que no hice el ejercicio. (explicar)
    3. Paco siempre _____ ejercicios perfectos. (escribir) —Sí, porque los _____ siempre de su vecino. (copiar)
    4. Ud. me _____ siempre, señora. (creer) —Sí, porque tú siempre _____ la verdad, Diego. (decir)
    5. Normalmente yo _____ en el ascensor. (bajar) —Sí. Y normalmente tú _____ por la escalera. (subir) ¡Estás loco, Toño!

- *Complete en el imperfecto con el verbo correcto:*

    1. Estéban _____ a su amigo en el centro. Su amigo _____ allí frecuentemente. (ver, ir)
    2. Cuando (yo) _____ niño, mi madre _____ al parque conmigo todas las tardes. (ir, ser)
    3. Mi familia _____ a Vermont todos los veranos. Yo _____ muchas montañas bonitas allí. (ver, ir)
    4. Yo _____ al cine todos los sábados cuando _____ niña. (ser, ir)
    5. Cuando tú _____ a la cama, nosotros _____ televisión. (ver, ir)

401

29. The imperfect tense (plural)

- *Escriba en español:*

    1. we were reading (leer) _____
    2. they were singing (cantar) _____
    3. you were dancing (bailar)   Uds. _____
    4. we used to earn (ganar) _____
    5. they used to see (ver) _____
    6. you used to say (decir)   Uds. _____
    7. we always went (ir)   siempre _____
    8. they always went out (salir)   siempre _____
    9. you always were (ser)   Uds. siempre _____

- *Escriba la forma correcta del imperfecto:*

    1. Uds.: subir, volver, ir, ver
    2. ellas: leer, estar, salir, ser
    3. nosotros: tener, buscar, traer, comer

- *Escriba dos veces, usando los sujetos nuevos:*

    Ejemplo: Yo servía el café. (nosotros, ellos)   Servíamos el café.
    　　　　　　　　　　　　　　　　　　　　　　　　Servían el café.

    1. Preparaban la sopa para Elena.   (Ud., ellos)
    2. Su papá leía un libro todas las mañanas. (ellas, tú y yo)
    3. Dormía mucho los sábados. (nosotros, Uds.)
    4. Iba a la escuela temprano. (Uds., nosotros)
    5. Veía películas francesas. (ellos, nosotras)

- *Complete en el imperfecto con la forma correcta del verbo:*

    1. ¿_____ los niños? (jugar) —Sí, _____ y _____. (correr, gritar)
    2. ¿Qué _____ Uds. a las seis? (hacer) —¿A las seis? _____ pizza, creo. (cocinar)
    3. Nosotros siempre _____ muchos discos. (comprar) —¡Qué coincidencia! Nosotros _____ tocadiscos. (vender)
    4. Uds. nos _____ mucho a sus fiestas. (invitar) Y ahora no. —¡Claro! Porque Uds. siempre _____ los pies en el sofá. (poner)
    5. ¿_____ Uds. muchas cosas cuando _____ pequeños? (perder, ser) —No. Sólo _____ nuestro dinero. (perder)

30. Imperfect vs. Preterite

- ¿*Pretérito o imperfecto? Lea cada ejemplo y escoja (choose) la forma correcta del verbo:*

    Ejemplo: *I visited* them this morning. (visité, visitaba)   visité

    1. a. *He went* to the doctor last Monday. (iba, fue)
       b. *He went* to the doctor constantly. (iba, fue)

2. a. *They came* to see us. We invited them. (venían, vinieron)
   b. *They came* to see us whenever they had time. (venían, vinieron)
3. a. *We worked* hard last weekend. (trabajamos, trabajábamos)
   b. *We worked* hard when we were younger. (trabajamos, trabajábamos)
4. a. *I drank* plenty of milk this morning. (bebí, bebía)
   b. *I drank* plenty of milk as a child. (bebí, bebía)
5. a. *She studied* a lot. She had a tough exam. (estudiaba, estudió)
   b. *She studied* a lot. She was always ambitious. (estudiaba, estudió)

● *¿Pretérito o imperfecto? Complete con la forma correcta del verbo:*

1. *I was listening* to music when they arrived.
   _____ música cuando llegaron. (Escuché, Escuchaba)
2. *We used to eat* there every Sunday.
   _____ allí todos los domingos. (Comimos, Comíamos)
3. This morning *they took* the bus to the López Department Store.
   Esta mañana _____ el bus al Almacén López. (Tomaron, Tomaban)
4. What *were you doing* at eight o'clock?
   ¿Qué _____ a las ocho? (hicieron Uds., hacían Uds.)
5. *Did you call* Joe yesterday?
   ¿_____ a Pepe ayer? (Llamaste, Llamabas)

● *Complete, escogiendo (choosing) el pretérito o el imperfecto:*

_____ (ser) medianoche. _____ (hacer) frío y mucho viento. Yo _____ (dormir) cuando de repente _____ (gritar) mi hermana. Yo _____ (levantarse) rápidamente. Yo _____ (correr) a la alcoba de ella y _____ (ver) algo en su cama. ¡_____ (ser) mi serpiente!

LECCIÓN 11

31. The present participle: –ing

● *Siga el modelo (Follow the model):*

Ejemplo: hablar   hablando

1. dar
2. empezar
3. pensar
4. coser
5. leer
6. dormir
7. vestir
8. oír

● *Escriba el infinitivo del verbo:*

Ejemplo: trayendo   traer

1. divirtiendo
2. mintiendo
3. sirviendo
4. cayendo
5. muriendo
6. vistiendo

ADDITIONAL PRACTICE

32. estar + –ando, –iendo

- *Escriba respuestas a las siguientes preguntas, usando el verbo entre paréntesis (Write answers to the following questions, using the verb in parentheses):*

    1. ¿Qué estás haciendo tú? Estoy _____ (mirar) la televisión.
    2. ¿Qué estamos haciendo ahora? Estamos _____ (estudiar) español.
    3. ¿Qué están haciendo los muchachos? Están _____. (escribir)
    4. ¿Qué está haciendo el niño? Está _____. (dormir)
    5. ¿Qué estaban haciendo los muchachos? Estaban _____ (caminar) a la escuela.
    6. ¿Qué estaba haciendo tu mamá? Estaba _____ (preparar) el desayuno.

- *Cambie según el modelo:*

    Ejemplo: Cocino los vegetales.   Estoy cocinando los vegetales.

    1. Usan el teléfono.
    2. Cosemos los botones.
    3. Traen las zapatillas.
    4. Duermo en el sofá.
    5. Sirves el almuerzo.
    6. Pide más dinero.
    7. Oímos el radio.
    8. Mueves los muebles.

- *Conteste usando* **estar** + **–ndo***:*

    Anoche a las ocho:

    1. ¿Estaba Ud. trabajando o durmiendo?
    2. ¿Estaban Uds. mirando la televisión o escuchando el radio?
    3. ¿Estaba Ud. leyendo o hablando con sus padres?
    4. ¿Estaba estudiando o hablando por teléfono su hermana?
    5. ¿Estabas lavando los platos o durmiendo?

- *Cambie según el modelo:*

    Ejemplo: Ella está hablando *español*.   Ella está hablándolo.

    1. Arturo está practicando *los verbos*.
    2. ¿Estás preparando *tus lecciones*?
    3. Yo estoy escribiendo *la carta*.
    4. Estamos sirviendo *la comida*.
    5. Están repitiendo *la expresión*.
    6. Clarita está leyendo *el libro*.

● *Cambie según los modelos:*

Ejemplos: Le escribo una carta.   Estoy escribiéndole una carta.
　　　　　Las comprábamos.   Estábamos comprándolas.

1. Nos piden el dinero.
2. Les sirvo el café.
3. Los traíamos.
4. La llevaban.
5. Me ayudaban.
6. Nos leían un cuento.

33. Seguir

● *Escriba otra vez la frase usando la forma correcta del verbo* **seguir** *(Write the sentence again using the correct form of the verb* **seguir***):*

Ejemplo: Ella *está* hablando en la clase. (seguir)
　　　　Ella sigue hablando en la clase.

1. El niño *está* golpeando la mesa. (seguir)
2. Rogelio y Dorotea *están* estudiando. (seguir)
3. ¿Por qué *estás* invitándolos? (seguir)
4. *Estuvimos* durmiendo en el sofá. (seguir)
5. El ladrón *estuvo* corriendo. (seguir)
6. Yo *estuve* oyendo el radio. (seguir)

● You've just visited your cousin David in Lima, and your parents are eager to find out what he's doing. *Conteste las preguntas según el modelo:*

Ejemplo: ¿Estudia la guitarra ahora? (No, el piano)
　　　　No, sigue estudiando el piano.

1. ¿Toma el autobús ahora? (No, el tren)
2. ¿Duerme ocho horas ahora? (No, seis horas)
3. ¿Lee novelas ahora? (No, poemas)
4. ¿Estudia matemáticas ahora? (No, ciencia)
5. ¿Oye conciertos ahora? (No, música popular)

● *Conteste usando* **seguir** + **–ndo**:

Ejemplo: ¿Estudió Ud. para el examen anoche?   Sí, y sigo estudiando.

1. ¿Descansaron ellos anoche?
2. ¿Trabajaste mucho anoche?
3. ¿Bailó Ud. anoche?
4. ¿Golpearon Uds. anoche?
5. ¿Leyeron ellas mucho anoche?
6. ¿Tocó Riqui la trompeta anoche?

LECCIÓN 12

34. Commands

• *Escriba los mandatos de cada verbo (Write commands for each verb):*

Ejemplo: Ud. estudia español.   Estudie Ud. español.

1. Ud. levanta la mano izquierda.
2. Ud. contesta la pregunta.
3. Ud. toca el violón.
4. Ud. mueve los muebles.
5. Uds. cierran la ventana.
6. Uds. dirigen la clase.
7. Uds. cogen al ladrón.
8. Uds. conducen los coches.
9. Uds. salen ahora.
10. Uds. traen las tijeras.

• *Conteste con un mandato (command), según el modelo:*

Ejemplo: ¿Cierro la ventana?   ¡Cierre la ventana!

1. ¿Sirvo los fideos?
2. ¿Leo las frases?
3. ¿Hago la comida?
4. ¿Toco el piano?
5. ¿Pago a la dueña?
6. ¿Busco la billetera?
7. ¿Apago la lámpara?
8. ¿Pongo las flores?

• *Pase el trabajo a otra persona y escriba los mandatos (Pass the work to someone else and write the commands):*

Ejemplo: No quiero lavar los platos.   María, lave los platos.

1. No quiero mover los muebles.   Roberto, _____.
2. No me gusta tocar el violón.   Susana, _____.
3. No quiero marcar el número.   Rafael, _____.
4. No puedo traer el tocadiscos.   Pepe, _____.
5. No quiero confesar la verdad.   Carmen, _____.
6. No me gusta conducir el coche.   Estéban, _____.

• *Escriba mandatos negativos con **Uds.** (Write negative commands with **Uds.**):*

Ejemplo: Uds. escriben los ejercicios.   ¡No escriban Uds. los ejercicios!

1. Uds. cierran los libros.
2. Uds. cortan los papeles.
3. Uds. pierden el tiempo.

4. Uds. salen ahora.
5. Uds. traen los paquetes.
6. Uds. cogen el tren.

35. Object pronouns with commands.

- *Conteste usando un mandato y el pronombre correspondiente (Answer using a command and the corresponding pronoun):*

    Ejemplo: ¿Leo *el libro*?   Sí, léalo.

    1. ¿Pongo *los platos*?
    2. ¿Escucho *los discos*?
    3. ¿Sirvo *las frutas*?
    4. ¿Ofrezco *la comida*?
    5. ¿Digo *el poema*?
    6. ¿Pido *las llaves*?
    7. ¿Traigo *el azúcar*?
    8. ¿Apago *las luces*?

- *Cambie según el modelo:*

    Ejemplo: Escriba *la carta*, Pepe.   Escríbala, Pepe.

    1. Corte *la flor*, Marisa.
    2. Termine *la comida*, Gloria.
    3. Sirva *el desayuno*, Lupita.
    4. Marque *el número*, Riqui.
    5. Apague *la luz*, Marisa.
    6. Mándeme *el dinero*, Francisco.
    7. Cántenos *la canción*, David.
    8. Dígale *el cuento*, Lupita.

- *Cambie según el modelo:*

    Ejemplo: No ponga Ud. *las llaves* allí.   No las ponga Ud. allí.

    1. No repita Ud. *las palabras*.
    2. No encienda Ud. *la luz*.
    3. No muevan Uds. *los paquetes*.
    4. No sirva Ud. *el tocino* ahora.
    5. No cierren Uds. *el paraguas*.
    6. No coja Ud. *el bus*.
    7. No le digan Uds. *los cuentos*.
    8. No me ofrezca Ud. *los huevos*.

- *Conteste con un mandato según el modelo (Answer with a command, according to the model):*

    Ejemplo: ¿Se lo digo?   Dígaselo.

    1. ¿Se las compro?
    2. ¿Se la pido?
    3. ¿Me levanto?
    4. ¿Se la hago?
    5. ¿Se lo sirvo?
    6. ¿Me siento?

- Cambie a mandatos negativos (Change to negative commands):

    Ejemplo: ¡Dígamelo!   ¡No me lo diga!

    1. ¡Pásemelo!
    2. ¡Démelos!
    3. ¡Levántese!
    4. ¡Páguenselo!
    5. ¡Repítamelas!
    6. ¡Cántennoslas!
    7. ¡Tráigannoslo!
    8. ¡Pídanselo!

36. Let's . . .

- Cambie según el modelo:

    Ejemplo: Vamos a hablar.   Hablemos.

    1. Vamos a descansar.
    2. Vamos a cortar la cuerda.
    3. Vamos a sufrir un examen.
    4. Vamos a cogerlos.

- Conteste con un mandato según el modelo:

    Ejemplo: ¿Salimos temprano?   Sí, salgamos temprano.

    1. ¿Descansamos ahora?
    2. ¿Hablamos con el profesor?
    3. ¿Sacamos el dinero?
    4. ¿Viajamos con ellas?
    5. ¿Pagamos ahora?
    6. ¿Marcamos otra vez?

- Cambie a mandatos con **nosotros** (Change to commands with **nosotros**):

    Ejemplo: ¡Apáguela!   ¡Apaguémosla!

    1. ¡Córtenlo!
    2. ¡Cójalas!
    3. ¡Dígaselo!
    4. ¡Escríbanla!
    5. ¡Rómpanlo!
    6. ¡Condúzcalo!

- Responda a las siguientes preguntas con mandatos afirmativos (Answer the following questions with affirmative commands):

    Ejemplo: ¿Le hablamos?   Sí, hablémosle.

    1. ¿Lo empezamos?
    2. ¿Lo confesamos?
    3. ¿La cantamos?
    4. ¿La rompemos?
    5. ¿Las hacemos?
    6. ¿Los ofrecemos?

- Cambie las respuestas del ejercicio anterior a mandatos negativos (Change the answers in the above exercise to negative commands).

    Ejemplo: Sí, hablémosle.   No, no le hablemos.

ANSWERS TO REPASOS RÁPIDOS

LECCIÓN 1
I. 1. estudiamos, aprenden   2. suben, usamos   3. Abro, hace   4. comprendes, estudio   5. escuchas (escucha Ud.), gusta

II. [1] 1. (Una lámpara) es de cristal.   2. Somos de América.   3. (Normalmente), la sala es más grande.   4. Mis personas favoritas son mis padres (mis vecinos).   5. (La televisión nueva) es para la alcoba.   6. Soy un (una) estudiante excelente (terrible).
[2] 1. Soy de ____. (free response)   2. Mis abuelos (mis vecinos) son de ____. (free response)   3. ¿Es usted español(a), señor (señora, señorita)?   4. (free response)

LECCIÓN 2
I. [1] 2. ¿Tiene Ud. (Tienes) (mucha) sed?   3. ¿Tiene Ud. (Tienes) (mucho) miedo?   4. ¿Tiene Ud. (Tienes) (mucho) sueño?   5. ¿Tiene Ud. (Tienes) (mucho) frío?   6. ¿Tiene Ud. (Tienes) (mucho) calor?
2. Tengo (No tengo) (mucha) sed.   3. Tengo (No tengo) (mucho) miedo.   4. Tengo (No tengo) (mucho) sueño.   5. Tengo (No tengo) (mucho) frío.   6. Tengo (No tengo) (mucho) calor.

[2] 1. ¿Vienen Uds. a la fiesta ____? No. (Nosotros) tenemos que ____. (free completion)   2. (Yo) vengo de (la) Argentina. ¿Ah, sí? Mis ____ vienen de Buenos Aires. (free completion)   3. Pepe, ¿por qué no viene(s) a mi casa? Porque (yo) tengo (**que** + infinitive) ____. (free completion)

II. (free response)

LECCIÓN 3
I. [1] 1. voy, van   2. damos, vas   3. doy, vamos
[2] 1. estás   2. están   3. es   4. está   5. somos   6. es, es   7. es   8. son   9. está   10. estamos

II. 1. ¿Van conmigo?; ¿Van contigo?   2. Estas camisas son para ti.; Esas camisas son para mí.

LECCIÓN 4
I. 1. (Es) su camisa., (Son) sus zapatos., etc.   2. ¿Tus ojos son azules? (¿Son azules tus ojos?)   3. ¿Sus ojos son negros? (¿Son negros sus ojos?)   4. (Es) nuestro(a) ____ . (free response)

II. 1. traigo   2. hago   3. digo la verdad   4. salgo   5. pongo mis (los) pies

LECCIÓN 5
I. 1. Esta noche voy a ____. (free response)   2. ____ viene pronto a visitar nuestra escuela. (free response)   3. Voy a invitar a ____ a mi próxima fiesta (a mi casa este domingo). (free response)   4. Antes de comer (esta tarde), voy a ____ . Y después de comer, voy a ____ . (free response)   5. Sí, estoy (No, no estoy) cansado(a) de estudiar ahora.

409

II. 1. nunca 2. nada 3. nadie 4. nunca, nadie 5. nadie 6. nada

LECCIÓN 6
I. [1] 1. ¿Te ven?; ¿Nos llaman? 2. Nuestro(a) maestro(a) nos habla.; Clarita, tu mamá te llama. 3. ¿Por qué no nos esperas?; ¿Por qué no nos ayudas?
[2] (free completion)

II. 1. _____ (person's name), ¿a qué hora vuelves mañana? 2. (Chicos) (Amigos), ¿recuerdan Uds. el cuento "La Ganga"? 3. _____, ¿puedes (puede Ud.) ayudarnos? 4. _____, ¿puedo ayudarte? 5. _____, ¿piensas (piensa Ud.) en mí? 6. _____, ¿me quieres (quiere Ud.)?

LECCIÓN 7
I. 1. La conozco muy bien.; Las conocemos muy bien. 2. Señora Hado, le pago el dinero hoy.; Señorita Ramos, le traigo el disco mañana. 3. ¿Quieres cantarles una canción?; ¿Quieres decirle (a él) un cuento?; ¿Quieres decirle (a ella) un cuento?

II. [1] 1. ¿Se los paso? 2. ¿Se la venden? 3. Se lo traigo. 4. Se la doy. 5. Se la decimos.
[2] 1. _____ (person's name), ¿me das (da Ud.) el dinero?; ¿Cuándo me lo das (da Ud.)? 2. _____, ¿me traes tu (me trae Ud. su) tocadiscos?; ¿Cuándo me lo traes (trae Ud.)? 3. Señor (Señora, Señorita) _____ (teacher's name), ¿quiere Ud. enseñarnos una canción?; ¿Cuándo nos la enseña Ud.?

LECCIÓN 8
I. [1] 1. Gané 2. Vendí 3. Tomaste 4. Abriste 5. salió 6. Cambió 7. Pagamos 8. perdimos 9. preguntaron 10. llamaron
[2] 1. Ayer (yo) visité _____. 2. ¿Dónde encontraron Uds. _____? 3. ¿Qué comiste (tú) _____? 4. Los jóvenes perdieron _____. 5. Marta y yo cocinamos _____. 6. Mis hermanos y yo vimos _____. 7. ¿Se lo explicó Ud. a _____? (all free completion)

II. 1. ¿Te lavaste las manos?; ¿Se lavaron Uds. los pies? 2. ¿Por qué no se sientan Uds.?; ¿Por qué no nos sentamos? 3. Juana y Roberto se casaron ayer.; Víctor y yo nos casamos en junio. 4. Se quedaron toda la noche.; Me quedé toda la semana.

LECCIÓN 9
I. [1] 1. No, lo hice anoche. 2. No, le traje la caja. 3. No, no lo dije a nadie. 4. No, vinimos temprano. 5. No, estuvimos muy lejos.
[2] 1. Mi familia vino (aquí) hace cien años. 2. La clase terminó (acabó) la lección hace dos días. 3. Lavé las tazas hace tres semanas. 4. Me lavé las manos hace seis meses.

II. 1. hombre; muy enfermo; ¿Durmió bien el niño (la niña)?; Sí, estuvo muy cansado (cansada). 2. al cine; a una fiesta; ¿Fueron al campo?; No, fueron al centro. 3. mayor; el (la) menor; ¿Fueron Uds. los mejores?; No, fuimos los peores. 4. a su hermano; ¿Se los (las) dieron a la cliente?; Sí, se los (las) dieron.

LECCIÓN 10

I. 1. (En 1975) (yo) vivía en ____. 2. (Yo) tenía ____ años (entonces). 3. Cuando (yo) era niño, me gustaba ____. 4. Me gustaba comer ____. 5. Mis personas favoritas eran ____.

II. 1. manejaba, ocurrió 2. dejé, encontró 3. vivía, visitaba 4. éramos, gustaban 5. entró, dijo, rompiste, hice, limpié

LECCIÓN 11

I. 1. Mis amigos están llegando ahora. 2. Estoy buscando mis anteojos. 3. (. . .), ¿está Ud. / estás usando esas tijeras? 4. (. . .), ¿está lloviendo? 5. Estoy . . . (free response)

II. [1] 1. No, sigo mirando la televisión. 2. No, seguimos descansando. 3. No, (la abuela) sigue cosiendo. 4. No, seguimos cantando.
[2] 1. La señora Romero sigue / siguió (free response) durante la noche. 2. ¿Por qué sigue Ud. / sigues / siguió Ud. / seguiste molestándonos? 3. El dueño sigue / siguió pidiéndonos más dinero por (free response). 4. Si Uds. siguen (free response), vamos a (free response).

LECCIÓN 12

I. [1] 1. ¡Cierre la ventana! 2. ¡Vístase! 3. ¡Limpie la alfombra! 4. ¡Muevan los muebles! 5. ¡No golpee en el cielo raso!
[2] 1. (. . .), páseme su cuaderno, por favor. 2. (. . .), dígame la hora, por favor. 3. (. . .), levanten la mano derecha. 4. Por favor, Sr. (Sra., Srta. . . .), no nos dé (un) examen mañana. 5. (. . .), no me molesten, ¿oyen?

II. 1. Vamos a ayudarla. Vamos a dárselo / dársela. 2. Vamos a levantarnos. Vamos a acostarnos. 3. Comámoslo / Comámosla ahora. Terminémoslo / Terminémosla más tarde. 4. No lo / la hagamos hoy. No lo / la pongamos aquí.

CHART OF PERSONAL PRONOUNS

SUBJECT OF A VERB

	Singular			Plural	
1	**yo**	I		**nosotros**	we
				nosotras	we (feminine)
2	**tú**	you (my pal)		**vosotros**	you
				vosotras	you (feminine)
3	**él**	he		**ellos**	they
	ella	she		**ellas**	they (feminine)
	usted (Ud.)	you (polite)		**ustedes (Uds.)**	you (polite)

AFTER A PREPOSITION

1	(para) **mí**	(for) me		(para) **nosotros**	(for) us
				nosotras	us (feminine)
2	**ti**	you		**vosotros**	you
				vosotras	you (feminine)
3	**él**	him		**ellos**	them
	ella	her		**ellas**	them (feminine)
	usted (Ud.)	you (polite)		**ustedes (Uds.)**	you (polite)

But: **conmigo** with me, **contigo** with you

OBJECTS OF A VERB

Direct
1 **me** me   **nos** us
2 **te** you   **os** you
3 **lo** him, it, you (**Ud.**)   **los** them, you (**Uds.**)
   la her, it, you (feminine)   **las** them, you (feminine)

Indirect
1 **me** to me   **nos** to us
2 **te** to you   **os** to you
3 **le** to him, to her, to you (**Ud.**), to it   **les** to them, to you (**Uds.**)

Reflexive
1 **me** (to) myself   **nos** (to) ourselves
2 **te** (to) yourself   **os** (to) yourselves
3 **se** (to) himself, herself, yourself (**Ud.**), itself   **se** (to) themselves, yourselves (**Uds.**)

VERBS

These are the tenses and verbs we have studied this year.

REGULAR VERBS

Infinitive

hablar to speak   **comer** to eat   **vivir** to live

Present Participle

hablando speaking   **comiendo** eating   **viviendo** living

Present Tense

	I speak, am speaking, do speak	I eat, am eating, do eat	I live, am living, do live
sing. 1	hablo	como	vivo
2	hablas	comes	vives
3	habla	come	vive
pl. 1	hablamos	comemos	vivimos
2	*habláis*	*coméis*	*vivís*
3	hablan	comen	viven

Imperfect

I was speaking, used to speak, spoke	I was eating, used to eat, ate	I was living, used to live, lived
hablaba	comía	vivía
hablabas	comías	vivías
hablaba	comía	vivía
hablábamos	comíamos	vivíamos
hablabais	*comíais*	*vivíais*
hablaban	comían	vivían

Preterite

I spoke	I ate	I lived
hablé	comí	viví
hablaste	comiste	viviste
habló	comió	vivió
hablamos	comimos	vivimos
hablasteis	*comisteis*	*vivisteis*
hablaron	comieron	vivieron

> ## Chart of Direct Commands
>
> | | Affirmative | Negative |
> |---|---|---|
> | Ud.
Uds. | hable(n), coma(n), viva(n) | no hable(n), no coma(n), no viva(n) |
> | nosotros | hablemos, comamos, vivamos
or
Vamos a + infinitive | no hablemos, no comamos, no vivamos |

STEM-CHANGING VERBS

1. **–ar** and **–er** stem-changing verbs change the stressed **e** to **ie**, and the **o** to **ue** in the present indicative. They have no special changes anywhere else. Here is their pattern:

   Singular 1 e ⟶ ie   o ⟶ ue
             2 e ⟶ ie   o ⟶ ue
             3 e ⟶ ie   o ⟶ ue
   Plural   1 The first person plural does not change.
             3 e ⟶ ie   o ⟶ ue

pensar	**perder**	**soñar**	**volver**
to think	to lose	to dream	to return
pienso	pierdo	sueño	vuelvo
piensas	pierdes	sueñas	vuelves
piensa	pierde	sueña	vuelve
pensamos	**perdemos**	**soñamos**	**volvemos**
pensáis	*perdéis*	*soñáis*	*volvéis*
piensan	pierden	sueñan	vuelven

   Other verbs of this type:

   comenzar to begin   **nevar** to snow
   contar to count, tell   **recordar** to remember
   encontrar to find, meet   **sentarse** to sit down
   llover to rain

414

2. Most −ir stem-changing verbs change the stressed **e** to **ie**, the **o** to **ue** in the present indicative. A few change **e** to **i**.

e⟶ie	o⟶ue	e⟶i
sentir	**dormir**	**pedir**
to feel, to regret	to sleep	to ask for
siento	duermo	pido
sientes	duermes	pides
siente	duerme	pide
sentimos	dormimos	pedimos
sentís	*dormís*	*pedís*
sienten	duermen	piden

Other verbs of these types:

morir   to die   **servir (e⟶i)**   to serve
repetir (e⟶i)   to repeat

3. The preterite of stem-changing −ir verbs has a special change in the third person. The **e** becomes **i**, the **o** becomes **u**.

sentir	**dormir**	**pedir**
sentí	dormí	pedí
sentiste	dormiste	pediste
sintió	durmió	pidió
sentimos	dormimos	pedimos
sentisteis	*dormisteis*	*pedisteis*
sintieron	durmieron	pidieron

SPELLING-CHANGING VERBS

1. Verbs ending in **-car** change **c** to **qu** before **e**.
   sacar   to take out
   Preterite: saqué, sacaste, sacó, etc.
   Commands: saque, saquen

2. Verbs ending in **-gar** change **g** to **gu** before **e**.
   pagar   to pay
   Preterite: pagué, pagaste, pagó, etc.
   Commands: pague, paguen

3. Verbs ending in **-zar** change **z** to **c** before **e**.
   gozar   to enjoy
   Preterite: gocé, gozaste, gozó, etc.
   Commands: goce, gocen

4. Verbs ending in **-ger** or **-gir** change **g** to **j** before **o** and **a**.

   coger to catch

   Present Indicative: cojo, coges, coge, etc.

   Commands: coja, cojan

   dirigir to direct

   Present Indicative: dirijo, diriges, dirige, etc.

   Commands: dirija, dirijan

5. Verbs ending in **-guir** change **gu** to **g** before **o** and **a**.

   seguir to follow

   Present Indicative: sigo, sigues, sigue, etc.

   Commands: siga, sigan

6. Verbs ending in **-eer** change unstressed **i** to **y** between vowels.

   leer to read

   Preterite: leí, leíste, leyó, leímos, *leísteis*, leyeron

   Present Participle: leyendo

IRREGULAR VERBS

NOTE: Only the tenses containing irregular forms are given. The conjugation of verbs ending in **-ducir** may be found under **conducir**; those ending in a vowel +**cer** or +**cir** are found under **conocer**.

   andar to walk, go

   Preterite: anduve, anduviste, anduvo, anduvimos, *anduvisteis*, anduvieron

   caer to fall

   Present Indicative: caigo, caes, cae, caemos, *caéis*, caen
   Preterite: caí, caíste, cayó, caímos, *caísteis*, cayeron
   Present Participle: cayendo

   conducir to conduct (similarly, all verbs ending in **-ducir**)

   Present Indicative: conduzco, conduces, conduce, conducimos, *conducís*, conducen
   Preterite: conduje, condujiste, condujo, condujimos, *condujisteis*, condujeron

conocer to know (similarly, most verbs ending in a vowel +**cer** and +**cir**)
Present Indicative: conozco, conoces, conoce, etc.

creer (*see* **leer**)

dar   to give
Present Indicative: doy, das, da, damos, *dais*, dan
Preterite: di, diste, dio, dimos, *disteis*, dieron

decir   to say, tell
Present Indicative: digo, dices, dice, decimos, *decís*, dicen
Preterite: dije, dijiste, dijo, dijimos, *dijisteis*, dijeron
Present Participle: diciendo

estar   to be
Present Indicative: estoy, estás, está, estamos, *estáis*, están
Preterite: estuve, estuviste, estuvo, estuvimos, *estuvisteis*, estuvieron

haber   to have
Present Indicative: he, has, ha, hemos, *habéis*, han
Preterite: hube, hubiste, hubo, hubimos, *hubisteis*, hubieron

hacer   to do, make
Present Indicative: hago, haces, hace, hacemos, *hacéis*, hacen
Preterite: hice, hiciste, hizo, hicimos, *hicisteis*, hicieron

ir   to go
Present Indicative: voy, vas, va, vamos, *vais*, van
Imperfect Indicative: iba, ibas, iba, íbamos, *ibais*, iban
Preterite: fui, fuiste, fue, fuimos, *fuisteis*, fueron
Present Participle: yendo

oír   to hear
Present Indicative: oigo, oyes, oye, oímos, *oís*, oyen
Preterite: oí, oíste, oyó, oímos, *oísteis*, oyeron
Present Participle: oyendo

poder   to be able
Present Indicative: puedo, puedes, puede, podemos, *podéis*, pueden
Preterite: pude, pudiste, pudo, pudimos, *pudisteis*, pudieron
Present Participle: pudiendo

poner to put, place

Present Indicative: pongo, pones, pone, ponemos, *ponéis*, ponen
Preterite: puse, pusiste, puso, pusimos, *pusisteis*, pusieron

querer to wish

Present Indicative: quiero, quieres, quiere, queremos, *queréis*, quieren
Preterite: quise, quisiste, quiso, quisimos, *quisisteis*, quisieron

reír to laugh

Present Indicative: río, ríes, ríe, reímos, *reís*, ríen
Preterite: reí, reíste, rió, reímos, *reísteis*, rieron
Present Participle: riendo

saber to know

Present Indicative: sé, sabes, sabe, sabemos, *sabéis*, saben
Preterite: supe, supiste, supo, supimos, *supisteis*, supieron

salir to go out, leave

Present Indicative: salgo, sales, sale, salimos, *salís*, salen

ser to be

Present Indicative: soy, eres, es, somos, *sois*, son
Imperfect Indicative: era, eras, era, éramos, *erais*, eran
Preterite: fui, fuiste, fue, fuimos, *fuisteis*, fueron

tener to have

Present Indicative: tengo, tienes, tiene, tenemos, *tenéis*, tienen
Preterite: tuve, tuviste, tuvo, tuvimos, *tuvisteis*, tuvieron

traer to bring

Present Indicative: traigo, traes, trae, traemos, *traéis*, traen
Preterite: traje, trajiste, trajo, trajimos, *trajisteis*, trajeron
Present Participle: trayendo

valer to be worth

Present Indicative: valgo, vales, vale, valemos, *valéis*, valen

venir to come

Present Indicative: vengo, vienes, viene, venimos, *venís*, vienen
Preterite: vine, viniste, vino, vinimos, *vinisteis*, vinieron
Present Participle: viniendo

ver to see

Present Indicative: veo, ves, ve, vemos, *veis*, ven
Imperfect Indicative: veía, veías, veía, veíamos, *veíais*, veían

VOCABULARIOS

The Spanish-English vocabulary has the words that appear in this book.

In addition to including all active vocabulary, the English-Spanish vocabulary offers a handy assortment of extra words to fill your conversation needs. It may not have every one you want, but chances are you'll find most. Try it and you'll see.

Now here are some special notes:
1. Active vocabulary is shown in color.
2. These are the abbreviations that we use:

adj.	adjective	*obj.*	object
adv.	adverb	*pl.*	plural
conj.	conjunction	*prep.*	preposition
f.	feminine	*pron.*	pronoun
m.	masculine	*sing.*	singular
n.	noun	*v.*	verb

Gender is shown for all nouns, except masculine nouns that end in –o, feminine nouns that end in –a, and nouns referring to male or female beings. Irregular verbs are marked with an asterisk: **tener***, **venir***, and their full conjugation appears in the Verb appendix. Stem-changing verbs have the change indicated in parentheses: **cerrar (ie), contar (ue), pedir (i).** Verbs like **conocer** have **(zco)** in parentheses, and those ending in –**eer** follow the pattern of **creer.**

ESPAÑOL-INGLÉS

a to; – **las ocho** at 8 o'clock; – **propósito** by the way; – **veces** at times
abajo down, below; downstairs
abierto *adj.* open
abogada, abogado lawyer
abrelatas *m. sing.* can opener
abrigo overcoat
abril April
abrir to open
abuela grandmother
abuelo grandfather; *pl.*, grandparents
acabar to finish; – **de** + *infin.* to have just (done something)

aceptar to accept
acondicionador *m.* air conditioner
acostarse (ue) to go to bed
actividad *f.* activity
actriz actress
acusar to accuse
adelante forward; onward; Come in!
además besides
adiós good-bye
adivinar to guess
adjetivo adjective
admirar to admire
¿a dónde? (to) where?
aeropuerto airport
agencia agency
agosto August

agradable pleasant
agua *f.* (But: **el agua**) water
aguja needle
ahora now; – **bien** now, then; – **mismo** right now
ahorros savings
aire *m.* air; **al** – **libre** in the open air
al *(contraction)* to the; – **principio** at first, at the beginning
alcoba bedroom
alegrar(se) to make or become happy
alemán, alemana German
alfabeto alphabet
alfombra rug
algo something

419

algunos some, several
almacén m. store, department store
almuerzo lunch
alto high; tall; loud (as a voice); upper
aluminio aluminum
allí there
amar to love
amarillo yellow
amiga, amigo friend
amor m. love
amplificador m. amplifier
anaranjado orange-colored
andar* to walk; go (about); run (as a car)
andino Andean, referring to the Andes
angelito little angel
anoche last night
anteojos m. pl. eyeglasses
antes adv. before(hand), earlier; **– de** prep. before
antiguo old, ancient
anual annual, yearly
anunciar to announce
año year; **tener . . . años** to be . . . years old; **¿Cuántos –s tienes?** How old are you?
apagar to turn off, shut off
aparato appliance
aparentar to pretend
apartamento apartment
aplausos m. pl. applause
apostar (ue) to bet
aprender to learn
aquel that (over there)
aquellos those (over there)
aquí here
árabe Arab; Arabic
árbol m. tree
arco (violin) bow
argentino Argentinian
armario closet
arquitecto architect
arriba up; above; upstairs

arroz m. rice
Ártico Arctic
artículo article; **– de vestir** article of clothing
asado roast; roasted
ascensor m. elevator
así so; like this, so; **así así** so-so
asiático Asian
asistir a to attend (a school, etc.)
asociar to associate, relate to something else
aspiradora vacuum cleaner
atiplado high-pitched
atleta athlete
atrás back(wards)
aun even
aunque although, even though
ausente absent
autobús m. bus
autógrafo autograph
ayer yesterday; **– por la mañana** yesterday morning
ayuda help
ayudar to help
azúcar m. sugar
azul blue

bailar to dance
baile m. dance
bajar to go down; lower; get off (a car, train, etc.)
bajo low; short (in height)
banco bank
bandera flag
banquero banker
baño bath; bathroom
barro clay
base f. base, basis
bastante enough; quite, rather
bata robe, housecoat
beber to drink
bebida (a) drink
berliniano Berliner

besar to kiss
beso kiss
bicicleta bicycle
bien adv. well; **Está –** All right
bienvenido welcome
biftec m. beefsteak
blanco white
blusa blouse
boca mouth
boda wedding
boleto ticket (Span. Am.)
bolsa purse
bolsillo pocket
bombilla (electric) bulb
bonito pretty
bordado embroidery
bota boot
botella bottle
botón m. button
boxeo boxing
brasileño Brazilian
brazo arm
breve brief, short
británico British
bróculi m. broccoli
buen, bueno good
burro donkey
buscar to look for
buzón m. mailbox

caballero gentleman
caballo horse
cabeza head
cacerola casserole, pan
cada each, every
caer* to fall
café m. coffee; café
caja box
calcetín m. sock
calidad f. quality
caliente hot
calma calm; **Con –** Take it easy!
calor m. heat; warmth;
  tener – to be (feel) warm;
  hacer – to be warm (out)

calzoncillos m. pl. undershorts
calle f. street
cama bed
cambiar to change; exchange
caminar to walk
camino road; way
camión m. truck; bus (Mexico)
camisa shirt
campeón, campeona champion
campo country (opposite of city)
canadiense Canadian
canasta basket
canción f. song
cansado tired
cantante singer
cantar to sing
capital f. capital (city)
cara face
carácter m. character
¡Caramba! Gee whiz!; I'll be . . . !
Caribe m. Caribbean
carne f. meat; flesh
carnicería butcher shop
carpintería carpenter's shop
carpintero carpenter
carrera race; career
carta letter
cartera wallet
cartero mailman
casa house; **en** – at home; **ir a** – to go home
casado married; **recién** – newlywed
casarse (con) to marry
casi almost
Castilla Castile, the central region of Spain
castillo castle
catedral f. cathedral
catolicismo Catholicism

católico Catholic
catorce fourteen
celebrar to celebrate; **–se** to take place
centavo cent
centro center; downtown
centroamericano Central American
cerca adv. near(by); **– de** prep. near, close to
cereal m. cereal
cerrado closed
cerrar (ie) to close
cesta basket; wastebasket
cielo sky, heaven **– raso** ceiling
cien, ciento one hundred
ciencia science
cierto (a) certain
Cierre . . . Close . . .
cinco five
cincuenta fifty
cine m. movies; movie house
cinta tape
ciudad f. city
claro clear; light; **¡Claro!** Of course!
clase f. class; classroom; kind, type
clavo nail (metal)
cliente m. & f. customer
clima m. climate
cocina kitchen
cocinar to cook
coco coconut
cocodrilo crocodile
coche m. car
coger to catch
cola line; tail
colegio school; high school
colorado red-colored
collar m. necklace
comedor m. dining room
comenzar (ie) to begin
comer to eat
cómico funny, comical

comida meal; food; dinner
como like; as
¿Cómo? How?; What did you say?; **¡Cómo no!** Of course. Why not?; **¿Cómo se llama?** What's your name?
cómoda chest of drawers
compañía company
compás m. beat, rhythm
complicado complicated
componer* to compose
compra purchase
comprar to buy
comprender to understand
computadora computer
común common
con with
condimento seasoning, spice
conducir (zco) to lead; conduct
confesar (ie) to confess
congelador m. freezer
conmigo with me
conocer (zco) to know (a person or place); be familar with (something)
consentido spoiled
conservador(a) conservative
construir (uyo) to build, construct
contar (ue) to count; tell
contener* to contain
contento content(ed), happy, pleased
contestación f. answer
contigo with you (my friend)
continuar (úo) to continue
contra against
contrario: al – on the contrary; **lo –** the opposite
conversar to chat
corazón m. heart
corbata tie
correo mail
correr to run
corrida de toros bullfight

421

cortar cut
corte *f.* court
cortés polite, courteous
cortesía courtesy
corto short (in length)
cosa thing
coser to sew
costa coast
costar (ue) to cost
costarricense Costa Rican
costoso expensive, costly
costura seam
costumbre *f.* custom
creer* to think, believe
crema cream
cremallera zipper
cristal *m.* glass; crystal
crucigrama *m.* crossword puzzle
cruz *f.* cross
cruzar to cross
cuaderno notebook
¿Cuál? Which (one)?; **¿Cuáles?** Which (ones)?, What . . . ?
cuando when; **¿Cuándo?** When?
¿Cuánto? How much?; *pl.*, How many?
cuarenta forty
cuarto quarter; room
cuatro four
cubierto de covered with or by
cubrir to cover
cuchara spoon
cucharita teaspoon
cuchillo knife
cuenta count; bill, account
cuento story
cuerda cord, string
cuerpo body
¡Cuidado! Careful!, Watch out!
cuidarse to take care
cumpleaños *m. sing.* birthday

cuñado brother-in-law
curioso curious; strange
curso course
chaqueta jacket
chica girl
chicle *m.* chewing gum
chico boy
chileno Chilean
¡Chist . . .! Shhh!, Cool it!

dama lady
dañar to spoil, damage; **—se** to get spoiled or ruined
dar* to give
de of; from; also used for possession; **— nuevo** again; **— repente** suddenly; **— todas partes** from everywhere; **¿— verdad?** really?
debajo de under, below
deber to owe; should, ought to
decir* to say; tell
dedo finger; toe
dejar to leave (behind); let, allow
defectuoso defective, damaged
del *(contraction)* of the, from the
delante (de) in front (of)
delgado slim
delicia delight
dentro *adv.* inside; **— de** inside of, within
depender de to depend on
dependienta, dependiente salesperson
deporte *m.* sport
deportista sportsman, sportswoman
derecho right; **a la derecha** on the right
desaparecer (zco) to disappear

desayuno breakfast
descansar to rest
descendiente descendant
descontento dissatisfied
describir to describe
descubrimiento discovery
desde from; since
desear to want, wish, desire
deseo (a) wish, desire
desesperado desperate
desfile *m.* parade
desierto desert
despacio slow(ly)
después *adv.* after(wards), later; then; **— de** *prep.* after
detrás *adv.* behind; **— de** behind, in back of
día *m.* day; **Buenos —s** Good morning; **todos los —s** every day
diario daily
diciembre December
diente *m.* tooth
diez ten
difícil difficult, hard
dificultad *f.* difficulty
Diga . . . Say . . .; **Dígame . . .** Tell me . . .
dinero money
Dios God; **¡— mío!** For Heaven's sake!, Oh, my!
dirección *f.* address; direction
dirigir to direct; lead
disco record
discutir to discuss; argue
divertirse (ie) to have a good time
dividir to divide
doce twelve
dólar *m.* dollar
domingo Sunday
donde where; **¿Dónde?** Where?; **¿De —?** From where?

dormir (ue) to sleep
dos two
dueña, dueño owner; landlord
dulce sweet; *m. pl.*, sweets
durante during

edad *f.* age
edificio building
editor(a) publisher
educado educated; well-mannered
efecto effect; **en** – in fact
ejemplo example; **por** – for example
ejercicio exercise
el *(m. sing.)* the
él he; *(after a prep.)*, him, it
elección *f. (usually pl.)* election
elemental elementary
elevador *m.* elevator
ella she; *(after a prep.)*, her, it
empezar (ie) to begin
empujar to push
en in; on; at; – **breve** in short; – **casa** at home; – **efecto** in fact; – **fin** anyway, in short; – **realidad** actually, really
enamorado in love with
encender (ie) to turn on
encima *adv.* on top; above; – **de** *prep.* on top of, over
encontrar (ue) to find; meet
enemigo enemy
energía energy
enero January
enfermo sick
enorme enormous
ensalada salad
enseñar to teach
entender (ie) to understand
entero entire, whole
entonces then
entrar (en or **a)** to enter, go in

entre between, among
equipo team
era (See imperfect tense of **ser**)
error *m.* mistake
esa (See **ese**)
escalera stairway; – **automática** escalator
escena scene; stage
escoger to choose
escribir to write; – **a máquina** to type
escritor(a) writer
escuchar to listen (to)
escuela school
ese, esa *adj.* that (near you); **esos, esas** those; **ése, ésa,** etc., *pron.* that one, those
eso that (in general)
espada sword
espalda shoulder, back
España Spain
español *m.* Spanish (language)
español(a) Spanish; Spaniard
especial special
espectáculo spectacle; show
espejo mirror
esperar to wait for; hope; expect
esposa wife
esposo husband
esquí *m.* skiing
esta (See **este**)
¿Está bien? OK?
estación *f.* station; season
estado state; **los Estados Unidos** the United States
estar* to be (in a certain place, condition or position); to be "in" (at home)
este, esta *adj.* this; **estos, estas** these; **éste, ésta** etc., *pron.* this one, these

este *m.* East
estéreo stereo set
estilo style
esto this (in general)
estómago stomach
estrella star
estricto strict
estructura structure
estudiante *m. & f.* student
estudiar to study
estudioso studious
estufa stove
estúpido stupid
europeo European
examen *m.* exam; *pl.* **exámenes**
excursión *f.* trip, tour
explicar to explain
explotar to explode
extranjero foreign; foreigner
extrañar to miss (someone)

fábrica factory
fácil easy
falda skirt
familia family
farmacia pharmacy, drugstore
favor *m.* favor; **por** – please
febrero February
felicidad *f.* happiness
felicitaciones congratulations
feliz *(pl.* **felices**) happy
feo ugly
feria fair
fideos *m. pl.* spaghetti
fiesta party; **día de** – holiday
fin *m.* end; **al** – at the end; **en** – anyway, in short; **por** – finally, at last
finado dead
física physics
flan *m.* custard
flor *f.* flower
foto *f.* photo
francés, francesa French

frase *f.* sentence; phrase
frecuentemente frequently
frente *m.* front
fresco cool; fresh
frijol *m.* bean
frío cold; **tener** – to be (feel) cold; **hacer** – to be cold (out)
frito fried
fruta fruit
fuera *adv.* outside; – **de** *prep.* outside of
funcionar to work, run (a machine)
funeral *m.* funeral
fútbol *m.* soccer; football

ganador(a) winner
ganar to win; earn; gain
ganga bargain
garage *m.* garage
garantizar to guarantee
gas *m.* gas
gaseosa soda
gastar to spend (money, not time!)
gaucho cowboy of the Argentine pampas (prairies)
gente *f. sing.* people
gimnasio gymnasium
golpear to hit; bang
gordo fat
gorila gorilla
gracias thanks, thank you
gracioso funny
gran *(before a singular noun)* great
grande large, big; great
gris gray
gritar to shout
grito *n.* shout
grupo group
guante *m.* glove
guapo handsome
guardar to keep
guatemalteco Guatemalan

gustar to be pleasing; —**le** (una cosa a una persona) to like
gusto pleasure; taste; **Mucho** – I'm pleased to meet you; **Con mucho** – I'd be glad to
Habana: La – Havana
había there was, there were
habitante inhabitant
hablador(a) *adj.* talking
hablar to speak; – **por teléfono** to talk on the phone
hace *(with a verb in the past tense)* ago; – **seis días** six days ago
hacer* to make; do; – **calor** to be warm or hot out; – **frío** to be cold out; – **una pregunta** to ask a question; – **viento** to be windy
hacia toward
Haga . . . Make . . . , Do . . .
hambre *f.* (But: **el hambre**) hunger; **tener** – to be hungry
hamburguesa hamburger
hasta *prep.* until; – **luego,** – **pronto** so long; – **la próxima vez** till next time
hay there is, there are
helado *(often pl.)* ice cream
hermana sister
hermano brother
hermoso beautiful
hielo ice
hierba grass
hija daughter
hijo son
hilo thread
hispánico Hispanic (referring to the Spanish-speaking world)
hispano person of Hispanic origin; *adj.*, Hispanic

Hola Hello, Hi
holandés, holandesa Dutch; Hollander
hombre man; – **de negocios** businessman
hondureño native of Honduras
hora hour; ¿Qué – es? What time is it? ¿A qué – ? At what time?
hoy today
hueco hole
huevo egg

identificar to identify
idioma *m.* language
iglesia church
igual equal; same
igualmente equally
imaginarse to imagine
impermeable *m.* raincoat
importancia importance
importar to matter, be important; to import; **No importa** It doesn't matter
indicar to indicate
indio Indian
individuo (an) individual
ingeniero engineer
Inglaterra England
inglés, inglesa English; English person
insistir en to insist on
interés *m.* interest
interesante interesting
interesar to interest
intermedio intermediate
invierno winter
invitado guest
invitar to invite
ir* to go
Irlanda Ireland
irlandés, irlandesa Irish; Irish person
isla island
izquierdo left; **a la izquierda** on the left

jamón m.   ham
japonés, japonesa   Japanese
jarra   jar, pitcher
jersey m.   T-shirt
joven (pl. **jóvenes**)   young; young person
juego   game
jueves   Thursday
jugador(a)   player
jugar (ue)   to play (a game, not an instrument); — **al béisbol**   to play baseball
jugo   juice
julio   July
junio   June
junto (usually pl.)   together; — **a** prep.   next to
jurar   to swear
justo   just; fair

kilo   a little more than 2 pounds
kilómetro   kilometer (about ⅝ of a mile)

la   the, f. sing.; (object of a verb), her, it
labio   lip
lado   side
ladrón, ladrona   thief
lágrima   tear (crying)
lámpara   lamp
lápiz m. (pl. **lápices**)   pencil
largo   long (not large!)
las   the, f. pl.; (object of verb) them
lástima   pity; ¡Qué — ! What a pity!
lata   can; tin
lavaplatos m. sing.   sink; —**eléctrico**   dishwasher
lavar   to wash
le   to him, to her, to it, to you (indirect object of a verb)
lección f.   lesson
leche f.   milk

lechuga   lettuce
leer   to read
lejos adv.   far away; — **de** prep.   far (from)
lema m.   motto
lengua   language; tongue
levantar   to raise, lift; **—se**   to rise; get up
levis m. pl.   jeans
libertad f.   liberty
libre   free
libro   book
licencia   license
líder m.   leader
limpiar   to clean
línea   line
liquidación f.   clearance sale
listo   ready; smart
lo   him, it, you (Ud.) (direct object of a verb); — **que**   what (not as a question)
loco   crazy
los   the, m. pl.; (direct object of a verb); — **que**
lotería   lottery
lucha libre   wrestling
luego   then; **hasta** —   so long
lugar m.   place
luisiano   person from Louisiana
luna   moon
lunes   Monday
luz f.   light
llamar   to call; **—se**   to be named; ¿Cómo se llama Ud.?   What's your name?
llave f.   key
llegar (a)   to arrive (in or at)
llenar   to fill
lleno (de)   full (of)
llevar   to carry; take; wear
llorar   to cry
llover (ue)   to rain

madre   mother

maestra, maestro   teacher
magnífico   magnificent
maíz m.   corn
mal adv., badly; adj. (before a m. sing. noun), bad
malo   bad
mandar   to send
manejar   to drive
manera   manner, way
maní m.   peanut
manía   craze, mania
mano f.   hand
mantequilla   butter
manzana   apple
mañana   tomorrow; f., morning; — **por la** —   tomorrow morning
máquina   machine; — **de lavar**   washing machine; **escribir a** —   to type
mar m.   sea
maravilloso   marvelous, wonderful
marca   brand
marcar   to mark; dial (a number)
marisco   shellfish
martes   Tuesday
martillo   hammer
marzo   March
más   more; most; — **que**   more than; ¿Qué más? What else?
matar   to kill
matrimonio   marriage; married couple
mayo   May
mayor   older; larger; greater; oldest; largest; greatest; **la** — **parte**   the greater part, most
mayormente   mostly, mainly
me (obj. of verb)   (to) me, (to) myself
¡Me encanta!   I love it!
mecánico   mechanic, repairman

425

mediano average
medianoche f. midnight
médico n. doctor; adj., medical
medio n. middle; adj., half
mediodía m. midday
mejicano Mexican (Spanish spelling)
mejor better, best
memoria memory; **de —** by heart
menor younger; smaller; lesser; youngest; smallest; least
menos less; least; minus; **por lo —** at least
mentir (ie) to lie
mercado market
mes m. month
mesa table; desk
mesero waiter
mesita de noche night table
mestizo a person of Indian and European origins
meter to put (into)
metro subway
mexicano Mexican (Sp. Am. spelling)
mi(s) my
mí (after a prep.) me
mío mine
miedo fear; **tener —** to be afraid
miembro member
mientras while
miércoles Wednesday
mil (pl. **miles**) thousand
milla mile
millón m. million
millonario millionaire
mirar to look at, watch
mismo same
misterio mystery
modelo model
molestar to annoy; **—se** to get annoyed
momento moment

426

monarca monarch; king, queen
moneda coin
montaña mountain
montañoso mountainous
monte m. mountain; **los Montes Pirineos** (mountains of Northern Spain)
moreno dark-haired or skinned; brunet
morir (ue) to die
motocicleta motorcycle
mover(se) (ue) to move
muchacha girl
muchacho boy
muchísimo very much; pl., a great many
mucho much; **muchos** many
muebles m. pl. furniture
mujer woman; wife
mundo world
muy very

nacer (zco) to be born
nada nothing; (not) anything; **de —** You're welcome
nadie nobody, no one; (not) anyone
naranja orange
nariz f. nose
Navidad f. Christmas
necesitar to need
negocio business (also pl.)
negro black
nervioso nervous
nevar (ie) to snow
nevera refrigerator
ni . . . ni neither . . . nor
nicaragüense Nicaraguan
ningún, ninguno no, none
niña girl
niño boy; child
No importa. It doesn't matter. Never mind.

noche f. night; evening; **Buenas —s** Good evening; Good night
nombre m. name, noun
norte m. North
norteamericano North American
nos (obj. of a verb) us, to us, (to) ourselves
nosotras, nosotros we; (after a prep.), us, ourselves
nota grade; note
novecientos 900
novela novel
noventa ninety
novia girlfriend; fiancée; bride
noviembre November
novio boyfriend; fiancé; groom
nuestra, nuestro our; ours, of ours
nuevo new; **de —** anew, again
número number; size (of clothing)
nunca never

o or; **o . . . o** either . . . or
octubre October
ocupado busy
ocupar to occupy
ocurrir to happen
ochenta eighty
ocho eight
odiar to hate
oeste m. west
oficina office
ofrecer (zco) to offer
oír* (**oigo, oyes, oye, oímos, oyen**) to hear
ojo eye
¡Olé! Hooray!
olla pot; **— de barro** clay pot
once eleven
oportunidad f. opportunity

optimista optimist(ic)
opuesto opposed; **lo –** the opposite
oración f. sentence; prayer
orden f., order, command; m., order (in turn); orderliness
oreja (outer) ear
origen m. origin
orquesta orchestra
otoño autumn, fall
otro other, another; **el –** the other; **otra vez** again

paciencia patience
paciente adj. patient
padre father; pl., parents
paella a Spanish dish of rice with chicken, sausage and seafood
pagar to pay
página page
país m. country, nation
pálido pale
pampa Argentine prairie land
pan m. bread
panameño Panamanian
pantalones m. pl. pants
papa potato; **–s fritas** French fries, potato chips
papel m. paper
paquete m. package
par m. pair
para for; in order to; intended for; by (a certain time or date)
paraguas m. sing. umbrella
paraguayo Paraguayan
parar(se) to stop
pardo brown
parecer (zco) to seem; to appear
pared f. wall
pareja couple
parienta, pariente relative
parisino Parisian
parque m. park; **– de recreo** amusement park

parte f. part; **gran –** a large part; **en todas –s** everywhere
partido game; political party
pasado past; last; **la semana pasada** last week
pasajero passenger
pasar to pass; happen; go; **Pase Ud.** Come in.
pasillo hallway; aisle
pastel m. pastry; pie
pastelería pastries
patrón m. boss
paz f. peace; **déjeme en –** Leave me alone.
pecho chest (body)
pedir (i) to ask for, order
peine m. comb
pelear to fight
película film, movie
pelo hair
pensar (ie) to think; **– en** think about; **– de** think of, have an opinion of
peor worse, worst
pequeño small
perder (ie) to lose
Perdón Pardon me
perdonar to pardon, forgive
permitir to permit
pero but
perro dog
persona (always f.) person
peruano Peruvian
pescado fish
peso weight; money of certain Spanish American countries
pie m. foot
piedra stone
pierna leg
pijama pajama(s)
pimienta pepper
piña pineapple

piso floor; story (of a house)
pista floor; trail
pizarra blackboard
plato dish (of food), plate
playa beach
plaza town square
plomero plumber
pluma pen
pobre poor
poco little (in amount); **un – de** a little
poder* to be able, can
poema m. poem
poeta, poetisa poet
policía m., policeman; f., police force or policewoman
pollo chicken
poner* to put; turn on
poporocho popcorn
por by; for; by means of; for the sake of; during; through; **– ejemplo** for example; **– eso** therefore; **– favor** please; **– fin** at last, finally; **– lo menos** at least; **– la mañana** in the morning; **– supuesto** of course
¿Por qué? Why?
porque because
portugués, portuguesa Portuguese
postal f. postcard
postre m. dessert
práctica practice
práctico practical
precio price
precioso cute; precious
preferir (ie) to prefer
pregunta question; **hacer una –** to ask a question
preguntar to question, ask about
premio prize
prendido turned on

427

preparado prepared
preparar to prepare
presentar to present; introduce
prima, primo cousin
primario primary, elementary
primavera spring
primer(o) first
privado private
principio beginning; **al** – at first
problema m. problem
proceder to proceed
producir (zco) to produce
profesor(a) teacher
prometer to promise
pronombre m. pronoun
pronto soon; **hasta** – so long
pronunciar to pronounce
propio (one's) own
propietario owner
propósito: a – by the way
próximo next
público public; (the) people
pueblo town; (a) people
puerta door; gate
puerto port
puertorriqueño Puerto Rican
pues well, then

que who, that, which; than; **lo** – what (not a question!)
¿Qué? What? Which?;
¿– tal? How goes it?;
¡Qué . . .! What a . . .!;
¡– bien! How great!;
¡– cosa! What a thing!;
¡– demonios! What the devil!; **¡– lata!** What a mess!; **¡– maravilla!** How wonderful!; **¡– rico!** How great!; **¡– va!** Go on!
quedar to be left; **–se** to remain, stay

querer* to want; like, love (a person)
querido dear
queso cheese
quien (pl. **quienes**) who; whom
¿Quién(es)? Who?
quince fifteen
quinientos 500
quitar to take away

radiante radiant, glowing with joy
radio m. or f. radio
rápidamente quickly, fast
raza race (of people)
razón f. reason; **tener** – to be right
realidad f. reality; **en** – actually, really
realmente really
rebaja reduction, clearance sale
rebozo large shawl
receso recess
recibir to receive
reciente recent
recomendar (ie) to recommend
recordar (ue) to remember
recreo recreation
reloj m. watch, clock
repente: de – suddenly
repetir (i) to repeat
rey king
rico rich; delicious; "great"
risa laugh(ter)
robar to rob; steal
rodear to surround
rojo red
romper to break
ropa clothing, clothes
rosado pink
rosbif m. roast beef
rubio blond
ruido noise
ruso Russian

sábado Saturday
saber* to know (well or by heart); know a fact; know how to
sacar to take out
saco (suit) jacket; bag
sal f. salt
sala living room
salchicha sausage; frankfurter
salida exit
salir* to go out, leave
salón m. large room, hall
salsa sauce; – **de tomate** tomato sauce, catsup
salud f. health
salvadoreño Salvadoran
San(ta) Saint
santo adj., holy
santuario shrine
Saquen . . . Take out . . .
sartén m. or f. frying pan
se (reflexive obj. of a verb), himself, herself, yourself (**Ud.**), itself, themselves, yourselves; (also see **se** as indirect object)
sé (See **saber***); **Lo** – I know
sed f. thirst; **tener** – to be thirsty
seguida; en – immediately
seguir (i) to follow; to continue, keep on
según according to
segundo second
seguramente surely
seguro sure; safe
seis six
sello (postage) stamp
semana week; – **pasada** last week
sentado seated
sentarse (ie) to sit down
sentimiento feeling, sentiment

428

sentir (ie) to feel; regret, be sorry
señor (*abbrev.* **Sr.**) mister; Mr.; sir; gentleman
señora (*abbrev.* **Sra.**) Mrs.; madam; wife; lady
señorita (*abbrev.* **Srta.**) Miss; young lady
septiembre September
ser* to be (someone or something); to be (characteristically)
serio serious; **en —** seriously
serpiente *f.* snake
servilleta napkin
servir (i) to serve; be suitable
sesenta sixty
setecientos 700
setenta seventy
si if; whether
sí yes; *after a prep.*, himself, herself
siempre always
siesta afternoon rest period; nap
siete seven
siglo century
signo sign
siguiente following; next
sílaba syllable
silbido whistle
silencio silence
silla chair
simpático nice
sin without
sobre on, upon; above; about (concerning); **sobre** *m.* envelope; **— todo** above all, especially
sociedad *f.* society
sofá *m.* sofa
sol *m.* sun; **hace —** it is sunny
solamente only
sólo only; **solo** alone
sombrero hat

sonar (ue) to sound; ring
sonrisa smile
soñar (ue) to dream; **— con** to dream of
sóquer *m.* soccer
sopa soup
sorprendido surprised
su(s) his, her, your (de **Ud.** or **Uds.**), their
subir to go up; raise, get on
sud *m.* South
sudamericano South American
sueño dream; **tener —** to be sleepy
suerte *f.* luck
suéter *m.* sweater
sufrir to suffer
supuesto: por — of course
sur *m.* south
suroeste *m.* southwest
suyo his, hers, its, yours, theirs

taco a Mexican food made of fried cornmeal with meat and spices
tal vez maybe, perhaps
talentoso talented
tamal *m.* a Mexican corn cake stuffed with meat
también also, too
tambor *m.* drum
tan so, as
tarde *f.* afternoon; **Buenas —s** Good afternoon; *adv.*, late
taza cup
te you, to you, (to) yourself (*object of a verb, 2nd person*)
té *m.* tea
teatro theater
techo roof
tejer to weave
tela cloth
teléfono telephone
televisor *m.* TV set

tema *m.* theme, subject, topic
temporada season, period
temprano early
tenedor *m.* fork
tener* to have, possess; **— . . . años (de edad)** to be . . . years old; **— frío, calor** to be (feel) cold, warm; **— hambre, sed** to be hungry, thirsty; **— miedo** to be afraid; **tener que + infin.** to have to; **— razón** to be right; **— sueño** to be sleepy
tenis *m.* tennis
terminar to finish
tesoro treasure
testiga, testigo witness
ti you, my friend (*after a prep.*)
tía aunt
tiempo time; period of time; weather; **¿Qué — hace?** How's the weather?
tienda store
tierra land; earth
tigre *m.* tiger
tijeras *f. pl.* scissors
timbre *m.* doorbell
tío uncle
típico typical
tipo type; kind; "guy"
tisú *m.* tissue
tiza chalk
tocadiscos *m. sing.* record player
tocar to touch; play (an instrument)
tocino bacon
todavía still; **— no** not yet
todo everything, all; *adj.*, all, every; **— el mundo** everybody; **todos los días** every day
tomar to take; eat, drink
tomate *m.* tomato
tonto stupid, silly

toque *m.* touch
torero bullfighter
toro bull; **– bravo** fighting bull
torre *f.* tower
torta cake
tortilla a kind of corn pancake in Mexico; an omelet in Spain
tostada toast
trabajar to work
trabajo work; job
tráfico traffic
traer* to bring
traje *m.* suit; **– de baño** bathing suit
tranquilo calm; peaceful
tratar de to try to
trece thirteen
treinta thirty
tremendo tremendous
tren *m.* train
tres three
triste sad
tu(s) your (friendly)
tú you, my pal *(subject pron.)*
turista tourist
tuyo yours

último last
un, uno, una one; a, an
único only; unique
unido united, close; **los Estados Unidos** the United States

universidad *f.* university, college
uña fingernail, toenail
uruguayo Uruguayan
usted(es) you *(abbrev. Ud., Uds.) 3rd person polite*
utensilio utensil

va (See **ir***, to go)
vacaciones *f. pl.* vacation
vainilla vanilla
valer* to be worth; cost
varios some, various
vaso (drinking) glass
vecina, vecino neighbor
vegetal *m.* vegetable
veinte twenty
velocidad *f.* speed
vendedor(a) seller; **– ambulante** peddler
vender to sell
venezolano Venezuelan
venir* to come
ventana window
ventanilla car window
ver* to see: **A —** Let's see
verano summer
verbo verb
verdad *f.* truth; true; **¿ – ?** isn't it, aren't they, don't they?, etc.; **Es –** It's true
vestido dress; *pl.*, clothes; *adj.*, dressed
vestir(se) (i) to get dressed

vez *f.* time, instance, occasion; **esta –** this time; **otra –** again; **a veces** at times
viajar to travel
viaje *m.* trip; **hacer un –** to take a trip
vida life
viejo old
viento windy; **Hace –** It is windy
viernes Friday
vigilar to watch over
vino wine
violón *m.* bass fiddle
violoncelo cello
vista view; sight
¡Viva! Hooray for . . .!
vivir to live
volumen *m.* volume
volver (ue) to return
voy I am going (See **ir***)
voz *f.* voice; **en – alta, baja** in a loud or soft voice

y and
ya already; **– no** no longer, not any more
yo I

zapatería shoestore, shoemaker's
zapatilla slipper
zapato shoe

INGLÉS-ESPAÑOL

about de, sobre (a topic)
above encima de, sobre
according to según
address n., dirección f.
afraid: to be – tener* miedo
afternoon tarde, f.; **Good –** Buenas tardes
ago hace (+ a period of time); **a half hour –** hace media hora
airplane avión, m.
all adj., todo (a, os, as); n., todo (everything); **– day** todo el día
almost casi
alone solo, a solas
already ya
also también
always siempre
among entre
and y; e (before a word beginning with i or hi)
another otro(a)
answer n., contestación, respuesta; v., contestar, responder
anybody: not – nadie
anything: not – nada
arm brazo
arrive at or **in** llegar a
artist artista (m. and f.)
as como
ask preguntar; **– for** pedir (i)
at en; (sometimes) a; **– 12 o'clock** a las doce
at least por lo menos
attend asistir a (a class, etc.)
aunt tía
autumn otoño

bacon tocino
bad mal, malo(a, os, as)
badly mal
ball game partido
bang golpear
baseball béisbol, m.

basket cesta, canasta
bath baño
bathroom (cuarto de) baño
be ser* (refers to who or what the subject is or what it is really like); estar* (tells how or where the subject is); **Is John in?** ¿Está Juan?
bean frijol m.
beautiful hermoso(a, os, as)
because porque
bed cama; **go to –** acostarse (ue)
bedroom alcoba
before adv., antes; prep., antes de
begin comenzar (ie), empezar (ie)
behind prep. detrás de
believe creer*
below adv., abajo; prep., debajo de
best adj., (el, la) mejor; (los, las) mejores; adv., mejor
better adj., mejor(es); adv., mejor
between entre
big gran(de)
birthday cumpleaños, m. sing.
black negro(a, os, as)
blackboard pizarra
blond rubio(a, os, as)
blouse blusa
blue azul(es)
book libro
boot bota
bottle botella
box caja
boy muchacho, niño, chico
boyfriend novio
brand n. marca
bread pan, m.
break v. romper
breakfast desayuno

bring traer*
brother hermano
brown pardo, castaño
brunet moreno (a)
bulb bombilla (light)
bus autobús, m.; bus, m.
busy ocupado
but pero
button botón, m.
buy comprar
by por

call n., llamada (telefónica); v., llamar
calm tranquilo
can (to be able), poder*; n., lata
candy dulces, m. pl.
capital capital, f. (city)
car coche, m., carro, automóvil, m.
care: to take care cuidar
careful: Be – ! ¡Cuidado!
carry llevar
cat gato
catch v. coger
ceiling cielo raso
cereal cereal m.
chair silla
change v., cambiar
cheese queso
chest pecho (of the body); cómoda (furniture)
chicken pollo
child niña, niño
church iglesia
class clase, f.; **–room** (sala de) clase
clean adj., limpio; v., limpiar
clock reloj, m.
close adv., cerca; **– to** cerca de
closed cerrado(a, os, as)
clothes, clothing ropa, vestidos, m. pl.
coat abrigo; saco (of a suit)

431

coffee café, *m.*
cold *n.*, frío; *adj.*, frío(a, os, as); **to be – (out)** hacer* frío; **to be** or **feel –** (a person) tener* frío
comb *n.*, peine, *m.*; *v.*, peinar
come venir*; **– back** volver (ue)
conduct *v.* conducir (zco)
confess confesar (ie)
continue seguir (i)
cook *v.*, cocinar
cool fresco
cord cuerda
count contar (ue)
country campo (opposite of city); país, *m.* (nation)
course curso; **of –** por supuesto, cómo no, claro (está)
court corte *f.*
cousin prima, primo
covered with cubierto de
crazy loco
cream crema
cup taza
customer cliente
cut *v.* cortar

dance *n.*, baile, *m.*; *v.*, bailar
dark oscuro; **–haired** moreno
daughter hija
day día, *m.*
dear querido
delicious delicioso, rico
dentist dentista
department store almacén, *m.*
desk mesa; escritorio
dessert postre, *m.*
die morir (ue)
dish plato
dining room comedor, *m.*
dinner comida
direct *v.* dirigir
do hacer*; **– you?** (end question) ¿verdad?, ¿no?

432

doctor médico (profession); doctor (title)
dog perro
door puerta
down abajo
downtown el centro
dream *n.*, sueño; *v.*, **– about** or **of** soñar (ue) con
dress *n.*, vestido; *v.*, vestirse (i)
dressed vestido(a, os, as)
drink *n.*, bebida; *v.*, beber, tomar
drive *v.* manejar

each cada
ear oreja (outer); oído (inner)
early temprano
earn ganar
easy fácil(es)
eat comer
egg huevo
either o; **– . . .or** o . . . o
elevator elevador, *m.*, ascensor, *m.*
end *n.*, fin, *m.*; *v.*, acabar, terminar
English inglés (inglesa, es, as)
enjoy (oneself) divertirse (ie)
enter entrar
envelope sobre *m.*
evening tarde, *f.*; noche, *f.*; **Good –** Buenas tardes, Buenas noches; **in the –** por la tarde, por la noche, de noche
ever alguna vez; **not –** nunca
every cada; todos los, todas las
explain explicar
eye ojo

face *n.* cara
factory fábrica
fall *n.* otoño; *v.* caer
family familia

far lejos; **– from** lejos de
fast rápido, rápidamente
father padre
favorite favorito
feel sentir (ie); **– sorry** sentir; **– sick, tired,** etc. sentirse mal, cansado
few pocos(as)
fight pelear
film película
find encontrar (ue)
finger dedo; **–nail** uña
finish acabar, terminar
first primer(o, as, os, as)
fish *n.* pescado
flag bandera
floor piso
flower flor *f.*
foot pie, *m.*
football fútbol, *m.*, sóquer, *m.*; fútbol norteamericano
for para (to be used for, headed for; in order to); por (for the sake of, because of, in place of, by way of); **– example** por ejemplo
fork tenedor, *m.*
French francés (francesa, es, as)
friend amiga, amigo
from de; (since), desde
front frente, *m.*; **in – of** delante de, en frente de
full lleno(a, os, as)
funny gracioso, cómico
furniture muebles, *m. pl.*

game partido; juego; **football –** partido de fútbol
gentleman caballero
get obtener*; **– dressed** vestirse (i); **– married** casarse; **– up** levantarse
girl muchacha, chica, niña
girlfriend novia

give dar*
glad contento; alegre; **I'm –** Me alegro
glass (drinking) vaso
glasses (eye) anteojos *m. pl.*
glove guante, *m.*
go ir*; **– down** bajar; **– in** entrar (en or a); **– out** salir*; **– up** subir
good buen(o, a, os, as); **– morning** Buenos días; **– afternoon** Buenas tardes; **– evening, night** Buenas noches
good-bye adiós
good-looking guapo
goodness: My –! ¡Dios mío!
grandfather abuelo
grandmother abuela
grandparents abuelos
gray gris(es)
great gran(de)
green verde(s)
guitar guitarra
gymnasium gimnasio

hair pelo
half medio(a); **a – hour ago** hace media hora; **– past one** la una y media
ham jamón, *m.*
hamburger hamburguesa
hammer martillo
hand mano, *f.*
happen pasar, ocurrir
happy contento(a, os, as), feliz (felices)
hard difícil(es); duro(a, os, as) (not soft); **to work –** trabajar mucho
hat sombrero
hate odiar
have tener*; **to – just** (done something) acabar de (+ *infin.*); **to – to** tener que (+ *infin.*)
he él

head cabeza
heart corazón, *m.*
hello Buenos días, etc.; Hola
help *v.* ayudar
her *direct object of verb,* la; *indirect object of verb,* le; *object of prep.,* ella; *possessive adj.,* su(s)
here aquí
herself *object of a verb* se; **to –** se
high alto(a, os, as)
him *direct object of a verb,* lo; *indirect object of a verb,* le; *object of a prep.,* él
himself *reflexive object pron.* se; **to –** se
his su(s)
home casa; **to go –** ir* a casa; **at –** en casa
homework tarea (de la escuela)
hope *v.* esperar
hot caliente; **to be – out** hacer* (mucho) calor; **to be or feel –** (a person) tener* (mucho) calor
hour hora
house casa
How? ¿Cómo?; **– are you?** ¿Cómo está? ¿Qué tal?; **– much?** ¿Cuánto(a)?; **– many?** ¿Cuántos(as)?
hunger (el) hambre *f.*
hungry: to be – tener* hambre
husband esposo, marido

I yo
ice cream helado(s)
important importante(s)
in en; **– the morning** por la mañana; **at 8 in the morning** a las ocho de la mañana

inside dentro; **– of** dentro de
it *object of a verb,* lo, la; *after a prep.,* él, ella; (Note: Do not translate "it" when it is the subject of a verb in English.)
Italian italiano(a, os, as)
itself *reflexive object pron.* se

jacket saco (of a suit); chaqueta
jar jarra
jeans levis *m. pl.*
juice jugo
just justo; **to have –** acabar de (+ *infin.*)

keep guardar
kiss besar *v.*
kitchen cocina
knife cuchillo
know saber* (a fact, how to, know by heart); conocer* (zco) (know or be familiar with someone or something)

lady señora, dama
lamp lámpara
language lengua, idioma, *m.*
large grande(s) (not *largo*)
last último; pasado; **– night** anoche; **– week** la semana pasada
late tarde
later más tarde, después
lawyer abogado, abogada
learn aprender
least *adj.,* (el, la, los, las) menos; *adv.,* menos
leave salir*; dejar (leave something behind); **– (someone) alone** dejar en paz
left izquierdo(a, os, as); **on the –** a la izquierda

433

less   menos
letter   carta; letra (of the alphabet)
library   biblioteca
lie v.   mentir (ie)
life   vida
lift   levantar, subir
like   prep., como; v., querer* a (a person); gustarle una cosa a una persona (See Lesson 7.); – **this**, – **that**   así
line   línea
lip   labio
listen   escuchar
little   pequeño (in size); poco (in amount); **a –**   un poco (de)
live v.   vivir
living room   sala
long   largo
longer: no –   ya no
look   v., estar* (seem); – **at**   mirar; – **for**   buscar
lose   perder (ie)
lot: a –   mucho, muchísimo
love   n., amor, m.; v., amar, querer*; **in – with**   enamorado de; **I – it!**   ¡Me encanta!
low   bajo(a, os, as)
lower v.   bajar
luck   suerte, f.
lunch   almuerzo

machine   máquina
mail n.   correo
mailbox   buzón m.
mailman   cartero
make   v., hacer*; n., marca (brand)
man   hombre
many   muchos(as)
map   mapa, m.
married   casado; **to get –**   casarse
marry   casarse con

matter: It doesn't –   No importa
maybe   tal vez
me   object of a verb, me; after a prep., mí; **with –**   conmigo
meet   encontrar (ue); conocer (zco); **Pleased to – you**   Mucho gusto
men   (los) hombres
milk   leche, f.
mine   mío(a, os, as)
mirror   espejo
Miss   señorita
mistake   error, m., falta
money   dinero
month   mes, m.
more   más; **not any –**   ya no
morning   mañana; **in the –**   por la mañana; **at ten in the –**   a las diez de la mañana; **Good –**   Buenos días
most adv.   más
mother   madre
mouth   boca
movie   película (a film)
movies   el cine
Mr.   señor, Sr.
Mrs.   señora, Sra.
much   mucho(a, os, as); **very –**   muchísimo
music   música
my   mi(s)
myself   reflexive object of a verb, me; **to –**   me; after a prep., mí

nail   clavo
name   nombre, m.; **What is your –?**   ¿Cómo se llama Ud.?
napkin   servilleta
near   adv., cerca (nearby); prep., cerca de
needle   aguja
neighbor   vecina, vecino
neither   ni; **– ... nor**   ni ... ni

never   nunca, jamás
new   nuevo(a, os, as)
nice   simpático
night   noche f.; **Good –**   Buenas noches; **last –**   anoche
nobody, no one   nadie
nose   nariz, f.
notebook   cuaderno
nothing   nada
now   ahora; **right –**   ahora mismo

o'clock; at ten –   a las diez
of   de
offer v.   ofrecer (zco)
old   viejo(a, os, as); **to be ... years –**   tener* ... años (de edad)
older   mayor(es); más viejo(a, os, as)
oldest   (el, la) mayor; (los, las) mayores
once   una vez
one   uno; un, uno(a)
only   sólo, solamente
open adj.   abierto(a, os, as); v.   abrir
or   o; u (before a word beginning with ho or o)
order v.   pedir (i) (food, etc.); mandar (command)
other   otro(a, os, as)
ought   deber
our   nuestro(a, os, as)
ours   (el) nuestro, (la) nuestra, (los) nuestros, (las) nuestras
ourselves   object of a verb, nos; **to –**   nos; after a prep., nosotros(as)
outside   fuera; **to go –**   salir*
over prep.   sobre, encima de
overcoat   abrigo
owe   deber
own adj.   propio (belonging to someone)

owner dueño

package paquete, *m.*
pajama(s) pijama
pants pantalones, *m. pl.*
paper papel, *m.*;
　news- periódico
parents padres
party fiesta; (political), partido
pay pagar
pen pluma
pencil lápiz, *m.* (*pl.*, lápices)
people personas, *f. pl.*, gente, *f. sing.*
pepper pimienta
person persona (always *f.*)
phone teléfono; **- call** llamada; *v.*, llamar por teléfono, telefonear
pink rosado(a, os, as)
pitcher jarra
place lugar, *m.*
plate plato
play *n.*, comedia, drama, *m.*; *v.*, jugar (ue) (al béisbol, etc.); tocar (an instrument)
please por favor
pleased contento(a, os, as)
pleasure gusto; **It's a -** Mucho gusto
pocket bolsillo
police policía, *f.*
policeman, policewoman (el, la) policía
poor pobre; **- thing!** ¡Pobre!
pot olla
pretty bonito(a, os, as)
price precio
produce *v.* producir (zco)
program programa, *m.*;
　radio - programa de radio
promise promesa; *v.*, prometer
purse bolsa
put poner*

question *n.*, pregunta; *v.*, preguntar
radio radio, *m.* or *f.*
rain *v.* llover (ue); **It is raining** Llueve
raincoat impermeable, *m.*
raise levantar, subir
read leer*
ready listo(a, os, as)
really realmente
record *n.* disco; **- player** tocadiscos, *m. sing.*
red rojo(a, os, as)
refrigerator nevera, refrigerador, *m.*
relative *n.* parienta, pariente
remain quedar(se)
remember recordar (ue)
repeat repetir (i)
return volver (ue)
rice arroz, *m.*
rich rico(a, os, as)
right derecho; **on the -** a la derecha; **to be -** tener* razón
road camino
rob robar
robe bata
room cuarto, habitación, *f.*
rug alfombra
run correr; funcionar (a machine)

sad triste
salt sal *f.*
same mismo; igual
satisfied contento (a, os, as)
say decir*
school escuela, colegio
scissors tijeras *f. pl.*
season estación, *f.*
seated sentado
second segundo(a, os, as)
see ver*
seem aparecer (zco)

sell vender
send mandar
set aparato; **TV-** televisor, *m.*
sew coser
she ella
shirt camisa
shoe zapato
shopping: to go - ir* de compras
short corto (in length); bajo (in height)
should deber
shout *v.* gritar
sick enfermo(a, os, as)
silly tonto(a, os, as)
since *prep.* desde
sing cantar
sister hermana
sit down sentarse (ie)
skirt falda
sleep *v.* dormir (ue)
sleepy: to be - tener* sueño
slow(ly) despacio
small pequeño(a, os, as)
snow *v.* nevar (ie); **It is snowing** Nieva
so así
sock calcetín, *m.*
sofa sofá, *m.*
So long Hasta luego, Hasta pronto
some algunos(as)
somebody alguien
someone alguien
something algo
song canción, *f.*
soon pronto
sorry: to be - sentir (ie); **I'm -** Lo siento
soup sopa
spaghetti fideos *m. pl.*
speak hablar
spend gastar (money); pasar (time)
spoon cuchara
sport deporte, *m.*
spring primavera

435

staircase escalera
stand up levantarse
standing parado, de pie
stay *v.* quedarse
still todavía
stocking media
stomach estómago
stop *v.* parar(se)
store tienda, almacén, *m.*
story cuento; piso (of a house)
stove estufa
street calle, *f.*
strict estricto
student estudiante, alumno
study *n.,* estudio; *v.,* estudiar
stupid tonto, estúpido
suffer sufrir
sugar azúcar *m.*
suit traje, *m.;* **bathing –** traje de baño
summer verano
sun sol, *m.;* **It is sunny** Hace sol
sure seguro
swear jurar

table mesa
take tomar (food, drink, an object); llevar (a person); **– out** sacar; **– away** quitar
talk *v.* hablar
tall alto
taller, tallest (el) más alto, etc.
tape cinta
teach enseñar
teacher maestro(a), profesor(a)
teaspoon cucharita
television televisión *f.;* **– set** televisor
tell decir*; contar (ue)
than que; de (before a number)
thanks gracias; **Thank you** (Muchas) gracias

that *demonstrative adj.,* ese, esa; *demonstrative pron., neuter pron.* eso; **– one** ése, ésa; **That's it** Éso es, Así es; *before a clause,* que
their su(s)
theirs suyo(a, os, as)
them *direct object of a verb,* los, las, les; *indirect object of a verb,* les; *object of a prep.,* ellos, ellas
themselves *reflexive object of a verb* se; **(to) –** se
then entonces; después, más tarde
there allí; **– is, – are** hay; **– was, were** había
these estos, estas; *pron.,* éstos, éstas
they ellos, ellas
thief ladrón, ladrona
thing cosa; **Poor – !** ¡Pobre!
think pensar (ie); **– about** pensar en; **– of** (have opinion) pensar de
thirst sed *f.*
thirsty: to be – tener* sed
this *adj.,* este, esta; *neuter pron.,* esto (in general); **– one** éste, ésta
those *adj.,* esos, esas (near you); *pron.,* ésos, ésas
thread hilo
tie corbata
time tiempo; hora (of day); vez (an instance or occasion); **At what – ?** ¿A qué hora? **two times** dos veces; **to have a good –** divertirse (ie)
tired cansado(a, os, as)
to a
toast *n.* tostada
today hoy

toe dedo (del pie)
tomorrow mañana; **– morning** mañana por la mañana
tonight esta noche
too también (also)
tooth diente, *m.*
toward hacia
train tren, *m.*
true: It's – Es verdad; **– ?** ¿verdad?
truth verdad, *f.*
try tratar; **– to** tratar de
turn *v.,* volver(ue); **– on** poner*, encender (ie) **– off** apagar

ugly feo(a, os, as)
umbrella paraguas *m. sing.*
uncle tío
understand comprender, entender (ie)
united unido; **the – States** los Estados Unidos
until *prep.* hasta
up arriba
us *object of a verb,* nos; **to –** nos; *after a prep.,* nosotros(as)

vacuum cleaner aspiradora
vegetable vegetal, *m.,* legumbre, *f.*
very muy; **to be – cold outside** hacer* mucho frío; **to be or feel – cold, warm** tener* mucho frío, calor; **to be – hungry** tener* mucha hambre
visit *n.,* visita; *v.,* visitar
voice voz, *f.*

wait *v.,* esperar; **to – for** esperar (a una persona)
walk *v.* caminar, andar
wall pared, *f.*
wallet cartera

want querer*, desear
warm caliente; **to be – out** hacer* calor; **to feel –** (a person) tener* calor
wash v., lavar(se); **washing machine** máquina de lavar
watch n., reloj, m.; v., mirar (look at); **– out!** ¡Cuidado!
water agua, f. (but: el agua)
we nosotras, nosotros
weather tiempo, clima, m.; **How is the –?** ¿Qué tiempo hace?
wedding boda
week semana
weekend fin (m.) de semana
welcome bienvenido(a, os, as)
well bien
What? ¿Qué . . .?, ¿Cuál(es) . . .? (Which one or ones); **– is your name?** ¿Cómo se llama Ud.?; **– a . . .!** ¡Qué . . .!
when cuando; **– ?** ¿Cuándo?
where donde; (a) donde (with ir*); **– ?** ¿Dónde?, ¿A dónde?; **From – ?** ¿De dónde?
which que
Which? ¿Cuál(es) . . .?, ¿Qué . . .?; **– one(s)?** ¿Cuál(es)?
white blanco(a, os, as)
who quien(es), que; **– ?** ¿Quién(es)?
Why? ¿Por qué?
win ganar
wind viento; **It is windy** Hace viento
window ventana; ventanilla (of a car)
wish v. desear
with con; **– me** conmigo; **– you** (friendly) contigo
within adv., dentro; prep., dentro de
without sin
witness testigo, testiga
woman mujer
word palabra
work n., trabajo; v., trabajar; funcionar (a machine)
worse peor(es)
worst (el, la) peor; (los, las) peores
worth: to be – valer*
write escribir
year año
yellow amarillo
yesterday ayer
yet todavía; **not –** todavía no
you (2nd person) subject pron., tú; object of a verb te; **to –** te; after a prep., ti; **with –** contigo; (3rd person) subject pron., usted (Ud.), ustedes (Uds.); object of verb, lo, la, los, las; **to –** le, les; after a prep., usted(es) (Ud., Uds.)
young joven (pl. jóvenes)
younger, youngest (el, la) menor, más joven; (los, las) menores, más jóvenes
your (2nd person), tu(s); (3rd person), su(s)
yours (2nd person), tuyo(a, os, as); (3rd person), suyo(a, os, as)
yourself reflexive object of a verb (2nd person), te; **to – ** te; (3rd person), se; **to –** se; after a prep., ti, si
yourselves object of a verb, se; **to –** se; after a prep., sí

INDEX

a, contracted with **el**, 78, 84; personal, 178; after verbs **ir**, **venir**, and of beginning, learning, teaching, 178
Adjectives, agreement and forms, 5, 46; comparisons, 72; with **estar**, 134; position, 124; with **ser**, 106; shortening, 125; superlative forms, 72. See also Demonstratives, Possessive adjectives.
Articles: See Definite, Indefinite.
Commands, regular (**Ud.**, **Uds.**), 59, 338, 339, 343; **nosotros**, 348, 350; position of object pronoun with, 198, 340, 343, 350
Comparisons, 72, 85
Conjugations, 50, 52, 56, 83
conmigo, **contigo**, 142
Contractions, **al**, 78, 84; **del**, 37, 84
dar, present tense, 132; preterite, 277
de, contracted with **el**, 41, 84; for possession, 162
decir, present tense, 170; preterite, 269
Definite articles, 21, 45; in place of possessive, 164
Demonstratives, 74, 85
Direct object pronouns, 1st and 2nd persons, 195; 3rd person, 230
Double negative, 187
estar, present tense, 132; preterite, 268; uses, 134; vs. **ser**, 134; with present participle, 324
Gender of nouns, 11, 21, 45
–go group of irregular verbs, present tense, 170
gustar, 25; with indirect object, 234
hace (ago), 271
hacer, present tense, 170; preterite, 269; with weather expressions, 38
hay, 17
Imperfect tense, regular, 303; irregular forms, 305, 308; meaning of, 303; vs. preterite, 314
Indefinite articles, 11, 45
Indirect object pronouns, 1st and 2nd persons, 195; 3rd person, 233; with other pronouns, 242; **se** in place of, 243
Infinitive, after prepositions, 180; position of pronoun with, 198
ir, imperfect tense, 305, 308; present, 80, 83, 132; preterite, 278; followed by the preposition **a**, 178
Let's ... (**nosotros** commands), 348, 350

Negative sentences, 5, 46; double negative in, 187; omission of **no** in, 187
Negative words, 187
Nouns, gender of, 11, 21, 45; plural, 20, 45
Object pronouns, direct and indirect, 1st and 2nd persons, 195; 3rd person, 230, 233; position with verb, 198, 324, 326, 340, 343, 348, 350; reflexive, 261; special use of **se**, 243; two pronouns together, 242. Also see Appendix, Chart of Personal Pronouns.
Personal **a**, 178
poder, present tense, 208; preterite, 268
poner, present tense, 170; preterite, 268
Possession, with **de**, 162
Possessive adjectives, 163
Prepositions, followed by infinitive, 180
Present Participle, 322, 326; with **estar**, 324, 326; with **seguir**, 331, 333
Present tense, regular, 50, 83, 96, 101; irregular, – **go** group, 170; stem-changing, 206. Also see Verb Appendix.
Preterite tense, regular, 250, 253; irregular patterns, 268; **dar**, 277; **ir**, 278; –**ir** stem-changing, 279; **ser**, 278; vs. imperfect, 314. Also see Verb Appendix.
Pronouns, after prepositions, 142. Also see Direct, Indirect, Reflexive, Subject pronouns.
querer, present tense, 206; preterite, 269
Questions, wording of, 46
Reflexive pronouns, object of verb, 261
saber, preterite tense, 268
se, reflexive object pronoun, 261; special use for indirect object, 243
seguir, 331, 333
ser, imperfect tense, 305, 308; present, 46, 106; preterite, 278; uses, 107; vs. **estar**, 134
Stem-changing verbs, present tense, 206; present participle of –**ir** verbs, 322, 326; preterite, 268, 269, 279. Also see Verb Appendix.
Subject pronouns, 99
Superlatives, 72
tener, present tense, 114; preterite, 268; idioms with, 117
traer, present tense, 170; preterite, 269
venir, present tense, 114; preterite, 269; followed by preposition **a**, 178
ver, imperfect tense, 305, 308